JN070754

中村勝宏の魂の食対談2

～美味探求～

目次

「雅談に味あり」

発酵学者・食文化論者・東京農業大学 名誉教授　小泉 武夫

対談というのは、それを行なう聞き役（インタビュアー）とそれに答える人との、心と心のやり合いであり、その時の対談テーマに対しての真意と真実の告白である。

本書のテーマは『美味探求』を基にした「魂の食対談」で、聞き役でプレゼンツの中村勝宏、ホテルメトロポリタンエドモント名誉料理長に対して、料理家あるいは料理研究家、会社経営者など十六名が呼応し、成熟した対談集を構成している。登場する一人一人は、正に「食の人間国宝」に値するような活躍をしている価値のある人ばかりで、本対談集からは読む人の心を強く惹きつける話や言葉が犇々（ひしひし）と伝わってくるのである。

就中（なかんずく）、料理の真髄や料理人の持つべき心構え、料理や材料への認識、修業を通して培（つちか）った大切なもの、後継者への伝言、料理人としての生甲斐などに関する語り合いは、どれも感命するものばかりである。対談は人柄をも語り、また博識や素養、才気を表すものであるが、本誌に収められた十六名の一徹した考え方や重みのある言葉は、末永く次の世代へ引き継がれるべき充実した内容を持っている。

以下に十六名の対談の中から、特に印象の深い話し口や心に残る語らいについて、その箇所を抜粋して論考してみることにする。

最初に登場したのは、著名な料理研究家で随筆家の辰巳芳子さんである。料理研究家の草分け的存在である母の辰巳浜子御母堂の志を継ぎ、フランス料理、イタリア料理、スペイン料理などの西洋料理の研鑽（けんさん）を重ね、「いのちのスープ」に象徴される家庭料理の大切さを多くの著作や雑誌、テレビなどで伝えてきた。近年は、安全で良質な食材を次世代に残したいと「命に直結した食の大切さ」を訴え続けてきた。

そのような辰巳芳子さんの言動は重く、この対談でも随所に珠玉の言葉を見い出すことができる。例えば中村勝宏プレゼンツと語る中で「まごころ」のことが出てきて、「さまざまな道を究める上で、まごころの込め方はとても大切に思える」という二人の会話には、料理人が持たなければならない不可欠の心の在り方を示唆しているのである。

また、「スープは本人が欲しがるのではなく、本人の細胞が欲しがっている」という辰巳持論には、食文化研究者でもある私も目から鱗（うろこ）であった。辰巳さんは「私は、人間が人間らしく食べる。（スープは）その食べ方の象徴であるように思いますね。人間であることを思い出させるというか、スープにはそういうものがあると思いますね」と語っている。味わうという行為の中から、人間の本質を鋭く突いた凄さに私は感命した。

中道博さんも著名なフランス料理人で、私が国から委嘱され審査員をしている農林水産省料理人顕彰制度で「料理マスターズ」で初代ゴールド賞を受賞していることでもその実力は周知の通りである。対談で特に印象的だったのは鹿肉の熟成のこと。「撃ってから大体一カ月ぐらい風の通る場所にぶら下げるんです。（中略）その風がとても大切で、その肉を食べるとフレッシュに感じるんですよ。熟成させてフレッシュに感じられるということが答なんです。熟成して熟成しましたと感じるものは、それで価値はありますけど、鹿などのジビエについては（熟成してから）フレッシュに感じることが大切ですね」。新鮮に熟せ、か。これぞ肉の熟成の極意なのであろう。

髙村宏樹さんは、東京の目白に以前あった江戸料理を看板としていた「太古八」で研鑽を積まれた方で、とても勉強熱心な好人物である。江戸料理を独自で勉強し、「江戸料理は粋という言葉をくっつけながら、当時の創作料理が発展していったもの」と述べていて、正に私と軌を同じくするものである。

対談の中で「五味五色五法」と江戸料理について語っているのも面白い。「五つの味と五つの色と五つの方法で料理をつくる。五つの味ですので醤油、酢、味噌、出汁、昆布。五色は木の芽の緑、卵の黄、海老の紅白、揚げ物の茶色など。五法は焼く、揚げる、蒸す、ひたす、漬ける、それらを意識することで、食べ飽きをしなくなるだけでなく、バランスの取れた料理となり、江戸料理の基本となりました」。私はかつて髙村さんの居た「太古八」の常連客でもあった。今は秋田市で店を構えているというので、彼の地に行ったら是非訪ねてみたい。

大沢晴美氏は、長くフランスに留学してフランス料理とワインの真髄を探り、研鑽し、さらにフランス料理と日本の料理との懸け橋を築いてきて、日仏双方の食文化交流に尽力してきた人である。その結晶は「フランスレストラン文化振興協会」（APGF）の立ち上げと代表就任に結び付く。

そのため対談の多くは、フランスでの貴重な体験や経験を語り、これからフランスに留学又は研修に旅立つ人にとっては実に参考になる話ばかりである。その中で私が特に興味を惹かれたのはフランスの人材教育の条で、パリの商工会議所が経営・管理能力を持った料理人とサービス人の養成を受け持っているという話である。さすが食の歴史の深いフランスならではの話だ。

さらにとても大切な話は、フランス料理と地方風土の関りである。フランス料理の精神はパリだけにあるのではなく、地方にも根強くあって、地方の風土を知らずしてフランス料理は学べない、というのである。それは、地方では「テロワール」と表現されるように、そこの土地の風土で長年育まれてきた料理の存在が、そこにあるからだともいう。「生産者の方と、それに呼応したテロワールのシェフたちというものが、今日のフランスのガストロノミーを支えている」という、テロワールの位置付けについても、とても参考になる話である。

谷口英司氏は、何度も渡仏し、その体験を生かして富山でフランス料理の概念を体現化させたという貴重な話を披露している。そして、地方の食を発信するためには一人だけでなく、周りの力も必要だと。「どうしてももっと富山の食を発信したいという気持ちもあります。その中で、自分一人では限界があると思うのです。二十世紀の終わりから二十一世紀の初め、スペインの食が変わるくらい「エル・ブジ」のフェラン・アドリアさんが改革をされ、デンマークでは「ノーマ」のレネ・レゼピさんががんばった。そこには間違いなく周りの（レストラン）に賛同した人たちがいた。レストラン同志がともに発信するからこそ大きな力になったのです」。

高橋邦弘氏は、自ら蕎麦屋を営みながら全国へ出歩き、蕎麦教室や蕎麦打ちを指導する活動の人で、現在も全国の蕎麦会や蕎麦祭り等で各地を飛び回っている有名人である。対談全般を通して、高橋氏の蕎麦に込めた深い愛着や、蕎麦打ちを通して愛好家たちへの優しい技と心の伝授などが随所に見られる。中村勝宏プレゼンツは、対談を終えてからの高橋氏を評して「職人というのは極めて優れた技術を有し、あらゆる場面でその能力を全うできる人。そしてその技術を、後継者および人材育成に惜しみなくつぎ込める人。純粋に自分の仕事を愛し、人生を捧げきれる人。そういう意味で高橋さんは本物の職人と言える」と語っている。まったくその通りだ。

細田雅春氏は建築家である。食空間並びに食を取り巻く環境などは、料理をする人、食事をする人にとって大切なことで、その辺りのことを料理と兼ね合わせて述べられている。例えば、建築が風土との関係で成り立っているのと同じで、料理もそうだと。「建築にも作法、例えば日本の数奇屋造りなどにも秩序があります。やはり作法というものはどの世界にも共通するものだと思っています。料理の世界でも、作法を無視して料理のことを考えるというのは、ただのモノの陳列になってしまうんじゃないかと思います」。見えぬ心の世界こそ大切だという、重みのある話だ。

渡辺雄一郎氏は、東京浅草でミシュラン2ツ星のフランス料理「ナベノ・イズム」のエグゼクティブシェフ CEO である。主としてフランスで数々の受賞歴を得てこられたのも、研修時代に妥協を許さない一徹のグランシェフたちに徹底して鍛えてもらったことにある、という話には威光を感じた。「怒られて上手になりなさい」のやり取りの中で「怒られた、先輩に言われた、ことが社会人になって（その意味が）真に理解できます。注意をしていただくというのは、自分でも気付いていない何かに注意していただいている人だという考えを持つようになりました。怒る方もスタミナがいりますし、疲れます。そういったすべてのことを考えていこうと思うようになりました」。若い人たちへの金言だ。

下村浩司氏は、フランスでミシュランガイド3ツ星の「ラ・コート・ドール」をはじめとする多くの名門レストランで研鑽を積み、その経験を生かして日本でも自由な発想と独自のスタイルで美食家たちを魅了し続けている「エディション・コウジシモムラ」のオーナーシェフである。「僕は8年間ヨーロッパに滞在中、食べ歩きしながら本当に美味しい店と出会った際には、そちらのシェフにお願いをして1、2日間の短期研修を受け入れてもらいました。おそらく30軒以上の店で（その店の秘伝を）学びました」という話には、飽くなき美食の探究に貪欲な、野武士のようなシェフだと感心した次第である。

岸義明氏はヨコハマ グランド インターコンチネンタル ホテルの名誉総料理長である。高輪プリンスホテル、森口プリンスホテル、新横浜プリンスホテル、浦和ロイヤルパインズホテルなどの総料理長を経て、ホテル インターコンチネンタル東京ベイ及びヨコハマ グランド インターコンチネンタル ホテル総料理長を歴任してきた重鎮である。対談の中でとりわけ興味を惹かれたのは、浦和ロイヤルパインズホテルに移るとき「2年で北関東で一番のホテルになるぞ！」と決意。直ぐに洋食、日本料理、中国料理、パティシエなどで才覚と技量に勝れた若手シェフを集めて、各部門長に抜擢したときの話は、正しく先見の明である。「和、洋、中、菓の部門の壁は絶対に作るな！ セクショナリズムは多くの弊害を生むだけでなく、セクション間相互の応援体制や食材の有効活用の上でも妨げになる。部門長同士が仲良くやれば、それを見て部下同士もきっといい関係ができる筈だ」。つまり「壁を作るな！」である。その通り浦和ロイヤルパインズホテルは大発展した。

斉藤正敏氏は現役の㈱パレスホテル 取締役 パレスホテル東京 総料理長である。1971年、ホテルオークラのアムステルダムのオープン時からオランダに赴任。現地で国際公用語の英語をプライベートで学び、またフランス語のレッスンも受け、バカンス期間中は一緒に赴任した奥さんと車で主にフランスの田舎巡りをしながらシャンパーニュ、ブルゴーニュ、ノルマンディー、ブルターニュなどを食べ歩きしていたことが、以後の仕事に大いに役に立ったと話している。対談の中で、トップの料理人に共通することは何かという話や、伝統あるホテルの改革を総料理長としての立場と発想で成功させた話などは、大いに学ばされるところである。その話の中で「味とプレゼンテーションの双方に抜きんでたブッフェ料理の提供にイニシアティブが取れるか。これにはバンケットサービスの知識も必要ですね。料理長はオーケストラの指揮者と等しい存在であるべきと考えています」、との話は現役の有名総料理長として、重みのある言葉である。

譚彦彬氏は、東京赤坂に本店を持つ有名な中華料理店「広東名菜 赤坂璃宮」の代表取締役会長で、現代中華料理界の重鎮の一人である。16歳で新橋の「中華飯店」に入店、以後、芝の「留園」、仙台の「梅花園」、京王プラザホテル「南園」、ホテルエドモント「廣州」の料理長を経て1996年にオーナーシェフとして「赤坂璃宮」を開店した。テレビや雑誌などの出演で人気を博したことでも知られている。その対談の中で、私が特に注目したのは「中村勝宏シェフとの出合いで、自分の人生が動き出した」という条(くだり)である。「私は職人気質が好きなのですが、和食の料理人にはそのような人が沢山いますが、フレンチのシェフで本物の職人気質の方に出会ったのは初めてでした」。そして、その出合いを無にせず、以後の人生に生きる発条(ばね)とした話には感動した次第だ。

清水邦浩氏は、今や多くの寿司通が憧れる「新ばし しみづ」の主人である。とにかく寿司に絶対の命を懸けている人で、「寿司屋は魚を売っているような商売なので、寝る時間も惜しんで市場に行くのです。朝7時には河岸にいますから。それで仕事を終えて家に帰るのは夜の11時半ごろ。私はずっと(寿司屋は)そんなもんだと思っています」。主人(自分)と客との立場に就いては、「心がけているのは、つかず離れず、媚びるのではなく適度な距離感で、できることならあまり話さなくてもよいかなと思っています。うちは寿司を食べるところですからね。派手なパフォーマンスを求められても困りますし、お客さんのネガティブな話も聞きたくありません。写真を撮るのも他のお客さまに迷惑がかかる場合がありますし。ある意味、カウンター商売は、客側が店に合わせるものだと考えています。あくまで私の家ですから」。仕事に信念を貫く人だ。

音羽和紀氏は、宇都宮市の「オトワレストラン」のオーナーシェフである。大学を卒業後に渡欧、ドイツ、スイス、フランスのホテルやレストランで修業を積み、フランス料理の巨星、故アラン・シャペル氏に日本人として初めて師事。帰国後の1981年に宇都宮市にレストラン「オーベルジュ」を開き、現在は「オトワレストラン」を構えている。数々の受賞歴を持ち、最近は農林水産省料理人顕彰制度(料理マスターズ)により歴代最初のゴールド賞に輝き、また「現代の名工」に指定されるなど、洋食料理界の重鎮である。

対談では、何と言ってもアラン・シャペル氏との出合いと、その偉大な師匠の下での修行の体験、そしてシャペル氏の人柄などを語り、私にとってもとても貴重な話を聞くことができた。「アラン・シャペルさんは、ダイナミックでしかしそこに繊細さと美しさがありました。無駄口をききませんし、冷静な方です。怒鳴り散らすこともありません。圧倒的な存在感、威圧感、緊張感を感じさせました。甘えや妥協は許されない。いつも私たちに最高を求めてくるのです」。

辻伊左男氏の対談は、とても異色の内容で、私も非常に面白く読ませていただいた。若いときにさまざまな国に放浪し、そこでさまざまな人と出合い、自分が一皮も二皮もむけて強くなっていく。そして、イタリア北部のコモ湖辺りでのイタリア料理との出合いが、その後の運命を決めている。そこで修業の後、帰国して越後湯沢の岩原高原スキー場近くに「ピッツェリア・ラ・ロカンダ・デル・ピットーレ」を開く。さらに、それまでの自分の歩みを見直しながら、新たな信念のもとに、バリ島でのレストラン経営に乗りだす。とにかく対談では、これまでの人生の流れを旅、出合い、イタリア料理の修業、ピッツァ窯への執念、レストラン経営などを混じえて、浪漫を駆け抜けた物語を一気に語るが如くで、実に楽しい対談であった。

上柿元勝氏は、24歳のときに単身で渡仏し、苦労に苦労を重ねて、パリの「ル・デュック」で3年間修業し、さらに3ツ星レストランで有名な「アラン・シャペル」でも働く。対談の中での出色は、1970年代に出てきた「ヌーベル・キュイジーヌ」という料理スタイルが新しい波としてでてきた条と、アラン・シャペル氏とともに働いた時間のこと、シャペル氏の人柄についての語りなどが面白かった。そしてシャペル氏の命令により日本へ戻り、神戸の「アラン・シャペル」で10年ほど腕をふるっていた。この間、フランスにいるシャペル氏と神戸の上柿元氏との間でのテレックスでの味の塩梅のやり取りをする話は、とても微笑ましいものになっている。上柿元氏は、シャペル氏が亡くなって1年後には、長崎オランダ村ハウステンボスの「ホテルヨーロッパ」で総料理長及総支配人を勤め、今は長崎市で「カミーユ」のオーナーシェフに就いている。

本対談を通じて、聞き役の中村勝宏氏の見識の広さと料理への造詣の深さ、さらには碩学の深さには、あらためて敬意を表すものである。対談は人柄を表すと言われているが、正に中村勝宏プレゼンツは、どの対応者との対話でも相手を敬い、質問内容も的確を得て、さらに紳士的言葉遣いと態度で接していて、その結果がこのような清清しい対談集を生むことに繋がったものと思っている。中村勝宏プレゼンツのこれまでの経歴と活躍から、このことは当然の帰結だと思うけれども、その背景には、これまで多くの優れた功績を積んだ人だからこそ形成された人格の成せる技なのであろう。

対談の上手さと、料理の美味さのある話を17人が呼吸を合わせてつくり上げてきたこの対談集に、心から敬意を表するものである。

PROFILE. 1924年東京都生まれ。聖心女子学院卒業後、料理研究家の草分けであった母、辰巳浜子のもとで家庭料理を学ぶ一方で、宮内庁大膳寮で修行を積んだ加藤正之氏にフランス料理の指導を受け、イタリア、スペインなど西洋料理の研鑽を積む。父への介護経験を通じてスープ研究も手掛け、スープを通して人のお役に立てる人を育てたいという思いからスープ教室「スープの会」を創設。また、安全で良質の食材を次世代に残したいという思いから「大豆100粒運動を支える会」会長、「確かな味を造る会」最高顧問などを務め、「食といのち」をテーマにさまざまな活動に携わっている。

まごころの込め方

料理研究家　辰巳 芳子 氏

【2017年5月5・12日号、5月26日号、6月9日号掲載】

中村　辰巳先生のご自宅はお久しぶりでございます。以前、何回かお伺いしておりましたが、だいぶごぶさたしております。

辰巳　覚えてくださっていらっしゃってありがとうございます。

中村　本日は貴重なお時間をいただきましてありがとうございます。

辰巳　とんでもございません。いただいた対談のご本を楽しく、感心しながら読ませていただきました。

中村　16人の方々との対談を、昨年一冊にまとめさせてもらったものです。

それでは先生、そろそろ始めさせていただきましょうか。

辰巳　よろしくお願いいたします。

中村　今日はお伺いしたいことが多くございます。

まず初めに、何回か既にお聞きしておりますけれども、料理研究家として戦後の時代をリードされ、ご活躍なさったお母様の浜子先生の思い出などを改めてお話しいただけたらと思います。

辰巳　そうですね。直接食べることについてでありませんが、とても母らしいと思えるような思い出が多々ございます。それはまず掃除についてですが、私の掃除の跡を批評したんですね。「今日は大事なお客さまがいらっしゃるからここのお座敷を掃除してください」と言われ、母がわざわざそう言うのだから、よほどきれいにしなければ大変だと思って、それこそなめるようにお掃除をしたんですよ。それで2回掃くし、2回艶拭きをかけて、シーンと静まったようなきれいな部屋になった。そうしたら母が様子を見に来て、一言いったんですね。「あなたはまごころの込め方を知らない人ね」とね。

中村　それはそれは（笑）。

辰巳　それはなぜかと言ったら、私がその部屋に蚊帳のつり手を残しちゃったんですね。どこの家の蚊帳のつり手でも、だいたい緑色のひもに赤い塗りのひょうたんの玉が付いているというのが、蚊帳のつり手の定番なんだけど、うちの蚊帳のつり手はそれ式じゃなかったんですよ。ちょっとした金具だけだったんですよ。

私は全く気にならなかったので、その四隅の蚊帳の金具を残したんですよ。

そうしたら、「あなたはまごころの込め方を知らない人ね」と言ったんですね。

「まごころが足らない人ね」とか「まごころがない人ね」とか言わないで、「込め方を知らない人」だと言ったんですね。

とっても、これは母らしいですよね。母はまごころの込め方をよく心得ている人でしたね。

中村　やはり、まごころという心の持ち様がすべてのことに相通じることであるのでしょうね。さまざまな道を極める上でも、その折々で心の在り方、まごころの込め方ということは、とても大切なことのように思えます。

辰巳　その通りですね。母はピッタリ当てはまる方法と言うんですか、それにピントが合う。だから、「困った」と言ったことがなかったようですね。「困ったわねえ」といったことを言ったことがない。

そうではなく「どうしましょう」ということは言っておりました。

中村　なるほど。困った、とそこでとどまらず、その先の行動に向かって前向きな心の持ちようですね。

辰巳　そうそう。必ず何かの方法にたどり着いた人でしたね。例えば父が戦争に取られて戦地の上海から徐州で、食べるものと言えば生のキュウリくらいしかない。それで、鉄砲担いで歩かされた。父はとても絵が上手な人でしたから、絵手紙が来るわけです。

中村 それはとても貴重なお手紙ですね。

辰巳 「そば食べたい」とか「すし食いたい」とかいろいろ書いて、そばの絵やすしの絵が書いてあった。

中村 何か、注文が来るみたいに絵手紙が来るわけですね。

辰巳 そうなんですね。それで、母はなんとかして、「すしは無理としても、そばを食べさせられないか」ということを思ったんですね。それで、干したそばを買い、中国には畑にネギがありますから、ないものと言えばつゆですよね、麺つゆ。つゆの状態で送るわけにはいかないですから、山のように鰹節をかいて、それを軽く炒って粉にして、それに酒とみりんとおしょうゆで炒りつけて、いわゆるそぼろのような、鰹節のでんぶを作って、これに水なりお湯なりを足して、温めればすぐにつゆになるような。

中村 うーん、とても工夫された立派なつゆになりますね。

辰巳 そんなつゆを作って、それで干しそばと薬味類と一緒に、大きな木箱で中国へ送ったんですよね。万事その調子でしたね。

中村 これはお父様に対する愛がよっぽど深く強いものであった証しですね。びっくりなさり、大変な喜びだったのではないでしょうか。

辰巳 そして、父が一人だけで食べる人じゃないことを知っていたから、小隊全体とか分隊全体とか、ほかの兵隊さんも召し上がれるように送ったら、「お前のうちは食料品屋か」と兵隊さんが言ったそうで。万事その調子で、ウイスキーとチーズとクラッカーとかという具合で、木箱で送ったんですよね。そうしたら皆さんが「お前のうちは酒屋さんか」と。父は心配になって、「こんなにいろいろたくさん送ってくれるけど、うちの家計は大丈夫か」と。

中村 そう思われて心配になりますよね（笑）。

辰巳 年中そういうふうに、慰問袋じゃなくて慰問箱、木箱で送れば大変ですものね。なんでもそういうふうでしたね。

中村　なかなかできることではありませんし、心温まる話です。

辰巳　なんでも「困った」とは言いませんでした。「どうしようかね」と。

イタリアで本場の料理に触れる

中村　そうでございましたか。常に前向きなお母様でしたね。では、今日はどうしてもお聞きしたいことがいくつかございますが、先生が４０代のころ、料理研修としてスペインやイタリアに行かれましたね？

辰巳　私が勉強に行ったのは、スペインではなくてイタリアだったんですよ。まだイタリア料理というものが日本で始まるか始まらないかのうちでしたね。それで、ご一緒に行ったメンバーは男の方が多く、全員専門家でした。帰っていらして、それぞれがイタリア料理店をお開きになりました。

中村　何人くらいで行かれたんでしょうか？

辰巳　一緒に行ったのは、３０人くらいですね。

中村　それは結構な人数でございましたね。

辰巳　皆、熱心でしたね。文流ってお聞きになられたことは？

中村　いえ。

辰巳　文流というのは、もともとイタリア書房という本屋でした。社長さんが外国語大学のイタリア語科を出た方で、それでイタリア書房という本屋をやっていた。そのうち、イタリア語の本を売るよりも、お互いに文化交流ができないかなと思うようになったのでしょうね。それで、お料理をやりたい人とか音楽をやりたい人とか、そういう人たちを募って、イタリアに連れて行ってくれたんですよ。

中村　その３０人の中には、料理だけではなくてさまざまな分野の方々がいらっしゃったということですか？

辰巳　そうですね。日本からも行ったし、それからイタリアからも日本へ来て講習会をしてくれました。どうして今あの程度の講習会ができないかなと思うんですけど、その講習会は1週間、朝9時から夕方の4時位まで、昼飯を挟んでみっちり教えるんですよ。２００点くらい教えた。ですから、よく覚えられたんですよね。

中村　その時代にそんなに中身の濃い講習会を！確か１９６０年代のお話ですよね？

辰巳　そうですね。その辺でした。それから後、あんな念入りな講習会の形はあまりないですね。そういうやり方で、イタリア料理も度々やったし、スペイン料理もやってくれた。スペイン料理はバルセロナのプリンセサ ソフィアというのは一番良いホテルですが、そのホテルのサルヴァドールサイスってお聞きになったことあるかしから？

中村　ええ。先生から伺ったことがあります。ですからそのとき、スペインにも行かれたと思いこんでおりました。

辰巳　そうでしたか。そのサルヴァドールサイスさんも日本に興味を持ってくださって、教えに来てくださいました。1週間、銀座の明治屋で。あの形の講習会はとても良かったですね。

中村　６０年代といいますと、フランスでは６０年代の終わりごろに5月革命という学生運動があり、それが収まった後の７０年代は第二のベル・エポックと言われた時代で、政治・経済が安定し、高度成長まっしぐらという時期でございました。日本でも６０年代は学生運動とかいろいろあり、世の中は混沌としていましたけれども、６０年代の中ごろから日本を飛び出して、大変な苦労をしながらフランスに行った先輩は何人もいらっしゃいました。その時代、料理だけでなくあらゆる分野でヨーロッパへのあこがれといいますか、本物の文化を求めるといった、そういった時代であったように思えます。

料理の体系、ソースの流れ

中村　そのころは、先生はもう料理研究の分野に進まれていたのでしょうか？

辰巳　そんなでもなかったですけど、とにかくフランス料理は１０年以上、加藤先生に教えていただいて。

中村　宮内庁でお働きになられていた方ですね。

辰巳　そうですね。それで、イタリア料理やスペイン料理をやりながら、下辺りの方の気配を見ながら思ったのは、フランス料理の基礎がないとイタリア料理もスペイン料理もつかめないなということが分かりました。私は、幸いに加藤先生に教えていただいていたから、つかみようがあったんですね。でも、のっけからイタリア料理だけ、スペイン料理だけというと、見るべき所が見えないと言いますか。

中村　それはなんとなく分かる気がします。と申しますのは、フランス料理はもともとルネッサンスの時期に、イタリアの食文化から多くの影響を受けています。ルネッサンス時期のイタリアでは、砂糖菓子をはじめ、料理全体に大きな進化がありましたね。フランスにおいては、１５３５年にフィレンツェより、かのカトリーヌ・ド・メディシズがフランスの当時の皇太子であり後のアンリ２世へと嫁ぐとき、多数の料理人も同行しており、フランスへフォークをもたらすなど大きな影響を与えたようです。その後、そのようなことを経て、さらにフランス料理の体系、理論的な背景もしっかり固まってきたと言えると思います。

辰巳 そうなんですよね。

中村 もともとフランス料理は王侯貴族に雇われ、その保護のもとで進歩を遂げてきたのです。19世紀から20世紀初頭までには、ロシアを始めヨーロッパ各国の王様がこぞってフランス人のグランシェフを雇うことをステータスとしていましたね。その結果、各国における公式な晩餐会は、フランス料理が定番となり、その名残が現在でも見られるわけです。これもやはり、フランス料理が非常に魅力的であり、かつ理論的にしっかり確立されていたからこそなのでしょうね。

辰巳 ですから、フランス料理の理論的な体系がないと、教える方も教えにくいし、習う方も教えていただいたことを整理できないですよね。

中村 おっしゃるとおりですね。

辰巳 だから、個々が別々に頭の中に入ってきて、分類できず、ただ数だけ覚えていくということに、下手するとなってしまうんですよね。

中村 よく分かります。ですから、理論的なことは、フランス料理の大家でもあるアントナン・カレームやユルバン・デュボワあたりがしっかりと作り上げ、一つの体系的な揺るぎないものができていったと思います。そのベースがあったからこそ、20世紀になってエスコフィエによる『LeGuide Culinaire』という当時としては革新的な時代に則した本が作られたと思います。

辰巳 ですから、イタリアにまいりましたときに、コックさんたちは、気分的に教えるというのはおかしいですけど、「これはこういうときに使いやすいから」とか「おいしいから」とか、そういう全然分類しないで教えてくれていたんですよね。ただただ、点数的に教えてくれた。それで、私は「これは覚えにくい」と。教わっていると、ソースの流れがあるということが分かったので、「なんだかソースの流れがあるようだから、基になるソースを教えてください」と言うと、「そんなこと簡単だ」と言ってすぐにソースを教えてくれた。そうすると、ソースの流れがあって、その先にずっといろいろなお料理が広がっていくわけですね。だけど、ご本人たちは、自分たちがソースの流れにしたがっていろいろな料理が広がっていると考えているのかいないのか分かりませんでした。

中村　そうでしたか。イタリア料理も当然、フランス料理の体系的な面はほとんど似通っているように思えます。そうした中で一番私が興味深かったのは、スペインとかイタリアなどで作られる生ハムという素晴らしい芸術的な食品です。これは、その風土から作り上げられた、まさに人間の英知の結集だと思われます。

日本で最初の本格的な生ハム作り

中村　さて、その生ハムのことですが、おそらく辰巳先生もイタリアに行かれて、本物の素晴らしい生ハムを折々にお口になさったことでしょうが、当時はまだ日本にあまり流通していなかったように思えます。そして、その生ハムを先生が日本に帰国された後、４０代半ばのころだったと思いますが、鎌倉のご自宅に工房を作られ、実際にその生ハムを作り上げられたということは、本当に驚異的なことであったと思えてなりません。

辰巳　そうでございますか。なぜあのイタリアの人たちが常に生ハムを必要としているのかと言うと、要は慣れた塩味なんですよね。私たちはしょうゆやみそを使いますけど、しょうゆ、みその代わりに塩分をそこに求めていたわけですね。

中村　料理、食品を含め何かを作ろうとするとき、最終的には塩がすべての基本となります。

辰巳　そうなんです。慣れ味の塩分を必要とするときに、塩の代わりにハムを使ったんですよね。そうでないと、まっすぐ塩だけを使わなきゃなんないですからね。

中村　ヨーロッパの食文化をたどると、まず肉を塩漬けにした保存食から始まり、やがてそれを薫製に、そして塩をして乾かしながら発酵させていく工夫が、ついに生ハムにたどり着いたわけですね。その生ハムは今や日常の食生活で欠くべからずの物となりました。

辰巳　ですから、今日ではどこの家でも、年間最低でも生ハム二本くらいは使うんじゃないですか。

中村　その生ハムをですね、辰巳先生は一から本格的に手作りされたわけですが、おそらくあれだけのものを作られたということは、日本で初めてだったと思います。

辰巳　そうだと言われていますね。文流が、「先生が日本人として初めて生ハムを成功して作っている」と言ってくれました。

中村　この話を今日はちゃんとお伺いしなくてはなりません。以前、大分に先生のご指導の下で作られた工房があり、生産されていましたが、当時私は早速取り寄せてみたんですが、本当にびっくりしました。香り・味・熟成度など、本場の生ハムとなんら遜色ないと思いました。当時私はフランスで有名なバイヨンヌというところの生ハム工房を訪ねたことがございましたが、先生があれだけの生ハムを作られたということに対して、常々ご敬服申し上げておりました。

辰巳　ありがとうございます。私の生ハムの特徴は、全く異臭がしないということ。これは、日本人らしい丁寧さで作ったんですね。ですから、向こうの人の作り方は、塩を置いて肉を置いて、シャベルで塩をザッとかけてというふうでした。私は、肉の目方をちゃんと量って、それに相応した何％の塩をあてがっていく。私は、塩というものは、あれだけのタンパク質に対して、一回振っただけで浸透していくものではないと思ったんですよ。ですから、一回きれいに最初の塩によって染み出てきた浸透液とか血とかそういうものをすっかり拭って、そうしてもう一回追い塩をしていたんですね。その最初の塩漬けで出てきた、いわゆる血とか浸透液をきれいに拭きとってしまうことで私のハムは異臭がしない。

中村　それが先生の工夫というか、独特な製法で丁寧に作ろうとなさったわけですね。

辰巳　それを向こうの人たちは、そんな丁寧なことはしないので、どうしても異臭がするんですね。だから、私のハムの良い所は、全く異臭がしない所かなと思っております。

中村　今日ではあらゆるもの作りも科学的な根拠のもとに近代化され、それらの異臭もさほど感じられなくなっております。しかし、当初、日本の風土、つまり湿度が高く梅雨があり今日も湿度が80％くらいですか。そうした中で本格的な生ハム作りというのは、なかなか難しいと思っていました。それを見事に克服なさりました。以前、ご自宅の工房を見させていただいた時、なぜこの場所に作られたのかをお聞きすると、「ここが風の通り道だから」ということをお聞きしながらなるほど、とすごく感心したものです。

辰巳　後は、心掛けたのは温度調節だけですね。何度で保存していくか、それだけでした。それができるから、後からあまり気を使う必要はありませんでしたね。

中村　生ハムにするとなったら、豚の品種などもそれなりに大切だったでしょうが、「この豚だ」というお考えがあって作られたのでしょうか？

辰巳　そういうのが分からないから、うちの肉屋はとっても良い肉屋なんですよね。特に、そこの番頭が中学一年生くらいからその肉屋で働いていたので、「良い豚を取り寄せてね」と言いさえすればやってくれました。本人も、豚を運ぶとか、箱に入れていくとか、詰めていくとか、向きを変えるとかをちゃんと理解している人でしたから、大いに助かりましたね。

中村　生ハム作りは基本的にその状態をしっかり観察しつつ自然の摂理を相手に作るものですから、われわれが日ごろ、短時間でフライパンや鍋で料理をつくるのとは全く次元が違います。時間をかけてのものづくりでは、その過程でしか感じられない醍醐味があるでしょうね。

辰巳　やっぱり、独特でしたね。実際にお手本もありませんでしたから。でも、自分なりに観察と観察したものを統計的に分類するということをやっておりました。実は私は幸いにも心理学をやっていたんですよ。心理学というのは常に観察なんですよ。そして観察したものを分類してそうして結論に導くというのは、心理学の方法なんですね。私が教えていただいた心理学は、幸いに実験心理学というものであって、臨床ではなかったんですよ。だから、常に実験とその後の統計、それの繰り返しだったから、感覚的に観察と統計を出していくという習慣が自分の中にありましたね。だから、肉を見るというのはなんてことはなかったです。人間と違って大人しいですし、動かないですから(笑)。最初は1キロから2キロくらいの塊を何回も買って塩をして、いわゆる豚というタンパク質と塩の関係を観察しました。それから、今度はそれを洗って、乾かしていく状態を観察しました。

中村　その観察というのが先生の試行錯誤だったのでしょうし、状態を見極めながら先に進んでいかれたのでしょう。

辰巳　その後、骨付きのもも肉、1本が11キロくらいになりますけど、これを120本買い込み、本格的な生ハム作りに挑戦しました。

中村　え、最初から120本作られたのですか！

辰巳　そうです。その手応え感というのは、一種の快感みたいなものでございました。

中村　いやあ、それなりのリスクもあったことでしょうが、おそらく作った本人にしか分からない無類の手応えが日々感じられたことでしょう。
辰巳　手先の感覚じゃないんですね。肉の塊と自分との一体感というのは、やっぱりあの仕事からでないと味わえないと今でも思っております。
中村　いやいや、お聞きしただけでも、その感覚が分かるような気がします。それにしても辰巳先生はすごいことをなさいました！

細胞が求める「いのちのスープ」

中村　それでは先に進みたいと思います。辰巳先生のライフワークとも言うべきスープについてであります。先生はよく「いのちのスープ」と表現されておられますが、まさにそこにスープの深みのすべてが表現されていると思います。まず、先生が最初にスープに入ってゆかれたきっかけというのは、お父様がお病気の折に、最終的にセロリのポタージュをお作りになってさし上げた所、お父様がニッコリとほほ笑み、とても喜んでいただけ、「これだ」と確信を持たれ、そこにスープに対しての思いが一層深くなられたと以前お聞きしておりますが…。
辰巳　きっかけはその通りでございます。でも、スープという物に対する関心、注意深さ、重要視する考え方、そのセンス、感応の仕方というのは、やっぱり加藤先生からスープと野菜を非常に大切に教えていただき、お作りになるときの先生の態度は忘れられないですね。非常に丁寧に、これ以上はないと言うほどのスープを作って皆に飲ませてもくださいました。たぶん宮内庁で一番最初にお出しするのがスープだから、最も注意深くなさったんでしょう。私たちに対しても、そういう姿勢を示してくださったんです。本当に十何年間、別に私たちは職人ではありませんし、一般の女の人たちに対して、先生はどうしてあんなに真剣にお教えになれたのかなと、今でも思うくらいです。

中村　そうでございましたか。西洋料理におけるスープの位置というのは、それだけの重要性があると思います。日本では、スープを「飲む」と表現しますが、フランスではスープは「食べる」ものですね。具だくさんで、それだけで腹を満たしてくれる完成された一品でもあります。また、以前、フランスやイタリアの映画などで、一家だんらんの食の風景として、スープをふるまうシーンがよく見られましたが、それだけスープには食を象徴しての大きな魅力があるように思えますね。

辰巳　そうですね。

中村　要するに、スープというのは、さまざまな素材をじっくりと火を通し、そのすべてを食べられるという意味では、人間にいちばんやさしい食べ物かもしれません。

辰巳　私もまったくそう思っております。

中村　先生のご本の中で、「スープは本人が欲しがっているのではなく、本人の細胞が欲しがっている」ということをお書きなさっておられましたが、なんと素晴らしい表現なことかと今でも記憶に残っております。

辰巳　そうでございますね。私は、人間が人間らしく食べる。その食べ方の象徴であるように思いますね。焼くというのは、もっとそれ以前の、もっと野性的なものであって、炊き出すことができたときの人間の喜びというは大変なものであったと思います。人間であることを思い出させるというか、スープにはそういった物があると思いますね。

中村　そのスープを日本に置き換えると、つい最近までそれぞれの家庭でさまざまなみそ汁が作られておりましたが、あれが日本のスープの代表ではないかと思います。家庭や地方によってみそも具も違うでしょうけど、つゆの中に具があって、それを食べながら飲むという、実に理にかなった素晴らしい食べ物でありますね。

辰巳　何かとってても直接的に、みそ汁を飲まないと落ち着かない何かがここにあると思いますね。今、私の所に不思議な人が現れるようになったんです。それはサッカーの選手なんだけど、横浜マリノスの若い選手です。

中村　私も横浜に住んでおり、ひいきにしております。浜っ子のシンボルですから（笑）。

辰巳　その青年が言うには、「今の自分たちの選手生活における食べ方では、体がいつまでももたないと感じるようになった」と。食生活を変えないと続けていけないと思ったんでしょう。24、5歳の方です。

中村　スポーツ選手だからこそ、食べることの大切さに気付いたのでしょうね。

辰巳　そう考えて、物の食べ方を誰かに教えてもらいたいということで、読んだのか人に聞いたのかは分かりませんが、うちに現れるようになったんですよ。それで私も何を話してあげて良いのか分からないから、その若者がサッカーをするのを支えるための食べ物を書いてあげて、どこの誰に言えば買えるかというかメモを作って、大学ノートの一枚くらいに書いて説明して渡してあげたんですよ。そうしたらとっても喜んで、「自分も一番作りたいのがみそ汁だ」と言って、1日11キロも走るので、その1日が終わってから一番欲しいのがみそ汁らしい。

中村　うーん…。なんとなく分かりますね。みそという一つの発酵食品の力で、みそ汁はそれだけのパワーを秘めた一つの完成された食べ物ですから。

辰巳　そうなんですよね。その中に適切に野菜が入っていて。それで、「味噌汁を作れる人になりたい」と言って、いろいろと話を聞いたんだけれども、「作ることも教えてくれ」と習いに来ることになったんですよ。

中村　それはそれは。見上げた若者です。

辰巳　それで台所で一対一で助手のチカさん（対馬千賀子さん）も一生懸命面倒を見てくれて、喜んでくれて繰り返しあらわれになるんですよ。3時間位、面白くてなかなか帰らないの。

中村　目覚めたんでしょうね。このみそ汁の深さと作り方に。

辰巳　みそ汁に対する欲求といいますか、練習とか試合をした後に「良いみそ汁を食べたい」という望みって、深くて強いですね。それで、なんとかあの人たちの体がもつようにしてあげたいと思って今はお相手しているんだけど、意外や組織として彼らの体をもたせてあげようという思いやりといいますか、そうしたものが組織として弱いような気がしましたね。

中村　そうですか。ああいうチームですから、必ず管理栄養士がいて、バランス的に栄養面からすべてを管理している人がいると思いますけども。

辰巳　それがね、管理栄養士というものは、お料理ができないんですよ。

中村　問題はそこなんです。要するに、科学的な根拠の元に、栄養的なバランスを測ることも大切ですが、できれば自分の経験に基いて立派に料理ができてこそ、本物の管理栄養士としての力量が発揮できれば完璧となるのですが…。

辰巳　料理が作れないというのは大問題ですね。管理栄養士が肉を主体に指導してくれていたので、どうも体の調子がしっくり来ないと本人が言っておりました。

中村　ここ何十年かでいっきに日本の食文化も西洋風になってしまいましたけども、つい一昔前までは日本の風土にかなった独特の食文化というものがあって、その中でずっと育ち、日本人の体質もそこから培われてきたはずですし、それを無視することはできないと思われます。そうした意味では、彼が若くしてみそ汁に興味を持ったということは、むしろ本人の体が欲してきたのではないかと思われます。

辰巳　本当にその通りですね。不思議なことに、日本人はもともと玄米を食べて自分の体力を維持していたんですね。

中村　先生の玄米スープ、あれなどは、まさに日本の風土にマッチした、素晴らしいスープだと思います。

辰巳　不思議なことに、あれだけで何年間も生きている方がいらっしゃるんです。玄米スープだけで、もう3年間だったかな。

飽食の時代に「食」を考える

中村　それでは、スープから先に進みたいと思いますが、抽象的な表現になってしまいますが、現代の食生活は豊かであるがゆえにさまざまなゆがみみたいな物が垣間見られます。例えば、一昔前に、「飽食の時代」と言われておりましたが、今でもそれは継続中ですね。全国隅々に展開しているコンビニエンスストアのおかげで、いつ何時なんでも今は食べられます。昔はハレのときとか、この時期じゃないと食べられない物も多くありましたけれど、今やデパ地下などに行くと、ぜいたくにもあらゆるものがいつでも食べられる時代となってきました。これはこれで実にありがたいことですが、一方では食に対する喜びとか尊さというものが徐々に薄れてきていることが気になります。先生はそういうことに対して敏感に感じられ、ご意見もおありでしょうが、そこの所を少しお伺いしたいと思います。

辰巳　そうですね、出来合いのものを買ってきて食べる、それはそれで済みます。でもそうすると、物事を根っこの所から組み上げてやっていくという、それが抜けてしまった人間が増えていくのではないか。であるから、皆薄っぺらに生きていく、そういう人が増えはしないかと思って、それは心配ですね。分かっているつもりで生きていく、そういう危うさを感じてしまいますね。

中村　以前は当たり前として親しまれてきた「おふくろの味」というものも、時代とともに失われつつあります。それから、辰巳先生の「食の位置づけ」というご本の中で、「人はなぜ食べなければならないか」というテーマで、若干哲学的な意味合いも含めて、素晴らしいことが書かれておりますが、今日ではあまりにも食というものが身近にあふれすぎ、それに対して一歩立ち止まって考えるということが、本当に少なくなってきましたね。

本当の「美」とは何か「きれい」と「美しい」

辰巳　これは、いろいろな食べること以外でも、途中から考える、心底考える人が減ったんじゃないかと思っていることがあります。このごろ、こういう体験をしたんです。玉三郎さんが「演ずる」ということにおいて講演をなさるというので、わざわざある大学まで行ったんです。そうしたら、玉三郎さんが一人で講演なさるのではなく、そこの大学のお偉い方が相手に出てきちゃったわけ。それで、対談になってしまった。そうしたら、その方は、割合と日本の古典の舞踊とか、そういったものに造詣がおありになったので、あれこれお話をなさるんだけれども、聞いていると、「きれい」ということと「美しい」ことの区別が無かった。ごちゃまぜで話したんですね。何故その方がごちゃまぜになって、「きれい」と「美しい」の区別ができなかったのかと考えると、「美とは何か」という概念をしっかりと打ち立てていなかったんです。それだから、玉三郎さんの対談の相手をしているのに、「きれい」と「美しい」の区別が無かったんです。ですから、聞いていて、「これは困った」「これは違うな」と思うことがチラチラとつながっていったんですよ。あの方は、美に対する概念をどこまで持っておられたのかなあ…。

中村　今、「きれい」と「美しい」という二つの表現について語られましたが、私はそれがどう違うのか今考えておりました。私なりの解釈ですが、「きれい」というものはある意味で外面的かつ表面的な感じ方での受け取り方が強いのではと。一方、「美しい」というのはもっと内面的でより深いもの、心に響くものが表現されているように思われます。また、「美しい」と感じられることにおいては、そこを感じる深さには、その方のさまざまな経験の度合いによって自然と個人差があるのではと思われますが？

辰巳　たぶんそこだと思いますね。「美」というものは、真理と善の所に美はないと思うんですね。「美しい」もそうだと思いますね。やっぱり、あるべき姿というものが、ただ「きれい」と言うだけじゃなくて、「美しい」となったら、表現しなければならない所がきっちり形となって現れた時に、見かけだけじゃない本当の「美」が現れてくるのだと、私は思います。とっても難しいところですけれども、それは言葉になっていなければならないですね。

中村　おそらく、歌舞伎におけるあの玉三郎さんの踊りは、決して「きれい」で表現できるものではなく、ご本人のたゆまぬ鍛錬の中で培われたあらゆるものが凝縮された芸術的な「美」が表現されていて、そこに共感されるものが生じるものであるように思われます。

辰巳　だから、味の表現に置き換えると、「あ、うまい」というのと「あぁ、おいしいわね」というのと、その違いというものを、私たちは考えなきゃならないと思いましたね。

中村　そうですね。言葉が持つ表現のニュアンスというのは、実に絶妙なところがありますね。先ほどの「人間はなぜ食べるのか」という先生のご本の中ですごく心に響いたことは、福岡伸一先生のことと、シェーンハイマーさんの言葉が引用されておりました。福岡先生の「もう牛を食べても安心か」という、狂牛病が問題になったころ（平成16年）に出てきた本ですが、あの時期すぐに読んでおりました。私自身は、単なる料理人でありますが、「作るということはどういうことか」「食べるということはどういうことか」を考えさせられますが、先生のご本などでなるほどと思うことが多くございます。

辰巳　ありがとうございます。そういう意味で、この国が持っている物と持っていない物、それをもっとはっきりさせないと将来は危ういですね。それを漠然と、国とか関東地方とかおおまかに分けるのではなくて、神奈川県は何を持っていて何を持っていないのか、各県ごとにはっきりさせる。そして、その持っている物でどれくらいの人をどれくらいの間養うことができるかということを、各県ごとにはっきり把握していないと危ないと思いますね。

中村　そういうことをせんじ詰めていくと、日本の食料自給率みたいなものにも突き当たってきますが、日本は先進国だと言われながらも、そうした方面で見れば、実に貧しい国のように思えてなりません。

辰巳　そうなんですよ。農林省の発表を頼りに、「これはどうだ」と思い込んで自分たちを納得させていこうとする、いこうとしている。それその物、その態度が非常に危ういなと。本当を言ったら、出版界というのは、そういうことに対してもっとシャープに切り込んで欲しいんですよ。また、新聞をも含めて怠慢だと思いますね。本当に真面目に真剣に考えてくれている人が少ないように思われます。

日本人の食のルーツ「米」と向かい合う

中村　私も歳とともにそういうことを感じるようになりましたが、日本の食文化は非常に優れている部分とこれはと思える部分もあって、アンバランスに思えてしまいます。例えばフランスでは、自国の食、つまりはフランス料理に対して、国がその発展に一つの国家戦略の一環として全面的に支援しております。食材のみならず、優れた料理長をとても大切にしております。日本は、江戸時代から世界的に優れたとてもレベルの高い食文化が根付いていてきておりますけれども、実質的な意味では本物の食文化というものが、実はまだしっかり根付いていないのではという懸念も感じられます。

辰巳　本当にそのように感じられますね。それから私たちの先祖がいろいろな穀類を持っていた中から米というものを選んで、それを主食にしていったということは、なんとも言えない賢さであったと思っております。米を主食にしてくれたご先祖様をとてもいとおしく思っているんだけれども、そこの所をもう少し謙虚に出版界は洗いなおしてみなきゃいけないと思っておりますよ。でないと、本当に米を大切にしていかないということを皆に分からせるということができないと思います。それから料理人たちも、日本の米の良い所を、良い米料理をもっともっと発表すべきだと思いますね。

中村　一方では、日本人の食のルーツでもある米とどのように向かい合っていくかが問われますね。最近では、地方の学校給食で、かつてのパンから地元の米を使用して食べさせようという状況が出てきております。

辰巳　それは、本当に良いことですね。しかしながら、栄養士の方々はお米から気持ちが離れているように思えます。そのことが影響を与えているのではないかと思えますね。残念ですね。ロブションさんは、とても日本の米の味に対して敬意を払ってくれていて、「世界で料理コンクールがあるとして、日本がもし米を出すとしたら、日本の米に対して何を持って対抗したら良いか」と特別に気を使うくらいです。日本の米をとても評価してくださっておりますね。

中村　分かりますね。フランスでは南のカマルグ地方で米作りをしておりますが、うまさの点では日本の米にかないません。フランス料理における米料理には、さほど深みはありませんが、面白いところでは、大きな生のムール貝に生米を詰めて、糸で縛り、トマト風味のブイヨンで炊いた物。後は、家庭料理としてもよく作られるもので、バニラ入りの牛乳で炊いた米をプディングにするなどがあります。もちろん、スペインのパエリヤやイタリアのリゾットは別格ですね。後、先生、昨年あたりから、パリの駅で松花堂弁当が売りだされるようになりました。

辰巳　そうですか。松花堂弁当なんかに気がついてくれたのはうれしいですね。日本人はお弁当に割合と重きを置いておりますが、まさか外国でピクニックに日本のお弁当のような都合の良い物ってあるでしょうかね？

中村　フランスでは、カスクートと言って昔からパンにハムやパテ、チーズなどさまざまなものを挟んで食べる習慣がありますね。しかし、日本の弁当のような凝ったものではありません。今、ドイツあたりでは、おにぎりスタンドが出ていますが、今、外国人の旅行者が増え、日本でおにぎりをパクつく風景が見られるようになりました。これからヨーロッパで日本のおにぎりがどこまで評価されるのか、好まれていくのか、とても興味があります。

辰巳　そうなんですか。おにぎりで思い出しましたが、日本では相変わらずさまざまな自然災害が多いですね。そのとき、おむすびのサービスなんかを見ていても、おむすびを結ぶときに、手ちょうず水ではなくて梅酢で手を濡らす、梅干しを入れてごはんを炊く、そういう心得はいつの間にか抜けてしまっている感じですね。

中村　こうしてみると、昔は理にかなったことを面倒臭がらずちゃんとやっていたことを今一度見なおすべきですね。いやあ、先生とのお話は尽きることがないと思いますし、まだまだ多くのことをお聞きしたいのはやまやまですが、先生にお疲れが出ない内に、この辺でとりあえず終わりたいと思います。本当に今日は長い時間ありがとうございました。

辰巳　いえいえ、こちらこそわざわざ鎌倉までお出でいただき、ありがとうございました。対談の掲載を楽しみにしております。

【対談後記】

この対談で鎌倉のご自宅にお伺いしたのは昨年の夏であった。

辰巳芳子先生の日頃のご考察は、常に毅然として鋭く深い。そして、その言葉の一つ一つが心に響く。久しく以前から、このことをもっと多くの方々と分かち合いたいと願っていたが、今回の対談でその一端が実現できたことはこの上ない喜びである。

食は日々の大切な命の糧であると同時に、人間形成のあらゆる側面で欠くべからざる尊いものである。料理研究家としての辰巳先生は、そのことを最も大切にされ、今日でも立派なご活動をなされておられる。

どうか、いついつまでもお元気にて、より多くのことを私どもにご教示いただけることを心より願う。

PROFILE.　１９５１年北海道登別生まれ。６９年北海道立室蘭栄高校を卒業後、辻学園日本調理師学校に入学。翌７０年に同校を卒業し、札幌グランドホテルに入社。７４年渡仏。リヨンル・ピドールを経て、ウストゥ・ド・ボーマニエなどで３年間修行。７７年に帰国し札幌グランドホテルに再入社。８２年の世界料理コンクールでは日本代表として金賞、特別賞を受賞。８４年同社を退社しレストラン モリエールを開店。その後、９７年オーベルジュ マッカリーナ、２００１年ラパン・スタイル・プラス、０３年ランファン・キ・レーヴ、０７年アスペルジュ、１３年ビブレ、１５年モリエール・カフェ降っても晴れてもを開店。０８年北海道洞爺湖サミットで料理を提供。１１年農林水産省料理人顕彰制度「料理マスターズ」に認定。１２年ミシュランガイド北海道２０１２特別版にて最高位の３ツ星を獲得。5年ぶりの改訂となった１７年版でも3ツ星を獲得している。

世に褒められない仕事を目指す

モリエール　オーナーシェフ　中道 博 氏

【2017年7月14日号、7月28日号、8月25日号掲載】

中村 中道さんが最初、料理人になろうと思ったのは、何がきっかけなんですか？

中道 僕が高校2年生くらいのときに、NHKで法隆寺の改修のスペシャル番組があったんです。宮大工の西岡常一さんがなさっていたんですが、僕がその番組を通して一番感動したことは、「決して褒められないこと。その褒められない仕事を黙々とやる人がいる」ということでした。そして「僕も褒められないような仕事をやりたいな」ということを思ったんです。今思い出しますと、あれは飛鳥時代の建物じゃないですか。そのときの大工さんって本当にすごいんですって。「1000年残してやろう」というパワー全開だったそうですよ。当時はノコギリもありません。ちょっと切るだけで、その切り口を見るとその人がどういう思いでどうやって作ったかが分かるそうなんです。そういう時代のそういう建物が江戸時代に改修に入った際、そのときは既にノコギリがありますけど、どうやら当時の職人が良くなかったそうです。それで昭和に再び改修が行なわれましたが、「飛鳥時代の大工さん同様に、『昭和の大工はすごいな』と後世に思わせるような仕事がしたい」と西岡さんが語っておられました。それを高校2年時に見たんですが、単純に僕も宮大工をしたいと思ったんですよ（笑）

中村 いやいや、その多感な時期にそうした番組を見て、感動し自分もやりたいという思いは、実に率直で尊いことですよ。

中道 後々、宮大工も大変そうだということも分かりあきらめましたが、でも漠然と「職人にはなりたい」という気持ちは強かったです。あと一つ、当時、小田実の『何でも見てやろう』という本を読み、ものすごく感化されました。

中村 あの時代、若者が音楽などを通じて自己を主張したり、またベトナム戦争に対する反戦運動などが叫ばれていたころで、ヒッピーと呼ばれていた多くの若者が旅に出た時代でした。小田実さんも自分の放浪の旅を本にまとめられ、当時ベストセラーとして多くの若者に影響を与えましたね。実は私も当時読み、フランスに行きたいという思いを加速させてくれた本でもあります。

中道　そうでしょうね。中村さんは僕よりも前の世代だから。僕はあれを読んで、平連（ベトナムに平和を！市民連合）とかああいうものに興味を持ちました。どうもそういう所にいるやつが正しい人間で、僕らみたいにそこに手を出さない人はノンポリって呼ばれて、駄目な日和見主義みたいに思われて。僕も一生のうちになんとかそちら側に入りたいと思っていたわけです（笑）。

フランス料理の道に入り、本場フランスを目指す

中村　そこからなんで料理の道と結びついたのかな？

中道　だからそれで「外国に行きたい」という思いもあったわけですよ。うちの親の「手に職があると、なんとか生きていけるから」という言葉もありましたし。

中村　最初、札幌グランドホテルに入社したときも、そういう思いで入ったのですか？

中道　そうです。はっきり言えばグランドでもどこでも良かったんですけど、たまたまグランドの料理長がうちの叔母さんのアパートに住んでいたんですよ（笑）。就職なんて考えていなかったので紹介してもらい、横っちょから入ったという、よくあるパターンでした（笑）。そのときの料理長が南出さんという方でしたが、今でもお元気にしていますよ。うちの入社式とかにも必ず来てもらって、話をしてもらっています。ちょっと話は飛ぶんですけど、当時音楽にも興味があり、アメリカでブルースにかかわるような仕事がやれたらなという思いもありました。

中村 え、音楽にも興味があったんですか！ すごいなあ。

中道 でも実際には音楽の方ではなく、当時アメリカで有名になっていたロッキー青木さんの「BENIHANA」ってご存じでしょう？

中村 そう、当時の日本の鉄板焼きスタイルをアメリカに持って行き、独特なパフォーマンスを加えたやり方が評判になっていたレストランでした。

中道 それで確か日本橋に日本の会社があって、面接に行ったわけです。そうしたら歳が若かったので、「2年ほど入社を待って欲しい。その後であればロサンゼルスに」と言われたんですけども、僕は行かず僕の友達が行ったわけです。そして僕は、「友達がアメリカに行ったので、僕は本場のフランスに行かなきゃ」と思ったわけです。当時、周りを見てもほとんど行った人がおらず、何のつてもありませんでしたけど、『専門料理』という雑誌に「働けます」「紹介します」という見出しを見て、すぐ飛びついたわけです。

中村 それはホテルでどれくらい経験していたときですか？

中道 まだ3年くらいだったと思います。

中村 となると、一応のベースはできていたわけですね。

中道 いやいや、3年目くらいでそんなことはありませんでしたけども。それでもフランスに行くためのお金を稼がなきゃと思い、上司に相談したら、「苫小牧で新しくゴルフ場をオープンするのでそのスタッフにしてやろう」ということになりました。

中村 そんなに稼げたの？

中道 いやいや、当時は残業がし放題でしっ放しで（笑）。

中村 そうそう、当時はすごかったよね（笑）。

中道 でも今思い出すと、昔ってそういう時代だったんですね。一度、仕事が終わって寮に帰り、夜

10時ごろまたホテルに戻り、ルームサービスを1時過ぎまで手伝い、それから夜食を食べ、そのままホテルに泊まる。でも、ベッドがあるわけではなく、調理場の床にダンボールを敷いて寝るんだけども、そんなことを1年くらいやっていたら、急性肝炎と急性胆嚢炎をやって、とうとう黄疸がでてしまって。先輩が僕の顔を見て「お前なんか顔が黄色くないか。病院に行ってこい」と言われて、病院に行ったらそのまま即入院となりました（笑）。

中村　栄養もかたより、ハチャメチャな今の若者では考えられない仕事オンリーの生活で、その全部のしわ寄せで黄色くなっちゃったんですね（笑）。いやあ、よく分かります。私もわけも分からないまま箱根のホテルに入社し、働くことは決して嫌いではなかったので、3カ月位休みも取らず職場に通っていました。飯も食えるし、休憩時間にホテルの床屋にも行けましたから、別に休まなくてもよかったわけです。そうしたらある日、上司がそのことに気づき、「中村、お前は明日から1週間職場に出てくるな」と追い出されてしまいました。昔はそんなものでしたよね。それで中道さんはフランスに何年行かれたのですか？

中道　3年です。最初はおっかなかったですね。なにせ言葉が分からない。しかも僕は行くときは、何も分かっていなかったんですよ。何がフランス料理で何が素晴らしいとか、そういった手応えはまだ感じられず、「どうせ働くならフランス料理をやった方が良い」という当初は漠然とした感じでした。でも、フランスに行ってすごく感じたのは、そこで働いている人たちが親切でしたね。

中村　私の場合は、約8年経験しておりましたが、先輩から「ああしろ」「こうしろ」と言われたことに対して「なぜ？」という疑問が次々と湧きだしたころで、それがためにも「やはり本場のフランスに行かなきゃ」という想いがありました。

中道　僕の場合は知り合った方がプロヴァンスの3ツ星レストランのボーマニエ出身だということもあって、そこに紹介され、幸運にも働くことになりました。そこで働いているさなか、父親が難病になり、泣きながら国際電話をもらい、きっぱりと帰国しようと決断したわけです。とてもうれしかったのは、ボーマニエの主人が、「日本に帰ったら就職も困るだろう」と立派なシェフ・ド・パルティ（部門シェフ）としてのセルティフィカ（労働証明書）を書いてくれたことです。

中村　ウストゥ・ド・ボーマニエと言えば、当時はフランスでも大変な名レストランで、またその場所がとてもユニークで素晴らしいところでしたね。このチュイリェさんというお年を召したオーナーシェフは、そこの村長もなさり、とても有名な方でしたが、まだご健在のころでしたか？

中道　そうです。バリバリやられていました。

帰国後再びホテルに戻る理想を求め独立を目指す

中道　で、僕は1年後に日本に帰国し、すぐグランドホテルにあいさつに行ったら、南出総料理長から「お前どうしたんだよ」と聞かれました。理由を話したら、そのまま人事の所に連れて行かれて、「こいつ来週から働くから」と言われました。また働くことになったわけです（笑）。

中村　それはかつての在職中に、中道さんの人となりをしっかりと見てこられたからこそ、その場で躊躇なく再雇用の決断をされたのでしょうね。南出さんは、私もよく存じ上げています。われわれの偉大な先輩です。とても誠実な方で、北海道の宝ですよ。

中道　それで入社しさらに6年働いたんですけど、やはり僕の思い通りにはなかなかいかなかったわけです。

中村　どういうこと？
中道　僕は仕事の最初から最後までかかわりたいんですよ。でも、ホテルの場合出勤のシステム上、そうはいきません。また、すごく気になったことは、大きな宴会の後、戻ってくる料理がとても多く、それらをどんどん処分するじゃないですか。ああいうのを見ていて、僕はすごく嫌でした。お客さんもお金を出しているのにすべてがもったいないんですよ。野菜を作っている人や魚をとっている人がいるおかげで、われわれコックさんだっておいしいものを作りたいと思ってやっているわけです。それがなかなかすべてに伝わらないように思えて。
中村　それで自分でレストランをやりたいという想いにつながっていったわけですね。
中道　そうです。それで「会社を辞めたい」と料理長に伝えたわけです。僕もまだ30くらいで若かったわけです。そうしたら夜に飲みに連れて行かれて、「お前、偉いなあ」と言われたんですよ。それはすごく悲しかったな。それこそぶん殴られて「生意気言ってるんじゃねえ」と言われる方が気分が良かった。
中村　だけど、それは先輩もそういう考えを常日ごろから感じていたけど、組織として「宴会料理とはこういうものだ」という当時のシステムの狭間でいろいろと考えているところがあったのでしょう。そうした中で、中道さんがズバッと言ってくれたことがうれしかったと思うね。
中道　僕は、「よくそういうことに気がついて、お前、偉いなあ。」と言われたときに、「ここにはいれないな」と思ったんです。どこかレストランで朝から晩までこき使われるような所で働きたいと思ったけれど、札幌には当時そういったレストランはもうなかったので、「それなら自分でやるしかない」と思ったわけです。今でもそうですが、だから「明日やめても良い」という気持ちはすごく強いんですよ。これは入社式でもこの話はしゃべります。お店をやりたくてやっているわけではなくて、お客さんに喜んでもらえることをやりたい。それが僕の原点です。だから、一緒に働いている仲間が協力しないとそういうことはできないわけです。ですから、協力できないような人とは一緒に働きたくないし、お店を辞めてもらっても良いと思っています。

中村　中道さんは、その初心というか、自分のレストランを開く上での、理念・ビジョンがとてもしっかりとしていて、それを常に追い求めていることがすごいと思います。理想としてではなく、現実として求めるということは、社員全員が自分の趣旨を理解し、しっかりとついてきてくれないと、自分も走り続けておれないわけです。そういう厳しさの中で今日まで来られていることには、率直に頭が下がります。

大都会で得られない唯一の物
食材の現場で育まれる料理人としての感性

中村　この前、久しぶりに札幌のモリエールでディナーをさせていただきましたが、久方ぶりにフランス料理の醍醐味を味わいました。本当に素晴らしかったですね。

中道　僕も中村さんにそう言っていただけるとうれしかったです。気分が良かったなあと（笑）。

中村　いやいや。それで食材ということでこれからいろいろと聞きたいんだけども、東京の一流レストランと地方のレストランとの差というものが昔はあったものの、今ではむしろ逆になってきて、地方の魅力が一段と深まり、さらに言えばフランスにおける地方の魅力というものが日本でも具体化してきたように思えます。

中道　そうですかね？

中村　私は少なくともそのように感じております。確かに東京には日本の食の中心地として、常にあらゆる地方の見事な食材や海外からの情報がますます入ってきております。その時点では、東京の料理人は恵まれているわけです。しかし一つだけ得られないものがあります。それは、さまざまな食材が育ってゆく過程を肌身で経験できないことに尽きます。最終的に、料理人に大切な感性の一つとして、そのような食材の現場からさまざまな大切なものが得られ、自己に育まれて行くものであると確信しています。残念ながら、東京ではそれができない。それがこれからの東京のシェフたちのコンプレックスにつながるのではないかと密かに思っています。そのような意味で、この前のカスベ（エイ）を食べさせてもらいましたが、多くの料理の原点は古典にあります。その古典を現代の食の在り方の中で、自己の感性によっていかに昇華させ、いかにシンプルに表現していけるかということが求められます。その観点から言えば、あのカスベの料理は完璧でした。そして、イカのリゾットの詰め物も同様のことがいえます。熟成してフレッシュに感じるジビエ。エゾジカも感動でした。後で調理場をのぞきにいったときに、皮をはいだ鹿が4頭くらいぶら下がっていました。そこは地下に繋がる階段でよく風が通るところで、風干ししてあり、それをバイオーダーでその都度カットして料理するということでした。あのとき、中道さんがその切り口を「触ってみて」と言われ、触ったのですが、そのねっとりとした感触と料理を口に入れた食感が見事に一致しておりました。あれだけ芸術的に熟成されたジビエというものは、今まで口にしたことはありませんでした。

中道　それはありがとうございます。そうですね。あの鹿は撃ってからだいたい一カ月くらい風の通る場所でぶら下げるんですけど、乾いてカリカリになって真っ黒になるんですよ。ただ、これは理屈なのですが、肌と肌が合うとアウトなんですよ。要するに、蒸れないように離しておく。そういうことを踏まえて場所とか配置とか全部考えた上で置いておくと、うまい具合に乾いて行くんですよ。で、そうやってうまく乾いていくと、中に水分を保ったまま乾いていきます。下手にやると中から水分が出てくるので駄目なんです。要は、あるがままというのが大事なのでしょうね。

中村　その風がとても大切で、肉質が乾くことなくほどよく脱水し、肉の状態が微妙に濃縮しながら熟成してくるというのが理想なのでしょうね。

中道　そこなんです！　その肉は食べるとフレッシュに感じるんですよ。熟成させてフレッシュに感じられるということが答えなんですよ。熟成して熟成しましたと感じるものは、それはそれで価値はありますけども、鹿などのジビエについてはフレッシュに感じることが大切ですね。これはうちのお客さんにも言われます。

中村　ただ、あの肉はさっと焼いて中はレアに仕上げないともったいないね。

中道　そうなんです。そうした肉がどうなるかといいますと、最初肉は筋肉質で弾力があるじゃないですか。それが段々と弾力がなくなって、指で触ると指がそのまま入っていくような粘りが出てくるんです。普通は粘りがあるというと、臭いと思うじゃないですか。ところが、粘りがあってフニャフニャしていて、なおかつ新鮮なんです。

中村　一度、室温や風、日数などを測定してみたら、科学的な根拠が出るんじゃないかな。何年か前から牛肉の熟成肉がブームになっているけど、あれとは全然違います。

中道　違いますよね。あれは熟成香ですから、また別物だと思います。

中村　風干しと先ほどおっしゃいましたが、牛肉の熟成肉も風は通しますけども、どこか微妙に違うのは、やはり野生の赤身の肉という肉質の違いなんだろうね。

中道　今（対談日、4月30日）は段々と温度が上がってきたのと、時期によって鹿が脂肪を蓄えておらず皮の下に即肉みたいになってきているので、上にラードを塗っています。生ハムなんかでもラードを塗ったりするやり方がありますけども、最初に少し乾かしてその上にラードを塗って熟成させています。乾きすぎないように工夫しています。

中村　それは鹿肉の脂肪分が少ないので、肉そのものが乾きすぎるからそういう工夫をしているということですよね？

中道　その通りです。それも最初の乾かし方がまずいと、水分が残って出てきてしまい、そこに脂を塗ると蒸れて痛むんじゃないかなと思うんですすよね。何か臭いがついてしまう。置いておくとよく分かるんですけども、上手な人が撃った鹿とそうじゃない鹿とではかなりの違いがあります。上手な人の撃った鹿は、一カ月たっても何の臭みも出ないんですよ。ところがそうでない物は、撃ち方と処理の仕方が良くないのかもしれませんが、乾かしているうちに臭みが出てしまいます。

中村　本当にちょっとしたことで違ってくるわけだけど、それは撃ったときの鹿が受けたストレスの違いがそのままその肉質につながるということですね。

中道　本当に違いますね。だいたいうまい人だと、鹿が撃たれたと知らずに死んでいきますからね。気がついたらアウトだそうです。敵がいると思った瞬間に、体の中の血液の循環かなにかは分かりませんが、違ってくるのでしょうね。

中村　要するに、名人が撃ってストレスがないままに死んでいく鹿と、素人が撃った鹿とでは、後々にそのジビエとしての個体に多くの差が出てくるということだよね。

中道　そうなんです。ストレスなしが一番良い結果を生むということですね。

中村　色はさすがに乾かした分濃くはなっていますけど、本当にきれいでしたね。

中道　普通にやるより芯温を少し低めで火を入れるんですけど、普通はそうやると生肉なので歯切れが悪いんだけど、もともとの肉自体の歯切れが良いものだから、良い状態に仕上がります。ジビエなどは、そういうさまざまな過程が本当に面白いですね。

中村　うんうん、中道さんにはいろいろと試行錯誤した中で自分なりの一つの基準みたいな物ができてきたのでしょう。

中道　そういうことですね。ですので、カスベなんかも、今日捕ってくるじゃないですか、使えるのは明日までですよ。３日目になるとまかないになってしまいます。よく「アンモニア臭がする」と言うじゃないですか。カスベの面白いところは、もともとカスベってそんなにおいしい魚じゃないんですよね(笑)。

食材を見極める力

中村　でもカスベは淡白なだけに、さまざまな調理上の工夫ができると思うし、またあの触感は他の魚にはない貴重なものですよ。先ほどのカスベやイカ、またエゾジカなど、北海道の風土の中で得られた食材というものに対して、中道さんとそのスタッフがいかに真剣に心を注いでいるかというものが、率直に、素直にすごいなと感心したし、また見えてくるわけです。

中道　かのポール・ボキューズが「コックさんよ、マルシェに行こう（キュイジーヌ・デュ・マルシェ）」を提唱しましたね。

中村　うん。かのヌーベル・キュイジーヌの終えんの直後ですね。

中道　そうですね。あれを言った理由を考えると、背景はきっと皆がマルシェに行かなくなったということですよね。素材を自分で触って生産者と語り合ったり、もしかしたら畑にも行ってみたい。今まで朝から晩まで調理場中心で技術のみを昇華させるための努力に対し、ボキューズさんのおっしゃったことは「原理原則は違うんじゃないか。まずは素材を見極めよう」という提唱だったと思います。それはすごく正しいと思うんですよね。日本にはフランスみたいなマルシェはあるようでないんですよ。でも、物流というものがあります。しかし、物流では時間がかかるわけです。本物の生産者はその食材に風味というものがあって、食べごろいう瞬間があるわけですよ。それに合わせて努力しているわけです。各家庭ではスーパーで並ぶ野菜でも良いと思いますけども、専門職はそれじゃ駄目なんですよね。自分自体が持っている甘さや香り、風味とか酸味が大事なので、そういった意味では地方にいたらそれらが手に入りやすいということは確かです。でもそれには、それを見極める力が必要なんですよね。

中村　全くその通り！大切なところはそこですよ。食材を見極める力というものがね。基本としては、生産者がわれわれのところに食材を持ってきてくれるわけですけども、われわれ料理人も時間を作り、できるだけ生産者の現場に向かう努力が必然です。そのことによって料理人としての大切な多くのものが学べるわけです。

中道　そうなんですよ。今地方で料理人としてやる上で、「見極める力」ということを問われている時代になって来たんだと思いますね。僕もその今まで抜けていたことを大事にして行こうと。それがあってこその地方なんだなと思っています。単に、「地方では近くに畑があって物が採れるから良い」ということではないんですよね。

中村　そうそう。大切なことは、まず食材を見極め、そして活かせる技術というものを身につけてそのことです。

中道　そうなんですよ。そういったことを考えるといろいろなことを知らないと駄目ですね。以前中村さんが話しておられた、手強いお客さん、つまり料理のことをよく理解されているお客さん。これはレストランにとっては怖いですけども、とてもありがたいお客さんなわけですよ。

中村　いかにその日その日のお客さま方に誠実に向き合っていけるか。その日々の地道な努力はレストランの経営としても最も大切なところでしょうね。

中道　以前、神戸の美木さんとかとよく話をしていたのは、やっぱりお客がすごいんですって。「今日は食べるものがなかった」と言って帰るのだそうです。

中村　でもそういうお客さんこそを一番大切にしていかないと、自分にとってもお店にとっても進歩がないんだろうね。

中道　それで美木さんは、今はもうレストランは閉じられ、そっち側に行こうと思っているそうです。つまり、うるさくちゃんと言う、そういう人ってすごく大事なんですよね。きっと中村さんにはそういった方がちゃんとおられたんだろうなと思います。

中村　前にも話したかもしれないけど、そういう人と巡り会いたいと思うのであれば、日ごろ、自分がコツコツとやっておかないと会えないんですよね。会っても「この人」ということも見抜けない。向こうも感じてくれない。お互いにそこで作る側と食べる側との何か微妙な波長が合い、そしてそこで「信頼」という二文字がないと絶対に成立しないわけですから。その方々は決して安易に褒めてくれません。むしろ本音の辛口で評価してくださいます。その真意は、もっともっと良くなってもらいたいという気持ちからの言葉です。そういう方々は、自分にとって、本当に貴重で大切な人となるわけです。

経験を通じて新たな風味を探求する

中村　中道さんはエイ以外だと、どんな魚を使っていますか?

中道　アブラコ(アイナメ)ですね。アイナメは種類も多く、函館のあたりで捕れるものは関西で使われています。オホーツクとか釧路とかで捕れるものは茶色く、火を入れるとボソッとしてあまりおいしくありません。ただおいしさというものを考えると、活魚は長所じゃないんです。例えば、生きているエビを食べたとしても、さほどおいしくない。でも、「生きたエビを食べている」という感動と価値があるじゃないですか。けれども、しんみりと食べたとすると駄目なんです。やはり少し白ちゃけてフニャっとなったエビじゃないとおいしく甘く、トロッとした食感にはならないんですよね。それで僕が何を考えたかというと、あえて火を入れるとどうだろうか。そうすると、生で食べる価値はなくなりますけど、生きたエビじゃないとできない品質があるんですよ。元気がないものや野締めされたものだと、火を入れると身が溶けちゃうんですが、それを生きたものでやると身が溶けない。それで僕は生きたエビを使うということをしています。毛ガニも浜ゆでするじゃないですか。あれも劣化しやすいので、元気なうちに浜でゆで、すぐ冷やす方が鮮度が良いわけですよ。でもそれは、流通とか日持ちのことを考えてやっているわけです。ところがうちのレストランでは関係ないじゃないですか。一般家庭では生きたカニを買ってきてゆでた場合、びっしりと氷を敷いて冷やすことはしません。水道水かなんかで冷やし、ぬるくなったやつを新聞紙で包んで、昔はそれをお弁当にしていたわけですよ。そういうカニにしたら良いんじゃないかなという発想の元でやってみたんです。

中村　いま中道さんが語られたことは、非常に大切なことですね。やはり素材の扱い方というものは、この土地の風土を通し、さまざまな生きた経験を自分なりに経た上で、新たな一つの方法というものを模索し、たどり着くわけです。でもこれは、日ごろそれなりに思考し追求していてのことで、誰もが簡単にたどり着くわけではないでしょう。例えば先ほどの毛ガニですけど、もっと具体的に話をしてくれませんか。

中道　そうですね。カニの甲羅にみそを塗って、カニのリゾットを炊いて、その上に今言ったカニの身を乗っける。そのカニの身だけど、一度海水で通常よりも短い時間でゆでてサッと粗熱だけを取る。普通はグーッと冷やすところをちょっとだけ冷やして、その辺に置いておく。それでその粗熱が取れたころに身をほぐしお客さまに出せるという時間を逆算して行なうわけです。

中村 そうすると、どういうふうに違いますか？

中道 いやあ、もう全然違いますね。通常のやり方で、塩水につけてゆでると、身も締まって旨味も強く味が濃くなるんですよ。それと比べると、もっとフワっとした感じになります。少し心もとないけれども、食べてみると毛ガニの持っている臭みが全く少なく別物になります。

中村 なるほどなるほど。「毛ガニは独特な匂いがする」と言われていますが、この北海道を代表する食材で洞爺湖サミットの晩餐会で何かできないものかと、いろいろと試行錯誤した末に、ビスク（ポタージュ）に仕上げました。これは、あのとき、中道さんにも色々と手伝ってもらっておりましたので良くご存じだと思いますが、生きた毛ガニをつぶし、ミルポワ（香味野菜）と白ワインにコニャックを使用して作り上げ、仕上げにペルノー（南仏のリキュール）を垂らし、一晩冷蔵庫でストックしました。それを一度沸かし、さらに目の細かいシノワ（裏ごし器）でこし、少々のクリームとバターを加え、最後に牛乳をあわ立てたものを加え、カプチーノ風に仕上げました。毛ガニ独特の臭いは失せ、美味なビスクに仕上げられましたね。ここで大事なことは、日ごろ、中道さんが実践しておられるように、今までの通説に対し、自分の経験を軸に異なる発想の元に挑戦していくこと。そうした挑戦の中で新たな風味の発見につながります。これらは、実に意義のあることですし、料理人として必然的なことでもありますね。

「汗水」を超えた助け合い

中村 それでは話題をちょっと変えましょう。中道さんが率いている各レストランの評価は、まずモリエールがミシュランの3ツ星にランクされたことで世間に知られてくるようになりました。これは、今まで重ねてきた日々の地道な努力が報われ、一気に日の目をみることになってきたように思えます。そこで、中道さんのレストラングループでの仕事の在り方、経営に対してのポリシーなどを語っていただきたいと思います。

中道　僕にはテーマが二つありまして、一つは「とにかく高品質を目指す」。例えばサービスだったらサービスの技術。料理もそうです。素材もそうだけど、素材の味をちゃんと生かす火の入れ方が大事です。ジャガイモでも良いんですよ。だけど口の中に入れたら今までのジャガイモじゃないジャガイモを作るべきなんですよ。もう一つ大事なものが、各店舗が互いに助け合い、支え合うということですね。ベルギーのブリュッセルに、グラン・プラスという、周りを立派な建物のギルドが囲む中世がそのまま生きている見事な広場があります。その一番偉い人の近くにいるのが職人ですよ。あれを見たときに、僕らは僕らで世の中のお役目として大事な仕事をやっているんだとつくづく思いました。そういう意味でも、皆で支え合うということをやっていきたいと痛感いたしました。技術がなくたって、向上心、気持ちさえあれば皆仲間なんですよ。皆の気持ちが一緒になって、個人の生活まで一緒に支え合いたいと思っているわけです。よく、「汗水たらす」ということを言っておりますけど、自分に少し時間があったりお休みをいただいているときに、「お前忙しそうだけど何か手伝うことないか?」と言うじゃないですか。それを僕は認めないですね。それは単なる「汗水」で、空いた時間に手伝っているだけじゃないですか。そうじゃなくて、もっと空いていない時間帯にまで踏み込んで手伝う。そこまでやるかやらないかが大切なことなんですよ。

中村　私が中道さんのチームがすごいなと思うのは、そこですね。ごく当たり前のことをやっていては、当たり前のことしか得られない。そこで当然の厳しさも伴う状態で、互いに何をやれるか。いわば、互いの意識改革ですね。一歩どころか三歩くらい踏み込むことで、明確な目標が見えて来ることでしょう。

ギャルソンは料理人にとっての目

中村　また、レストラン経営で大切なことは、調理とサービスの連携が互いの信頼の中でいかにスムーズに行なえるか。これは、実際にそこで座り食事をしてみると、すぐに分かることですね。

中道　レストランの「レスト」というのは「休息」とか「再生」という意味だそうです。そうすると、うまいものを食べに来ているだけではなく、全体像として帰るときに「今日は良い時間を過ごしたな」とか、ものを食べているときに「これ、お母さんにも食べさせたいな」とか、そういう言葉が目指す所じゃないかと思っています。それには皆が手伝わないといけないんですよね。サービスはサービスの理論があるんですけど、最近あったことを話しますと、うちのマネージャーで、5年くらい経って段々と良くなってきた者がいるんですよ。僕はすごく心配症なので、料理を出したとき、一皿ごとに「大丈夫だったか？」「大丈夫だったか？」と聞くわけですよ（笑）。ただそれは、サービスの人から見るとうっとうしいわけですね。それであるとき、「中道さん、最初に喜んでいると言ったじゃないですか」と言われたんですよ（笑）。

中村　しつこいと（笑）。

中道　そう、しつこ過ぎると（笑）。それで「僕の言っている言葉が信じられないんですか」と言われたときに、僕はものすごく怒ったわけです。「あなたを信じているか信じていないかの問題じゃない」と。「お客さまは生き物なんだ。店も生き物なんだ。だからきれいごとに聞こえるかもしれないけど、一皿一皿、場面で変化していくんだ」と。だから「大丈夫だ」と言ってもその時は大丈夫かもしれないけど、その次は駄目かもしれない。だから心配だから聞いているのだから、「あなたの言葉は僕にとっての目だから、目になって欲しい」と。そのことでやっと理解してくれたみたいで、最近は多いんですよ。5回、6回と来るようになった。基本的にサービスの人には目としてお客さまのすべてが見えているはずです。ちょっと気分が悪そうだとしても、調理場はそれが分からない。だから具合とかプレゼンの仕方とかを少し変えて、その場その場で喜ばせようというのはあるじゃないですか。それをタイムリーにやりたい。でも、「お客さま喜んでいます」と言っても、料理人は誰も振り向かないんですよ。調理場が狭くて音がこもってしまうので聞こえないわけです。それでギャルソンもつい腹を立てていたんだけども、最近はそれが全くない。そのことがとてもうれしいですね。

中村　料理人にもサービスにも言えますけど、真面目にちゃんとやるというのは当たり前の話で、最終的にはその人の人間性が問われることになるんですよね。お客さまに対して、いかに誠心誠意、ピュアな心持ちで相対しサービスできるかです。上辺だけのマニュアル的な対応ではごまかせない。お客さまがそのギャルソンの誠意を感じ信頼があると、少々の失敗があったとしても決してとがめられません。

中道　その通りですよ。お客さまだって無茶は言われない。何か欠けているものがあるからこそ指摘されるわけです。そして、よくある状況で、お店がシーンとなっているときがあるじゃないですか。そういうときはサービスを呼んで、「とにかく楽しくやらせろよ」と言うわけです（笑）。そんなときは、先ほどお話しした鹿をコックさんに抱えさせてテーブルまで伺い、「これからこの熟成させた鹿肉を切り取って焼かせていただきます」とプレゼンすると、一気にお客さまは「おお！」ということで、待っている間のギャルソンとの会話も盛り上がります。それが隣のテーブルなどにも波及していくわけですよね。

中村　いやあ私も実際にあの席に座って、ギャルソンが必死に会話するよりも、少々の自信の中に、誠実さを秘め、それが笑顔となってサービスに努めている様を目の当たりに見ながら、レストラン全体のすごく良い雰囲気に心地よさを感じたものです。レストランでは、あの空気が最も望ましいことですよね。

中道　そうなんですよ。うちは貧乏くさい店なんですけど（笑）。

中村　中道さんもそうだろうけど、私もフランス時代から食べることは自分自身への投資だと思い、あらゆる店に出入りしているうちに、自然と分かるんですよね。一歩レストランに入り、ギャルソンと対面した時点で、大体のことが感じられます。最終的には、食べる空間の心地よさというものが一番大切だと思われます。その点、中道さんの店では、ごく自然にそれらが感じられますね。

エゴのない料理

中道　ありがとうございます。僕はすごく感心したのが、アルザックのお店です。
中村　スペインのバスク地方のサン・セバスチャンの3ツ星レストランですね。サービスにおばちゃんたちがいっぱいいたころの話？
中道　そうそう、おばちゃんがいたでしょ。あれがすごかった。とてもフレンドリーでアットホームで、ボーマニエールとすごく似ていたんですよ。当時のボーマニエールでは、お母さんたちが外でサービスをしていて、そこがなぜかホッとしてよかったんだよね。
中村　当時、80年代くらいまでの地方の名レストランにいくと、そのような構造のレストランが多かったですね。われわれ日本人からすると、パリの有名レストランで偉そうなギャルソンが勢ぞろいしているところから地方のこうしたレストランに行くと、心底ホッとしたものですよ。そこで中道さんのチームをさらに進化させるためにも、最近は美瑛の小麦畑に薪窯で焼いたパンを中心としたオーベルジュのビブレという施設を作りましたね。そこで人を育てるための塾を開校され、着々と中身が充実されてきましたが、実際には中道さんは、何を目的として、どういう事をなさり、これからどのようなことを目標とされていますか？

中道　繰り返しにはなりますが、僕たちにとって一番大事なことは、お客さまにどれだけ喜んでもらえるかということです。そこに余計なエゴが入り込むと、本当に良いものは作れませんよね。ただお客さまのことだけを考え、一心に食材と向き合うと、自然と「おいしさ」が残るんですよ。そういったエゴのない、純粋な料理を目指していきたいですね。

中村　そのこと自体は目新しいことではなく、中道さんが一貫していままで追い求めてきたテーマだと思います。今後はさらにそのことをチームワークによって深度化していこうということだと思います。いやあ、今日は長時間ありがとうございました。中道さんのたゆまぬ料理人としての姿勢を、この対談を通じて多くの方に知っていただければ幸いです。ありがとうございました。

【対談後記】

「わざわざ来ていただいたお客さまに最高の喜びを味わっていただきたい」。オーナーシェフとして最初のモリエールを立ち上げ、今日では北の大地の各地にいくつもの名レストランを率いる中道さんのこの想いは、今日までもいささかもぶれることはない。むしろ各レストランの店長、シェフは、この原点を「鉄の結束」として共有し、その責務を全うすることで、地域と密着しつつ、それぞれが独立し、個性的なレストランとしてますますその評価を得られる所以であろう。中道さんは今までがそうであったように、今後も現状に留まることなく常に未来に向けその想いを切り開いてゆかれるにちがいない。ますますのご健闘を祈りたい。

PROFILE.　１９７１年秋田県生まれ。高校卒業後、当時目白にあった赤堀栄養専門学校に入学。在学中、太古八の親方にスカウトされ、学校に通いながら修行をスタートさせる。９５年２４歳で板長になる。９９年２８歳で故郷の秋田で独立し、「日本料理 たかむら」を開店。２０１６年１１月農林水産省の「料理マスターズ」に、秋田県で初めて選出される。１７年5月よりJR東日本が運行する豪華寝台列車「TRAIN SUITE（トランスイート）四季島」の旅先で、3日目のディナーを担当する。

親方との運命の出会い

日本料理　たかむら　店主　高村 宏樹 氏

【2017年9月8日号、9月22日号、10月13日号掲載】

中村　この前、高村さんのお店に初めてお伺いし、高村さんの料理を作る姿勢とその想い、そして実際に食べさせていただいた料理にすごく感じるものがありました。また、高村さんの「江戸料理」という料理の流儀というものに非常に興味がつのり、ぜひ対談をさせていただきたいと思ったわけです。それではまず、この料理の道に入った動機、そしてなぜ日本料理だったのかというところからお聞きしましょうか。

高村　今日は僕と対談していただけるというので、とても楽しみにしてまいりました。よろしくお願いいたします。さて、高校は進学校だったのですが、高校二年生のころに、「進学するのか、それとも専門学校などに行くのか」といった、第1回目の人生の岐路に立ったわけです。友達たちが進学する中で、「手に職を付けたいな」と考えるようになりました。将来は自分で独立し、自分で飯が食いたいと思って、「何が良いんだろう」といろいろと悩んだ末に、「料理人になろう」と考えたわけです。それで「東京で修行するのが一番だ」と思って、目白の栄養専門学校に通うことになりました。東京の白山でおばさんが喫茶店をやっていて、夜はそこでアルバイトをしておりました。ちょうどそのころ、目白で昭和8年からやっている太古八（たこはち）というお店が建て替えの時期になっていたんですね。後に僕の師匠になるわけですが、そこの羽賀英夫親方が若い衆を探しておりまして、「料理学校に行けば誰かいるだろう」と、アポなしで僕の料理学校に来られたわけです。そのとき昼休み中で、僕は夜のバイトをしていたのでロビーのソファでこっくりこっくり寝ていたら、ポンポンと肩をたたかれました。ハッと見たら、知らないおじさんがいて、「この人特別講師の先生なのかな」なんて思いながら返事をしたら、いきなり、「君、和食をやりたくないか？」と声をかけられました（笑）。そのときなぜか「はい、やりたいです」と即答してしまいました。若かったし何も考えてはいなかったんですけどね（笑）。

中村　かの運命のごとく、ダダダダーンと肩をたたかれたわけです（笑）。

髙村　そうそう（笑）。それで「なんで和食をやりたいんだ」と聞かれて、これまたとっさに「日本人だからです」と、とってつけたように答えたわけです（笑）。

中村　今にして思えば、それが人生を決めた一言になった！

髙村　ええ、そうなります。「そうか。それなら今日学校が終わったら目白駅で待ち合わせよう」と言われました。当時、大塚駅にすし栄というすし屋さんがあって、「君、江戸前のすしは食べたことあるのか」と聞かれて、「ないです」と答えると、「じゃあ食い方を教えてやる」と連れて行かれ、そこで初めて「君、名前はなんて言うんだ」と聞かれました。そして「君、将来独立したいか？」と。「はい。そのために東京に来ました」と言ったら、「じゃあ、今日からおれを親方と呼べ」と言われて「明日から学校が終わったら来い」と。

中村　すごいね。その見知らぬ方との出会いによって、髙村さんの進むべき道があっさり決まってしまったわけだから。

髙村　全くその通りで、そこから修行が始まったんですよ。

中村　私も多くの人から話をたくさん聞いてきたけれども、非常にまれなケースですね。感心するのは、そこで髙村さんが素直な気持ちで入り、そしてそのまま何の疑いもなくこの道を全うし、ここまで来られたということです。

髙村　ですかねえ。折々に他人から「なぜ和食に進んだの」と言われたときに、返事に困ってしまいます。

中村　うーん、もしその方が洋食、または中国料理だったら、その道に進んでいただろうし、もしかして、パン屋さんやお菓子の道もあったわけだよね（笑）。

高村　たぶんそうでしょうね（笑）。

中村　いずれにせよ、そのきっかけをしっかり自分のものにされたわけだから、素晴らしいことだと思います。

江戸文化とともに花開いた「粋」な料理

中村　さて、このまえお伺いしたときに、「江戸料理」という最近ちらほら耳にする興味深い話がでてきました。日本料理は関東と関西で味付けが異なるということや、親方によってさまざまな流派があるということは知っておりましたが、そもそも、髙村さんが今日まで極められて来られた江戸料理というものはどういうものなのか、すこしお話しいただけますか。

高村　そうですね。僕が働いていた店は、太い古いに八で太古八（たこはち）という店で、昭和8年からやっていると聞かされておりました。目白界隈では一番古くて、親方のおじいさんの代からやっているらしく、昔は料理番付みたいなランク付けがあり、師匠のおじいさんは横綱の格付けをずっとはっていた、かなり腕のたつ料理人だったと伺っています。その中で、江戸料理というのを日々掘り下げていたとのことです。

中村　要するに、江戸時代の資料を日々研鑽しながら、現代に即応させ、いかに再現するかというテーマを追い続けている料理であると。

高村　そのとおりですね。それで、うちの師匠が三代目になったときに、さらなる努力をされて江戸料理というものを看板として自分の流儀にされたということです。

中村　具体的にどのようなことをされていたのですか？

髙村　さまざまな文献を漁り、「江戸料理というのはこうだろう」ということを追求していくことになります。そうですね、例えば「豆腐百珍」とか。

中村　料理好きな方にはよく知られている本ですね。

髙村　日本料理の文献としてとても貴重な本です。

中村　その後、明治時代のベストセラーで、村井弦斎の「食道楽」などもあります。

髙村　その通りですね。でも、そういう江戸時代の料理本とか見ても、レシピってほとんど書いていないんですよ。

中村　表面的な作り方が文体としてさらさらと書いてあるだけで、後は自分の経験を基にいかに再現していくかということですね。

髙村　そうです。例えば「玲瓏豆腐」というデザートがあったとして、「絹ごし豆腐を寒天で押し固め、生姜醤油で食べる」といったことしか書いていない。それを「今だったら実際にどうだろう」と考え、「黒みつを使ってみてはどうだろう」と。当然これは江戸時代にはなかった食べ方ですが、玲瓏豆腐本来の在り方はそのままに、現代に合わせて昇華させたわけです。

中村　そのような太古八の親方が江戸料理という看板を掲げて、料亭というか店は東京でも独特のお店のようですが、一般の人々も入れたのですか？

髙村　入れたんですけども、太古八のお店そのものは看板ものれんもなくて、真っ黒なみかげ石で囲まれたような、知る人ぞ知る店でした。

中村　要するに、常連さんに支えられたお店だった。

髙村　そうです。それこそ、皇太子殿下とか雅子様、白洲正子さん、後は坂東玉三郎さんとか東京農大の小泉先生とか、皆さまにおいでいただいておりました。

中村　食に造詣の深い、実に立派な方々が顧客としていらっしゃったわけですね。

高村　そうなんです。そこでいろいろと教えてもらったんです。例えば、「江戸料理ってどういうものなのか」ということも教わりました。江戸時代の参勤交代の時期に発達した料理だそうで、地方の諸大名が江戸に集まってくるとき、その人たちをもてなすために発展した料理だともいわれています。すごく平和な時代が長く続いていたわけですが、そこで吉原ができ、そして商家の二代目三代目の旦那衆がお金を持ち始め、大事な顧客となってくるわけです。

中村　うーん。武家社会だけではなく、一方ではそういった商家のお金持ちで粋なお客さまがいてこそ、料理の発展が見られてきたわけですね。

高村　もともとは諸大名をもてなすために発展していった料理が、遊郭ができて、だんだんと旦那衆がお金を持ち始めて、そこに今度は「粋」という言葉が加わり、料理につながってくるわけです。

中村　どこの国も共通していることは、日々の生活が安定してくると、あらゆる文化が芽生え栄えてくる。その中で、同時に食文化も向上し進化するという構図ができてくるわけです。

高村　そのとおりですね。それで、今のどじょう屋さんとかすしやそば、天ぷらなどもそうですけど、「粋という言葉がくっつきながら、その当時の創作的な料理が発展していったのが江戸料理だよ」というふうには教わっています。

中村　なるほど、深いですね。江戸時代には華やかな文化が花開いてきたわけですが、当時の武家社会と共に台頭してきた商家の旦那衆の影響もすごく、そこから芽生えてきた料理文化がつまりは「江戸料理」であったと。

華美じゃなく派手じゃなく美しく 江戸料理の五味五色五法

髙村 そういうふうに教わっています。コンセプトとすれば、「華美じゃなく派手じゃなく美しく。そして粋である」ということ。要は「格好良いこと」がコンセプトにあって、それに五味五色五法というのを加えて、おまかせを仕立てる。

中村 その五味五色五法というのを分かりやすく解説して下さい。

髙村 五味五色五法なので、五つの味と五つの色と五つの方法で料理を作る。五つの味ですので、例えば醤油や酢、みそ、だし、昆布などの味付け。五色は食材の色。木の芽の緑、卵黄の黄色、エビの紅白、揚げ物の茶色などですね。そして五法は焼く、揚げる、蒸す、ひたす、漬けるなどの調理の方法。それらを意識することで、食べ飽きをしなくなるだけではなく、自ずとバランスの取れた料理となりますので、栄養価的にもしっかりとしたものになるわけです。

中村 それが江戸料理の基本となったわけですね。

髙村 そのように教わってきました。特に弁当を作るときなどはそれを必ず入れろと。そうしないと食べ飽きすると。

中村 うーん、弁当というのは日本の食文化の中で独自の見事な形式であり、突き詰めれば芸術的な食となりますね。例えば、花見での弁当などもそうでしょうし、そこにもっと深みを増した茶懐石やおせち料理などもそうでしょうが、作る側にとってもその目的にそって自己の調理技術がそのまま反映され、その力量が試される料理でもあると思います。

高村　その通りです。そしてそこに華やさが表現されるものが弁当となるわけですね。そうすると、栄養価と彩りと、野菜も入るしバランスも良い物になるから、「五味五色五法は必ず考えろ」というのを教わりましたね。で、だしの引き方も、鰹だしを主にしなさい。一番だしだけでいきなさい。昆布は添える程度に。醤油は濃い口を使いなさい。薄口は野菜の色を変化させたくない物に使いなさい。みそは八丁みそと田舎みそをブレンドしなさい。西京みそはほとんど使っちゃだめだよ。といった具合に。

中村　素朴な疑問ですが、西京みそは何で駄目なのでしょうか?

高村　一言で言えば文化の違いですね。日本の料理って名古屋を起点に西と東に分かれていますよね。お客さまは江戸料理を食べに来られているのに、西京みそを使ってしまうと西の味を感じてしまう。絶対に使わないというわけではありませんが、なるべく使わないようにはしています。

中村　理にかなった料理というものは、そういう時代背景の中でも一つの理論的な根拠がはっきりと確立されているわけですね。

高村　それをたたきこまれてきたという感じですね。

中村　もともと日本の江戸時代というのは、徳川幕府が３００年も続き、一番安定した時代であったからこそさまざまな文化が芽生えてきたわけで、食の方面でもすごく進化を遂げた時代であったかと思えます。しかもその当時の食文化は、世界のトップクラスであったと証明されています。当時、フランスなんかでは、まだまだ革命前の時期で、レストランというものがなかったわけです。日本の江戸時代では、当時すでに料亭も小料理屋も大衆酒場や屋台料理まであったわけで、江戸時代の料理文化というものは世界に誇れるかなりのレベルだったことが分かりますね。

本物の芸術に巡り会う
素晴らしいお客さまとの出会い

中村　その後、髙村さんは秋田に行かれたわけですけど、その経緯は？
髙村　それはですね、その当時24歳で太古八の板長になったんです。
中村　それはそれは！
髙村　今思えば、すごく早く、当然鼻っ柱も強く、その時々に折られるわけです（笑）。
中村　今にして思えばそれはそれで貴重な体験ですよ（笑）。折られたからこそ何かに気付き、今があるわけですから。
髙村　おっしゃられる通りです（笑）。板長になった当時、坂東玉三郎さんもよくお見えになり、いろいろお話を伺っておりました。それで「歌舞伎を見たことあるか？」と問われ、「いやないです」と。「じゃあ一度見に来なさい」ということで、太古八のメンバーを全員招待してくださいました。実際の舞台は実に美しかったです。
中村　すごいよね、あの美しさは！感動を通り越し、魅入られてしまいます。
髙村　そうなんです。それと、昔の歌舞伎座のあの雰囲気に圧倒されました。目の前で玉三郎さんが藤娘で出てきたときは、あまりにもきれいで言葉もありませんでした。
中村　すべての仕草が芸術的だよね。
髙村　正に芸術的です。その方が店に来てくださり「おいしい」と言ってくださるわけですけど、でも本当のところ、僕は「まだまだだな」と実感しました。その舞台で玉三郎さんに「本物の仕事を見なさい」と言われているような気がしました。鼻っ柱強かった分、とてもショックでした。

中村 でも、そこに髙村さん自身が気づかれたことは、とても尊いことで、料理人として何か非凡なものを持たれていたわけですよ。普通だったら、「こういうすごい方がうちに来てうれしいな」くらいで自慢する所を、一歩踏み込んでそういうことを感じられたということは本当に素晴らしいことだと思います。私は常々、料理人はお客さまに育てられる、そしてその素晴らしいお客さまに出会えるのは自分自身の日ごろの努力次第だと思っています。

髙村 全くおっしゃられるとおりです。その瞬間、自分が作った料理を「おいしい」なんて言えなくなりました。

太古八の看板の重み
離れて気づく親方との絆

髙村 それから4年間板長をやって、28歳のときに師匠から「髙村くん、そろそろ独立しなさい」と。そのときにいろいろと声がかかってきたんですけども、「今辞めても太古八の髙村はずっとつきまとって来る」と考えたわけです。太古八の看板がとても重い、なんとかそれを外したいと思っていたわけです。まだまだ若く、突っ張っていたんでしょうね(笑)。

中村 正直な話です。でもその時期の心境はとてもよく分かります。

髙村 太古八その物が自分のDNAなのに、若気の至りというか、それを外そうとした時期があったわけですね。それで東京とは違う場所で、「自分の料理が本当においしいのか、それとも太古八という名前でおいしいと思われているのか。どっちなんだろう」という自問自答して。それで「田舎に帰って誰も知らない所でやろう」と決断したわけです。秋田は生まれ故郷ですけども、当時はさほどの愛着はなかったわけですが、ここまでお客さまがわざわざ来てくれて、「おいしい」と言ってくれたならば、それは「僕自身の料理がおいしいということだよな」と思ってしまったわけです。

中村 でも、若いときはそれくらいの意気込みがあってもいいと大いに結構だと思いますよ。

髙村 そう思ってやり始めたものの、最終的には太古八の親方が秋田まで来てくれ、さまざまなアドバイスや店のデザインまでしてくれました。

中村 いやあ、分かるなあ。親方もじっとしておられなかったのでしょう。自分なりにもがいたものの、親方との絆はそう簡単に切れるものではなく、むしろその逆であるということが分かったわけです。

髙村 当然切れるものではなく、むしろさまざまなご支援をいただき、今年で18年目になります。

中村 そうですか。その間、実にさまざまな物語があり、多くの人と人との出会いがあり、今の自分が築かれてきたわけですね。

髙村 全くその通りです。そして気がつけば45歳になります。

中村 でも、髙村さんの物語はこれから佳境を迎えることになるでしょう。今までの経験を土台に、これからが本格的に充実させて行かねばなりませんね。

髙村 本当にそのように思い、その覚悟でいます。ようやく、「たかむらの料理はおいしいよ」と言っていただくようになりました。ようやくです。

中村 それが本物だからこそ、東京から新幹線でわざわざ食べに行かれるお客さんもおられるわけでしょう。

髙村 ありがたいことです。その当時は太古八の仕事そのものから逃げ出したかったんですけども、当然太古八の料理がベースになっているわけです。

中村　そこに気づき、確実にそのことが実感されたときに、髙村さんは初めて自分の道を求め、進撃の巨人となってきたわけです。

髙村　離れてしばらく自分なりにもがき、じわりじわりとそのことに気付いたわけです。でも、常々「親方ならどうするんだろう」と思う自分がいます。結局自分の中の弱い所は全部親方に助けを求めていたわけです。

中村　うーん、それはとても正直な所ですよ。そしてその思いはとても尊いことであるように思えます。あのとき、あの学校の昼休みに親方に肩をたたかれたことがこの道の始まりでした。やはり一つの道を極める中で、特にその初頭にいかなる人物と巡り会えるかは実に切実なことで、尊いものであります。言い換えれば、自分の運命を左右しかねないことにつながるわけですからね。

髙村　それは常々感謝の一言ですね。

震災の中、太古八に恥じない店作りを決意する

髙村　親方が亡くなって10年たちました。亡くなる3日くらい前に電話がかかって来て、「髙村くん、東京に戻ってくる気はないか」と言われて。「君、太古八を継げよ」と言われたんですよ。「秋田の店を閉めて東京に戻ってこないか」と。

中村　親方は常々自分の仕事を継ぐのは髙村さんしかいないと思われていたのでしょう。だからこそ、

一度苦労させるために独立しろと自分の店から出してしまわれたのだろうね。

髙村　それは薄々自分も感じていました。そしてそのとき、「東京で一番になれよ。秋田で一番はもうよいだろ」と言われて。でも、お店はもう出していますし、お客さんもついています。「親方、そんなに簡単なことじゃないです。店出すって覚悟決めて来ているし、ここで多くの人々に支えてもらっているから行けないですよ」と話をしたら、「じゃあ、太古八という名前を使っても良いし何をしても良いから、君、秋田で太古八を引き継いでくれよ」と。それで、「引き継ぎます」と言ったら、「じゃあ君、太古八の四代目だな」と。そこで電話で継承したんです。

中村　すごくいい話ですね。お会いしたことはありませんけども、そのときの親方の表情が目に見えるような気がします。髙村さんは素晴らしい親方と出会えて本当に幸せですね。

髙村　本当にすべてに感謝しております！そして残念なことに、その3日くらい後に親方は亡くなってしまいました。

中村　そうですか…。安心したのかなあ。何か泣けてきますね…。

髙村　いや、そのときはなんとも言えない気持ちでした。当時はビルのテナントに入っていたんです。そのとき、「ちゃんとした店を秋田に建てないと、継承したことにはならない」と思って土地探しを初め、それで先の震災の時に建てたんです。

中村　よくぞ震災のときに！でも、親方の死、そして震災、とても気持ちは揺らいだのでしょうが、でもこんなときだからこそやらねばと思われたのでしょうね。

髙村　全くその通りです。震災で資材が高騰し工期も遅れる。でもそのとき秋田のメンバーとともに「絶対今年中に建てないと駄目だ。今建てないと建てたいという気持ちが薄れてしまう。震災だからこそやらないと駄目だ」と誓い、震災の年の9月に建てたんですよ。

中村　それはすごい！そして髙村さんとその仲間たちに頭が下がります。大変なリスクの中で、よくぞ決断されたと思います。だからこそ失敗は許されないし、ご本人は当然のこととして、スタッフの眼の色も違っていたことでしょう。

髙村　その通りなんですよ。そうした中で店を作り、いろいろなお客さまにお出でいただき、少しずつ評価が上がってきたのかなと思います。同時に、今ではすべてに感謝しているところです。

江戸料理と地方食材 旬の食材へのアドリブ性

中村　いやあ、とても良い話ですね。かつて私もそうだったと思いますが、先ほど「若いころは少々天狗になった」という話は誰もが経験することだろうと思います。大切なことは、そうした自分に気づき、自分を知り、親方も含め周りのいろいろな人との出会いがあってこそここまで来られたということを実感し、感謝の念を持つこと。そうしてやっと自分が本物に向けて始動し始めることになるのでしょうね。親方はあなたに対し、惜しみなくすべての愛が注がれたのだと思います。

髙村　まさにその通りで、自分の親父とかお袋とかよりも濃いつながりになっていますね。やはり朝から晩までほとんど24時間、嫌なこともうれしいことも全てを共に過ごしてきましたから。

中村　実際、親方とは東京では何年間一緒だったの？

髙村　約10年です。でも当時の若いころは、「自分のやっている料理が正しいのか」「このままで良いのか」と、何か迷路にハマるときがありました。「ほかのお店のさまざまな仕事も覚えた方がよいのではないか」と思う自分に、「髙村くん、君はね、江戸料理だけやっていれば良いんだよ。ほかのことはやるな」と。「なぜですか？」と問うと、「お前は江戸料理だけやっていれば良い。できないことがあって良いんだよ。できないことがあるから良い」と。

中村 その時点で自分の後継者として江戸料理を極めてもらいたいという想いが強かったのでしょう。それに料理というものは、ある程度の技術を極めると、その応用によってそれなりにほかの料理も自分のものにすることができます。そういった思いが親方にはあったのでしょう。

髙村 その通りなのですよ。今にしてそのことはよく分かります。そして今では自分の経験に基づいてあらゆる料理を知り、それを自分なりに江戸料理というものにつなげていくことができると思っています。

中村 日々をコツコツとしっかり生きるということは、たとえその間いろいろなことがあったとしても、最後は自分に生かされて来るようになるわけです。

髙村 その通りですね。今ではフォアグラやトリュフにアプローチしてみたり。

中村 でも、秋田にはフォアグラもトリュフもないのだから、あまりこだわることもないですよ。それよりも、この前のアスパラガスは絶品でした。

髙村 あの薄い春巻きで巻いて揚げ、塩だけで出すなんて料理は、僕が修行していた当時の太古八ではやっていないんです。

中村 そうでしょうね。いかにも素材を生かした髙村さんらしい料理でした。東京にいるとあらゆる地方から素晴らしい食材が集中的に来るけれども、肝心なその食材が育つ背景まではついてこない。地方では東京で決して手にできないその土地の風土を知り、その素材の本物の風味を知ることができます。そこで初めて料理人としてその素材に対する思い入れと責任が感じられるようになるわけでしょう。極端に言えば、そこが東京と地方との差になるのでしょうね。

高村　そのことを嫌というほど実感しています。季節によって食材が限られている中で、その食材を手にして姿形を見極める中で、さまざまなアイデアが浮かび、作るという喜びが倍増するわけです。

中村　そこが料理人として最も大切な所ですね。地方に行くと食材がその地域に限定され種類は少ないけれども、その朝収穫したものを手にする喜びは、料理人として最高のだいご味と手応えを感知できるわけですから。

高村　本当に旬というものはパッと来てパッとなくなりますからね。季節の移り変わりを敏感に感じつつ、短いということを実感しますね。

中村　そうした環境で初めて料理人としての自分を試されるというか、真価を問われるということにつながるのでしょうね。

高村　江戸時代には冷蔵庫があるわけではありません。ですが季節によって限られた食材の中で知恵を絞り出し、豆腐一つ取っても豆腐百珍（とうふひゃくちん）のように何百の料理を作るということができるわけです。ですから、秋田という地方で今やっている自分からすると、自分の今までの料理、東京で習ってきた江戸料理というものをそのまま生かしつつ、秋田の風土に対するアドリブ性、臨機応変さを求められる今は、自分に一番ピッタリと来ている感じがします。

秋田の地で真正面から江戸料理に取り組む

高村　確かに、江戸料理というお店は今、東京に一軒もなくなりました。だから、昔からのお客さんや今は東京にいるお客さんからも、「髙村くん、江戸料理が江戸に一軒もないのはどうかな」とは言われます。ですけれども、今秋田にいるからこそ生き生きと頑張れているのだと思っていますので。

中村　「東京に江戸料理がないというのはいかがなものか」という思いも、言われてみたら確かにそのとおりですね。しかし、今の髙村さんの状況では、秋田の地で秋田の食材で江戸料理に真剣に取り組むということがベストであり、そこに意義を見いだすことになるのでしょうね。

髙村　そうなんですよ。この秋田の地に根をおろし、多くの人々の支えをいただきながら、自分としても真正面からそれらに応えるべく、またお客さまに喜びを持ち帰っていただくべく、精一杯の日々を過ごしています。僕は今すごくそれが楽しいですね。

中村　いや、髙村さんの生き生きとした様子を目の当たりにして、そのことがよく分かります。私もその昔フランスのアルザス地方や南仏で3、4年ほど働きましたが、パリと比べてすべてが違います。例えば秋になると村のキノコ採りの名人がその日の山から直にキノコを持って下りてくる。また、朝一番で撃ったイノシシの内臓だけを抜き、そのままの姿で厨房の裏口にドンと置いてあります（笑）。パリでは大型のジビエ（イノシシや鹿など）はポーションごとに注文し手に入れられますが、地方では常に一頭丸ごとですので、まず皮をはがすことから始まり、当然、それぞれの部位によって料理が異なります。地方にいたからこそ、このような貴重な経験を通じてジビエのなんたるかを少しは分かったように思えました。確かにパリは世界の食文化の聖地とも言うべき素晴らしい街ですよ。各地方の食文化の要素を吸い取って見事に洗練された食文化が育まれた、世界に名だたる食の都です。でも私はパリで9年ほど働きましたが、素材そのものの豊かさとその輝きは、やはり地方のそれぞれの風土を背景とした土や海にあると思っています。

髙村　世界中を食べ歩いているお客さまからも同じようなことを言われたことがあります。さっきも言いましたが、確かに食材の種類は少ないかもしれません。しかしその瞬間の鮮度の良さや生産者や漁師の顔が見え、そこで生簀（いけす）に泳がせたりしながら選び、後はこちらに「さあこれをどう作る？」と丸投げされるわけですから、自分自身との勝負なんですよね。ありきたりな表現かもしれませんが、料理人冥利（みょうり）につきると思います。今私は４６歳ですけども、ちょうど中堅どころというか、年齢的にも修業を経てから独立をして１０数年くらいたって、なんとなく脂が乗り始めたときだという自分なりの自覚があります。それだけに責任を感じておりますと同時に、最近では自分が今までやってきたことを誰かに伝えて行かねばならないという思いも一段と強く募ってきております。

中村　うんうん、その気持ちはよく分かります。これは必然的なことだと思います。やはりある程度までに達すると、今までの自分の道のりを振り返ることができます。そこでふと自分がここまで来られたのは、やはり先輩や良きお客さまをはじめとして、スタッフなどの多くの人々の支えや教えがあってこそという事実に気づくことになります。そして自分も、またその責任を果たさねばという思いにつながるわけですね。

髙村　いやあ、おっしゃられるとおりですね。部下をきちんと育てるということは、親方の当然の勤めです。折々にお客さんにもしゃべったりするんですけど、実際中村さんのように本当に自分たちのそこの部分を分かってくれた上で聞いてくれる人は少ないように思います。

中村　いや、私が分かっているかどうかは別として、少なくとも同じ料理人として分かろうという思いを前提に話を聞いております。そして私が皆さんと対談させていただいて何が良かったかというと、やっぱり自分が知らないさまざまな分野の人からさまざまな話を聞くにあたり、実に多くのことを感じさせられ、ハッとすることが度々です。このことをこの対談を読んでいただく読者の方々と共有していかなければという強い思いがあります。そしてまたその責任を痛感しております。

日々継続することの難しさ
今日より明日、明日より明後日、おいしいものを作る

中村　さて少し話題を変えまして、髙村さんはオーナーとして、また板長として日々を過ごす中で、体力面もそうでしょうが、料理を作るだけではなく経営面での気苦労も多いことでしょう。その点について聞かせていただけますか。

髙村　当然なことですが、一番早く入って一番最後に帰る。まかないを作って食べさせて、それで「お疲れさん」と言って送り出して、自分のホッとできる時間というのは1日で1時間から2時間くらいですね。それも寝る前のちょっとだけです。でも、自分にとってはすごく充実している1日となります。

中村　1日平均どれくらい寝ておられますか？

髙村　4時間ですね。遅くとも朝6時に仕入れに行くので、戻って来てすぐに仕込みに入り、午後1、2時くらいまでかかっちゃうので。そこから少し昼休みに入り、ご飯を食べ、少し仮眠をとります。それから4時半くらいからまた店に入って、今度はスタッフも店に入るので、献立の打ち合わせをして、好き嫌いの確認とか「○○さんは年齢こうだからこういうことに気をつけなさい」といったことをミーティングします。そしていよいよ夜の「いらっしゃいませ」が始まり、遅いと11時半から12時くらいで店を閉めることも度々です。

中村　いやあ、やっぱりそうでしょうね。そのような毎日を気負うことなく淡々と重ねることで、お客さまに喜んでいただけるわけです。当然と言えば当然ですけど、それを毎日継続していくことの厳

しさというのは折々にあると思います。体調だっていつも万全ではないですから。でも、日々いかなることがあっても、いかにお客さまに喜んでいただけるか、その一点を軸にすべてが動いていて、そこに料理人としての生きがいが見いだせるからこそできる仕事だと思います。

髙村　全くそのとおりです。秋田のお客さまもそうですし、遠方からのお客さま、海外からのお客さまもすごく増えてきました。その期待というのは決して裏切られないので、そこだけを考えますね。自分の体がきついとか嫌とかはまず置いておいて、「よし、今日はどうやって喜ばせよう。何かサプライズはあるのか。素材はどうしよう」ということを常に思考し、頭にこびりついて離れません。喜んでもらい、ホッとする。で、次の日が始まるということの繰り返しですね。

中村　その毎日の繰り返しこそがプロとしてのあるべき姿なんでしょうね。

髙村　そう思いますし、必ずやそうありたいと思っています。今日より明日、明日より明後日、おいしいものを作っていきたいですね。僕は前菜で玉子焼きを必ず作るんですけども、作り方はいつも同じですが「この前のものよりもおいしい」と言われたいです。「いつも同じだね」と言われるよりは「おいしくなってない？」と言われると、ちょっとニヤッとしてしまいますね（笑）。

中村　料理人にとってそのようなちょっとした一言を自分の喜びとして、また自分のモチベーションにつなげられることは、とても大切なことですよ。

お客さまの期待を決して裏切らない料理

中村 ちょっと話は飛びますが、私自身には師匠と呼べる人は今までおりません。日本でもフランスでも1箇所でずっと働くことはなく、転々としていましたからね。でも、例えばかの高名なアラン・シャペルさんやボキューズさん、トロワグロさんなど、フランスきってのグラン・シェフを「自分の師匠だ」と公言しておられる方は結構おられますね。でもそれはそれとして良いことだと思いますよ。実際にそこで働かれたわけですから。私もそういうグラン・シェフと折々に働きましたけれども、しかしながら私自身の思いとして、少なくとも5年、10年なりをそのグラン・シェフの下で苦楽を共にし、そのシェフから教わり、自身が得るだけではなくいかにそのシェフのために尽くせたのかということが、すごく大切なことのように思っています。ですから、短期間のみ働いて「自分の師匠」と一方的に公言するのは、少々おこがましいと思っております。髙村さんのように、心底「師匠」と呼べる人がいることを、折々にうらやましくもあります。でも、自分に多大な影響を与えてくれ、決して忘れ得ぬ心の師匠という方は、何人かおられます。さて、対談もいよいよ終わりになりますが、先ほど少しお聞きしましたけれども、今後ますます秋田に根づき、秋田から髙村さんの料理を発信していかれるわけですが、髙村さんの今後の抱負を聞かせていただけますか。

髙村 そうですね…。やっぱりさっきと同じことになりますけど、今日より明日、明日より明後日、料理をおいしく作りたい。来られるお客さまの期待を決して裏切らない料理を作りたいですね。10年、20年たっても常に期待を持てるような料理、そして感動が与えられるような料理、嫌なことがあってもハッピーな気持ちでお帰りになれる料理を作りたいとつくづく思っています。

中村 なるほど。その思いはよく分かります。お客さまは大いなる期待を持って来られるわけですからね。でもおそらくお客さまは、単なる食べるだけの行為ではなく、そこの食空間におけるすべてからそれぞれの何かを期待されているかと思います。その上で、テーブルに座られると多くのことを感知されるわけです。例えばそこのシェフの人柄であり、スタッフ一人一人の振る舞い、そこで目にした食器や花、室内の装飾などあらゆるものから何かを感じられるはずです。それらすべてが一つの皿に凝縮され、一段と美味に感じられる、そうした料理を作りたいものですね。でも最終的には、皿に盛られた料理だけではなく、髙村さんその人の魅力と愛で、来られるのだと思います。私は初対面で髙村さんに強烈な印象があって、髙村さんをもっと知りたいと思い、今回の対談に至ったわけです。今日は本当に有意義な時間となりました。本当にありがとうございます。

髙村　私こそ本当にありがとうございます。今回の対談であと10年は頑張れると思います(笑)。とにかく毎日をひたすら無心にお客さまのことだけを念頭に置いて頑張っていきたいと思います。本当に今日はありがとうございました。

【対談後記】

近年、日本の料理(和食)の人気がすごい。今やその魅力は、世界に浸透し、その度合いがますます加速してきた。なぜそこまでにと思うに、やはり日本料理の真髄である「美しく、おいしく、体に優しい」が認知されてきたからこそであろう。今回の対談に登場していただいた髙村さんは、その担い手を代表する一人である。しかも、秋田の地でその風土を舞台に懸命に頑張っておられる姿に、心よりエールを送りたい。髙村さんは、努力の人である。この道をひたすら歩きつつ、自分を見つめ、高めてこられた。そしてその先はまだまだ続き、限りない夢と希望に満ちている。髙村さんが遠く秋田の地でますますの輝きを放たれることを願ってやまない。

日本料理 たかむら　店主　高村 宏樹 氏

PROFILE. １９８０年代半ばよりフランスへ留学。留学中にフランス料理とレストランサービス、ワインに出会い、帰国後、ファッション業界を経てフランス食の世界へ。８８年よりパリ商工会議所の委託により、フランス料理留学を実施。９０年パリ市商工会議所と東京ガスの協定による、「フランス料理文化センター」(FFCC)を開設。９４年から料理とレストランサービスの日本全国レベルのコンクールを主催。このフランス料理とレストランサービスコンクールを継続するために、２０１７年４月に「フランスレストラン文化振興協会」(APGF)を立ち上げ、代表に就任。また日本の食文化を世界に発信するために、パリで日本料理の講習会を開催、フランス各地の星付きレストランで和牛のプロモーション企画を実施するなど、日仏双方向の食文化交流に尽力している。２００１年フランス農事功労章シュバリエ、１０年同オフィシエ、１７年同コマンドール。２０１５年フランス国家功労章、２０２１年春レジオン・ドヌール勲章シェバリエを受章。
著書「フランスレストランに魅せられて」(キクロス出版)

フランスへの恩返し 調理とサービスが一体となった食文化の発信

株式会社オフィス・オオサワ　取締役　大沢　晴美氏

【２０１７年11月10日号、11月24日号、12月22日号、２０１８年１月５・12日合併号掲載】

中村　大沢さん、今日は暑い中わざわざありがとうございました。

大沢　こちらこそありがとうございます。今日は楽しみにしてきました。

中村　大沢さんとは長い間お付き合いさせていただいておりますが、思い起こせば大沢さんに初めてお会いしたのはフランスから１４年ぶりに帰ってきて2～3年を経たころだったと思います。当時私はとにかく自分の居場所を作り、日本で根付かなければという思いでいっぱいでした。そうした中、大沢さんがエドモントに訪ねて来られましたね。あのとき私はけっこう失礼なことを言ってしまったような記憶があります。

大沢　そうでしたかしら。私は食の業界は門外漢のところから入ってきたものですから、FFCC立ち上げのころは怖いもの知らずで、とにかくぶつかっては「玉砕」。中村シェフにも玉砕していたんですね。

中村　さあこれから頑張らなければという緊張の日々、大沢さんが来られました。当時まだ今のFFCCの前身のころでしたが、プロ向けのフランス料理の教室みたいなことをやられるとの説明で、「エドモントから生徒を出してほしい」という依頼でした。しかし、私はフランスから帰国したばかりでしたから、まったくそのことに興味がなく、その場でお断りしたように覚えております。

大沢　それはフランス料理留学のご案内だったんです。１９８８年にはじめて「フランス料理上級コース」を開講し、これがベースとなって、フランス料理文化センター開設となりました。当時、東京ステーションホテルさんにいきなりご説明に伺ったら、その場で社長が「うちから参加させます」と。そのご縁でJRさんにご紹介いただいて、エドモントにお邪魔したのだと思います。

中村　でも、4～5年がたち少し自分が落ち着いてくると、私自身が料理だけではなく、フランスの各地の風土も含めてあらゆることでフランスという国に長い間お世話になり育てられたということに対し、感謝の念がふつふつと湧き出してきました。そして、何かフランスに対してささやかながら恩返ししなければという思いが募ってきました。そういう時期にFFCCが立ち上がって、最初のころ、ボキューズさんやトロワグロさん、マークヴェラさんなどのフランス料理界きっての大物シェフが来日されて、日本で初めての素晴らしいフェアが実施されました。その折、私にも声をかけていただいたのですが、あいにくとフランスに行かなければならず、何もお手伝いすることができませんでした。その後、アルザスのシェフグループがこぞって来日され、二度目の大きなフェアが実施されたときは、「今度こそ」と思って飛び込んでいきました。

大沢　そうでしたね。ボキューズさんたちが来日されたのは1995年の「ローヌ・アルプ・ジャポン」。ボキューズ、ピエール・トロアグロ、ジョルジュ・ブラン、マークヴェラの3ツ星シェフたちと、「アラン・シャペル」のフィリップ・ジュス（2ツ星）新進気鋭、1ツ星をとったばかりの「ボキューズ・ドールコンクール」優勝者、レジス・マルコンさんの合計15星のシェフたちでした。この一連のイベントでは講習会、ガラディナー、各種パーティーを合わせて2000名以上の方々に参加してもらったと思います。その成功がフランス国内でも大きく喧伝されて、1997年「アルザス・オ・ジャポン」の開催となったのですが、料理シェフはもとよりパティシエ、ブーランジェ、ソムリエ、20名近くがいっぺんに来日しましたからね。関係者含めると50名以上。受け入れも大変でした。あのときは中村シェフにオープニングパーティーから、ガラディナー、ビュッフェパーティー、フランス大使館公邸パーティー、さらに京都の講習会からガラディナー、最後のシェフたちの送り出しまでやっていただきました（笑）。お手伝い、というよりもうアルザスのシェフたちの一員として参加していただいたという気がしています。

中村　あれが私にとっても一つの契機となりました。そうした活動の大切さを感じ、それ以降FFCCや当時のSOPEXAなどでのフランス食文化にかかわる日本での活動に参加するようになりました。特にSOPEXAでの最後のコンクールは、私が日本の審査委員長としてアルザスのミッシェル・ユセールさんと二人して全国行脚したことを覚えています。

大沢　そうだったんですね。地方巡業をくまなくやられて。中村シェフとは日本、フランス巡業をずいぶんさせていただきました。

中村　そうそう、地方巡業（笑）。あれはすごく勉強になりました。そういうことで大沢さんとのかかわりも強くなり、以降、フランスにもあちこちご一緒しました。実際に大沢さんがフランスのグラン・シェフやベテランのギャルソンの方々たちとの絆を深めながら、日本におけるフランス食文化の普及に貢献なさっている姿を目の当たりにしておりました。日本ではどうしても調理に偏りすぎるところがありますが、フランスの歴史を顧みると、調理とサービスは常に一体なんですよね。同時に、ガストロノミーの分野でも、ブリヤ・サヴァラン（１７５５～１８２６年）やグリモ・ド・ラ・レニエール（１７５８～１８３７年）、近年のキュルノンスキー（本名：モーリス・エドモン・サィヤン、１８７２～１９５６年）に代表されるように、歴史的な方々が多くいらっしゃいます。そうした意味では、大沢さんがサービスと調理を同じ目線で位置づけながら日本での活動を深められたことは素晴らしいことだと常々思っています。それで実際のところ、大沢さんはいつのころからフランスに行かれましたか？

大沢　初めてフランスに行ったのが１９７９年です。しかもパリを通過しモンペリエの方に行きまして、そこで主人と出会いました。あまり勉強せずにボロボロの車であちこちを回って歩くということをしました。そこで初めて本当にフランスの食というものを実体験し、知ることになったと思います。

中村　７９年と言いますとフランスも高度成長期で少し安定し、バカンスも真っ盛りのころですね。最初からパリを通り越し田舎に行かれたということがむしろ良かったのでしょうね。

大沢　そうですね。すごく大きかったと思います。ですので、私にとってのフランス料理というものは、まず学生食堂から始まりました。レストラン・ユニベルシテ（大学食堂）と言って町中に3カ所くらいありました。一食、当時でも300円くらいでしたでしょうか、チケットをまとめて購入して昼でも夜でも食べられますから、とりわけ私たち、外国人留学生にはありがたい存在でした。もちろん最もカジュアルなセルフサービス食堂なんですが、やはり一応コースになっているわけじゃないですか。さまざまなアントレ（前菜）があってメイン料理があり、そしてチーズかデザートを選ぶという形でした。

中村　学生食堂のビュッフェと言えども、一応のコースで食べられますよね。

大沢　そうなんですよ。あれを見て、「フランスの食文化ってやっぱり違う。さすがフランス」と思いました。当時、日本の大学の食堂なんかは基本的にはカレーライスとかどんぶりとか、単品ですから。それで本当にお金のない学生でしたので、基本は学生食堂で食べながら、でも週に一回とかは地元のお父さんとお母さんがやっているようなビストロに行き、大変楽しく、おいしく食べていましたね。

「メートル・ドテルのおかげで良い時間を過ごせた」フランスレストラン体験の原点

大沢　そういった中で、つれ合いが買った20年落ちの中古車で貧乏旅行に出ました。当時はカフェなども持ち込みしても良かったので、村のパン屋で買ったサンドイッチやパテなどを持ち込んで、カフェではビールなどの飲み物を一杯いただきランチにしていました。でも夜はミシュランガイドをものすごく活用して、「なんフランの予算で何を食べようか」とお店を探すわけです。すごく良かったのは、実に値段がピッタリなんですよ。ミシュランガイドに20フラン、30フランと書いてあり、実際に行ってそれ以上に高かったということはありませんでした。ですので、安心して行けたわけです。貧乏旅行は貧乏なりに充分、楽しめたわけです。そんな中で、忘れもしないですが、ブルゴーニュをぼろ車で通過したときに1ツ星のレストランに行ったんですね。地方の一番店です。

中村　当時の1ツ星と言ったら地方でも大変なものでしたからね。

大沢　そうなんですよ。だからやっぱり予約しなきゃと思い、途中で公衆電話から予約の電話をして、それで車の中でたった一枚だけ持っていたワンピースに着替えて行きました。恐る恐るドアを開けると、「電話で予約したんだけれど…」と言う間もないほど、すぐににこやかな恰幅（かっぷく）の良い、伯父様然としたメートル・ドテルが出迎えてくださって、何も言わずにゴンドラシートみたいな、どう考えても一等席に案内してくれました。そしてブルゴーニュのワインや料理について丁寧に説明をしていただきました。「このメートル・ドテルのおかげで私たちは良い時間を過ごせた」ということが、私のフランスでのレストラン体験の原点となりました。ちなみに連れ合いにとっても同じ思いだったようです。

中村　特に地方のレストランのメートル・ドテルの方々は、本当に誠実で差別もせず、とにかく笑顔で一生懸命もてなしてくれますね。

大沢　本当にその通りで差別はなかったですね。温かいと言うか、そういうのがすごく強烈に印象に残りましたね。それでフランスの留学を終えて日本に戻るんですけど、「またフランスに行きたい」と夫ともども語り合って帰国したわけです。けれどすぐにフランスの食にかかわる仕事というのは当時の日本にはなくて、フランスと言うとまずはファッションだったので、それでまずはファッション業界に入りました。それから今のフランス料理関係の業界に入ったのは80年代の半ばですね。当時、フランス料理が世界的なブームになり、日本でもフランスで修行された皆さんがどんどん帰ってくる時期でもありました。そして、クラブ・デ・トラントゥができ、30代で帰ってきたシェフたちが活躍していらっしゃいました。オーナーシェフの北岡さん、石鍋さん、三國さんなどなど、多くのシェフが、町場にレストランをオープンされ、マスコミをにぎわせ、活躍されていたんです。「フランス料理ブーム」でしたね。

フランスの人材教育
人は商工会議所、物は政府

大沢　この辺がフランスの面白いところなのですが、世界中でフランス料理がブームになった一方で、フランス本国は一種の危機感を持ったんです。つまり、「世界中にフランス料理が広がっている。そうした中、本家本元の自分たちがトップでいるためにはどうすれば良いのか」と。それで「人材の養成が必要だ」となったわけです。あれは86年だったと思いますけど、当時ロブションさんが3ツ星の「ジャマン」でバリバリ活躍していたころです。そのロブションさんとパリ商工会議所が話し合いをし、フェランディに「単なるシェフではないグラン・シェフの養成コース」「単なるサービス人ではない支配人養成コース」として、『Ecole superieure（上級学校）』を作りました。いわば経営・管理能力を持った料理人とサービス人の養成に、いち早く乗り出したわけです。ここでパリの商工会議所について触れておきますと、アングロサクソン系の日本の商工会議所と異なる点は、商工会議所自身がさまざまな事業を行なう半官半民のような組織体であることです。

中村　組織としても独立し、立派な権限・権力を持っていますよね。

大沢　はいそうです。パリ市内近郊の大規模な見本市会場や、空港を運営しています。また、料理ではフェランディ、ビジネス系ではHEC（高等商業学院）、有名ブランド「エルメス」に就職するような革細工専門職、木工、コンピューター、写真など、現代でも各種スペシャリストを養成する学校を10校ほど運営しています。ざっくりと言うと、フランスでは「人材育成は商工会議所」、そして「物についてはフランス政府」という住み分けが見られます。少なくとも、食関連でははっきりとしています。それでプロの料理人を対象としたトップクラスの上級学校というのを作ったんですね。そのころまだEUはできていませんでしたが、EU設立でいろいろな衛生基準が変わるということを見越して、フェランディの4階すべてを改装して上級者のための教室として作り変えたわけです。現在のHACCPに対応しており、日本からも料理学校の校長先生が何人も見学に訪れています。

中村　一度世の中に出て働いている料理人が、もう一度そこで上を目指して勉強しなおせる機会としての特別な教室を作ったわけですね。

大沢　ええそうです。もともとフェランディにはCAP（職業適性証）などを取る若い学生が1000人、またそれとは別にプロの人が年に3000人ほど勉強に来ていました。テーマ別の短期研修での再教育です。それらとは全く別に大学院のような位置付けでエリートコースを作った。15歳から料理の道に入った人たちより、むしろ遅めのスタートが多いようですね。まずは料理を基礎からしっかり学ぶのですが、担当教授がMOF、また毎月外部から星付きシェフたちがやってくるという環境です。もちろん、レストランの現場研修があります。そして卒業試験となると、料理だけではなく銀行の関係者や保険会社の人、建築関係の人など、さまざまな方々が試験官になります。「自分がレストランをオープンして運営する」というシミュレーションを課題とするんですね。ですから「上級学校」を卒業して、短期間で人気ビストロのオーナーシェフになっている卒業生もいます。パリで人気のビストロ、「Septieme」「L'epi du Pin」もその一例です。経営にも明るいシェフたちがここから出てきていますね。

中村　料理のみならず、レストラン経営に関わるあらゆるノウハウも教えているということですね。

大沢　そうです。ちなみに80年代の一期生が「ロブション・クラス」と言われている人たちなんですけども、今やリヨンの代表的なシェフであるマチュ・ヴィアネさん（3ツ星：Mer Brazier）も卒業生です。もともと料理人ではなかったんですけど、ここを出てこの業界に入った人です。

中村　当然、本人の素質、あとはいかに情熱を注がれるかによって、その方の才能が伸びるのでしょう。

大沢　ただ、マチュさんの場合、ガール・ド・リヨン（パリのリヨン駅）のサンドイッチから料理まですべてを統括するシェフにいきなり就きました。まったくガストロノミーの世界ではないんですね。その後モンパルナスやリヨンの駅のレストランを経験し、そこから独立、MOFを取り、リヨンの名店を継いで2ツ星をとるという異色のシェフです。そうした多彩な人材を輩出する学校を作って、トップのシェフを養成する動きが80年代からあったわけです。

プロの料理人の「学びなおし」のためのシステムづくり

大沢　少し話は変わりますけど、当時の80年代は農業国フランスとしてはフォアグラなどさまざま食材を日本に輸出したいわけです。

中村　私は84年に帰国しましたが、しばらくするとフランス産のフレッシュトリュフが日本に輸入されるようになりました。それから肉や乳製品などもどんどんと輸入されるようになりました。

大沢　ええ。ですが、いくら多くを輸出したとしても、使ってくれる日本人のプロがいないと駄目ですので、日本人のプロの育成をバックアップする目的で商工会議所が立ち上がり、フェランディを日本に持ってくることになりました。

中村　もともとそういう流れだったんですか。それはあまり知られておりませんでしたね。しかし当時はフランスで修行を積んだ日本の料理人がどんどん帰国する時期でもありましたから、タイミングは良かったと思います。

大沢　ええ。そのために国レベルでは外郭団体としてSOPEXAを立ち上げるわけです。SOPEXAができたのと同時期の８６年に初めてフェランディのシェフを日本にお呼びして講習会をやったことがあります。

中村　それはどこで講習会を？

大沢　最初は服部先生の学校です。当時、オークラの小野ムッシュもご出席いただいたということです。

中村　既に当時はボキューーズさんやトロワグロさんをはじめ、フランスを代表する多くのグラン・シェフが大阪の辻さんの招聘(しょうへい)により、来日されていたころですね。

大沢　そうでしたね。また、その2年後からはサービスの先生もお呼びして、日本で初めてのサービスの講習会をやったんです。これも服部先生にご協力をいただきました。また、フェランディへの留学コースというものを８８年、８９年と2回やりました。そうした中で東京ガスとお話をして、９０年に東京にFFCC（French FoodCulture Center）ができたわけです。

中村　そのような形で日本からプロの料理人が改めてフランスに勉強しに行けるシステムができたことは、とても有意義なことであったと思います。

大沢　その通りですね。でも、最初のころは私も何も知らなかったものですから、フェランディの言うままに人を送っておりました。それでうまくいかないケースもあり、これではいけないと私自身がフランスに渡り現地巡りをしたものです。特にきっかけとなったのは、９０年のまさにFFCができた年に、東急ホテルチェーンの３０周年だったと思いますが、５人のシェフを呼んで日本中を回るというイベントがありました。来日されたのが、ジャック・ラムロワーズさん、エミール・ユングさん、ギー・マルタンさん、ミッシェル・ロスタンさん、もう一人がジャック・ケレベールさんといって、もともとブルターニュの方なんですけども、当時ブルターニュではレストランは成り立たないので、パリに出てこられたオーナーシェフです。

中村　いやぁ、今にして思えばすごいメンバーですね。その中でも個人的にはエミール・ユングさんが懐かしいですね。

大沢　哲学者みたいな方であり、かつ博学で雄弁に語られる方でしたね(笑)。

中村　そうなんですよ。すべてに対して情熱家でしたね。私がラ・マレーでシェフ・ガロマンジェとして働いていたころ、当時エミールさんはアルザスでオーナーシェフとして2ツ星を獲得し、すでにフランスでも高名なシェフでした。その彼が8月に1週間だけ、マレーに研修に来たんですよ。毎日われわれとともに出勤してきて一緒に仕事をするわけです。でもマレーのスタッフは煙たがり、あまり近づかないわけです。

大沢　それはそうでしょうね(笑)。

中村　でも、彼はすごく熱心な方で、常に小さなノートを手にして懸命にメモを取るのですが、これまた周囲が嫌がり、まともに答えてくれないわけです。そこで私のところに来ていろいろな質問をし始めました。まあ私はエトランジェ（外国人）ですから、フランス人どうしの微妙な感情的ニュアンスとは関係なく、なんでも教えていました。それで研修が終わったあと、「ぜひうちで働かないか」と誘われましたが、すでにアルザスで働いていましたからね…（笑）。

大沢 エミールさんもそういうふうに研修に行かれていたんですね。

中村 見上げた方だと思います。アルザスにいたころ、エミールさんのレストランの「コックディル」に食べに行きましたが、あのころはやせ型で美人のマダムがサービスのすべてを仕切っておられましたね。

「地方」に行かないとフランス料理は語れない

中村 ちょっと話は逸れましたが、それで大沢さんもフランスの地方にも結構行かれるようになりましたね。

大沢 そうですね。先ほどお話しした留学コースの折に各地に出向いておりました。当時の日本はすごくフランス料理がブームになっていましたけど、でもなんとなく「フランスはパリ」みたいな部分がありました。私は最初の経験が地方だったがゆえに、「本当は違うんじゃないか」と思い、「フランスはパリだけではないぞ」という気持ちが強くありました。これは単なる直感なのですけど、「地方に行かないと日本から行ったプロの人たちも育たないんじゃないか」と思い、授業の中に地方研修を組み込みました。

中村 それは実に賢明でしたね。やはりパリだけにいくら長くいようとも、フランスの各地方の風土を知らずしてフランス料理は学べませんし、語れません。パリの料理というのはブルジョア的でとても洗練されているというニュアンスがあります。一方、地方に行くと「テロワール」と表現されるように、その土地の風土で長年育まれてきた独特な料理の存在があります。これが「地方料理」の一つのジャンルとして立派に確立されたものになっています。

ヌーベル・キュイジーヌの終焉　若きシェフへの手紙

大沢　ええ。時代的に言っても、70年代のヌーベル・キュイジーヌが、フランスでは80年代にはほとんど終わっていたという感じでしたよね。

中村　私は84年に帰国しましたが、ヌーベル・キュイジーヌが最も盛り上がった時期は75年から80年まででした。しかし日本に帰ってきたら…。

大沢　すごくヌーベルが盛り上がっていたでしょ（笑）。

中村　そう、どこに行ってもヌーベル、ヌーベルと言われて、すごく摩訶(まか)不思議でしたね。ヌーベル・キュイジーヌが徹底的に終焉(しゅうえん)したのは、エキスプレス専属の料理評論家のクロード・ルヴェイさんが、「若きシェフへ」という題で手紙形式の記事を掲載したことが発端でした。内容を簡単に述べますと、「君はこれからやっと独立する。君がどういう料理をつくるか分からないけれども、ぜひアドバイスしたいことがある。今、ヌーベル・キュイジーヌというものが流行し、大きな話題になっているけれども、ヌーベル・キュイジーヌと言われる、例えば野菜の色とりどりのピューレは、あれはベビーフードにほかならない。また、テリーヌ・ポワソンなんて言われるムースが主体のテリーヌは、大人が食べるものではない。君にぜひお願いしたいのは、魚料理だったらまず姿のまま料理してもらいたい。肉料理も骨付きで作って欲しい。こうした流行にとらわれず、フランス料理の原点をちゃんと見据えた本来のフランス料理のうまみを表現してもらいたい」というふうな手紙を掲載したわけです。

大沢 大変素晴らしいですね。

中村 あの記事は歴史に残るものだと思っております。多くのジャーナリストがあの記事を引用し始め、ヌーベル・キュイジーヌの終焉につながったわけです。

大沢 ところが日本ではまだヌーベル・キュイジーヌ全盛だったと。

中村 そう、その通りです。とても不思議に思いましたね。

大沢 私はそのころは全然知識もなかったので、とにかく私がフランスでお会いしたフランス人が日本にいらっしゃったりするときに、「ヌーベル・キュイジーヌの騎手」みたいな紹介をするんですよ。そうすると、本人はすごく嫌がるわけです。その落差をものすごく不思議に感じたというのが一つありましたね。

他の方たちを喜ばせる喜び

中村 今までいろいろと語ってまいりましたが、やはりFFCCの本格的な活動の中でフランス人シェフのアントワーヌ・シェフェールさんが主任教授として来られたことが非常に大きかったことでしょうね。

大沢　全くその通りで、当初私はフランス料理について全く無知な状況でしたが、アントワーヌさんを通じて実にさまざまなことを学びました。彼抜きではFFCCは語れないと思います。

中村　それで大沢さんは、レストランの理論的な背景、また技術的なベーシックな面、サービスについてもさまざまなことを学ばれてまいりました。フランスの現場を通じて、多くのフランスを代表するグラン・シェフたちと知り合い、しっかり絆を築いてまいりましたが、そうした中で記憶に残ったことはどんなことがおありですか？

大沢　まず私は、最初に身をおいていたファッションの世界と違うと思いました。ファッションの世界でもフランス人とはある程度お付き合いはありました。でもすごく違うんですよ。それを如実に感じたのは、ラムロワーズさんの厨房で「Le plaisirde faire plaisir aux autres（他の方たちを喜ばせる喜び）」ということが書いてあるわけです。

中村　まさにレストランの使命ですね。

大沢　そうなんです。ファッションって、洋服の着心地が悪くても、「それはあなたが痩せれば済む問題よ」という部分があるじゃないですか（笑）。売れる、売れないという部分があるとしても、「それはあなたの問題であってデザイナーさん、クリエイターさんは素晴らしいものを作っている」というのが根本にあります。食の世界というのは食べて無くなって消えてしまうけども、「偉い人から若い人にいたるまで、他の人が喜んでくれてやっと自分が嬉しい」というのが一番根本にありますよね。サービスの人もそうじゃないですか。

中村　もちろん基本はそこですね。お客さまの「喜び」こそが自分たちにとっても最大の喜びであり励みとなるわけですから。

大沢　それをすごく感じて、少しでも自分がそういう素晴らしい仕事に関われて役に立てるのだとすれば、こんなに良いことはない。という風に思うようになりました。それから私自身もさまざまな経験を経て、今日まで400人以上の日本の料理人さんをフェランディ校に入れて、彼らはそこを通じてあちこちのレストランに行かれます。1年いる方は3～4軒のレストランで懸命に研修されていますね。

中村　特に地方のオーナーシェフのもとで毎日からだが悲鳴をあげるほど働く中で、料理人としての意識が変わってくるはずです。そして、身を通じて多くのことを感じる中で、自ずと自分自身も前向きに進化していくと思います。

大沢　皆さん本当にいらっしゃったときと帰るときでは、自信が付いたというか、たくましくなられているなとすごく感じますね。

中村　そうですね。良い意味でカルチャーショックを受ける中で、新たな料理人としてのモチベーションの在り方の変化につながっていくのだろうと思います。

大沢　先駆者としての中村シェフをはじめ、多くの方々が開拓されたこともあり、フランスのシェフたちは日本人の料理人を、基本的にすごく信頼してくれるわけですよ。ルーアンのジルさん（レストラン Gill、2ツ星）は、お店が休みのときは厨房の鍵を日本人の研修生に預け、それで「材料を使っていいから食事を作って良いよ」と言ってくれます。それくらい信用してくれているわけですよ。

中村　そこまでのオーナーシェフは少ないと思いますけど、本当にありがたいですね。まあジルさんは大沢さんに対しても絶大な信頼をおいていますので、そのまま若い日本人に対しての信頼にもつながっているのでしょうね。

大沢　そういう信頼を裏切らないで、次の世代にも引き継いでいってもらいたいなと常に思います。皆さんが頑張ってこられたことの積み重ねですね。

中村　そうですね。そのことはフランスでチャンスを与えられているすべての人々の義務だと思います。

ガストロノミーを支える地方
地方から食の豊かさを発信

中村　それで少し話題は変わりますけども、大沢さんはFFCCの開設から27年間、精力的にフランスと日本との架け橋になってこられました。この度、ご主人とともに㈱オフィス・オオサワを立ち上げ、フランス料理留学の事業を継承し、またAPGF（フランスレストラン文化振興協会）という新組織を立ち上げて、料理・サービスコンクール事業を継続する形となりましたが、今後はどのようなことを目指していかれるのでしょうか。

大沢　第一に地方からの発信です。1990年にFFCCを作ったときから「フランスガストロノミーを支えているのは地方だ」という確信を持っていましたし、そのことを日本にも広めたいと思っておりました。日本も東京だけが食の都でいてもだめで、地方に頑張ってもらわないといけないと思います。日本の地方の食をもっと振興していかないと、大きな意味で日本の食文化は育たないと思います。そこで大切なことは、「日本の食文化」と言ったときに、これは「日本料理文化」だけではなく、日本におけるフランス料理の文化も確実に入ってくるわけです。日本のフランス料理は世界に発信できるレベルに来ていると思いますが、そうした意味でも地方のフランス料理がより発展できるような環境を作ることが必要だと感じています。

中村　でもここ数年、確実に各地方に綺羅星の如く、その地方の食材に目を向け、素晴らしいフランス料理を発信し、注目されているシェフたちも出てまいりました。また八戸なんかでも、もう7年来、素晴らしい「ブイヤベースまつり」をやっていますね。

大沢　そうなんです。中村シェフもお力添えされていらっしゃいますね。これは地元のフランス料理シェフたちを中心に民間ベースで実施されているんですが、フランス大使館などがきっちり後援もし、年々盛り上がりを見せています。こうした活動をベースにした日仏交流は地方の食文化振興の役にも立つと思います。例えばマルセイユと八戸が「ブイヤベース」という郷土料理を通じて交流するというような。食を巡って、フランスの地方と日本の地方がつながれば、結果として日本の食文化と食の豊かさが深まり、日本の地方から世界への食の発信ということができるのではないでしょうか。

中村　確かに日本もこれまでもさまざまな歩みをしてまいりましたが、今後は互いの食文化をリスペクトした中で、都市同士が食を中心としてつながることが、大いに良いことだと思います。日本も盛んに「観光立国」を国の施策としてもうたい、促進しておりますが、こうしたやり方も一つの素晴らしいことであろうかと思いますね。

大沢　ぜひそうなることを願っています。先ほど400人をフランスに送ったと申し上げましたけども、その中ですでに日本に帰国し、故郷に帰ったり、またなんらかのご縁を得て、例えば青森や宮崎の田舎に店を出して頑張っている人もいます。現実的な話として、いま個人で東京都内にレストランを出そうと思っても、資金的にほぼ不可能な状況になりつつありますよね。そうした中で自分の気に入った地方のテロワールを選んで出店する、ということも今後は大いにあり得ることだろうと思います。

中村　久しく以前から「地方創生」ということが口にされてきました。今まさに日本でも機が熟してきた状況にあると思います。フランス料理もそれぞれのテロワールを背景にした料理というものが常に注目されていますが、これからはやっと日本でもそうしたテロワールに根付きつつ、自分の才能を開花させるシェフたちが出てくる時代になったと思います。

大沢　日本とフランスの料理業界は、変化の仕方や進化の仕方にもちろんずれはありますけど、機を同じくしているところがありますね。例えばフランスでも、以前ご一緒したアレキサンドル・ゴチエさん（レストラン La Grenouillere、2ツ星）は立地的にも観光資源はなく、野菜なども根菜が中心でさほど豊かではありません。でもそれを逆手にとって、「自分のレストランから半径何キロ以内の食材で料理を作る」をコンセプトとして頑張り、すでにフランスのみならず全世界でも評価されるようになっています。以前、モレキュレール（分子料理）というのが21世紀になって出てきました。要は、料理を科学するやり方ですね。あれもヌーベル・キュイジーヌと同様に引導を渡されたところがあります。その後出てきた「新テロワール派」という若い人たちは、新機軸をうちだしながらも、地に足の着いたことをやっているなと思います。

螺旋（らせん）状に進化し続けるフランス料理

大沢　私はフランス料理が素晴らしいと思うのは、「螺旋状に進化していく」ところです。例えばヌーベル・キュイジーヌにしても、もう駄目だとなったときでも、決して振り子が元に戻るということはないんですよね。

中村　いつの時代も料理の流行にはそれぞれの良さがあるわけで、要はそれを今後の料理にいかに生かすかが大切です。ヌーベル・キュイジーヌの10カ条というのがありますけど、そのすべてを否定するものではなく、現代でも十分に引き継ぎさらに進化させるものが多くあるわけですから。

大沢　確かにそういうものがしっかりと残ってうまく使われていますよね。だから、モレキュレールにしても、いろいろな増粘剤の使い方などは今でも浸透し広く使われていますよね。また「料理の科学」という面では、かつてはシェフの感覚で肉の火入れをしていたところが、現在は「肉の芯温を○○度で仕上げる。なぜなら肉のタンパク質の変化が○○度で起こるから」というふうに、すごく科学的な裏付けを伴って調理するようになりました。そういったところは次世代の料理にも残ると思います。

中村　今までの料理というのは、経験を軸とした技術的な英知が生かされたものでありました。しかしそれらの調理技術は限界に達してきた感が強いわけです。ですから、ある部分ではそのような科学的な裏付けとしての技術が一つの料理の進歩として受け入れられてきたわけです。今後もこの部分は進化していくことになるのでしょうね。しかしながら、その部分だけが突出していくのではなく、大切なことはやはりベーシックな基本というものがあってこそだと思います。

大沢　そこはやっぱりどんな時代でもベーシックなことを知っていただきたいということは強く願います。早い話が、プロの方に何をお任せし、信頼するかというと、「絶対にこれで安全に食べることができる」ということで、そこに「電気とか機材がないから食べられるかどうか分かりません」じゃ、食べ手としては困るわけですよ。

中村　そうなんです。以前、ローストビーフ、ローストチキン、ステーキなどはすべて手の感触によってその焼き加減を正確に判断していました。今は温度管理による調理が主体で、誰もができる時代となりました。私が常々思っていることは、かのスペインのエル・ブジが一世を風靡(ふうび)したとき、フランスのグラン・シェフであるロブションさんもあの技術の高さを認めておりました。中にはフランス人の若手で追随していた方もおりましたけれども、フランス料理の伝統的なベーシックなものからの離脱はしませんでしたね。つまり、フラン料理の王道は守ってきた中で、進化を遂げてきたように思います。

大沢　例のアルギン酸を使った偽いくらの作り方が一世を風靡しましたけれども、今でもそれを上手に使っておりますが、でも彼らは自分自身を「キュイジーヌ・モレキュレール」だとは言わず、「フランス料理」だと言いますね。

中村　まあ料理というものは、常に新たな進化の波が続くと思います。しかし個人的には、先達が作ったフランス料理のベーシックな、いわば基本となる部分、それらを覆すことではなく、良い意味での進化は当然なされていくべきだと思います。やはり料理というものは、人間の時代の進化とともに進化していくのでしょうね。

大沢　その通りですね。フランス料理ってそういう部分があって、振り子が全面的に元に戻るのではなく、左右に揺れながら螺旋状に進化していく。私が知っているここ30年でも、さまざまなものを見てきた気がします。きっと今までもそういうふうにきたのだろうなと思います。

中村　私が日本でこの道にはいったころの「西洋料理」、それからフランスでの約14年の間にも大きな変化を目の当たりにしました。帰国してすでに30年がたちますが、その間さらに料理は進化をし続けて来ています。その進化の度合がすごく速いように、実感として思います。料理のテクニックにしても、ちょっと油断すると、自分が置いていかれそうな怖さのようなものも感じています。今回の対談は、フランス料理の一つの流れをしっかり確認する機会にもなったと思います。ありがとうございました。

【対談後記】

日本人のフランス食文化への憧憬は未だに根強い。私がこの道に入ったころはまだ西洋料理の時代だった。当時、1960年代に辻静雄氏の書かれた『フランス料理 理論と実際』は、フランス料理を学術的側面からその奥深さを知らしめえくれた名著である。この本がフランス料理業界に及ぼした功績は大きい。

そして1990年ころより、一人の女声が限りなく知的な情熱のもと、フランス食文化に向き合うことになる。今日、フランスで取り組まれている生きた食の様々を日本に伝えるとともに、次の世代を担う若き400人もの料理人をパリのフェランディ校を経由して、各地のグラン・シェフの元での研修に送り続けている。その方こそ今回の対談者の大沢晴美さんである。

この対談を読んでいただけただけでも、大沢さんが日本におけるフランス食文化の真の発展のためにいかに尽力されてこられたのか、ご理解されることだろう。大沢さんはフランスとの交流に時間をかけ、誠実に確実にその信頼を築かれてきた。今やフランスのトップシェフとメートル・ドテルたちとの絆は確固たるものとなっている。

そして今年、フランスの歴史と食文化に造形が深いご主人とともに「フランスレストラン文化振興協会」を立ち上げ、料理やサービスコンクールを中心に生きたフランス食文化の発展に取り組まれている。

株式会社オフィス･オオサワ　取締役　大沢 晴美 氏

PROFILE. １９７６年大阪生まれ。高校卒業後に就職したホテルでフランス料理と出会い、日本国内やフランスで修業。２０１０年に富山に移り、２０１４年「レヴォ」を立ち上げる。２０２０年、自らの理想を形にしたオーベルジュ「レヴォ」を利賀村に移転オープン。

今後の地道な活動に心からのエールを送り続けたい

L'évo（レヴォ）オーナーシェフ　谷口 英司 氏

【2018年2月9日号、2月23日号、4月13日号掲載】

料理人としての原点
両親の背中を見て料理人を志す

中村 今日は遠いところから来ていただいてありがとうございます。日本でもいよいよ地方の時代が本格的になってきました。前々から谷口さんには話を伺いたいと思っていました。今日ようやく実現できてうれしいです。以前谷口さんのところを訪れてから1年半近くたちますけど、その前から個人的にもすごく興味があり、一度行ってみなくてはと思っていました。そしてあのような素晴らしい晩餐会が実現できてとてもうれしかったです。あのときつくづく思ったことは、失礼な言い方かもしれませんが、「これは本物だ」と確信しました。

谷口 僕なりにもとても緊張しましたが、あのような機会をいただきとてもありがたく、うれしく思っています。厨房でも中村さんにおいでいただくということで、スタッフも皆緊張していました。

中村 私の料理はまず基本に忠実に、そして自分が経験してきたさまざまなことを踏まえ、いかに現代風にアレンジし、一皿に仕上げられるかというものです。今の時代は技術的にも感覚的にもかなり進歩しております。従って、今の若いシェフたちと私たちとは、特に感性の面で違うように思います。感性というのは自分自身それなりに進化しているはずですけども、やはりどこか違う。今回、谷口さんの料理を実際に食べさせてもらい、正直言ってそのように感じました。これはフランスの若手のトップシェフにも共通することですが、先端を行っている料理でありながら一方で基本をしっかり踏まえています。なので、食べてみて納得するとともにどこか安心感もあります。革新的な料理ばかりを追い求めるがために基本がぶれている人も見かけますが、谷口さんの料理は革新的でありながら基本にぶれないと感じました。そこでいきなり電話で対談をお願いしたわけです。

谷口　とても光栄なことで、ありがとうございます。

中村　さっそく始めさせていただきますと、谷口さんはもともとどういう経緯で料理人になられたのですか？

谷口　もともと親が大阪で和食の料理人をしていて、僕が小学校4年生のときに父親と母親が一緒にとんかつ屋を始めました。今もあるんですけど、実はとんかつ屋の一人息子です（笑）。

中村　良いじゃないですか！私もとんかつ大好きですし、今でも思いっきり食べたくなるときがあります（笑）。それにとんかつ作りに人生をかけている名人もたくさんおられますからね。

谷口　親がお昼も夜も仕事をしているのを見て、たまに野菜の皮むいたり洗い物したり手伝いに行っていました。それでそんなことをしているうちに高校生になり、「料理人になるだろうな」という思いが漠然とありました。

中村　両親の後ろ姿を見ているうちに、自然とそういう気持ちが芽生えてきたのでしょう、何かほのぼのとしたものが感じられますね。

谷口　そうだと思います。それでたまに友だちを家に呼んで料理を作っていました。料理というほどではありませんが、冷蔵庫の食材を全部出してフライパンで炒めて食べさせるというものでした（笑）。それがすごく楽しかった思い出があります。それで「旅館に入れば和食ができる」と考え、高校卒業後は専門学校に行かず、兵庫県の宝塚にあった有名な旅館で働くことになりました。いざ入ってみると、和食の板さんが20人位いる横に、5人位の洋食部門がありました。

中村　最近は旅館でも、お客さまのニーズに応えるために、洋食部門をそろえているところが多いですからね。

谷口　そうなんです。それで僕はその洋食に配属されちゃったんですよ（笑）。
中村　そう、じゃあ最初は自分の希望通りにはいかなかったわけだ。
谷口　はい。同じ歳の料理人が和食の板場で桂剥きとかをしているのがすごくうらやましくて。でも僕はオムライスやカレー用の鶏をさばいたりしていました。そういうことは見たことはなかったので、ごく普通に楽しく受け入れられました。

震災後、フランス料理に出会う

谷口　それでそのまま1年くらいが過ぎたころ、阪神・淡路大震災がありまして、その旅館がほぼ壊滅状態になりました。
中村　え、それはすごいことを体験しましたね。その地震が起こったとき、谷口さんはどんな状況だったんですか？
谷口　ちょうど朝食用のワゴンを押していましたけれど、本当に爆弾を仕掛けられたのかと思いました。柱が横にずれるのが見えたので、やばいと思って走って逃げ、本当に死んだと思いました。ガラスが割れてお客さまもけがをされるといった状況で外に出てみると、目の前に家が全部つぶれているのが見えました。震災後もしばらくは厳しい状況でした。そうした中でも仕事をしなければと思い、震災から3カ月くらいして梅田の小さな洋食屋さんを紹介していただき働くことになりました。
中村　そうだったんですか。いやあ、すごいことを経験しましたね。そのようなことを我が身に受けると、おそらく以前との人生観がまったく変わったでしょうね。

谷口　ええ、最初はすごくショックでした。でもとにかく料理人として生きていくためにも頑張らねばと思い、自分の気持を切り替えておりました。そしてそこで働いているとき、フランス料理のシェフの話を聞きました。でも僕はフランス料理というものをあまり見たことがなくて、一度ホテルの厨房に見学に行かせてもらいました。そこで「フランス料理ってすごい」と感動しました。

中村　そうでしたか、良かったです。厳しい状況にめげることなく、フランス料理に出会い「自分もやりたい」という気持ちがわいてきたことは、とても素晴らしいことです。

谷口　そこのシェフもすごく格好良くされていました。以前僕が和食の料理人にあこがれたのと同じように、フランス料理に興味がわいてきたわけです。当時のフランス料理というのは、神戸や大阪の街場のレストランにはなくて、大きなホテルの中にしかありませんでしたからね。

中村　以前はどちらかと言うと、ホテルのフランス料理レストランがとても頑張り、主流となっていました。残念ながら今ではすっかり様変わりしてしまいました。

谷口　当時はそうしたホテルに知り合いもいませんでした。でもすごく興味がわいてきて。当時、大きなホテルのフロントわきに行くと、そこのレストランのフェアや季節のメニューといったチラシがいっぱいありました。休み時間に自転車でホテルを回り、そのパンフレットを持ち帰り、料理の写真を切り抜いてスクラップにしていたんですよ（笑）。当時はただのあこがれみたいな感じでしたが、いつかはやってみたいという思いがありました。僕が21、2歳のときに、ひょんなことから大阪のラ・ベカスの渋谷さんが店に遊びに来てくれて、「いつか入れてやる」と言われていたんですね。それですごく興奮し、「頑張ろう」と思ったんですけど、当時ベカスはとても有名なお店で、そう簡単に入ることはできませんでした。

中村　今の「各ホテルの料理のチラシをスクラップにしていた」という話にはぐっときますね。それだけ谷口さんが一生懸命だったことがよく分かります。若いときにそのような情熱を燃やすということはとても大切で、そこに自分がたどり着く唯一の方法かもしれません。ベカスはさほど大きなレストランではないので、スタッフもそんなに入れ替わりがなかったのだろうね。

谷口 はい、そうだと思います。すごく厳しいところだと言われていたんですが、僕は楽しみで仕方がありませんでした。でも機会に恵まれず、結局、神戸のホテルに行くことになりました。今の神戸北野ホテルの前身で、ベルナール・ロワゾーで修行をした方がいらっしゃいました。でも、当時の僕は22、3歳でしたが、ベルナール・ロワゾーさんがどんな方かもまったく知りませんでした。

中村 そのとき、山口さんはすでにいらしたの？

谷口 おられましたね。震災後にコート・ドールが撤退して、神戸北野ホテルの前に神戸市内のホテルで料理長をされていました。その時はまだ宴会もしながら小さなレストランでも仕事をするというスタイルでしたけれども、僕が入ったときに同世代の料理人が結構フランスのことを知っていることにかなりのプレッシャーを感じました。でも、料理を作ることに関しては絶対に負けたくないという気持ちが強かったですね。今にして思えばぜんぜんだめでしたけれど、お客さんが喜ぶから料理をしているのではなく、「自分の仕事を認められたい」という一心で料理を作っていました。

中村 どんな仕事も最初はまず、そのような一途（いちず）な思いが大事です。それがあってこそ、自分自身を支えてくれるわけだから。

谷口 そうなんです。どうにかして認めてもらおうと思って、朝から晩まで誰よりも早く厨房に入り働いていました。そこでやっと小さなレストランに配属させてもらったときに、初めてフランス料理の盛り付けや下ごしらえをやらせていただきました。

中村 うれしかったのでしょうね。しかし谷口さんはなんだか自分の若いころとよく似ています。

各地の開業に携わり、賢島で師に出会う

中村　それで実際に神戸北野ホテルでも働いたのですか？

谷口　北野ホテルがオープンするまでの3年間はそのホテルで山口さんも一緒に働かせていただきました。それから神戸北野ホテルがオープンすると言われたのですが、そのときに「お前は人との協調性がないからでかいホテルで働いてこい」と大阪のホテルのレストランに半ば強制的に入れられました。その後、縁があって一時期東京にも出ていました。自分なりに頑張ってみたんですが、ただ結果として自分とは合わない部分があり、大阪に帰ろうと思っているときに北野ホテルから帰ってこいと声がかかりました。神戸北野ホテルがオープンして2年目くらいだったと思います。

中村　合う、合わないは当然あることですけど、それも自分を育ててくれる一つの経験となるわけですからね。じゃあ北野ホテルも落ち着き、山口さんも頑張っていたころですね。

谷口　そうです。それからずっと北野グループなんですけど、でも実際に神戸北野ホテルで働いたのは9カ月くらいのものでした（笑）。以後はずっと関連のレストランのオープンスタッフとしてあちこちを回らせていただきました。今にして思えばとても良い経験だったと思います。それで26歳のときに初めてフランスのベルナール・ロワゾーに行かせていただきました。ただ、ちょうどロワゾーさんがお亡くなりになって2カ月後のことで、まだ落ち着かない状況でしたね。ビザも持っていませんでしたので、4カ月間の研修を経て戻ってきました。そしてその後、神戸北野ホテルが三重県の賢島にホテルをオープンすると言われ、神戸のコート・ドールの初代シェフのジャン・ジャック・ブランさんがグラン・シェフとしてそこに出向かれることになり、僕も一緒に働くことになりました。

中村　それは良いチャンスをいただきましたね。さほど大きくない組織でフランス人のシェフとともに働けることで、生きたフランス料理が学べただろうし、なによりもフランス人シェフのプロ意識に触れられたことで、フランス料理の奥深さを知ることになっただろうから。

谷口　はい。そこでの経験がすごく大きかったですね。当時シェフはすでに70歳くらいだったと思いますが、いろいろな日本の食材をアレンジして、朝から晩まで働き素晴らしい料理を作っていました。フランスでの話もたくさん聞かせていただき、「小さいころはこんなものを食べていた」「自分の生まれ故郷ではこんな料理がある」ということなど、さまざまなことを教えていただきました。

中村　それは谷口さんにとっても素晴らしいことだったと思います。おそらく、今の谷口さんの基礎を作ってくれた方だと思います。とても大切なことの一つとして、自分が若い時期にどんな料理人と、またどのようなシェフと巡り合えるかということは、大げさに言って、自分の料理人人生の方向性につながることで、とても大事なことになるわけです。谷口さんはそこでそのシェフと会えたということは、非常に大きかったことであると思います。自分もフランスで何人かの素晴らしいシェフとの出会いがあり、そのおかげで今の自分があると心底思い、それに対する感謝の気持ちを決して忘れたことはありません。

2度目の渡仏
帰国後は各地のオープンに携わる

谷口　それでそのフランス人のシェフの下で2年間働き、神戸に戻ることになりました。それからもう一度フランスのコート・ドールに行ったんです。そのときは以前に行った時よりもすごく良くなっていてびっくりしました。最初に行ったときもそうなんですけど、フランス人に言われてすごくショックだったことがあります。若いスタッフが多くいて、その中で日本人は僕一人でした。すごく珍しいから、「日本のどこから来たんだ」と聞かれて、「大阪・神戸」と言ったら「何人くらいの街だ」と言われ、その後、面積まで尋ねられましたけど、僕はぜんぜん答えられませんでした。

中村　いやあ、そのときの気持ちはよく分かるなあ。私もまさにそうで、自分が日本人なのに日本のことに対してまったく無知であることを嫌というほど味合わされました。そして帰国後はこれらを埋めるために、多くの時間とお金をかけたものです。向こうの人は自分の国や街に対して愛情と誇りを持っていて、よく知っているんだよ。

谷口　そうなんですよ。向こうの人ってすごくて、「自分の町はこれくらいだ！」と誇らしげに言われたんですよ。そのときに、「この人たちって自分の住んでいる町とかが大好きなんだ」とすごく印象に残ったんです。それがショックでした。それから南仏に働きに行かせていただきました。

中村　南仏はどこにいったの？

谷口　ニームです。

中村　ニーム、良いところだね。立派なポン・デュ・ガールというローマの遺跡があって。

谷口　はい。その遺跡の近くのレストランで働きました。

中村　１９７４年、私が南仏のカンヌの先にあるロワジスで働いていたころ、冬の閑散期に家内と二人で行きました。すぐ近くに立派なレストランがあって、閉まっており残念に思ったことがありましたが、あそこのことかなあ。家内とあの水道橋の三層の一番上のど真ん中に立ち、川を吹き抜ける風の音を耳にしながら、ローマ人の偉大さにつくづく感服したものです。ローマ軍の偉大さはその周囲に食の影響も多く与え、今でもその名残がありますからね。ニームに行かれた季節は？

谷口　9月くらいから年が明けるまで行っていました。

中村　夏のバカンスシーズンが終わり、落ち着いた時期だね。

谷口　それで南仏の料理とかも見られて。それから日本に帰ってきて、そこから東京や芦屋、西宮などにどんどんお店をオープンしたので、それら全部に関わっておりました。それで29歳のときに西宮で初めてシェフになったのですが、当時はそれがすごく嫌でした。もっと勉強したいのに、シェフになったらどこからも教えてもらえなくなるという怖さがあって。でも頑張ってみようと思いました。

中村　まだまだ多くを知りたいというその気持ちは、清々しく、まっとうな心持ちですよ。私もフランスでレストランのシェフになってからが大変で、自分自身との戦いの日々でしたね。そこでは何年くらい経験されたの？

谷口　西宮で3年働きました。その間、新たにオープンする店のメニューも考え、立ち上げにも関わっておりました。

中村　きつかっただろうけど、今にしても思えばその時期は実に尊く、貴重な経験だったと思います。自分自身を無意識に高めてこられたのだろうと思います。

谷口　そうなんですよ。すごくいろいろな場所でいろいろなことを経験させていただきました。今となっては感謝の一言です。

中村　やはりメニューを書くとなると、その土地の食材も当然入ってくるだろうし、まったく同じものを他の店からスライドするわけにはいかない。常に自分も勉強を強いられ、いろいろと考えねばなりません。

谷口　全くその通りで、すごく勉強になりました。

富山に着任当初は「フランス料理はフランス食材を使うべき」と考え、地元食材を使わなかった

谷口　そんなことをしているうちに、34歳のとき、「今度は富山に行ってこい」と。僕もちょうど自分で店を持ちたいという気持ちがあり、それで「辞めさせていただきたい」という話をしている最中でした。「富山なんか絶対に無理」「そんな田舎に行けない」と思っていたんですけど、半ば強制的に車に乗せられ連れて行かれました。

中村　あまり話すと拒否されると思われたのでしょうね（笑）。

谷口　でも、熱心に勧められたのでやってみようと思いました。しかし当時は「富山の食材がどんなものか」などの問題以前に、自分自身が富山のことをまったく知りませんでした。その上、まだまだ未熟でしたので、「フランス料理を富山にやりにいってやろう」みたいな、今にして思うと実に無謀で恥ずかしくなります。

中村　けれどそのくらいの意気込みや気概がないとやってられないでしょうから、そのときはそれでよかったと思います。そこのリバーリトリート雅樂倶だけど、確か富山市から40分くらいでしたね？富山湾からの素晴らしい海の幸も当然はいってくるでしょうし、野や山の幸も豊富な土地だと思えるけど、しかし、隣の金沢がいち早く名声を得ていたので、そこに隠れていたように思えます。ですが金沢と同じくらいのポテンシャルがあったはずです。それが北陸新幹線の開通と共に、富山の良さが一気に知られ、評価されるようになりました。もともとはホテルのレストランのシェフとして行かれ

たのですか？

谷口　フランスのレストラン、ベルナール・ロワゾーと京都の祇園の料亭のさゝ木さんがともに出店されることになりました。7年前に日本で唯一のベルナール・ロワゾーをあそこに作ったわけです。

中村　神戸のレストランが震災でだめになったので、新たに富山に作ったということですか？

谷口　そうです。それでそこのシェフとして行かせていただき、ベルナール・ロワゾーの看板で料理を作ることになりました。

中村　なるほど、ホテル内にある高級フランスレストランということですね。

谷口　そうなんです。正直な話、当時は富山の魚介も使わず、太平洋やフランスからの食材を中心に使用し、富山のことをぜんぜん見てなかったんですよ。

中村　本来、自分が位置しているその土地の風土に育まれた食材をいかに工夫するかが料理づくりのセオリーであることに、まだ気づいていなかった。

谷口　そうなんですよ！地元のお客さんが来られたときに、「富山のお魚はもっとおいしい」とか「富山のお魚を使ってみたら」などと言われても、そのときはぜんぜん聞く耳を持たず、「フレンチなのに富山の魚を使う必要があるのか」と意気込んでいました。

中村　うーん、それは経営陣の方針でもあったのだろうかなあ？

谷口　そうですね、経営陣もですが僕自身もそう思っていました。当然、メニューも全部書いていましたが、東京のお客さまから「富山に来てまで東京にあるような料理も嫌だな」ということを徐々に聞くようになりました。

中村　まあお客さまにとっては、違う土地に来たらその土地のものを食べたいという思いはごく自然なことですからね。

谷口　はい、その通りだったと思います。耳が痛いくらいに言われても、まだ大丈夫だと思っていました。1年半くらい経ったときに、地元の農家さんや山菜採りをしている方が食材を持ってきてくれたことがありました。でも当時の僕は、「山菜なんかフランス料理に使わない」と断言していました。

中村　今だからこそ谷口さんは素直にその当時のことを話してもらえますけど、若気の至りというか、かつては自分もそうでありましたが、フランス料理を特別な料理だと思いこんでしまい、「フランス料理であるからにはフランスの食材を使わなければならない」と思い込んでしまう時期があるものです。

地元料理と文化の奥深さに触れる
単に「うまい」で終わるのではなく
「なぜうまいのか」を考える

谷口　まったくその通りです。それで農家さんから「一度畑を見に来ないか？」と言われ、その畑を見に行ったとき、僕の中で何かが変わりました。そうした本物の畑やそこの自然に触れる機会がなかったわけですが、何かをぐっと感じました。

中村　そのような畑で野菜づくりにこだわっている方は、長年の試行錯誤を通じ、その作り方の一つ一つに哲学的な考えをお持ちの方がいらっしゃいます。

谷口　そうなんです。実際にその場で見事な野菜を目にしたとき、不思議と自分の中で料理づくりのインスピレーションが湧いて来るんですよ。

中村　うーん、やっと出始めましたね。そのあたりから谷口さんは富山という食材の宝庫に自分がいることに気づき出したんですね。

谷口　そうです。今にして考えると、そういう農家さんとお付き合いをさせていただくようになってからも、当初は日本海の魚はあまりおいしくないと思っていました。むしろ太平洋の魚の方が、焼いたりするとおいしいと感じていたもので。それを「なんでかな」と一度じっくりと考えてみたときに、海の温度と波が関係あるんじゃないかなと。太平洋って水温が高いですし、波も穏やかじゃないですか。日本海の冬は厳しいし荒波なので、同じノドグロだとしても筋肉質なんですよね。そういうときに、「確かにノドグロは脂がのっておいしい魚だけど、なんで富山の人はあんなに昆布締めにしたりかぶら寿司を作ったりするんだろう」と考えた時にハッとしました。「熟成というのはこういうことか」と。筋肉質の魚だからこそ熟成させて旨味を出す。だから日本海のお魚っておいしいのかと。もちろん漁場が近いから新鮮ということも確かにありますけど、でも確かにそういう食文化があるんだと知ったときに、自分は大きく変わり始めました。

中村　そのストーリーは感動です！　いいなあ…。やはりその土地の食材、要するに地方に行くと和食の食材になりがちだけど、その食材を通じて何十年ものさまざまな試行錯誤があり一つの料理に行き着くわけです。その土地の見事な料理を食したときに、単に「うまい」で終わることなく、「なんでうまいのだろう」と思ってしまいます。やはり一流の料理人というものは、常に食材を追い求め、いかにその食材を生かせるかを考えます。その気持ちは一過性ではなく、常に持続することが大事で、そこより何か新たなものが生まれてくるものだと思います。

谷口　まったくおっしゃられる通りで、私自身も遅まきながらそこに気づいてから、もっと料理が楽しくなりました。それで、「じゃあなんでかぶら寿司はブリを隠すんだろう」とか考えると、富山って隣の金沢に加賀藩があって、どうしても押さえつけられているということがあったんですよね。それで隠れてうまいものを食べたいから、ブリをかぶらで挟んで見えないように食べていたわけです。

中村　そういうこともあるんだ！　面白いねえ。うんちくが深く、人間が食べるということの行為にさまざまな知恵というか、一つの切実な物語が詰まっています。そのような話は、全国にいっぱいあると思うけど、何か尊いものに思えます。

谷口　そうですね。そういうことから器にしても、金沢って金銀や漆のきらびやかな感じですが、富山ってぜんぜん金銀や漆も無いんです。けれどもその代わりに銅とか錫がすごく発達しています。そういったことに関してもすごく面白いなと感心させられます。富山の人々は金沢に対してぜんぜん負い目は感じていなくて、「自分たちはこれで良いし、良いものも作れるし」という精神をお持ちのようです。もともと薬文化もあるのですごく潤っている県なんですよ。ですから、薬膳とかそういう文化も根付き、富山を知れば知るほど面白くなってきました。今までは「自分の料理技術を上げればレストランが良くなる」と思い込んでいたんですけど、今は「富山のいろいろなことを知れば知るほど料理の幅も広がり、レストランのレベルも上がる」と思っています。

中村　うーん、なにか澄んだ気持ちになってきました。谷口さんはおそらく富山という場所に導かれたのだと思います。今の話を聞きながらそう確信しました。

富山食材だけを使ったレストラン

中村　今の『レヴォ』は谷口さんが付けられたレストラン名ですか？

谷口　オープン当時はベルナール・ロワゾー・スィニャテュール・サヴールという名前でした。それが3年目に「撤退するぞ！」となりました。でも僕はすごくお世話になっていましたし、お客さんの予約も入っていたので、一方的に止めることはできませんでした。

中村　それはよくわかります。われわれの仕事はお客さまあってのことですから。

谷口　当時は若い人もいたので、「それはやっぱりできません」と決断しました。そういうことになって「今自分がしたいことってなんだろう」と改めて考えされられました。そのとき、富山に残り頑張ろうと思いましたが、会社にはめちゃくちゃ怒られました。

中村　けれどもそれは谷口さんが富山との出会いがあり、さまざまな事情を考慮し、自分で決断したことです。人それぞれに人生の中で大切な決断のときがありますが、谷口さんはこの時が必然的に独り立ちすべき時であったと思います。で、レストランはご自身がオーナーシェフの立場ですね。

谷口　はい。でも実は1年間はブランクがありまして、リバーリトリート雅樂倶のレストランということで名前もないようなレストランでした。当初はあまり忙しいところではなかったので、時間もあり富山のことを知ることができました。そのレストランをやっているとき、フランス料理という肩の荷が降りたというか、「富山をもっともっと知りたい」と思うようになりました。1年間、富山のことを勉強していろいろなところにも行きました。

それで「富山の食材だけを使ったレストランをやってみたい」と思いました。でも知り合いの料理人の方々からは「『富山の食材だけ』と縛ると、後々自分の首を絞めることになるよ」「絶対に引き出しがなくなってくる」と言われました。それでも「徐々にでも良いからとりあえずやってみよう」とレヴォをオープンさせていただきました。レヴォをオープンした当時、すでに周辺の農家の方々に「西洋野菜のこれを植えてくれ」とか「野菜はこれくらいの大きさが良い」とお願いしていました。

中村　最初はそれが自然だと思います。その食材を手にしたとき、自分の料理づくりに対する確かな思いがあるわけですから。

谷口　はい。それでそういうのをしていたときにふと「農家さんが持ってきてくれるものがどれもこれも西洋野菜で、これだと金沢に行っても新潟に行ってもみな同じ野菜を植えているのでは」と考えるようになりました。確かに農家さんによっておいしさとかこだわりはあると思いますけど、「わざわざ富山で西洋野菜を育てる必要があるのか」と思い、そんなときに山に入ってきのこや山菜を取りに行くようになって、「自然ってすごいな」と気づきました。

中村　そうだね。そのようになるでしょう。その延長で自然にジビエにも興味を持つようになったわけですね。あのへんはジビエも豊富だろうから。

谷口　そうなんです。イノシシ、クマ、鹿というような。

中村　え、クマも！

谷口　そうです。でもそのころは、ジビエでも「鮮度が大事だからすぐに持ってきて!すぐにお腹抜いて洗ってうちに届けて！」と猟師さんに言っていたんですよ。そうしたらある日猟師さんに言われたのが、「お前な、５００メートル向こうのイノシシとかクマを撃つんだぞ。そんな簡単なことじゃないよ」と。そう言われたときに、「５００メートルだったら近い」と思いそう言ったら、猟師さんから「５００メートルって運動場の５００メートルとは違うぞ。山あり谷あり川あっての５００メートル先だぞ」と言われたときにハッとなって。今までジビエに自分たちの理想だけを言っていたけど、猟師さんがどれだけ大変な思いをして届けてくれていることに気づきました。そうしたときに、「自分たちももっともっと思いを込めて料理をしよう」と思うようになりました。

中村　なるほどねえ。谷口さんは率直で本当に素晴らしいなあ。私もスイス、パリでの1年を経て、アルザスを代表する2ツ星レストランに行きました。そこで鹿やイノシシ、さまざまな野鳥やきのこ類との出会いがあり、初めてジビエというものを直接的に知ることになりました。その当時のジビエが今でも私のジビエ料理の基本となっています。

生産者と共に100％を目指す

中村 私はアルザスでシェフの立場で働き、厳しい責任の中で料理人という仕事を真に自覚しました。谷口さんは富山にきて料理人として目覚めたわけですが、おそらく谷口さんは富山に残り、この土地の食材で自分の料理を表現しようと決断されたその時から、今までの自分から脱皮されたのだと思います。けれどもそれを成すためには、よほど地元の生産者の方々との絆がないとできないことです。その辺のところを話してもらえますか。

谷口 そうですね。農家さんもたくさんいますし、そういう山のものを持ってきていただく方もたくさんいます。レヴォを3年前にオープンしてから、どんどんお付き合いをさせていただくようになり、すごく充実してきました。それと同時に料理人としての考え方がどんどん変化してきたと思います。そして経営面での責任も強く感じております。

中村 なるほど。オーナーシェフとしての立場でさまざまなご苦労もあろうかと思いますが、一方で谷口さんは生産者たちが自主的に持ち込むさまざまな食材を手にして、どんな思いでそれらを調理していますか？

谷口 お魚にしてもジビエにしても120％の素晴らしい食材がありますが、でも7〜80％の食材も当然あります。以前は若気の至りでそれらの食材は使わないと公言していました。でも今ではそれらの食材に対し、今まで自分が培ってきた技術や思いを込めて１００％に近づけようと思うようになってきました。それを生産者の方々が見て、「自分が作っていたものがこんなになるんだ。じゃあ自分たちももう少し頑張らないと」となり、次のシーズンになるとそれらが９０％くらいに上がっていたりするんですよ。その分どんどん僕が楽になってくる（笑）。

中村　そこはやっぱり単なる生産者、単なる料理人だけではなく、信頼の中で互いに一歩踏み込んで努力しようという思いが高まり、結果として互いに昇華していくことになるわけですね。生産者たちも「自分の作ったものがどうなっているか」とすごく興味はあるんですよ。

谷口　そうなんですよ。例えば、卵と野菜の農家さんにうちのための鶏を作ってもらっているわけですが、でもやはり利益が出ないと駄目じゃないですか。当初はすぐには利益が出ません。しかしその方に、「自分も頑張る」という約束のもとに、もともと野菜を植えていたビニールハウスを１棟まるごと潰してもらい、そこに４５日飼育の鶏を飼ってもらうことになりました。今では常時２０００羽を育てている状況です。最初は鶏の餌も酒粕であったりお米であったりしていましたが、今ではレストランで出る魚の骨だとか野菜のクズを山の上まで持っていって、そこで発酵させて鶏にあげています。

中村　素晴らしい！調理の過程で出る野菜の切れ端や魚の骨は、本来、だし汁などに使用しますが、今では単なる残飯となってしまうケースが多い。それを新鮮なうちに処理し発酵させ、キチンとした形で鶏の飼料にするということは、地方ならではのレストランと農家の良い形のあり方だと思います。今後のモデルケースとなるのではないでしょうか。

谷口　はい。発酵させると食欲もあがって鶏の発育にも良い効果が出るということで、それならやってみようということになりました。

中村 発酵させ粉末みたいにするの？

谷口 ええ、粉末にします。

中村 じゃあ衛生的な処理もしっかりとされているわけですね。

谷口 そうなんです。そこに地元で採れるお米などを混ぜて。

中村 贅沢じゃない（笑）。それで鶏の味が変わったことをしっかり感じています？

谷口 はい。もちろん味もそうなんですけど、自分たちの思いもどんどん乗ってきています。

中村 その鶏を育てる中に自分たちも加わっているということから、良い料理づくりへの責任がより深くなることでしょう。

谷口 そうですね。料理人として僕ももちろんそうですけど、サービスマンもお客さんに料理を持っていく時に、胸を張って説明ができるわけです。今では飲料水も自然の湧き水をボーイさん自身が汲みに行っています。水の説明をするときも、「イタリア、フランスの水です」と言って出すよりも、「自分たちが湧き水を汲んできました」と伝えることで、お客さまにもすごく喜んでいただけます。それは水に限った話ではなくて、料理も「富山のものを」というコンセプトにつながります。

中村 久しく以前から、各地方で活性化を目指す中で「地方創生」をうたっていますが、絵に描いた餅ではなく、谷口さんが話された一連の事柄を実際に実施することが何よりも大切なことですね。そのことをお客さまが知り、感動とともに共鳴していただき、さらなる信頼と絆が生まれてくると思います。今の話を受けて、一つ申し上げたいことがあります。それは2017年5月に私は国連食糧農業機関（FAO）の親善大使になりました。このFAOの実践的活動目標の一つとして、『飢餓の撲滅と貧困に苦しむ人々への持続可能な食糧増産と栄養向上の支援』があります。そうした中で私が強い関心を持っていることは、食品ロスと廃棄問題です。これは料理人という立場からしても多くの責任を感じています。世界の人口はとうに70億人を越しておりますが、その中で8億人が飢餓に苦しんでおります。毎年、世界の食料総生産の約3分の1にあたる約13億トンがロス、または廃棄されているのが現状です。実はその4分の1で世界の飢餓人口を十分に養うことができます。

わが日本の現状は、世界の食品ロス大国です。その量は年間で612万トンになります。わかりやすくいうと、全国民が毎日茶碗1杯分の食材を廃棄していることになります。このロス問題に関しては、さまざまな場面で発生しています。例えば生産の現場、流通、保管、小売業、ホテル、レストラン、一般家庭などさまざまです。これらを考えますと、料理人というのはただ単に料理を作るのではなく、大げさに言えば、そうした地球環境も含め「作る」ということに対するさまざまな責任を考えなければならないと思います。先程の谷口さんのさまざまな話の中で、素晴らしいことを実践されていると思いました。ぜひ機会を作り、その現場を見に行きたいですね。

谷口　ぜひ来てください。大歓迎です。

もっともっと富山を発信したい 富山でフランス料理の概念を体現

中村　少し話が逸れましたけど、「地方の風土を知れば知るほど自分の料理の幅が広がってくる」ということですが、フランス料理の概念そのものですね。フランスには立派な地方料理という分野が確立されていますが、終局的には谷口さんはそれを目指しているのだろうと思います。また、自分のスタッフは土地の人を優先して使っているということでしたが、その思いをお聞かせください。

谷口　どうしても、「もっともっと富山を発信したい」という気持ちもありますし、その中で自分一人では限界があると思うんですよ。２０世紀終わりから２１世紀始め、スペインの食が変わるくらいエル・ブジのフェランさんが改革をされました。デンマークではノーマのレネさん。そして今度はブラジルでも同じ動きがあります。でもそこには間違いなく周りに賛同した人がいます。それは同様な発想のもとで展開しているレストランがともに発信するからこそ大きな力となり、魅力となっているのだろうと思います。日本も「日本料理というと京都」となるじゃないですか。京都にあれだけ日本料理屋さんが共にあるからこそ発信力もすごく強くなるのだと思います。

中村　しかし先程からいろいろと話を伺っていると、谷口さんはおそらく富山から離れなれないね（笑）。

谷口　はい、絶対に離れないです（笑）。

中村　それでは最後になりますが、漠然でも良いのでこれから先のことをどのように描いておられますか？

谷口　先々になりますが、山奥の「こんな場所に！」というような場所にオーベルジュを建てたいです。ぜひ私が元気なうちに建ててください（笑）。

中村　来るのが大変でも来るまでの景色を見ていただきたいです。それに「来るまでに何時間もかかったよ。でも来てよかった」と言われるようなものを実現したいと思っています。もっともっと山の奥に入りたいので、富山のそういうところを探しています（笑）。

谷口　そういう所では、ちゃんと泊まる場所も作らなきゃね（笑）。

中村　そこに多くの人を集めたいというのが夢なので、それらも作りたいですね。

中村　いやあ、谷口さんなら夢を現実のものにできますよ。これからも大いに期待しています。今日は本当にありがとうございました。

【対談後記】

対談後、実に爽やかで明るい気持ちになった。これは谷口さんの一途で希望に溢れた「生きる姿勢」にある。

私自身の生き様のモットーは「一生懸命」である。才能のない自分としては、他に方法がないからである。谷口さんにはその一生懸命を感じた。その上、無垢で才能に満ちている。

今回の対談では谷口さんの人となりを伝えるべき多くのことがあったが、誌面の都合上、すべて伝えきれず残念である。いずれにせよ、谷口さんには富山を拠点として、日本の風土を通じた料理の素晴らしさとその醍醐味を存分に表現していただきたい。多くの感動と共にさらなる希望と勇気を与えていただきたいと切に願うものである。

PROFILE.　１９４４年東京都生まれ。７２年片倉康雄の「日本そば大学講座」に入門、蕎麦打ちの世界に入る。年宇都宮「一茶庵」で修行を始める。修行のかたわら片倉康雄の蕎麦教室の師範代を務める。７５年東京都 南長崎に「翁」を開店する。７９年長野県池田町にて蕎麦の栽培を始める。８５年南長崎「翁」閉店。８６年山梨県 長坂に「翁」開店、自家製粉開始。玄蕎麦を求めて全国の産地を訪ね、生産者たちと交流を広める。２００１年広島県豊平町長笹「達磨・雪花山房」にて、蕎麦指導を中心とした活動を開始する。現在、全国の蕎麦会、蕎麦祭り等で各地を飛び回っている。

母の影響で蕎麦の道へ

翁達磨　店主　高橋 邦弘 氏

【2018年8月24日号、9月14日号、10月5日号掲載】

中村　私は前々から高橋さんに蕎麦のことについてゆっくり話を聞かせていただきたいと願っておりました。広島より大分に行かれた折、体調を崩され、なかなかその機会を見出せずにおりましたが、今回、東京に出てこられることを知り、早速連絡させていただき対談の時間を作れるかお伺いしましたところ、快く引き受けてくださり、とても感謝しております。今日は限られた時間ですが、一つよろしくおねがいします。早速ですけれども、高橋さんはもともとどちらの生まれで、蕎麦とはどういった出会いがあったのでしょうか。

高橋　私の母方の祖母と祖父が新潟県の糸魚川出身でして、その後東京に出て銭湯を営んでおりました。私は１９４４年生まれなのですが、戦時中、空襲が激しくなって母親が糸魚川に疎開をしたわけです。そこで私が産まれましたが、でも戸籍は東京に移しているわけですから、普段は東京生まれだと話しております。

中村　それはそれは。くしくも今の話で私と同じ歳だとわかりました（笑）。それで、蕎麦の出会いといいますか、関わりは？

高橋　いやいやそうでしたか。まず母親がよくうどんを打っていました。兄弟4人いるんですけど、母親のうどん打ちを手伝うのは私だけでした。たぶん小さい頃から料理に興味があったんでしょうね。うどんや蕎麦だけに限らず、家族みな麺類は好きでしたね。

中村　もっとも自然なことだと思いますが、お母さんの影響が大きかったのですね。実は私も母親の影響が大きかったと思います。それで実際に蕎麦をやろうと考えたきっかけは？

高橋　高校を卒業するときに、蕎麦屋になりたいと母親に言いました。当時、工業高校に行っていたので、「せっかく工業高校に行ったのだから、蕎麦屋みたいな水商売はやめて、ちゃんとした仕事にしてくれないか」と言われ、それで考え直して会社勤めをしたわけです。それでもやっぱり蕎麦屋をやりたいという気持ちは捨てきれなかったんですね。あるとき、上野にある有名な中華料理の東天紅でラーメン大学が実施され、それと同時に「日本そば大学」というのを、私の師匠である片倉康雄がやっていたわけです。

中村　その片倉康雄さんという方はどこかでご自分のお店を持たれていたのですか？

高橋　ええ、足利に一茶庵というお店を。その前は東京でやっていて、一世を風靡した方でした。もともと手打ち蕎麦はあったんですけど、それを復活させた人ですね。私がちょうど新聞でその記事を見た時に、機械打ちの蕎麦を手打ちに切り替えていこうという事業がありました。来られている方の殆どがプロの方でしたけど、その教室を受けに東天紅に行きました。その教室で蕎麦の打ち方を覚えたわけですが、そのままではとても商売はできません。そこで片倉康雄のもとに出向き、弟子入りを希望しました。そのころ東京と宇都宮、足利と桐生に4店舗支店があって、すべて息子さんや娘さんがやられていました。もちろん皆さんは本店を希望するわけですが、私はそのとき28歳でしたので、宇都宮の店に行かされました。この店は次女のご主人がやられていましたけど、なんでもやらせてくれましたね。それで片倉康雄が蕎麦教室のために毎週東京に出て来られる。そのお手伝いを「勉強になるからやってみろ」と言われて、宇都宮から群馬県太田市に行って、先生を車に乗せ、蕎麦教室まで送り迎えをしていました。片倉康雄自身は心臓も病んでいましたし、腰も痛めていたので、私に師範代をやらせてもらいました。

中村　師範代と言うと、実際に教室に来られている方々の前で師匠の解説のもとに蕎麦を打つということですか？

高橋　はい、そのとおりです。実際に打たせてもらいましたが、そのかわり結構厳しかったですけどね。

中村　それは大変でしたでしょうが、大きな勉強の場となりましたね。

高橋　そのとおりですが、皆さんの前でビシビシ言われましたね。機嫌の良いときはいいんですけど、悪いときは私の蕎麦打ちを「悪い見本です」みたいに言われるわけです（笑）。でもそのおかげで仕事は覚えました。最初のころは息子さんたちが助手でやっていたわけですが、段々と私が運転手兼助手でやるようになりました。そういった意味では、宇都宮のご主人が理解があったわけです。仕事もやらしてもらったので、宇都宮に配属されたのは運が良かったということになります。

中村　なるほど。でもご本人がその折々の場をいかし、いかに蕎麦のことを会得していけるかに集中されていたのが、すべてに通じたのでしょうし、チャンスを自分のものにされたのだと思います。それで独立されたのはいつごろなのでしょうか？

高橋　3年目でしたね。ちょうどそのころ宇都宮に東北新幹線ができて、駅の反対側が開発されるということで支店を出そうという話がありました。「高橋、お前は金がないんだから支店長でそこをやれ」と言われ、自分としてはやる気になっていたのですが、その後いろいろと大家さんとのトラブルがあって、そのお店は流れてしまいました。でも宇都宮のご主人が、「どうせやろうと思ったんだから、3年経ったわけだし東京で独立したらどうだ」と言われて東京でやり始めました。

伝説の店「翁」の誕生

中村　蕎麦の好きな人は、今でも伝説の蕎麦屋と言われていますけども、そのお店は「翁」という名前で、そば好きの方々では大変有名なお店だったと聞いております。

高橋　そうです。皆様から可愛がられていたお店でした。これは片倉康雄が付けてくれた名前でした。

中村　なるほど。それで何年くらいされたのでしょうか？
高橋　東京では10年やりました。
中村　となると顧客もかなりいらっしゃったでしょうが、どんな方々がおられたのでしょう。
高橋　そうですね。やはり印象に残るのは、お蕎麦が好きな人が多かったですね。個人名を出すとあれですけど、斉藤さんという方がいて、この方は足が悪かったんですけど、自分が蕎麦を食べたいがために姪っ子を蕎麦教室に修行に行かせて、道具も自宅と会社に2セット買ってどこでも食べられるようにされていました。それで自分が独立した後お客さまとして来られて、「高橋くん、『これが蕎麦だ』というものを食べさせてくれ」と言われて。そう言われると、やはり粉屋さんから粉を買っていては駄目だなと思って。年間を通して自分で原材料の蕎麦を管理して、必要な分だけひく。そういう自家製粉をしなくてはということになりました。
中村　当時、自家製粉はまだ普及していなかった時代ですよね？
高橋　地方には水車で胴突きして潰して殻を飛ばして、それを石臼でひくような場所はありましたけど、製粉所をコンパクトにしたようなものは無かったですね。そのころ、私とほか2人で自家製粉をやろうということで、製粉所に行って製粉の機械を作っている会社を紹介してもらって、「大型のものではなくてコンパクトなものを作ってくれ」と言って作ってもらいました。それから山梨に行きました。
中村　本格的に一からそばに取り組もうと決断され、それが転機となり山梨に行かれたわけですね。
高橋　そうです。自家製粉をしたくて山梨に行きました。東京では場所もありませんし、音もします。それと一年分を低温で保管する場所も必要となるわけで、それは地方じゃないと無理ですね。
中村　私は帰国したのが84年の暮で、当時セゾングループの堤清二さんが八ヶ岳高原に素晴らしいホテルを経営され、折々にお出でになっておられました。その後、現代音楽作曲家の武満徹さんが設計された見事な音楽堂を作られました。私はまだ音楽堂ができる以前の、ホテルのロビーで音楽祭が実施されていたころ、その料理づくりに出向いていました。その折、近くに素晴らしい蕎麦屋さんがあると聞いていましたが、毎回とんぼ返りしていましたので、一度も行けずに残念に思っていました。

高橋　そうです。堤清二さんもお見えになりました。でも堤さんが来られても相席でお座りいただきました（笑）。

中村　でもそれは当たり前の話で、かえってご満足なされ、お喜びになられたことでしょうね。あの方は特別にされることをとても嫌われておられましたから。でも自家製粉がしたくて行かれたということは今はじめて知りましたが、当時は自家製粉と同時に、自前の畑で蕎麦を育てられるような人はいたのでしょうか？

高橋　実験的にはやっていたのでしょうが、でもやはり自分のところだけのそば粉だけではなかなか難しいことでありますからね。

中村　そば粉の配合の大切さというものがありますから、それは分かります。うどんもそうでしょうが、蕎麦は、寿司とあわせて日本の風土を代表する食べ物で、シンプルにしてとても奥が深いですね。以前、高橋さんとお会いし、いろいろな話をお聞きしましたけど、とても印象的だったのは、水と蕎麦粉の配合が季節によって異なるということが、当然にしてとても納得することでありました。また、蕎麦つゆもとても深く大切な要素となりますが、高橋さんはどのように作られているのでしょうか？

高橋　現在は盛り汁をつくるときに砂糖とみりんと醤油を使うわけですけど、醤油は松本の大久保醸造というところの手づくりのもの。こねる水と出汁用の水は養命酒のもとになるみりんを作っている駒ヶ根工場、そこの水を取り寄せています。みりんも非常にまろやかで品がある。

すべてにこだわり抜くことの重要性

中村　大久保醸造の工場を見せていただき、ご主人もよく知っております。醤油や味噌作りに、ご自身の哲学をお持ちで今は息子さんと共に、頑張られておられますね。高橋さんはすべてにこだわりをお持ちのところが流石ですね。粉の配合は、北海道産などを中心にその年の出来具合によって選別し、ブレンドしていると以前お聞きしました。

高橋　産地によって出来不出来がありますからね。去年は非常にできが良かったんですけど、一昨年は北海道の方で駄目でした。北海道が不作になると、内地のものを求めるようになるので、大変になります。

中村　駄目というのは、あくまでも気候変動による影響で出来がよくなかったということですか？

高橋　そうです。種をまいたときに雨が降りすぎた、逆に雨が無かった、刈り取るときに風が吹いたなど、いろいろな要因があります。私は弟子屈（てしかが）という摩周湖の近くの蕎麦を主力でやっているわけですが、そこの出来が非常に良かったので、未だに低温倉庫で保管しています。今現在使っている種類が、北海道が2種類と茨城県が4カ所、長野県が2カ所、それから新潟県が1種類で9種類をブレンドして粉にしています。

中村　当然のことでしょうが、高橋さんは水というものにものすごくこだわりを持たれておられます。はじめて高橋さんとお会いしたのはかれこれ20年以上も前のことで、当時、私がエドモントで現役の頃、食にまつわるセミナーを企画し実施しておりましたが、ミネラルウォーターが日本に普及し始めたころでした。私は水はすべての料理作りの原点であり、すごく大事だと捉えていて、これから日本もいよいよミネラルウォーターの時代がくると予感していました。そこで水をテーマにセミナーをやってみたいと思ったわけです。そこで、まずは蕎麦。当時まだお会いしたことはありませんでしたけど高橋さんの噂をよく聞いていました。それと酒の仕込み水として、八海山の有名な湧き水も知っていました。あと、豆腐ですね。京都の嵐山にある久在屋さんもすごくこだわりのある豆腐屋さんです。それぞれの方々には面識はありませんでしたが、セミナーの趣旨をお伝えし、丁寧にお手紙を書いて依頼したところ、高橋さんをはじめ皆さんからも良い返事を頂戴し、セミナーが実現しました。そのとき高橋さんは水を持ってこられて、セミナーの後の賞味会で、わざわざ蕎麦を打っていただきましたね。

高橋　そうでしたっけ?そういえばそんなこともありましたね。

中村　そうなんです。高橋さん、ちゃんと覚えていてくださいよ(笑)。私にとっても、すごく印象深く、有益なセミナーでした。またその後、洞爺湖のサミットの折、お出でいただきましたが、その前年の大晦日に年越し蕎麦を打つためにお出でいただきました。あのときは楽しかったですね。大晦日の蕎麦を打ち終えた後、高橋さんが「腹減ったから肉が食いたい」と言われ、私の厨房事務所までお連れし、その横の厨房で上等な肉をステーキに焼いておもてなししたことがあります(笑)。

高橋　そうそう、新年の夜明けに中村さんのとっておきのワインと日本酒をグビグビやりながら。あれは良かったなあ(笑)。

豪華客船 飛鳥でふるまう蕎麦

中村　あの時、ウィンザーのそば処「達磨」の斉藤さんは、高橋さんの直弟子の方ですが、すごく頑張っていましたね。あのサミットのときも、大将が来られるということで、気合が入っていました。

実際にあのとき、各国首脳の御婦人方の食事会のとき、高橋さんに蕎麦を打っていただき、食べていただきました。また豪華客船の飛鳥で世界一周の一区間にも乗船していただき、蕎麦を打っていただきました。飛鳥は日本人の乗客がほとんどですから、飛鳥の料理長から「蕎麦打ち名人を紹介してください。」と頼まれたとき、「紹介できるけど大変だよ。その方は水を何トンも持ってくるけど大丈夫?」と念を押し、高橋さんを紹介しました。その後すぐ高橋さんに電話したら、その場でやると言われましたが、あのとき水はどうされたのですか?

高橋　サントリーの南アルプスの水を使いました。

中村　結構な量を積んだんですよね?　後から聞いたらやっぱり水が大変だったと言っていましたよ。

高橋　それと後は丸抜きと言う蕎麦の実の皮をむいたものを袋詰にして低温倉庫に入れてもらって、石臼を積んだんですよ。石臼の工場が名古屋にあるんですけど、名古屋港に飛鳥が寄ったときにそこで石臼を積んでもらって、船内の倉庫にセットしました。ですから、石臼と丸抜きと水で大変な経費がかかっていますね。

中村　いやぁよくぞそこまでやりましたね。あの時に高橋さんの蕎麦を食べられたお客さまはすごく贅沢でラッキーでしたね。飛鳥の食の力がさらに高められたと思います。

高橋　そうですね、あのときは普通のお客さまは1日1回1枚と制限していましたが、ロイヤルのお客さまだけはおかわり自由でやらせていただきました。

中村　でもご本人は軽く言っておられますけど、本当は大変なご苦労があったと思います。

高橋　釜がなかなか言うことを聞かなくて。パスタを茹でる釜用に、落とし込みのザルを特別発注して、それで入れて引っ張り上げるような形でやっていました。それと電気でしたので、どうしてもこっちの思ったとおりに沸き上がらなくて…。

中村　なるほど。電気ですと窯の中心から湯が湧き上がりませんのでそこの塩梅が思うようにいかなかったのでしょう。それでも懲りずにまた乗られましたね。一度私がバルセローナからニューヨークに着いたとき、ほんの5分ほどお会いしましたね。

高橋　そうそう、でも大変でしたけれども、とても楽しかったですよ。良い思い出です。

各地域での段位認定

中村　それでは少し横道に逸れましたが、話を戻しましょう。山梨に行かれた後、広島に行かれましたね？

高橋　そうです。広島の場合は、広島の町おこしでやるということで、豊平町に指導に来てくれないかと言われて。それでいろいろ話をしていたら、そこの職員を2人、うちに出向させるから仕込んでくれないかと依頼されました。豊平町では蕎麦の実を栽培していまして、それで自家製粉からすべてやりたいということで2人預かりました。その2人とは相性が良かったですね。

中村　ご本人たちにそれなりの意欲があったからでしょう。

高橋　そうなんです、それで一ヶ月くらいで打ちと製粉すべてを教え込みました。それからは毎年一回、秋に新蕎麦が採れたころに指導しに行きました。あらかじめ教え込んだ人が大まかにある程度の部分まで指導して、その後、私が行って研修をする。それを7～8年続けましたが、継続することで定着しましたね。蕎麦の世界もそうなんですけど、全国組織がありまして、そこが段位認定大会をやっています。

中村　それは具体的にはどんなものでしょうか？

高橋　お茶とかお花とかと同じように、初段、二段、三段という感じで。でも少し金稼ぎみたいなところがあって、嫌気がさし、辞めたいと考えたわけです。でも私がいなくなっちゃうと広島で段位認定大会ができなくなるから、どうしたものかと思い相談したら、町長がわかった人で、「私もその組織についてしんどくなってきたし、高橋さんも辞めて良いよ」と。そして「そのかわり豊平流という制度を作ろうじゃないか」と。それで豊平流の段位認定というのを始めたわけです。私はそういう組織でやって金儲けということを考えていませんでしたので、初段・二段は家族や友だちに食べさせられる程度の蕎麦が打てれば良く、段を取りやすくし、底辺を広げていったわけです。そして三段・四段は人に教えられるということで厳しく認定しました。

中村　なるほど、最初は純粋に蕎麦打ちを楽しめることを目的とし、その先は当然厳しく。とても理にかなった方法です。

高橋　豊平流が定着して、その後、大分の杵築（きつつき）市や豊後高田というところに行きました。そこでも村おこしで蕎麦をやっていて、豊平流のような組織をやってくれということで、今作っているわけです。そうすることで、蕎麦打ちの裾野が広がっていくわけです。それが今では小学校・中学校でも蕎麦打ちを取り入れてきて、蕎麦というものに小さいころから親しみを持つということで、割と面白い動きになっていますね。

技術と思いの継承

中村　いやぁ高橋さんは東京を遠く離れたところで、そばの普及のために、身を粉にして本当に頑張っておられますね。頭が下がる思いです。日本の食文化は限りなく西洋化していますけども、高橋さんがなさっている日本の風土を代表するそばなどの食文化をいかに継承していくかということは、とても大切で尊いことです。また、個人が蕎麦を打つことの喜びが広がることは、食生活の改善にもつながることになります。でもそうした動きでは核となるリーダーがいないと出来ないわけです。高橋さんには本当にご苦労様です。先ほど話した当時のウィンザーの斉藤さんなども、高橋さんの技術とその意義をしっかりと継承されていましたね。そして本物の蕎麦職人であり、蕎麦バカでした。そして彼の水ようかんは天下一品でしたね。

高橋 そうです！私の知り合いの和食の松本忠子先生が、斉藤の水ようかんを食べて「あれはすごかったなぁ」とたまげていらっしゃいました。

中村 わかります。対談前の会話で斉藤さんがお亡くなりになったことを知りました、本当に残念です。あれだけの水ようかんを二度と口にすることはないでしょう。

高橋 口に含んだ瞬間のあの甘さと感触がすごいですね。

中村 そう！口に含んだときのなんともやさしく上品な旨みは、口で表現できない食感で、すべてのバランスが完璧でした。あの角が見事に立ち凛とした姿は私にとっては国宝級の水ようかんです。

高橋 うーん、うまいこと言いますね。まさにそのとおりで、見事に角が立っていました。

中村 さて、以前電話したとき、高橋さんがいきなり「体調が悪くて今入院中だよ」と言われびっくりしましたが、もう大丈夫なのでしょうか？

高橋 まあまあです。去年は首の頸椎と腰で2回入院しましたからね。

中村 それで大丈夫かなと思っていたときに、東京のホテルで蕎麦懐石をされるというチラシを見て高橋さんが上京されることを知り、慌てて電話し、対談ができる時間があるのかお聞きしたわけです。

私は前々から高橋さんの蕎麦にかける人生というものを記録に残しておかねばという気持ちがありました。今日は実現できて本当に嬉しく思います。それと高橋さんは、ご自身の蕎麦に対する見事な情熱を通じて、全国にすごい数のお弟子さんを育てられましたね。

高橋　まあ一応数はいますけどね（笑）。

中村　実際、どこかに行かれるときは必ず近くのそうした方々が駆けつけてきて、皆さんで協力なさっておられますが、あの風景は高橋さんご自身のすべてを表しているように思えます。

高橋　そうですね。確かに皆が駆けつけてくれます。ありがたいことだと常々感謝しています。

中村　やっぱり、高橋さんのところまで行って蕎麦を習いたい、弟子になりたいという方は、よっぽど蕎麦に対しての情熱が半端じゃない人たちでしょうね。

高橋　そうそう、思い入れが強いですよ。

中村　またそういう人じゃないと続かないだろうし、好きこそものの上手なれと言うけど、一途な思いがあってこそですよ。料理人もそうですけど、2～3年経ってぐっと伸びる人と、もたもたしている人に別れますが、やはり自分自身が料理に目覚めた人は、黙っていても自分の仕事に意欲が変わってきますね。

高橋　そうそう。自分で吸収しようという意識がありますね。まあ最初から「何時間働くんですか」とか「日曜は休めるんですか」とか言う方はお話になりません。

中村　わかります。やはりひとつの覚悟が必要となるでしょう。先程少し聞きそびれましたが、蕎麦にはさまざまな要素がありますけど、「茹でる」ということに感心したことがあります。それは以前、ウィンザーに高橋さんが来られたとき、現場でずっと高橋さんの動きを見ていましたけども、高橋さんは蕎麦を釜に入れるとき、必ずストップウォッチで測っていましたね。どんなに忙しい時でも欠かさぬ行為でありました。

高橋　そうです。私は必ず測りますね。

中村　やはり麺の太さや質など、さまざまな要素を考えてやられるのでしょうけど、あのとき、蕎麦を茹でることの正確さというのは絶対条件の一つなのだと思いました。

高橋　私も山梨のときから若い子に水回し（蕎麦粉に加水し撹拌することで、粉にまんべんなく水を行き渡らせる作業）という仕事をさせています。水がちゃんと回っているということはもちろん大事ですけど、そのときにほんの僅かな差で硬さとか感触が変わってきます。ですから、水回しをさせた人間に必ず釜（茹でること）をやらせるようにしています。ですから「今日の1つ目は少し水が入りすぎた」とかあるわけですけど、それを塩梅できる人間じゃないと駄目なんです。

中村　なるほど、とてもよく分かります。1枚ずつストップウォッチで測定しておられましたが、あれは確か20秒くらいでしたね？

高橋　そうです、だいたい私の蕎麦の太さでは20秒前後ですね。

中村　どちらかと言うと、高橋さんの蕎麦はそんなに太くありませんが、ああやって必ず時間を測る姿勢を見ていて、あれは蕎麦の仕上げの部分として、その後すばやく冷水で洗う行為とともに、とても重要な要素となるわけですね。

高橋　そうです。ですので、どんなに粉が良くて製粉が良くて、蕎麦にする技術が良くても、茹で方で駄目にすることがありますからね。要するに、何一つ欠けても駄目なんですよ。

中村　それはよくわかります。やはり真に「おいしい」にたどり着くには、全てのプロセスが完璧でバランスがとれて初めて言えることでしょう。それがすごく印象的でした。それはすべての料理づくりに共通していることです。

洞爺湖サミットの経験

高橋　北海道の洞爺湖サミットのときは、もり蕎麦でしたけど、各国首脳のご婦人方が最後までお食べになられていました。そのときに中村さんから「高橋さんが一番点数を稼いだね」と言われたのが印象的でした（笑）。

中村　そうですか、生意気にそんなことを言っていましたか（笑）。あのときはG8のみならず、初日、7月7日のアウトリーチのワーキングランチは各国首脳と国連事務総長などいきなり19名でした。また、最終日、7月9日のワーキングランチは各国首脳など含め総勢22名でした。各国のトップの方々も非常に大切ですが、中でも私はご婦人たちのお食事はすごく大切だと思っていました。各国首脳のご婦人方に「おいしかった」と言っていただければ、必ずご主人の各国首脳にも伝わるわけです。実際の首脳の方々は食事の折もさまざまな討議をなさりながら食べておられますから、どこまでその料理に対して注力なさっておられたのだろうかという思いもありました。しかしご婦人は、最初から食を楽しまれる前提でおすわりになっておられたので、高橋さんにそのように言ったのだと思います。

高橋　あのときはスケジュールがあってないような感じでしたね。

中村　そうでしたね。よく「大変なプレッシャーでしたね」と言われましたけど、実際にはそのプレッシャーを感じる暇もなかったんですよ。朝5時に起きてあちこち見回り、朝食から始まり夜の食まで、さまざまな場面を先々にずっと考えながら動いていましたから。しかもブッシュ大統領が前日の7月6日に会場入りなされたとき、その日がお誕生日であり、ときの福田総理の主催でブッシュ大統領のお誕生日のお祝いの晩餐会がフランス料理のご希望で実施しました。その時、食後のバースデーケーキでいろいろと悩みました。結果的に色々と調べていただいた結果、ブッシュ大統領が以前大リーグのテキサスレンジャーのオーナーをなさっていたことを知り、これだと思い、テキサスレンジャーの球場の写真と、ロゴマークをアメリカ大使館を通じて入手し、それをモデルにバースデーケーキを作りました。料理もさることながら、そのバースデーケーキを見られた途端、立ち上がられて、すごくお喜びくださりました。サミットの前日の晩餐会がうまくいったことで、初日もスムーズに迎えられたと思います。洞爺湖サミットの3日間は、今考えるとすごく長かったですね。いやあ、料理人としてすごい経験をさせていただいたことに尽きます。これだけは言っておきたいんですけど、洞爺湖サミットがご評価いただけたとしたら、これはひとえにチームワークのおかげだと思っています。当時、帝国ホテルの田中総料理長はじめ、何人かのグランシェフにも協力いただきましたけれど、中でも身内だから今まで言ったことはありませんが、私の片腕としてウィンザーに来ていただいた大和田幸雄シェフの力がとても大きかったです。

高橋　いやいや、本当にご苦労様でした。私も大変な経験をさせていただき、感謝の一言です。実は蕎麦を打っているときにブッシュ大統領の奥様がお見えになりました。外務省のタイムスケジュールで観覧は何分ときっちり決まっていて、あらかじめ用意したものを打つという形でやっていましたけど、そんなのお構いなしなんですよね（笑）。実は打ち終わって「終わりです。どうぞお席へ」と申し上げたら、「他の奥様方が見てないからもう一回やってくれ」と言われて最初からやり直したんですよ。あのときは流石にびっくりしましたね（笑）。

中村　そうでしたか、いやあ素晴らしいなあ。

高橋　そういう風に見ておられましたから、興味を持って蕎麦を食べていただけたと思います。サミットもそうですけど、飛鳥のときもまた大変で。蕎麦教室をやって昼を提供して、なれない場所でやりましたけど大変でしたね。毎日粉をひくところから始めましたからね。

中村　そうでしょう。あのとき、お弟子さんは何人連れて行かれたのですか？

高橋　２人連れて行きました。

中村　それだと目一杯だったでしょう。

高橋　目一杯ですね。茹でる水もそうですが、こねる水とか最後の化粧水（洗い水）もすべて南アルプスの水を使っていたので、１０リッターのポリボックスに入れてかなりの量を持っていきました。

中村　そうでしたか、蕎麦はすべてに水が関わってくるわけですからね。高橋さんは、客船でああいったことをされたのは初めての経験でしたか？

高橋　そうですね。以前、北海道に行く船で、蕎麦教室をやったことはあります。

中村　飛鳥では、少しはゆっくり景色を見たり船を散策する時間はあったんですか？

高橋　ありました。パナマ運河のときは我々もゆっくり見学させていただきました。でも、ヨーロッパ航路も行ってみたかったなあ。

生涯蕎麦打ちとして

中村　だけど今日の話をお聞きし、改めて思いましたけど、高橋さんは働きすぎですね（笑）。

高橋　そう、我ながらそう思います。なので７０過ぎてからガクッと来ましたね（笑）。

中村　お弟子さんを連れて地方に蕎麦フェアなんかに行かれる場合も、提供する蕎麦はすべてご自分で打たれているということで、何十回にもなるわけですから、高橋さんは怪物ですね。並の鍛え方では無理でしょう。

高橋　そうですね。朝起きるときも体を完全に起こしておかないと、一日持たないですよ。でも常々思っていますけど、蕎麦には一生関わっていたいなぁ、と思っています。そして私は生涯蕎麦打ち、蕎麦職人でいたいなと。要するに、死ぬまで蕎麦を打っていたいなと思っています。それと本当にありがたいことに、私が蕎麦を打ちますと、お客さまが集まって来てくれるんですよ。

中村　高橋さんがいよいよ広島から離れられるというときに、日本全国から蕎麦好きが集まり、前日からテントを張ったり、キャンピングカーで待機されている方もいたと聞き及んでいます。

高橋　広島のお店は白井晟一研究所で店を建てましたけど、白井さんは哲学者で「トイレは不浄なものだ」という信念をお持ちで、屋外にトイレを作ったんですよ。ですから、２４時間電気付けっぱなしでトイレをいつでも使えるような状況でしたから、前日からやってきた方々はこのトイレを利用していましたね。

中村　実際に行かれた知人から電話があり、「私も前日から泊まり込んで、朝一番で行きました」という話を聞きました。

高橋　「遅い時間に来て待たされるくらいだったら、前の日から並んだ方が確実に食べられる」という方も結構いらっしゃいました。その習慣が大分に移ってからも継続し、他県から大分まで朝早くから乗り込む人もいましたね。それが本当に自分にとっては体力的にも負担だったので、蕎麦屋としては傲慢な感じかもしれませんけど、会員制の予約制という形にさせていただきました。

中村　それは高橋さんの体調を考えるとごく自然なことです。

高橋　私の蕎麦を食べたいというお客さまがいる限り、死ぬまで蕎麦を打ち続けたいと思っています。そして実際、お客さまが増え続けているんです。

中村　分かります。でもそれは日ごろの高橋さん自身が招いた宿命です！

高橋　あっはっは（笑）。参ったね。私も大分の杵築市でやっていますけど、となりの臼杵市にふぐの割烹旅館をやっている女将さんがいらっしゃいますが、その方から「うちのお客さまに高橋さんの話をすると、どうしても行きたいという人がいます」と言われます。女将さんは会員ですから、その紹介であれば断れません。そのような形で、自分の思いとは反対に、自然とお客さまが増えていっちゃうんですよ。

中村　それも当然の結果ですからね（笑）。高橋さんが蕎麦を打っている限り「ぜひ一度食べてみたい」という方々が次々に出てくるわけです、仕方がありません。

高橋　そうですね（笑）。本当にありがたいことだと思います（笑）。

中村　でも僕らの仕事は、お客さまあってのことですから。高橋さんの「死ぬまで蕎麦を打ち続けたい」という思いも、お客さまがあってのことでありますが、でも誰もがそのような思いを持てるわけではありません。そこまで到達される方のみが言えることで、そこがすごいなあと心底思うわけですよ。

高橋　いやあ、そうですね、、。中村さんとは変な縁で、自分が受けている整体の白石先生に中村さんも通ってらっしゃるということを知りびっくりしました。

中村　ああ、新宿の白石鍼灸治療院のことですね。地元の広島と両方でなさっておられますが、あの白石先生もすごい方ですね。日本のオリンピック選手だけでなく、世界的なアスリートからご指名を受けられておられますが、なんといってもお人柄に惹かれますね。最近は行っておりませんが、またガタがきたらお世話になるつもりです。こうして考えると本当に高橋さんとは不思議な縁でつながっているんですね。まだまだ話は付きませんけれども、これからまたホテルでの仕込みもあるということで、この辺で終わりにさせていただきます。でも明日の初日はスタッフ何人か連れて伺います。

高橋　ああ、それはそれは！本当に今日は楽しかったです。ありがとうございます。

【対談後記】

「職人」という言葉がある。その意味する自分の思いを述べると、まず極めて優れた技術を有し、あらゆる場面でその能力を全うできる人。人知れぬ努力で培った技術を後継者、および人材育成におしみなくつぎ込まれる人。純粋に自分の仕事を愛し、人生を捧げきれる人。この三つを身に備え、日々実践されている方こそが本物の職人と言えよう。

高橋さんは今回の対談をお読みいただければお分かりのように、まさに職人と呼ぶのにふさわしい人である。常に美味なるそばを追い求め、お客さまのお喜びを我が生きがいとして「生涯そば打ち」を宣言してやまない稀有な方である。今回の対談の実現に心からの御礼を申し上げたい。

翁達磨　店主　高橋 邦弘 氏

PROFILE. 建築家／株式会社佐藤総合計画代表取締役社長。１９４１年東京都生まれ。日本大学理工学部建築学科卒業。1970～1971年イタリア。公益社団法人日本建築家協会会員 元一般社団法人日本建築学会副会長。代表作品：秋川きららホール（１９８９年竣工、BCS賞）、東京国際展示場「東京ビッグサイト」（１９９５年竣工、BCS賞）、広州市国際会議展覧中心（２００２年竣工、詹天佑土木工程大奨、全中国十大建設科技成就）、神奈川県立近代美術館 葉山（２００３年竣工、公共建築賞）など。著書：『建築へ』（INAX出版）、『建築へ ０２』、『建築へ ０３ バリュー流動化社会』、『文脈を探る どこへ行く現代社会』、『界面をとく 現代建築のゆくえ』、『生む Re-Birth』、『棘のない薔薇』、『社会はなぜ「現代建築」を受け入れるのか』（以上日刊建設通信新聞社）

食と建築に共通するもの

株式会社佐藤総合計画　代表取締役社長　細田雅春 氏

【2018年10月19日号、11月2日号、11月16日号掲載】

中村　細田先生には日頃大変お忙しい中を本日はわざわざ時間をお作りいただき誠にありがとうございました。さっそく始めさせていただきますが、はじめに、細田先生が建築の世界に入られたきっかけをぜひお聞きかせください。

細田　私は高校生の時は建築をやる意思は全くありませんでした。物理をやろうと思って、国立大学の物理を受けたのですが、落ちてしまい、迷ったときにある人から、建築家の先生がいるところをいくつか紹介していただき、その人の推薦で建築を学ぶことにしました。だから、本来、私は建築にあまり興味はなかったし、関心もなかったんです。ですから、大学入学後1、2年はまったく勉強をしませんでした。しかし3年になると、周りの同級生が専門知識をたくさん身につけたことに焦りを感じ、一気に勉強を始めました。そこでようやく建築の面白さを少しずつ感じ始めたという感じです。ですから、非常に遅いスタートだと感じています。ほかの人たちの話を聞くと、中学生のころから建築を志望するという人が多くいましたからね。

中村　それはそれは、それで先生が建築に目覚められ、おもしろいと思うようになったきっかけがあられたのでしょうか？

細田　大学3年の時に、ある先生との出会いがありました。それからいろいろな海外の本などを読むようになり、「これは非常に面白い」、「奥が深いな」というようなことを感じ、建築にぐっと一気にのめり込んでいきました。

中村　その先生との出会いというものが、今にしてとても大切なものになるわけですね。

細田　そうです、出会いですね。たぶんその先生がいなかったら、私はもう一度物理を受けて、物理の道に進んでいたかもしれません。そんな迷いがありました。

中村　私にとって建築というのは、すごく難しくとても立派な職業というように捉えております。また、私自身が無知なものですから正直に申し上げ、今日の先生との対談は少々不安に思っております。

細田　いやぁそんなに難しいことはありません。日本の場合、建築というのは理工系の工学部に属しています。ですが、ヨーロッパやアメリカの建築は、理数系の要素もあるが、どちらかと言えば文化的な要素が多く含まれています。あるいはアートの世界。アートの学校の中に建築というのが入っていたりもします。日本の場合は昔から建築家といえば理科系という感じなんですよ。学校に入ると構造力学とか物理とかを勉強するんですが、私の経験から言うと、建築について学ぶときは、もっと文化系の勉強をしておいた方がいいなという感じはしますね。

中村　文化系に建築の要素があるということに何かとても深いものが感じられます。私は26のときにフランスに向かったのですが、向こうに着いてまず圧倒されたのは、石造りの建物です。もちろん東京にも石の建物はありますが、日本は木造の建物が主流だったため、まず石というのに圧倒されました。そういうところの違いというのは西洋と日本とであるんでしょうね。

細田　そうですね。日本の文学者や作家の方は、ヨーロッパに留学する人が多かったのですが、いま中村さんのおっしゃった石造りというものに精神を圧倒された、という記録があり、私も読んでいます。日本の建築というのはどちらかというと木造で、非常に隙間だらけというか、風通しの良いというか、そういう物なんです。まさに建築が風土との関係で成り立っているということですね。一方、ヨーロッパの建築というのは閉じて要塞のような建築です。ですから、その辺りの違いというのは歴史とか文化、風土という物と深く関係していると感じています。料理の世界とも共通するようなところがあるのではないかと思います。

中村　そうですね、料理も基本的にはその風土というものが根底にあると思います。当然様々な文化ともつながっていくものでしょうが、ここでせっかくですから食と建築について日頃先生が感じておられることを少しお話ししていただければと思います。

細田　衣食住というものがありますが、なぜ住が一番最後で、その前に衣食があるのかと疑問に思っていたことがあります。これは誰かから教えていただいたわけでも、示唆をしていただいたわけでもないんですが、食べ物を食べなくては死んでしまうし、洋服も暑さ寒さを調節するのに必要、住も外敵から安全を守るために必要です。ただ、それは本当は根本的な話で、人間が社会的要素を持ってくると、むしろ社会的、精神的な役割が強くなると思っています。例えば衣服だと、職階によって着るものや素材が変わってきます。食も階層によって口にする物が異なる。住居というのもまさにそういうことで、社会的な秩序を作るということで、単に雨風を防ぐと言うことだけじゃない。それ以上に社会的、精神的なものが重要なんじゃないかと考えています。私も愛読したフランスの人文学者、アンドレ・ルロワ＝グーランの著書にもありますが、社会的な体系の中で一つの秩序を作るという役割、これは衣食住の全てに共通して言えるのではないかと思います。機能的なものと象徴というものが深い関係にあるので、それが食に関心をもった一番の理由です。

８０年代に「バベットの晩餐会」というデンマークの映画がありました。料理は人の心を変えるんだということを表現した素晴らしい映画で、私はこれを見たときに、料理の持っている力を感じました。デンマークの片田舎の非常に貧しい村の話なんですが、料理によってみんなが幸せになる。最後はハレルヤコーラスを歌って賑やかに終わるというのは本当に素晴らしいなと思って。そういう物と建築の空間デザインというのは、共通する部分が非常に大きいと思っております。なので、料理に対する関心というのも、非常に高くなっていったという感じですね。妻も料理の世界をやっているものですから（笑）

そういうことで、料理と建築というのは、何か繋がっている部分が多いなと思っています。さらに、建築家というのは料理に関心のある人が多いんですよね。

中村　いやぁとてもありがたいお話です。そのおかげで本日こうして細田先生との対談ができる幸運に恵まれ、とても感謝しております。先程の「バベットの晩餐会」のことですが、映画に出てくる料理を東京のある有名ホテルがそっくりつくって晩餐会を行ない話題となりましたね。少し話が変わりますが、私は１９７１年にパリにたどり着きました。フランスで働いてみますと、各地に素晴らしいオーナーシェフがおられます。そういう方たちが、お店をリニューアルされるときにまず、心されることはお客さまに見せられる厨房を考え、そういうお店づくりがどんどん増えていきました。厨房を立派にして、お客さまに見てもらうことで安心が感じられ、楽しく食事をすることができます。今もその風潮はますます加速しております。

プロセスの重要性

細田　プロセスを見せるということですね。実はつい最近、新聞社の印刷工場の設計を手がけました。新聞ができるプロセス、つまり原稿が入って輪転機が回って、最後に新聞になってお客さんの手に届く、という一連の流れがわかるような建物を作ったんですよ。工場なんですが、全部の流れが視覚的に見学できるんです。しかも、その流れが建築の外形にも表れるようなものです。

中村　なるほどなるほど。それは画期的ですね。フランスの７０年代は第二のベル・エポックと言われ、高度成長で右肩上がりの時代で経済的にも安定してきた時代です。まさに日本でもそうでしたね。経済が安定すると文化面での発展も加速され、自ずと食文化も活況を呈してまいりましたが、先生が設計された新聞社の工場も地域に大きな貢献をすることになりますね。

細田　そうなんですよ。そうすると、それが地域の活性化に繋がったんです。子供から大人まで、その建物を見ることで、自分たちも新聞を作るような、市民参加の形をどんどんとり始めている。いま、そうした開かれたシステムというのを社会に広めていこうと考えています。私が感じるに、今の世の中というのはアウトプットしかわからないようになっている。近代化というのはそういうことだと思っています。途中の過程が全てブラックボックスになっている。もちろん、近代化を進めるためには、そうした方法も一つのやり方でしたが、現在、それが結果的に将来の展開の妨げになってきていると思います。例えば、コンピューターの時代なんてまさにそうで、アウトプットされた物しか見られず、途中のプロセスは一切わからない。そういうことばかりだと、物の本質が見失われてしまいます。つまり、はかない結果を見いだすことになってしまうのではないかと思うのです。

いま中村さんがおっしゃった、厨房を見せるというのも非常に大事なことだと思います。料理が提供されるまでに、どんな形で作られているか、そのプロセス、やり方を見せるのはとても素晴らしいお考えだと思います。

中村　最近は食品会社が新しく工場を建てるときは、すべてを見せるために作るということもやっています。衛生面も含め、そのシステムをすべて見せるということは見る側に大きな信頼と安心感を与えることにも繋がります。

細田　先ほどお話しした新聞社の工場では、そうした「流れ」を建築にも現して、流動的で流れるような形態にしました。建築のあり方も、パッケージとして箱を作ってその中に納める、ということだけでなく、形態そのものも表現していくということが大事になってきています。

中村　先生の書かれたものに、建築職業エリアの役割というなかで、コミュニケーションの需要性を説かれておりましたが、例えば佐賀県の武雄市の有名な図書館とかありますね。

細田　実は、あれも私たちの設計なんですよ。

中村　あ、そうだったんですか！それは誠に失礼いたしました！映像でもよく見かけましたが、とてもユニークで私も本が好きなので、ああいうところが身近にある人々は幸せだなぁと思うわけであります。

細田　いまスターバックスが入って、コーヒーを飲みながら本を読める場として有名ですね。

中村　大和市のシリウスもありますが、あそこも先生が手がけられましたね。

細田　そうです、シリウスも私たちがやったんですよ。全部が文化的なホールとか公民館的な物になっているのですが、建物内部の全部に本を置いたんです、あらゆるところに。そうしたことで、どこでも、コーヒーを飲みながら、本を読むことができるようになっています。建物全部が図書館であり、自分の居場所のような空間になっています。

中村　そうですよね。食の空間も隣接していますし、代官山の蔦屋（書店）ができたときに、あそこもレストラン部門と書店部門が融合していて、一つの素晴らしい建物で話題になりましたよね。

細田　そうですね。だからいま「人との交流」というか、コミュニケーションをどういう風に豊かにしていくか、ということが建築でも一番重要な主題になっていますし、たぶん料理の世界でも同じように、人とのつながり、絆をどういう風に高めていくかが重視されているのではないでしょうか。

中村　まさに先生がおっしゃられる通りですね。食べ物と建築というなかに、その目的にそって様々な空間がありますが、私ども料理人にはまず厨房となります。やはり感じるのは、同じ厨房でも東京のこの限られた空間と、地方の風土と一体化した空間というのでは全く違うなと感じます。地方の豊かさというのはそういうところにあるのかなという気がします。食材との一体感も直にあり憧れます。

細田　なるほど。私は、いま大きな都市はいろいろな意味で限界が来ているのではないかと感じています。ですから、地方の持っている視点から都市のあり方をもう一度見直すことが必要だと思っています。地方からの目、つまり、大都市にいたのでは見えない視点を持つということは、これから先、非常に必要なことだという感じがしています。

中村　それと、食空間のあり方など、どんどん変化し進化していることが感じられます。

細田　いまは建物の中のフードコーナーというのが非常に重要になっています。特に学校関係、大学とか。フードコーナーがいかに豊かかということが、学校の生命線にかかわる状況なんです。特に、海外はその傾向が強い。グローバル社会ですから、学校の中にいろんな人種がいるわけです。そうすると、和食、フレンチ、中華、タイ料理、ベトナム料理…、あらゆるものがフードコーナーに並んでいます。フードコーナーは、学校の授業で習うこと以上に学習や交流ができる場になっているんです。日本の大学はまだそこまでの多様性はないですが、フードコーナーをきれいに整備したり、楽しくしたりすると、志願者が増加するという結果が得られています。

中村　日本の一流企業でも、以前の地下中心から展望が開けた上層階になるなど職場における食の場が変わりました。

細田　ロラン・バルトの本に、パリのエッフェル塔についての作家のモーパッサンの言葉が引用されています。「どこにいてもエッフェル塔が目に入ってしまう！　だから俺はエッフェル塔を嫌うために、あそこのレストランへ行くんだ。そこで食事をすれば、エッフェル塔のない、パリの素晴らしい景色だけを見ることができる」とモーパッサンが言っているんですね。ですから、食というものと、眺望、あるいは雰囲気というものは深く関連しているな、と思うんです。

中村　その通りですね。地方に行くと海や山、湖などの自然を背景にとりいれた空間があり、またそれを求めていかれるのでしょうね。都会では上層階の眺めが良い、あるいは夜景が素晴らしいところとなります。

細田　だから私は、食はいろんなものとのつながりを豊かにしていくという可能性を持っているものだと思っています。

中村　そうです。ただ食べるだけじゃなくて、食べる行為の中で五感を通じて何かを感じるというか、そもそも食を楽しむ時間というものは人々が自分に立ち戻り、最もリラックスできるときだからこそ、そういう大切な空間がより求められるのでしょう。

細田　食を通して人とのつながりも生まれるし、他にも色んなつながりがあるだろうと思います。これは建築にとって非常に重要なことで、建物や空間が人を呼び込んでくるのです。

中村　本当にそのとおりですね。それでは続いて先生に「作法」のことについてもお話を伺いたいと思います。料理を作る作法、飲む、食べる作法などがあるわけですが、建築の作法とのつながりになにか共通するものがあるように感じられます。先生はどういう視点をお持ちでしょうか。

細田　料理の世界でもお茶の世界でも、舞踊の世界でも「作法」というものが常にあるわけですけれども、建築にも作法があります。なんでも勝手にやるというのは、上手くないわけです。構造だとか、ルールだとか、何か秩序みたいなものがあって、そういうものをある程度考えてやらなくては、単に複雑なものを寄せ集めただけでは、それはただのモノになってしまいます。

例えば、手紙一つ書くにしても、手紙の背景を工夫して季節感を出したり、順序だてて手紙を書いたりする。これは人間の知恵が集まった一つの表現の仕方なのだと思います。そういうものが作法なのでしょう。建築にも作法、例えば日本の数寄屋造りなどにも秩序があります。やはり作法というのはどの世界にも共通するものだと思います。料理の世界でも、作法を無視して料理のことを考えるというのは、ただのモノの陳列になってしまうんじゃないかと思います。

中村　おっしゃる通りです。作法と申し上げましたが、基本という表現でも良いのですが、その先に感じられる文化という意味でとらえると、とても広く、深く、大きくなるわけです。そこで食と建築の文化の共通性について、いかがお考えでしょうか。

細田　私は、先ほどの中村さんと似たような意見になってしまうのですが、文化が成熟したときじゃないと、食も成熟しないと思っています。同じように建築も、文化が成熟したときに、豊かな建築が生まれます。例えばヨーロッパのルネサンスの時代は、文化が成熟したからこそ、さまざまな建築が実現したし、芸術も、優れたものが集まってきた。

今の政治状況は、アメリカの保護主義やイギリスのEU離脱、中国や北朝鮮などいろいろな問題を抱えています。もちろん日本も決して落ち着いた状況とは言えません。そういう状況なので、落ち着いて文化を醸成するといった雰囲気が全くない。私はこういう時には、きちっとした良い建築は育たないと思っています。やっぱり、文化を前提として社会が成り立っていないと、建築も料理も、もちろん人間そのものも育っていきません。

中村　それはやはり表面の見てくれではなく、内面的な熟成の元に生まれる進化というところにかかわってくるのでしょうね。

細田　そうです、そうです。先ほど申し上げた、衣食住の象徴性みたいなものと非常に深くかかわっているのではないかと感じています。

中村　私はアルザスで2年近く働いたことがありまして、アルザスはヨーロッパの十字路と言われ独自の文化を持ち木組みが美しい中世の小さな町がいたるところに残っている魅力的な地方です。ライン川をまたいだらすぐドイツですからドイツの雰囲気も感じられます。そのアルザスの独特の風土というのは1年目では分からないんです、2年目で同じ四季を体感することで理解されてくるわけです。四季によって食材が当然変わってきます。それに合わせて料理や作法も変わってくる、そのとき感じたことは、なるほど、料理のあるべき姿とは四季折々のその風土に原点があるのだということを身をもって自覚することができました。いまでもアルザスが自分の料理人としてのターニングポイントだったと思っています。

細田　もう久しく以前のことですが、中村さんとフランスを旅行したときに印象に残っているのが、フランス料理は暑い地域と寒い地域では料理の出し方が違う、というお話です。暑い地域ではいっぺんに出てくるが、寒い地域では順番に出てくる、それがさっきの作法ではないですが、地域や気候によっても違うのだということを聞いて、なかなか面白いことをおっしゃるなと思いました(笑)。

中村　いやぁ若気の至りです。あのときはフランスで先生のリクエストで、ある町の建物を巡り、私もいろいろと勉強させていただきました。

細田　中世の城塞都市、カルカソンヌでしたね。一度訪ねてみたいと思っていたんです。そこで有名なカスレという料理をいただいたのが記憶に残っています。

中村　いやぁ、あの時の場面を鮮明に覚えております。カルカソンヌはフランスで「カルカソンヌを見て死ね」ということわざがありますが、中世の街並みがそのまま生きている街で世界遺産となっています。この地方の食がフランスの地方料理を代表するカスレです。これはご承知の通り、白インゲン豆が主役の鍋料理です。豆料理は世界中にあって、いかに豆が人類の食に貢献してきたかがわかります。このラングドック地方のカスレはカステルノダリー、トゥールーズ、そしてカルカソンヌの3つの街でそれぞれ名物料理となっていていまして、それぞれが本家と名乗っています。とても素朴で私も大好きな料理ですが、量が多いのですね。その時もシェフが日本から美食グループがくるというのでものすごく張り切り、これでもかと作り、待ち構えていたわけです。でもみなさんはそんなに食べられるわけでもありません。私もシェフに申し訳ないと思い、無理して限界まで腹に詰め込み後が大変でした（笑）。

細田　そうでしたか（笑）。そうしたお話を伺って、改めて料理と建築が不可分な関係にあるな、という印象を持ちました。最近、特に食の部分が、建築に大きな影響をもたらすと感じています。

中村　例えばどういうところでしょうか。

細田　昔は日本でも台所や居間を区分していたんです。区分するということが近代化のスタートだったわけですね。明快に区分してそれを並べていく。だけど今の社会はそうじゃなくて、そういうものをいかに融合させるか…、例えば、最近よく言われるオープンキッチンだとか。

中村　居間と食空間を限りなく一緒にして、より居心地の良い空間を作る。

細田　その通りです。そういう世界が増えてきて、食という部分を離れて建築を考えることがなかなか難しいということが多くなってきているんですよ。さっき申し上げたように、大学や高校のフードコーナーをきちんと整備することによって、学生も増え、勉強するようになるとか、コミュニケーションがよくできるような場になってくると思うんです。そういう意味ではこれからますます食の役割が重要になってくると思っています。

中村　最近は一般のマンションや、一戸建てでも、オープンキッチンを設ける場合も多くなっていて、あれは食の延長から一家団らんの空間というのをより意識されたものなのでしょうね。

細田　奥さんが料理をするところも夫婦で共有したいと。それが安心になるし、見て、一緒になってやるという、そういうことがこれから重要になって来るのでしょうね。

中村　それはホテルやレストランでも同じで、オープンキッチンでお客さまに料理を作っている姿を見せるようになりました。当然厨房もHACCP方式を導入し衛生的にも美的にも完備した厨房を見せることでお客さまから安心と信頼が得られることになります。

細田　なるほど。建築において、近代社会を作り上げてきたときは、一つ一つの要素を分解して、要素ごとにまとめて適したものを創るということをしていました。しかし現代では、いろいろなものが混じり合う、ファジーな領域の中で、空間を作っていくようになっています。だから、境界や境目が分からないような、そういうところが大切だ、という建築の動きになっています。ですから、今後料理も、日本、フランス、中国などさまざまな国の要素がミックスされて、混ざり合って新しい世界が出てくるのではないかと思いますね。

中村　根底にはわれわれの生活習慣が時代とともに進化している中で、食の場もどんどん変化しているものということになるんですね。

細田　おっしゃる通りで、社会が変わるとそれとともに人の感覚も変化していくと思います。私は、人間の感性よりも社会の動きの方が速いと思っているんです。ですから、それにいかにフィットして歩んでいけるかが重要になると思います。今の時代の流れは特に速いですから、なかなかそれに乗っていけないけれど、社会の中で混ざり合っていろんなものが複合的になっていく、ということがますます起こってきていると思っています。グローバル社会だけれども、ローカルな社会も重要で、それがいかに混ざり合うかというところがこれから問われると思うし、難しいことになると思う。グローバルとローカルというのは全く違う世界を持っているものだから。それを混ざり合わせるというのは難しいことだけれど、それをやっていくというのが私たち建築家の仕事であり、それから中村さんのこれからの料理のかじ取りの部分になるのではないかなと、私は思っています。

中村　まさにそのような時代に向かっていることを実感します。一方では先程先生もお話しされましたが、いま世界的にアメリカの貿易に関する自国優先的な問題、難民発生に絡む民族のさまざまな問題、また地球温暖化による気候変動による災害などなど世の中がファジーな方向に進んでいるように思えてなりません、昔はある程度の秩序があったのが、いまはそれらがことごとく崩壊されていく中で、人々のよりどころをどこに求められるかが問われる時代になってきたのではないでしょうか。

細田　そうですね、私もその点をとても心配しています。ただ私は、今、自分が歴史の大きな転換点にいるということも実感しているんです。近代社会がずっと続いて、合理的な社会というものを作ってきたけれども、コンピューターの時代になって、目に見えない情報で人間が動かされる時代になってきている、我々はそのちょうどはざまにいます。だから、そこに自分の居場所を作っていくというのは、世代交代も含めて非常に難しい時代だと言えるのではないでしょうか。次の世代の人たちは、これからどういう風にそれを作っていくのか、という課題を背負わされているなという感じはしますね。

中村　私どもがこの道に入ったころは、料理の見てくれはどうでもいいから、味がうまければいい、というように食べることに特化したような、お客さまの満足感だけを追求したような感がありましたけど、いまは、総合的に食の背景には、健康志向という巨大なテーマがあり、それを無視することはできないどころか、むしろ主流になってきました。きっと食が満たされた時代となってきたがゆえに必然的にそこに向かっていくことになったのでしょう。

細田　私たちのキーワードもいま「健康」なんですよ。健康な都市を作ろうと。今までは、車社会で巨大な社会を作っていましたけれど、これから超高齢社会になって人口も減っていく中で、巨大な社会を維持しながら生きていくことはできない。ですから、もう少しコンパクトな、人間の歩行圏内（８００ｍ～１㎞くらい）のスケールで、歩いていけるような都市を作りたいと思っています。いわゆる「コンパクトシティ」というのですが、健康に暮らせる都市を作っていこうという流れが、少しずつ加速し始めています。

中村　それは基本的にそこでの生活は「歩く」ということですね。

細田　そう、歩くことです。歩くということは同時に人とのコミュニケーションもできるわけです。車に乗って高速道路でさっと移動するような都市ではダメだということですね。時代が変わり始めたことをもう少し意識しようということで、都市の新しい姿を私たちはいま模索し始めています。「健康」というのは重要なキーワードです。

中村　私を含めて高齢者の方もどんどん増えていますし、どうしても健康が社会生活の中で、キーワードにならざるを得ない時代になってきたわけですね。

細田　よく言うんですが、都市にタワーマンションを作ることは反対なんです。これはオフレコの方がいいかもしれませんが(笑)。例えば、高いところに住むと、老人なんかは地上に降りるのも大変になってしまう。それから、アメリカの報告だと、体の不調なんかで救急車で運ばれた場合、高層階になるほど死亡率が上昇するというんです。そもそも運ぶのに時間がかかってしまうし、エレベーターでの搬送も大変なんです。もちろん、オフィスのような働く場所は別に高層でも構わないと思いますが、住居としては高層ビルは、人間の住むところとは言えないんじゃないかと。むしろ、地方の人口が減少したり、空き家が増えていったりする中で、都市が虫食い状になってきています。そういうことを考えると、あんまりにょきにょきしたものを建てるべきじゃないと。それは、経済至上主義の中で生まれた産物でしかないんです。効率がいいですからね。しかし、ここでちょっと立ち止まって、少し距離を置いて変えていかないと、これからの都市にふさわしい環境というのは生まれてこないのではないかと、私は危惧しています。

中村　今先生が本音で言われたことに感動を覚えています。中世の時代からバベルの塔のように高いところにあこがれてきて今日まで、世界中に高い建物がたくさんできています。ニューヨークなど、その典型的な都市のような気がします。そこからちょっと田舎に行くと限りなく平地が広がっていて、遠くに野山があるその自然の風景にあこがれる傾向も多く求められてきました。

細田　都会に住んでいる人が地方に行って、地方の良さというのを体験しないと、観念だけでは地方というものは理解できないと思いますね。住んでみて、こっちの方がいいという実感を持ってもらう方がいいのではないかと思っています。それが、人間の身体的感覚の原点だと思うんです。

中村　個人的に私は帰国当時、会社の空きマンションに住ませていただきましたが、両隣に気遣う経験があってゆくゆくはそれらに気兼ねがないところに住みたいと思っていました。でも最近はそここの高見から夜明けの情景や、夕焼けの荘厳な景色にすごい魅力を感じていまして、そんな自然の景色を満足できるところに住んでみたい願望もあります。

細田　眺望は良いんです、眺望は。だけど眺望だけで決めるというのは、偏った考えなんじゃないかなと。もちろん、売る方も眺望を第一に売るわけです。そうするとお客さんもすぐ飛びついてくるから。でも、生活全体というのは複合的で複雑なものですから、トータルにものを見極める能力を身につける必要があると思っているんです。近代主義、経済至上主義というのは、ある部分のメリットを強調して売るということをしていました。この例でいうと眺望です。そういうことだから人間の住む環境とはかけ離れてしまった。

中村　そういうことにすでに多くの人々が気付いているのではないでしょうか。

細田　そうですね。もう変わってきていると思います。だけど、都市の人口も減ってきているので、業者がそういうものを作りたいっていうと、行政が規制緩和してしまうんです。人口を増やしなさいということで。だからいたちごっこみたいで(笑)、でも行政にとって、人口が減るというのは大変な問題なんです、だから人を呼び込もうと眺めの良いマンションを作って、景色が一望できますってやっちゃう。つまり近代社会というのは、全部切り売りで評価していく感じなんですね。さっき言った部分的なものを積み重ねていくようなね。総合的に物を見るということを、もう一度振り返って見ないといけないというのは最近本当に感じていることですね。

中村　私も年とともに多くのことを経験し、思いや考え方も変わってきています。いま最も感じていることは自然環境がどんどん変化する中で、私どもの仕事のパートナーでもある食材が今後どのように変わっていくのだろうか。そして料理人は今後どうあるべきかということです。

細田　つい最近、テレビで家康のお城を作った大工の棟梁のことを聞いたんですけれど、やっぱり棟梁というのは素晴らしいんですよ。材木はどこから切り出して、どのように運ぶか、石はどこから持ってくるか、そしてお金のことや工事期間とかも全部棟梁は頭に入っていて、指揮していたといいます。しかし近代産業というのは全部分業で、別々の人がやるわけです。だから専門性は高いが、美しい良いものが作れるかというのは疑問です。かつては棟梁が、すべて頭の中に集約して指示を出していたわけです。だけど今の社会って、分業化が最初からあって、何を作っているかというのを誰も分からない。どこに行くのかも分からない、ブラックボックスです。こういうものを作れ、という指示の下でやっているけど、全体の計画のもとでロケットにどのような役割があって、どんな位置づけなのかを誰も認識できないような状況の中で、専門性だけが磨かれていく。さっきも話しましたけれど、厨房を見せるのと同じで、プロセスをお互いが知るというのはすごく大事なことなのではないか。そういうことが、近代化が進むにつれて忘れられてきたことなんじゃないかと、これから見直すべき点だと考えています。自分たちのやっているポジションすら分からない。NASAのロケットがそうらしいですね。

中村　それはもう本当によく分かります。料理長にはホテルや会館など、組織で頑張る方と、オーナーシェフとしてすべてを仕切りながらの2人のタイプがありますが、日々の仕事を通じてかなりの違いがあります。それぞれに一長一短があり自分がどこを目指すかですね。私はフランスでシェフとして日々をのたうち回っていた経験が自分の原点となっています。でも今はシステム的にも技術的にもかなりの進化があり、逆に様々な点で教わることが多いですね。でも一つだけ気になることは現代では自己主張が先行し、基本がおろそかになりがちなことです。

細田　建築の世界では、今はほとんどコンピューターで設計を行なっています、手で描くなんていうことはないんです。そういう単なる技術、情報を入れて処理をするということはどんどん進んでいます。しかしその前提の、どういう構想、フィロソフィーでものを作るかという、最初のイメージの部分は、設計する人間が今まで培ってきた教養などのいろいろな背景が必要になるわけですね。でも、それを教えずに、ただ技術だけを教える教育方法がいま大変多くなってきている。料理でも建築でもそうですが、人間の持っている豊かさや可能性というものがないと、いいものはできない。

中村　感性を磨く場というか、そういう場が現代の合理主義や短期での結果を求める社会ではなかなか人材育成も難しくなりましたね。つまりゆとりがほしい気がします。

細田　だから私はいつも言っているんですが、感性の部分と理性の部分、どっちに偏ってもダメだと。いつもせめぎ合っているような状況を作っていかないといけない。感性だけで、アートのような世界になってもダメだから、お互いに高めあうような理性が必要だと。そういうことが最近の教育は、大学教育も含めてできていないのではないかと思います。

中村　素晴らしいですね。そういうことを声を大にして、いろんなところで先生のような方々に言っていただきたいですね。

細田　いやいや（笑）、私もこういう話をする機会を中村さんからいただいて、うれしかったんですけれども。料理を作ることと、建築を作るということは、空間的スケール的には大分違いますが、私は共通しているところが大いにあると思っています。食べたり飲んだりする場所が、また建築を豊かにしてくれます。そういう思いがあって、こういう機会をいただけたことは本当にうれしく思っています。

建築と執筆

中村　いやぁ細田先生にそこまでいっていただくと非常にうれしく、またすごく責任を感じます。お時間も最後の方になってきましたので、あと一つだけ伺わせてください。食と建築、またはあらゆる相乗的なことなど、先生の日ごろの思いまたは、これからの展望などをお聞かせください。

細田　さっき話したシリウスという建築を作ったときに、本というものがすべての領域に散らばっている。どこへ行っても本が読めるようにしました。本を読むだけでなくて、本のある場所でやすらぎや居場所を見つけ出す。そこに食も加わり、コーヒーを飲んだり、場所によっては簡単な食事ができたりする。そういうようなことを進めて、区切っていく社会でなく、いろんなものを重ね合ってつながっていくような、そういう社会にしていくことが、これから重要なことなのではないかと思います。ですから、食というのは本当に大きな役割を果たしていくことになると思うんですね。私たちが東京ビッグサイトをやったときも、コンベンションセンターですが、食の空間の充実を考えました。あれもまだまだ断片的ではありますが、もっと食というのが建築の中に浸透していくような建築を、私は作っていきたいなと思っています。

中村　先生は実際に先駆者としてさまざまなことをなされていますが、すごく納得することでありま す。そして今、本のお話が出てきたので、ぜひ触れさせていただきます。先生はすごくたくさんの本を読まれていますし、また見事な文章もお書きになられます。私も先生の本を拝読させていただき、すごく感服しております。日ごろご多忙の中で、あれだけのことをお書きになられることを不思議に思っています。以前本の中で文章を書くことは自分にとって必然的でとても大切なことだと書かれておられました。

細田　私にとって、建築をするということと文章を書くということはイコールに近いんです。つまり、文章を頭の中で整理するということは、建築の複雑なものを構築していって体系化するということに似ています。完全に同じというわけではないので、文章の世界から建築を見て、こうした方がいいとかいう刺激を受け、お互いにせめぎあう関係を私は文章と建築の中に意識しています。

中村　先生は建築に関する文章だけでなく、世の中のさまざまな出来事にフィットしてご自分の思い、考え、ご意見を堂々とお書きになっておられます。

細田　建築に限らず、私は社会に寄り添わないことは「嘘」だと思っています。つまり、社会がすべて教えてくれると。自分個人の思考というのは限られています。それを修正したり、新たな見方を教わったりするためには、社会の現実をよく見るということが重要だと思っています。だから、どんなことが世の中に起こっているのか、誰が何を考えているのかを知るために、人と出会ったり本を読んだり、そういう多様なコミュニケーションを取るということが、私の一つの部分です。私自身には限界があり、いくら勉強しようとしてもできないことがありますから。しかし、人と直接会うというのはなかなかできないので、書物とか文章によって、一つの交流を図るということでしょうか。それが私は本当に楽しみで、書物に成長させてもらったな、と感じています。

中村　いや、今率直に素晴らしいことを述べていただきました。知識のみならずさまざまなことを得る手段として、本を読むということは最も身近で、大切なことであるように思います。読書の在り方にもあるのでしょうが、本はまさに自己を磨き、育ててくれる知の宝庫だと思います。私もエッセイのまねごとで未熟な文章しか書けませんが、それでも書くということは苦しむということであり、同時に自分自身の浅はかさを知るということがすごくあります。けれど、自己に対して得も言われぬ充実感が与えられるような気がします。先生の本は私にとっては襟を正して拝読するという気持ちにさせられます。折々に先生は哲学者にもなられる方だなぁと密かに思うことがあります。

細田　書くということと建築ということは違ったフィールドなんです。料理の世界もそうですが。私はそういう二つの領域を持つということが、人間にとっては必要で、物の見方をお互いに刺激しあって教えられる感じがある。文章から建築を見ても、建築から文章を見ても教えられる。料理もそういう相互関係にあるんじゃないかと思っています。

中村　そうですね、実際の料理作りに不可欠な感性というものは料理以外のあらゆる方面の知識を得るという積極的な姿勢からこそ得られるものだと思われますが、文章も当然そこに入るものと思います。また、実際の料理づくりは料理を組み立て、構築することになります。例えば古典的なパテなど2、3日かかりますので、その手順をしっかりふみながら、料理を構築するという表現が、ぴったりです。フランス料理の歴史の中で、最も輝いているアントワン・カレーム（1783年ごろ～1833年）はよく知られていることですが、ルーブルに通い建築学を学んでいます。最後の質問になりますが、先生も今までいろんな食の場を経験されて、奥様も料理研究家をなさっておられます。日ごろ食に関してどのような考えを持っておられるのでしょうか。

細田　先ほども言いましたが、フランス料理や日本料理というカテゴリーも大切にしていかなきゃいけないなと思っています。ただ、混ざらないことがいいことだとは思っていません。いろんな国が交流するグローバル社会の中で、伝統的な料理のアイデンティティーも担保しながらも、新しい世界をどういうふうに作っていくかが、これからの課題だと感じています。そこに料理の新しい世界が見えてくると面白いなと。

ホテルは都市の縮図

中村　いやいや、それは本当におっしゃられるとおりです。ヌーベルキュイジーヌという言葉がありますが、このヌーベルはそれぞれの時代で繰り返しつつ、革新があり進化がもたらせられるのだと思います。私は今まで食にかかわる人または、食文化に関して対談してまいりましたけれども、今回建築の立派な先生と対談させていただくことにとても恐縮に思っており、はたして先生のお話についていけるのかなという大きな不安も抱いておりました（笑）。
　それでは最後に読者に向けて、建築を通してメッセージをいただけたらと思います。
細田　私はホテルの設計はたまにしかしないのですが、ホテルというのは都市の縮図だと思っているんですよ。当然、宿泊するところではあるけれど、レストランなど、あらゆる要素が入っている。ですからホテルも、もっと混ざり合うことができるのではないかと。もちろん経済的なものもあると思いますが、これからもホテルの姿は変わっていくんじゃないかと思っています。もっともっといろんなものが多様に混ざり合って、今までにない発見を見出すようなホテルの在り方があってもいいんじゃないかなと思います。例えば、宴会場にレストランがあって、部屋があってというようなことじゃなく、もっと違った、アミューズメント性というか、そういう楽しい、都市のいろんな世代が交流できるような空間を創るというのも、一つの在り方かなと思っています。

中村　ぜひそういったものを、今度機会がありましたら作っていただきたいです。

細田　機会があったら、ぜひやりたいですね。でも、世の中っていうのは経済が中心なものだから、これだけのものはなかなかできないんですけどね。

中村　物理的なプラスアルファがどこまで可能となってくるか、また、やらせていただけるのかが現代社会では難しいところでしょうが、でも、必要かつ大切なことであるように思います。

細田　よく言う「無駄な部分」というのが建築にとっては非常に重要なんですよ。でも、経済至上主義だと、その部分を排除して必要な部分だけを組み上げていくという感じになる。ですが、これから成熟社会で人間が豊かさを求めていく時代になっていくわけですから、料理でも建築でも、効率一辺倒ではなく、人間の心に響くようなものを目指していくことが重要だと思います。

時代を変えたエッフェル塔

中村　ありがとうございます。ほかにもなにかお話しいただけることがあればぜひお伺いしたいです。

細田　実は、さっきも話したエッフェル塔の話をしたかったんですよ。

中村　ぜひ聞かせてください。

細田　ありがとうございます。１７８９年に、フランス革命という市民革命があって、１００年後にそれを記念するパリ万博があったときにちょうどエッフェル塔ができたわけです。それが１８８９年。最初に中村さんもおっしゃっていたけれど、それまでのヨーロッパの建築というのは「メーソンリー」といって、石で積んだ組積造という構造が主流だったんです。実際に、あの塔は設計競技でエッフェルという人の案が当選したんですけれど、他の応募案を見ると、ほとんどが石を積んだ塔のようなものだったんですね。ところがちょうどそのころ、１８世紀末にイギリスで起きた産業革命が、フランスにも入ってきたんです。それで、鉄を使おうということになった。それが非常に画期的なことだったんですね。なおかつレースのようにスカスカの構造で作ったというのは、軽快で軽くて風の力も受けないということなんです。これは建築を一新するくらいの大きな意味があったんです。建築というのは地震とかの影響も大きいですが、風圧の影響も強く受けるんです。高層の場合は地震よりも、むしろ風圧への配慮が重要な要素になります。それをエッフェルがクリアしたわけです。今まで石の塊のようなものを作っていたのを、レースのような構造にしたというのは１９世紀末の画期的な象徴だというように私は思っています。これがあったから、建築もそうですが、いろいろなものの考え方が変わっていったんじゃないか、と私は思っているんです。当時のパリ市民からは非難ごうごうだったわけですけど。なんだあのみにくい鉄骨の建物は、というようなね。だからモーパッサンがあんなもの見たくないと言って、自分の居場所を探したら、あの中のレストランだったという話なんですが、それくらい時代は大きく変わったと私は思っています。構造的にもそうです。それまではガッチリしたものが建築だと思われてきたけれど、あのようなものも成り立つんだという驚きを示した。工業化によって、鉄であそこまでできるという技術の達成が、社会の文明的な象徴として建っているわけです。社会と技術の不可分の関係であれが生まれたと言うことができるなと思います。

中村　万国博も一つの時代の進化の象徴でしたが、エッフェル塔はフランスが近代化を目指す上で最も重要な礎であり、シンボルでもあったわけですね。

細田　そうですね、エッフェル塔は時代の分岐点だったように思います。

中村　ノートルダムはフランスの歴史と長い風雪に耐えた心のよりどころとしての見事な建物、エッフェル塔はフランスの近代化の象徴として、フランスを代表する建物じゃないかと思えます。エッフェル塔に関しては、あの真下で見上げると、こんなに巨大なんだとびっくりしました。あとはものすごく安定しているなということをしみじみ感じました。

料理とバウハウス

細田　建築の歴史というのは、重力に対していかに逃げるかというものだったんです。人間は重力に支配されています。だけどそういうものからいかに解放されるか、というのがある意味で建築の歴史なんです。ですから高いものを作ったり、不安定なものを作ったりするというのは、建築の世界においては決定的な課題なんです。重力というのは逃げることのできない存在です。そういうものとの戦いでここまできている。その例として、エッフェル塔が、これはすごくクリエイティブなもので、象徴的なものとして、私はいつもいろんな所でお話するときには、この話をしています。

それともう一つお話しておきたいことがあります、1919年にドイツのワイマールにできたバウハウスというデザインの学校のお話です。イギリスで産業革命が起こり、工業化が進みましたが、19世紀後半から、フランスのアールヌーボーとか、工業化に反発した自然回帰みたいな運動が起こってきた。けれども総合性を見失った運動に対し、グロピウスという建築家が、建築を核にして、総合的な芸術学校というものを作らないといけないと始めたんです。バウハウスは学校なんですが、美術とか、インテリアの先生などのあらゆる芸術関係の人が、職人を含めて世界中から集められた。で、料理とバウハウスがどうつながっているかという話ですが、家具もそうですが、カップ、スプーン、食器、テーブルクロスなどをデザインするということが行なわれたんです。そこでは食、というより、生活ということを根底に据えて、総合性が必要なんだということを世界に発信していったんです。バウハウス自体は、１９３３年にナチスの圧力でなくなってしまいましたが、その影響というのは近代化の大きな原動力になったと私は思っています。その中で、素材を生かすとか、生活するということはどういうことかということを、バウハウスが教育の中でやってきたということは、近代化の流れを作った原点だと私は思っています。ですから、建築論を話すときに、エッフェル塔とバウハウスの話をしないわけにはいかないなと。

中村　いやぁ、とても素晴らしいお話をいただきました。ナチス以前のドイツのワイマールでのバウハウスの話、もしナチスの出現がなかったら、とも思えてしまいます。

細田　そうですね。ナチスの影響でなくなってしまいましたけど、世界的に見ても革新的な教育を行っていました。このバウハウスのDNAが、世界中に散らばって、世界の建築の近代化が促進されていったのです。

つまり、当時の科学技術とか、材料とか直接的なものだけじゃなく、文化とか、社会背景も含めていろんなものが集まったものが建築なんですね。だから、そういう意味では、建築が一番時代を象徴している、表現できているのではないかと思う。いろんなもののエッセンスが建築に集約されていると思います。

料理の世界でも、中村さんがフランスに行って帰ってこられて、いろいろな影響を与えておられます。同じようなことが起こっているんだと思いますね。

中村　そうですね、帰国当時にそのようなことがあったと思います。私自身フランスに長年お世話になりましたから、その責任の元にちゃんとしたものを作り、伝えなければ、という思いがありました。でも今日では世の中の進化と共に、料理の技術も、感性も、どんどんスピードアップしつつ、変化、進化していることを強く感じます。正直に申し上げてモタモタしていると置いてきぼりにされてしまいそうです。でも私なりに伝えられることはまだあるような気がしています。本日はとても貴重な話をたくさんいただきました。私にとっても忘れられない大切な日となりました。本当にありがとうございました。

【対談後記】

久しく以前、細田先生より今度機会があったら対談しましょうと言われた。とても嬉しかったけれど、中々難しいのではと思った。それは先生の御本を何冊か読み、また今までの先生との会話を思うと、自分自身が先生の知性と感性についてゆけないのではと思ったからである。でも自分が知らない建築の世界のトップの方と膝を交えて話を聞けることに大きな魅力を感じていた。そして今、無事に終えたのかは別にして、多くの貴重な話を伺えたことに、改めて心からの感謝を申し上げたい。

PROFILE. 千葉県出身。辻調理師専門学校からフランス校へ。ミシュランの２ツ星クールシュヴェル、サントロペ『ル・シャビシュー』『ラプロポ』にて研修し、1988年卒業後、東京『ル・マエストロ・ポール・ボキューズ・トーキョー』に勤務し、リヨン『ラ・テラス』での修業も経験。'94年、東京・恵比寿のシャトーレストラン『タイユヴァン・ロブション』のオープンに携わり、'96年スー・シェフに就任。'98年『カフェ・フランセ』にてシェフ経験後、2004年からは『ジョエル・ロブション』のエグゼクティブ・シェフとなり、'08年版から9年間にわたりミシュラン３ツ星を維持。フランスやモナコでの研修も重ねながら'15年10月までロブション・グループで勤め、'16年7月、浅草駒形に自店『Nabeno-Ism』を開業。2018年版からミシュラン東京２ツ星、ゴ・エ・ミヨ17点4トック。

親に内緒で大阪の調理学校に体験入学

ナベノイズム　Nabeno-Ism　エグゼクティブシェフ CEO　渡辺 雄一郎 氏

【2018年12月28日号、2019年1月25号、2月8日号掲載】

中村　今日はとても忙しい中ありがとうございます。まずは渡辺さんが料理の道に入られたきっかけからお聞きしましょうか。

渡辺　まず、母が料理好きで自分の家に料理の本がたくさんありました。土井勝先生や田村魚菜先生の本があり、母はいろいろな料理を作ってくれましたね。

中村　それだけで渡辺さんが目指した道が分かるような気がします。で、お母さまはお元気なんですか？

渡辺　もう８１歳になりますが、元気です。たまにお友達を連れて食べに来てくれます。

中村　それはそれは。しっかりと親孝行できていいですね！

渡辺　そうですね、料理人として働いている姿を見せることができてよかったと思っています。僕らの時代って男の子が料理するのが恥ずかしいというような時代だったんですけど、卒業文集に「プリンスホテルの料理長になりたい」と書いていたんですよ（笑）

中村　それは大したものだ！

渡辺　卒業文集も「料理人になる」というタイトルで。そのときの小学校の中澤先生がすごく応援してくれました。「ゆうちゃん格好良い。はやくゆうちゃんのお店に行ってみたいわ」と一筆書いてくれて。それが心にずっと残っていました。

中村　小さいながらもそういったことが料理人の道に後押ししてくれたんでしょう。

渡辺　そのとおりですね。先日も私の店に来ていただき、涙、涙でしたね。「先生冥利につきるわ」と言っていただきました。

中村　先生も今のあなたの姿に限りない感動と、自分が先生であったことの誇りと喜びが大粒の涙となったんだろうね。とてもいい話です。それで高校をでて、料理学校に行かれましたね？

渡辺　そうです。高校野球をやって、その後大阪の料理学校へ進みました。

中村　そうそう、渡辺さんの青春は野球づけだったんだよね。

渡辺　そうです、世代でいうと清原、桑田世代で。僕らは千葉県のベスト4で負けましたが、僕の料理人におけるバックボーンと言うか、精神的、体力的な支えはこの時期にあると思います。

中村　心身ともに何事にもくじけない、耐えるという身体を培った、今にして貴重な時期だったわけです。

渡辺　はい、とても感謝しています。それでその後、一浪し、大学進学も考えましたが、やはり料理人になりたいと、決意しました。実は、親に内緒で一人で大阪まで一日体験入学を受けに行ったんですよ。朝、「予備校に行ってきます」と言って家を出て、そのまま新幹線に乗って大阪の辻調まで行きました。

中村　すごいね、それだけの熱い想いがあったということにつきます。その頃はまだ先代の辻静雄校長もいらっしゃった？

渡辺　そうです。小川先生が亡くなった年で、水野先生の一年目でした。ですから私は水野先生チルドレンの一期生なんですよ。

中村　なるほどなるほど。あの方も実に熱くて教育熱心な先生でした。

渡辺　そのとおりでしたね。それでやはり調理師学校はお金がかかりますから、家に帰って両親を前に土下座をして「調理師学校はこれだけ学費がかかるから学費を貸していただけませんか」とお願いしました。

中村　えらいなぁ。親に金を出してくれではなく、貸してほしいと願うところが実にえらい！

渡辺　父はすごく怖い人で、厳しく育ててもらいすごく感謝しております。怒られることを覚悟で話をしたんですけど、黙って頷いて「わかった」と言ってくれたんですよ。後日、父が亡くなる前に、「あのときのお前の顔は忘れられない」と言うんですね。

中村　今どき、いい話です。渡辺さんのその時の一生懸命さが伝わったのだと思います。

渡辺　それを亡くなる間際までずっと言っていました。

中村　それは、明確に、かつストレートに自分のやりたいことを打ち明けられ、父親としてもとても嬉しかったのだと思います。でも当時はすでにフランスでの研修制度がありましたね。

渡辺　そうです、調理師学校を出たあとの2年目にフランス校、シャトー・ド・レクレールに進学させていただきました。

中村　行ったんだ。そうなると当然、現場の有名レストランでの研修にも行った？

渡辺　そうです、僕はクシュベルのル・シャビシューに行きました。

妥協を許さない一徹のグランシェフに徹底して鍛えてもらう

中村　シャビシューに行ったの！そこで今のステファンシェフとの絆を築いたわけだ、やっとわかりました。

渡辺　そうです、ステファン・ブロンシェフです。当時彼が24歳、僕が20歳でしたけど。私がクシュベルに行った時に、彼はすでにシェフ・ド・キュイジーヌになっていました。

中村　すごく若くしてシェフに抜擢され、たいしたものだ。それとあそこには有名なオーナーシェフがおられましたね。まだ当時は現役で働かれていたころではないですか？

渡辺　はい、ミシェル・ロシュディさんですね、バリバリで、毎日怒られていました（笑）。包丁かざして「触るんじゃない」と怒られたこともありました。

中村　うんうん、わかるなぁ。あの時代の年季のいったグランシェフは本当の職人ですからね。良い意味で一徹なんですよ、決して妥協を許さない。あの方々の修行時代は今と違い本当に徹底して鍛えられましたから、その分、自分自身にも、そしてスタッフにも厳しかったはずです。

渡辺　すごかったですね。本当に怖くて。

中村　いきなりそういう貴重な職場で研修でき、本人は大変だったろうけれど、今にして、実に得難い経験となりましたね。

渡辺　そうですね。そのとおりですね。ステファンが僕のことをプルミエ・スタジエール・ジャポネと言うんですよ。そして気楽にモンフレール（我が兄弟）とも言うんです。様々な思い出いっぱいの研修先でした。

中村　そうだったんですか、ステファンさんは私も大好きなシェフですが、彼は日本人に対してとても愛情深くやってくれますけど、それは渡辺さんが日本人に対してとても良い印象をもたらしてくれたわけだ。

渡辺　いえいえ。彼は律儀と言うか、ずっと友情関係が続いていて、テタンジェで彼が優勝したときや、MOFを取ったときもすぐ祝福の電話をしています。そして彼が日本にくるときも、必ず会っています。

中村　最近はあまり来ていないですけど、彼は日本が大好きで以前はよく来られていました。

渡辺　そうなんです。最近はタイばかり行っています。

中村　タイなんだ。なんとなくわかります。日本をある程度理解した上で、もう一段、深い、エキゾチックなもの、おそらく豊富なハーブなどの風土を求めて行っているのだろうね。

渡辺　はい、そうみたいです。

中村　ステファンさんが MOFをとってホテルに帰ってきたとき、ホテルの入り口に、MOFおめでとうの横断幕を張り、オーナーのロシュディさん以下、従業員全員が熱烈に迎えてくれたということが一生の思い出だと本人から聞いたことがあります。

渡辺　若い時から、アプランティのコンクールとか全部アタックしていましたね。「俺は有名になる」と言い切っていました。

中村　そこがすでに違うんだよね。人一倍の意志と情熱を持っていることが。季節的にはいつのころ？

渡辺　冬です。すごく寒い時で。

中村　ああ、そう。あそこは夏のトレッキングも良いけど、もともと冬の世界的なスキーリゾートですからね。

渡辺　そう、アルベールビルオリンピックをしたところですからね。

中村　あそこからすぐ近くにパークバノワーズという国立公園があります。そこのボナバル・シュール・ラックという村に僕のミッシェルというまったく違う仕事をしている友達が別荘を持っていて8月に雪山を家内とよくトレッキングしたものです。当時、遠くからクシュベルを眺めてはいましたが、いったことはなかったです。それで、日本に帰ってきてからどうされたの？

渡辺　最初の職場が、ル・マエストロポール・ボキューズトーキョーでした。当時はジャン・フルーリーさんが料理顧問で来られ、シェフはパトリック・ムユーさんで、メートルがジャン・イブ・カルパンティエさんでした。

中村　MOF のフルーリーさんなど、そうそうたるメンバーで、東京だけどやっていることは完全なるフランスの続きですね。

渡辺　そうなんですよ。僕も職場選びのとき、「フランスを忘れたくない」という考えのもと、フランス人のいる職場を探しました。

中村　そうなると、当然現場ではフランス語が飛び交って。

渡辺　そうです。料理のオーダーはすべてフランス語でした。そのマエストロという店は、辻調が立ち上げていましたので、初代の日本人料理長は杉山先生でした。やはり辻調とボキューズさんの付き合いというのは深いものがありますよね。

中村　それは揺るぎないものでした。当時フランスではジャン・トロワグロさんとボキューズさんは特別な存在で、お二人はプロ仲間からも英雄的な立場におられましたからね。

渡辺　へえ…。トロワグロさんはソースの神様と言われていましたけど。

中村　確かにソースもすごかったけど、立ち振る舞いと従業員に対する接し方が素晴らしかったですね。僕は夏場に一ヶ月間のみ研修で行きましたけど、行って3日でシェフ・ポワソニエが病気で出て来れなくなって、その日ジャンさんから「ジャポネ！」と呼ばれ、「明日からシェフ・ポワソニエでやれ！」と言われました。スタジエ（研修生）として入り、3日目ですよ！ジャンさんがニコニコして「ボンジュール」と言いながら調理場に入ってくると、本人は笑顔ですが、一瞬で空気がガラッと変わり、スタッフに緊張が走るわけです。当時夏のバカンスの全盛期で、昼夜とも満席です。ディナータイムの時ですが、山場になると、どこかのタイミングで、サービスがずれてくると、ジャンさんが、「アゲテ！（止めろ！）」と怒鳴り、一瞬すべての流れが止まります。そこで、メートル・ドテルを呼び、ボン（オーダー表）を整理させ、その間5、6分みんな待つことになります。それから改めて、スタートになるわけですが、毎晩儀式みたいなことでしたね。いまでも私は、ジャン・トロワグロさんは最高のグラン・シェフだったと尊敬の念をいだいています。さて横道にそれましたけれど、渡辺さんはボキューズのあと、どうされたんですか？

渡辺　すごいお話ですね。ポール・ボキューズで2年半働いたときに、ジャン・フルーリーさんから「俺の知り合いのところを手伝いに行かないか?」と言われました。当時私はボキューズさんが来日したとき、必ずボキューズさんのまかない係をやっていたんです。ポタージュキュルティバトゥールを作って、あとはプラトー・ド・フロマージュを用意してサラダトマトを用意。それを毎日作っていました。

中村 ボキューズさんのまかないを作れた事自体、実に光栄なことじゃない!

渡辺 そうしたら「お前、美味いの作るな」みたいな感じで気に入っていただいて、それでポール・ボキューズさんの門下生というか、有名な最後の晩餐を模した写真がありますね。

中村 ああ、知っているよ!今となってはそうそうたるグラン・シェフが勢揃いしていて有名な写真だよね。

渡辺 そうです。あれのボキューズさんの後ろにいるジェラール・アントナンさん。ヒゲ生やしたムスタッシュのおじさんです。そこに行かないか?と言われたわけです。リヨンの近郊のレストラン・ラ・テラスという1ツ星のお店でした。それで夏の一番忙しいときに、セゾニエみたいな形で行かせていただきました。1年少々いましたが、当時、ムッシュ・アントナンも現役でしたし、息子のフィリップ・アントナンというのが91年のMOFで、28歳で獲ったという、当時の最年少記録を持っていて。

中村 それはまた素晴らしい職場に行かれたわけだ!

渡辺 そうです。ですので、ムッシュがいてフィリップがいて、僕はシェフ・ポワソニエに指名されました。

中村 若くして、シェフ・ポワソニエのポジションを任され、やりがいもあったでしょう。サービスは奥さんがやっていたのかな?

渡辺 そうです。毎日喧嘩ばっかりで。すごいなフランス人と思っていました(笑)。

中村 地方に行くとそういう構図が多いけど、本当はすごく仲がいいんだよね。

渡辺 はい、そうなんです。

中村 奥さんはよりお客さんの立場で物事を厳しく言ってきますが、わかっていてもシェフもついつい反発してしまうんだよね。

渡辺 そうなんです（笑）。まったくそのとおりなんです。それで研修のつもりで行ったらシェフ・ポワソニエに指名され、当時私は23、4で全部一人でやらねばならなく、昼休みなんか取るヒマもなく、一人でモクモクとやっていると他のスタッフが「お前アホか、なんで休まないんだ」と言われて（笑）。

中村 だけれども、その渡辺さんの勤勉さと責任感が先に動いてしまうわけだよね。結果的に自分自身の信頼につながるわけだけど、本人はなんとか間に合わそうと必死にやっているだけのことです。フランス人は意外となんとかなるだろうと、無頓着で休憩はしっかりとります（笑）。

渡辺 そうそう。彼らはオンオフがはっきりしていますからね。その間隙を縫ってガッツリと、アントナンさんからソースとかいろいろなものを教えていただきました。

中村 そうしたことの積み重ねが、とても大事でフランス人の中で、頭をもたげる原動力につながるわけです。おそらくそこでは、クラシックで基本となる様々な調理技術を会得できたんでしょうね。

渡辺 そうなんですね。もうドロドロのフュメ・ド・ポワソンも作っていました。とても可愛がっていただき、家庭によく招かれたり、ノエルも一緒に過ごさせていただきました。

中村 それはもうファミールとして認められたんですね。

渡辺 そうなんです。それで未だに連絡していますし、フランスに行ったら必ずアントナンさんのところに泊まります。それで僕の父が亡くなる前に「フランスに行きたい」と言い出したわけです。当時シャトー・ロブションのシェフだったんですけど、直接会って『雄一郎がここまで頑張れたのはあなたのおかげだ』とお礼を言いたいと。で、母と3人で出向きました。アントナンさんのところに泊めていただいて、父も涙、アントナンさんも涙で。

中村 良い話だね。人種は違っても信頼という目に見えない結び目は決して揺るがないものです。渡辺さん自身が築いた、その信頼の証を両親に垣間見せることができ、本当の親孝行ができましたね、素晴らしい!!

タイユバン・ロブションでの壮絶な経験

渡辺 それで話は戻りますけど、アントナンさんのところには1年いて、日本に。実は親友が交通事故で亡くなったんです。キャトーズ・ジュイエに事故に遭い、18日に亡くなったんです、当時24歳でした。次にミッシェル・トラマに行くことが決まっていたんですが、親友が事故で重体と聞いて、アントナンさんに申し訳ないことでしたが、連絡を受けて次の日に帰国させて頂きました。帰国後はジャックボリーさんのロオジエに入店したいと思っておりました。実はアントナンさんのところにいたころ、ロオジエのボリー夫妻が食べに来てくれたんですよ。

中村 それは嬉しいことでしたね!

渡辺 「28歳でMOFになったアントナンさんの息子フィリップに会いに来ました」とわざわざ食事に来てくださいました。そのとき「実は…」とお話をしたところ、「じゃあロオジエ来る?」と言っていただいて。それで日本に戻って面接してもらいたいなと思っていたら、ボリーさんがヴァカンスで帰国してしまい、それで1カ月マエストロに復職することになって。しばらくしていたんですけど、そのときにまた流れが変わって。今度はポール・ボキューズさんと正式に提携して、ポール・ボキューズ・トーキョーになるという話になって。それでまた2年半働かせて頂きました。

中村　いやぁ、人それぞれの出会いは実に運命的ですね。もし渡辺さんがロオジエに行っていたらどうなっていたか、などと思ってしまいます。それではそろそろタイユバン・ロブションで働くきっかけなどを話していただけますか？

渡辺　そうですね。当時のボキューズさんの日本人料理長は佐々木さん、今、柏でルクープルというお店を経営されております。その時代に2年半働いているうちに、どうやらタイユバンとロブションが組んで恵比寿に城を建てて何か始めるらしいぞといううわさが流れ始めました。僕がロブションさんを意識するようになったきっかけは、やはりステファンが持っていた本だったり、フランス校時代に行ったジャマンでの衝撃体験後だと思います。

中村　なるほど。1年目、2年目と星を重ね、3年目で3ツ星を獲得され、世界的にその名を知らしめた名レストランでした。

渡辺　そうです。そのジャマンでジュレ・ド・キャビアクレーム・シューフルール、アニョ・パストラルを食べたわけです。当時お金がなくてメニューが食べられなくて、6人で行ってカルトでバラバラにオーダーしたら明らかにメートルの顔色が変わり（笑）。

中村　分かるなぁその気持ち、僕もパリで料理長として1ツ星をとったころ、ギャルソンが持ってくる伝票を見て、日本人のお客さまだとすぐにわかるわけです（笑）。4人だったら4人ともバラバラで注文され、シェアされるわけです。

渡辺　そうそう（笑）。それで食べさせていただいたときの衝撃たるや。「なんだろうこれは！この滑らかさはなんだ！」と。もちろん、修行時代にも「どうしてカリフラワーであんなクリームが作れるのだろう」と、ミキサーで回すとか、いろいろやったんですけど、まったくあのテクスチャにならず。

それで「これはもう潜入するしかない」と思いました。それでロブションさんが日本に来るのであればどうにかして入りたいと、そこで辻調理師専門学校の、当時フランス校時代にお世話になった木下先生にご相談させて頂きました。

中村 よく知っています。ガタイも大きいがエネルギッシュで人物もでかい!!

渡辺 おっしゃる通りです、その方が私の恩師であり、実は仲人もして頂きました。

中村 そうなんですか。それはそれは。ちょっと話は外れるけど、もともとホテルオークラの小野さんが年に1~2回、特別講義で何年かやられていましたね。

渡辺 そうです、私も受講させて頂きました。

中村 実は小野ムッシュがお亡くなりになったあとの後任として、私に依頼がありました。辻さんは直接的にご面識はありませんでしたが、私は辻静雄さんが書かれた、『理論と実際』からフランス料理の理論的な部分で、多くを勉強させていただきました。

渡辺 はい!僕も持っております。

中村 今まで技術的な面での本はいっぱいでていますが、フランス料理を文献的、理論的にまとめられた本としては、日本で初めてでバイブル的な貴重な本だと思っています。また、辻さんはフランス料理の古書のコレクターで、立派な本をお持ちであることを知っていましたから、その本を折々に閲覧できることを条件に講師を引き受けました。

渡辺 初めて伺ったお話です!

中村 話がそれましたけど、それではいよいよタイユバン・ロブションが来るということで、自分からアクションをしたわけ?

渡辺 そうです。まずはその木下先生に相談をさせていただいたら、「じゃあ河野シェフに連絡してみる」と、すぐ面接していただいたんですよ。それでマエストロ・ポール・ボキューズにいて、フランスでの経験があり、フランス語も少ししゃべれるということで、94年10月に初代のシェフ・ド・パルティ・ヴィアンドとして契約させていただきました。タイユバン・ロブションに第一期として入ったことになります。

中村　それはよかったですね。それでオープン当初はどうでしたか？

渡辺　もう地獄の忙しさというか、毎日昼80、夜80の満席が2年位、続きました。

中村　当時マスコミでも常に取り上げられ、すさまじい人気ぶりでしたからね。出勤体制はどうなっていましたか？

渡辺　朝5時半に起きて6時には電車に乗り、7時に調理に入りました。8時にこようものなら大ひんしゅくですね。仕事を終え、夜中の1時半くらいに家についていました。毎日それの連続でした。当時、新婚ホヤホヤだったんですけど、ほとんど家にいなく、今六本木のリューズのオーナーシェフ飯塚隆太さんが僕のサポートというか、2人のコンビでやっていたんですけど、彼と過ごした時間の方がはるかに長かったですね。

中村　グランシェフには必ずそういった時代があってからこそ、今がある。という時期があるものです。フランス本店のジャマンでは、アプランティ（見習い）は朝の5時出勤。シェフ・ド・パルティが8時前後の出勤だったと聞いています。

渡辺　そうなんですよ、異様な世界でしたね。

中村　そうですね、それでも当時からロブションさんのもとで働きたいという若者がいたわけです。そういうところで鍛えられた料理人の精神面や技術的な面も含めて、なにかほかで得られないものを自身に培うことができます。渡辺さんを含めそれをやり通したことは、すごいの一言しかなく、心底尊敬します。

渡辺　恐れ入ります。それはもう実に貴重な時間でした。１９９４年の開業時のときはジャマンから、フランス人が5人来たんですよ。ブノワ・ギシャールさんとか、フィリップ・ゴベさんとか。もう本気でしたね、ロブションさんが引退前の一番エネルギッシュなときで、パリと同じメニューを提供していました。いつもコム・ジャマン、コム・ア・パリ（ジャマンやパリと同じ）ってよく言われ続けてました。

中村　オープン前にジャマンに研修に行くとかはなかったですか？

渡辺　スーシェフまでは行っていたんですが、われわれシェフ・ド・パルティはなかったです。パリと同じ料理を東京のここでやるというモチベーションが、料理人の中で「ちゃんとやろう」「正確なものを作りたい」というのがすごかったです。ロブションさんもほんとに鬼のように、ガミガミ、ガミガミ…。毎日怒ってましたね。

中村　ロブションさんのうわさは私もフランスで多くのことを耳にしていました。パリのホテル日航時代から常に完璧を求められ、決して妥協しない厳しいシェフで、すでにエコール・ロブション時代が始まっていたと思います。

渡辺　はい、とても厳格です。

中村　ロブションさんは、お皿の盛り付け一つとっても理解されますが、あそこまで正確さを求めるグランシェフは今までおられず、フランス料理界にとっても、一つのエボリューション（革命）であったと思います。

渡辺　本当にそのとおりです。すごかったですね…。もうほんとに。ポムピューレの「固さ」だけで、幾度となくバーンと突き返されていました。でも、すごく愛のある方だと僕は感じていました。タイユバン・ロブションの、カフェフランセで7年料理長をやったんですけど、そこでも来日のたびに必ず食べに来ていただきました。まあ、味のチェックでもあったんでしょうけど。タイユバンのジャン・クロード・ヴリナさんや、すきやばし次郎の小野二郎さんたちも一緒にテーブルに着いたことがあって(笑)。すごいメンバーのテーブルになってしまった！と思いながら感謝、緊張しながら調理させて頂きました。

中村　しかし、オープン当初からシェフ・ド・パルティで一番つらい時期を共有しながらやれたというのは、料理人、人生の中で大変貴重な経験でしたね。

渡辺　そうです。もう二度とできない経験だと思います。そのときの精神は、野球の冬の練習よりはきつくないなと思いながらやっていました(笑)。僕は高校時代の監督に、「怒られ上手になりなさい」と言葉をいただき、それが社会人になってからも残ってました。

中村　そういうふうに理解して望むということが大切だけれども、しかしみんなができるわけでもないです。

渡辺　最初は意味が分からなかったんですけど、社会人になって怒られる立場になって、先輩に言われる立場になって、真に理解できます。感謝しかないですね。注意をしていただくというのは、自分の何かに気付いて注意していただいているんだという考えを持つようにしようと。怒る方もスタミナいりますし、疲れますし。そういったすべてを考えていこうと思うようになりました。

ジョエル・ロブションの料理長へ

中村　偉いなぁ渡辺さんは。自分を追い詰めながらも、最後の一線はきちんと保つということは、なかなかできません。あの時代で一番思い出に残っていることというのはありますか？

渡辺　やっぱり最初の10年間タイユバンに・ロブションにいて、そこからロブションさんが単独で「ジョエル・ロブション」として経営することになったときに、直に「次の料理長をお前やってくれないか」とおっしゃっていただいたんです。でも実は僕はその10年で抜ける予定だったんです。ロブションさんと仕事をするというのがどれほど大変かということを身をもって体験してきたので、実は次のヴリナさんが関係するレストランの面接があったんですよ。

中村　それは東京での話？

渡辺　そうです。でもその話はなくなりましたけども。それで新生ロブションの社員番号が一番最後なんですよ。つまりサインをしたのが一番最後ということです。それだけやっぱり慎重に考えました。で、ある程度軌道にのったら、ポストを後輩に譲り、自分は自分なりのことを実現しようとしていた矢先、今後は毎年ミシュラン東京が始まってしまいました(笑)。今度は毎年の評価になるので、ミシュラン東京の初年度は僕らは本当に緊張して、ジョエル・ロブションが2ツ星だったらどうしようかと、そういうプレッシャーの中やりました。もちろんロブションさんもあおってきていましたので…。僕は星が2ツだったら辞める覚悟で、辞表も用意してました。それで発表の日、アランさんとかも一緒に頑張ってやってきて、僕が（恵比寿が）3ツ星で、飯塚隆太さんがシェフをしていた六本木が2ツ星。世界中でラトゥリエロブションが2ツ星をとったのは東京が最初なんです。

中村　それは、飯塚さんや渡辺さんたちの純粋な汗と涙の結晶です。本当に誇れるすごいことを成し遂げられました！

渡辺　辞めずにロブショングループで頑張ってきてよかったねと、飯塚と二人して男泣きしていました。それが結構な泣き方でしてね(笑)。

中村　世にいう号泣ですね(笑)。せきを切ったようにそういう今までの思い出が一気にあふれでてきたのでしょう。男が涙の一滴も無くなるまで泣けるなんてなかなかできないことです！

渡辺 交差点のど真ん中であんなに泣けるもんなのかなって…安堵と感謝と支えてきてくれたスタッフに対して、ありがとうしかなかったですね。それはとっても尊いことです。

中村 さっきから感謝とかありがとういう言葉がでてきておりますが、われわれは一人じゃ何もできないから最終的にはそういう目に見えないスタッフの力が結集して自分を支えていることに、大きな感謝があるわけです。

渡辺 まったくその通りだと思います。私はなんといっても、ロブションさんと、かかわれたということが大きな財産だと思っています。昨年ロブションさんが亡くなられたあとに…（しばらく黙る）といっても、自分の中ではまだ生きてらっしゃいますし、それを信じていまでもやっています。

中村 昨年8月に旅立たれたことは、本当に残念なことですが、でもこれをしっかり受け止めねばなりません。私は直接ロブションさんとのつながりはありませんでしたが、でも確実に多くのことを学ばせていただきました。フランス料理界の歴史にロブションさんの名は刻まれ、その教えと、生き様はずっと残るわけですから、そこを大切にしていきたいですね。

渡辺 おっしゃる通りだと思います。本当に感謝しております。

世界中のロブションのメニューに自分の料理が

中村 ロブション門下生として働いていた方は、たくさんおられるでしょうが、ロブションさんの真髄をその現場で責任者の立場で直に、くみ取りながら働けた人は少ないでしょう。日本人としては河野さんや渡辺さんが、その代表者で、実に立派で先程から話を伺い、うらやましい気持ちにもなります。

渡辺 実際、自分が作った料理を試食していただくこと自体が、とても貴重な体験でした。手放しで喜んでくれた料理、例えばロブションさんから各国に発信された甘鯛の料理があります。鱗付きで焼いて、百合根とゆずのナージュソースを作ったんですけど、ロブションさんの料理の歴史上、鱗付きの魚料理はありませんでした。

中村 あれは、もともと京料理の代表的な調理方法ですね。

渡辺 まさにムッシュのおっしゃる通りの、松笠焼きであったり、若狭焼をヒントにしました。試食として恐る恐る作って出したとき、怒られるのかなあという覚悟もありましたが、結果的に、絶賛していただきました。

中村 やはりロブションさんは、料理人として、どこにいっても常に何かを求めておられたと思います。そこで渡辺さんが作った、今まで経験したことのない料理がでてきて。これはすごいと率直に認めてもらえたということですが、それを認められたロブションさん自身が素晴らしい人だなあと思います。

渡辺 そうなんです、ですからそのとき本当にびっくりしましたし、うれしかったです。カフェフランセ時代から、何品かそういう料理はありましたが、でもやはり僕の中では、甘鯛が一番です。そして一時期、僕のことを「ワタナベーッ!」じゃなくて「アマダイッ!」と言われてました(笑)。

中村 (笑)まぁそれだけかわいがられたというか、認められたということでしょう。先ほどから聞いていて、いいことだなと思うのは、ロブションさんが来られたときに渡辺さんが自分が作りたいと思う料理を出していたんですね?

渡辺 はい、そうさせて頂いておりました。待ち構えて自分なりにいろいろと試作しておりました。

中村 そこがすごいなと思うわけです。やはり常にチャレンジ精神があってこその進歩だからね。

渡辺 当時フランスから、全部持ってくるメニューもあります。でも後期の方は、「ワタナベーッ!」って呼ばれて、あれとあれとあれとで一皿作ってくれないか?って言われていました。ガラディナーは原価にお金をかけられるので、板状にカットしたフレッシュトリュフをピエドポーとファルスをカノンにしてぐるぐる巻いて、ローストしたものなど、手放しで喜んでいただき、ロブションさんのガラディナーの世界発信のメニューになったのも多くあります。もちろん僕の名前は一切出ませんけども、現場のスタッフが「やった!シェフが考えた料理が世界に旅立ったぜ!」みたいな感じで結構盛り上がりました。良い料理を作ってだすと、ロブションさんが「ルセットを用意しておいてくれ」と、言ってくれます。そしたらみんな、よっしゃ!やったね!っていうことになります。

中村 いいなあ、素晴らしいね。そのときの雰囲気がなんだかそのまま伝わってきます。実にやりがいのある、貴重な時期だったと思います。

渡辺 はい、貴重な時間でした。ロブション時代にはそういった思い出がいっぱいあります。あと、もう一つ忘れられないのは、辞めさせていただくことをお伝えしたときです。

ロブションを退職 大きな愛のビンタ

中村 いつのころから自分で独立したいという思いがありましたか?

渡辺　ロブションで19年、20年が過ぎたあたり、体力的な面を考え、50を過ぎたらもう無理だろうからと、48歳のときに退職させていただきました。でもロブションさんにこのことを伝えるタイミングが難しかったです。当時は日曜日に来日されたので、月曜日に「シェフ、お話が…」って言ったんですよ。そしたら、「時間がないから後にしなさい」と言われ、聞いてもらえませんでした。

中村　渡辺さんの顔色を見てなにかを察知されたんだろうね(笑)。

渡辺　そうだと思います(笑)。で、木曜日まで過ぎてしまい、改めて「シェフ、明日は僕はガラディナーの準備もあるんですけど」と伝えたら、ちょっと来いって言われました。朝一番で、ルージュバーのカウンターに二人で腰掛け、「さあ、全て伝えなさい」とお話し始めました。自分はこういう場所で、このようなレストランをオープンさせ、独り立ちしたいと、率直に伝えました。それに対して、ロブションさんはうんうんと聞いてくれました。全てお伝えした直後、バーンと一発ビンタをくらいました。ロブションさんはときどき猪木さんの気合ビンタみたいに、一発くれるんですよ(笑)。でも私はそれが好きでした(笑)。来日の1日目なんて「ボンジュール(ばちんっ!)」とやられてましたけど(笑)。僕が最初に調理場にシェフをお迎えにいくと、その場で一発いただいていました。

中村　(笑いながら)愛情いっぱいのバーンであることには、間違いないので、もしそれがなくなると、これまた問題ですから(笑)。

渡辺　時々ロブションさんは、「気合」とか「押忍」っていう言葉も知ってるんですよ、それで「おーすっ」とか言って入ってきます(笑)。みんなが、え?っと思い、ポカンてしていると、押忍と答えろ!と怒り出したりします(笑)。気合のビンタも同じようなものです。それでその自分の独立の話をしたときも、最後にまたバーンとビンタをもらい、ぐっと抱き寄せてくれ、「ブラボー!!ワタナベ!!」って言って頂きました(涙)。「お前は今まで頑張ってくれて本当にありがとう」って言ってくれて。ミシュランとったときもそういうふうに言ってくれたんですけど、「ホントだったら外で店やってるかもしれなかったのに、残ってくれてお前には本当に感謝している」って言ってくれて。ロブション氏の右腕であるエリックシェフと2人で涙しました。で、最後に「ところでお前何人連れて行くんだ」って言われちゃって(笑)。で、僕はもちろん一人じゃできませんので、僕を含めて4名、ナベノイズムの旗揚げに行かせていただきます、ときっぱり申し上げたら、また一発ビンタをバーンといただきました(笑)。

中村　そのビンタ一つでスタッフの持ち出しまで認めてもらったことだから、この際、往復ビンタでも大きな愛だと思うしかありませんよ(笑)。あなたはご存じかどうか知りませんが、フランス人のシェフが、渡辺さんが独立するのをロブションさんが許してくれたことは、大変な事件だと言っていました。ファミール・ロブションに入ったら、そこからなかなかでられないという、暗黙の決まりみたいなものがあるそうです。だから渡辺さんも当然ファミール・ロブションだったのに、気持ちよく辞めさせていただいたというのは、あなたの実績を認めてくれたことで、それが驚きだったみたいですね。

浅草で自分を表現すること

渡辺　僕自身、今までの経験を通して、何か自分のものを表現できたらなと思い、始めたのがこの店です、いつも言っていることですが、「料理はテロワール」です。だからアルザスになぜシュークルートがあるのか。なんで南フランスにラタトゥーユがあるのか、そういったものを考えるのが好きです。油脂に関してもフランス国内ではラード、バター、オリーブ油、ガチョウ脂、と地方により分類されていてその土地の産物っていうのがすごくキーワードになるのかな、などと思い、この浅草の地域を見回していました。そしたら200年続く、どじょう屋さんが裏にあり、おそば屋さんもあり100年続く七味唐辛子屋さんもあります。そこで浅草って何？と考えたとき、江戸の食文化がキーワードとしてでてきました。それを生かし、僕自身が、30年間学んできたフランス料理と融合させ、新しい何か自分の料理を作りたい。それをコンセプトにしようと思ったわけです。

中村　なるほど。それは素直な思いですね。料理の核になるものはやはり、その地域の風土抜きでは考えられないでしょう。だから渡辺さんのお店で初めて食べさせていただいたときに、浅草という地域を取り入れられていることが、すぐ分かり、感動しましたね。

渡辺　ありがとうございます。そこで僕が気をつけたいなと思うのは、フランスを忘れないという事です。フランスという国に料理を教えていただいたわけでありますし、御縁をいただいた場でもありますから、うちの入り口にフランス国旗が飾ってあるのは、フランス本国を一生リスペクトするという、僕の決意の現れです。

中村　それは至極当然なことだと思います。私も常にフランスに対して、尊敬と感謝の念を抱き続けています。日本の風土で、フランス料理を作る上で、フランス料理の基本となる、技術や知識もさることながら、フランス本国に対し、また、各地の風土へのリスペクトは最も大切で基本となることだと思います。

渡辺　ムッシュの仰る通りだと思います。そこをうまく融合させていきたい、というのが僕の考えで、極めて自然体な料理をやっているつもりなんですけど、最初の開業当初のころは、結構アレルギー反応示すお客さまがいて。「シェフ何やってんの!?」「ロブションの料理をなんでやんないの!?」って苦言を伝えて帰る方もおられました。でも僕はこれから自分の料理人生をかけて、この土地の風土と融合させた料理を作り、お客さまにはここの風景を見ながら召し上がっていただくつもりです。

中村　そこにロブションさんの精神を融合させつつも、渡辺さん自身の個性をいかに確立していくかが、永遠の課題だと思います。

渡辺　はい、そう思います。あと、店の在り方というのは、カラーと個性だと思っています。あの場所に行って座ったら、あの人の料理が食べられる、例えばムッシュのパテアンクルートだったりとか、その料理人＝料理というもがパッと浮かぶということは、すごく大事だと考えております。それぞれのグランシェフには、それぞれの偉大な料理が存在しております。

中村　そのことは、よくよく理解できます。そうした中で、今後渡辺さん自身のカラーを真っ白なお皿に、盛り付けていくことはすごくやりがいのあることで、ナベノイズムの今後に皆さんが、大きく期待していることだと思います。そこで、お聞きしたいのは、なぜ渡辺さんがこの浅草と、隅田川の辺りを選ばれたかということです。

渡辺　まず、この土地はすごく好きで、子供のときからよく両親につれてきていただいたのが浅草です。麦とろで食事させていただいたり、大黒屋さんで天麩羅を食べたり、思い出の土地ということもあり、実は先代の辻静雄校長先生のお墓がすぐそばにあります。

中村　え、そうなんですか？

渡辺　はい、東本願寺に眠られております。そして僕は渡辺という姓で、渡るに水辺の辺です。水辺が関係していると言われており、今まで住んできた、働いてきた場所はなぜか水辺や海辺の店舗が多いんですよ。自然と引き寄せられたと言っているんですけれども。あと浅草は、東京の中で食文化が長く受け継がれてきた土地でもあります。この江戸食文化が花開いた場所で、３０年学んできたフランス料理を何か新しいことにチャレンジできたらと思い、ここを決めさせていただきました。それが過日中村ムッシュにお召し上がりいただいた料理です。

中村　分かるなあ…。お聞きしていると、一つのストーリーが納得できます。何かを成すとき、そこに至るプロセスと、テーマは必然です。

渡辺　そこでうちのテーマカラーは白、黒、オレンジです。オレンジ色は、私にとって、サンセットとサンライズの色、そして炎の色のイメージです。原始人が最初にした調理は火にかざすことだと思いますが、太陽はすべての食材を作ってくれ、人を生かしてくれています。白は何にでも染まるという意味があるので、私の料理に対する考えであり、黒は何にも染まらないという僕のスタイルを貫くという意思表示です。

中村　そこに物語がしっかり築かれていることでその店に生命が宿り、輝きが増してくることになります。また以前、厨房を見せていただきましたが、とてもコンパクトな中に、それぞれ立派な機器が備えられ、スタッフの無駄な動きがないように配置され、随分と考えて、設計されましたね。

渡辺　かなり考えました。僕がいて、料理長の岡部がいて、中堅の田島がいて、シェフパティシエの宮脇がいて…。家族的な雰囲気でみんな向かい合って仕事をしています。営業が始まったら僕はストーブの前に立つので背中を向けてしまうんですが。盛りつけのときにはみんながわっと集まってくるという面白い形になっています。

中村　厨房は料理人にとって戦場であり、互いの絆の場であり、自己研鑽の場でもあります。よくできた、無駄のない厨房だと思います。それに店に行ってすぐ厨房がお客さまの視界にワッと入ってくるところが、すでに厨房は一つの舞台になっていますね。

渡辺　ありがとうございます。あれだけのスペースをいかに効率よく、お客さまに料理をお届けしたいかということを考えました。僕はいつもスタッフに「大切な人であり、家族が座っていると思いなさい」。と言っています。それが一番大事なことかなって考えています。

中村　いよいよ最後になりますが、渡辺さんはこれから自分自身の歴史を作って行かれると思いますけど、その抱負をお聞かせください。

渡辺　この地に根をはって、ゆっくり表現させていただきたいという考えと、ナベノイズムにかかわった人たちが、よかったね、スタッフ全員がここで何かをやれたよねと、そういうふうな店作り、ナベノイズム道場として、門下生たちが成長し、胸を張って巣立っていけるような店作りをしたいと思います。

中村　いやあ、素晴らしいですね。今日は渡辺さんの今までのストーリーをお聞きして、すごく感動しました。これからの物語もすごく楽しみです。私も折々に来させていただきます。今日は本当にありがとうございました。

【対談後記】

渡辺さんは常に王道を歩いてきた料理人である。尊敬すべきは何事もポジティブにとらえ、自身の努力で道を切り開いてきたことだ。

本来、技術の習得と研鑽は月日を重ねればできるものではなく、そこに向き合う真摯な姿勢と情熱いかんによるものである。対談を通じてそこの見事さを感じた。今後、浅草といういまだに江戸の歴史が息吹く地域と日本の風土を背景にいかにフランス料理を表現し、自己の個性を確立されてゆくかが楽しみである。そして渡辺さんには世界に通じる、日本を代表するグランシェフに成長してほしい。その資質を充分に備えているシェフである。

PROFILE. Profile　１９６７年生まれ。フランス　ミシュランガイド3ツ星「ラ・コート・ドール」をはじめとする名門レストランで８年の研鑽を積み帰国。２００７年 東京 六本木に「エディション・コウジ シモムラ」をオープンし翌年に２ツ星を獲得。豊かな知識と確固なる技術に加え、自由な発想にあふれる独自の料理スタイルで、世界の美食家を魅了し続ける。日本航空ファーストクラス機内食やJR 九州クルーズトレイン「ななつ星in 九州」デザート監修を歴任。また自身のテーブルウェアブランド「SIMON」を立ち上げるなど、その活動は厨房内だけにとどまらない。

料理上手な母の影響で
輝かしい美食の世界へ導かれる

エディション・コウジ シモムラ　オーナーシェフ　下村 浩司 氏

【2019年4月26日号、5月10日号、5月31日号、6月21日号掲載】

中村　まず下村さんが、なぜ料理人になったのかを聞かせてもらえますか。
下村　実家はもともと茨城で百貨店を経営しておりまして、幼いころから両親が共働きのため、家事はお手伝いさんがいたんです。その方も料理がうまかったんですが、なによりも、うちの母親が料理上手でした。例えば休みのときに自宅で料理を作ってそれを近所に配り、時には母親が講師になり近所のおばさんたちが学びに来ていたぐらいでした。僕は必ずその傍にいました。また、家族でどこかに食べに行ったとき、おいしければその料理を母親が家で再現してくれてました。
中村　ではこの道に入ったきっかけは、お母さんの影響ですね。
下村　そうです。しかし、長年働かれていたお手伝いさんが引退され、新たな60歳くらいの2人目のお手伝いさんが作ってくれる常に茶色い料理が、僕には合わなくて。
中村　田舎料理の煮付けが多かったんだ。
下村　そうそう。おしょうゆで煮付けた料理がほとんどでした。決してまずい訳ではないのですが、私たち小学生の子供の嗜好に沿った料理ではなかったのですね。
中村　毎日、日本酒と合いそうな大人の料理ばかりではちょっとかわいそうだったね。
下村　当時、母親は30代でしたので、おやつでフレンチトーストなどを作ってくれていましたので、そういった渋い料理が嫌いになり、小学4年のころから妹の分も含めて、できるだけ自分で料理を作るようにしていました。小学校5年から家庭科が始まり、先生が僕の料理上手を褒めてくれ、時にはオムライスやポテトフライの二度揚げなどの料理のデモンストレーションの講師を担当させてもらいました(笑)。
中村　そりゃあ大したものです。すでに小学5年生にして自ら料理人の道へのレールを敷いたわけです。
下村　ただ、僕は長男ですから、周りの大人たちからは家業を継ぐんでしょう!と言われていました。

でもなんとなく自分が好きなものをやりたい、たとえ料理でも家を継ぐにしても、自分で判断すべきだと子供ながら考えていたんです。

中村 そうですか、そこまで考えていたとは。えらい早熟な子供でしたね。そういうときを経て、それじゃあ実際に料理人になろうという確たる思いをしはじめたのはいつのころから？

下村 そこはやはり、僕たちの世代で言うと「料理天国」という料理番組でした。

中村 その番組は私は知らないんだよ。すでにフランスでのたうち回っていたころですから。

下村 確か、中学校くらいからだと思うんですけど、その番組で、僕が初めて見た世界っていうのは、フランスの豪華な現実離れした輝かしい美食の世界をその番組で紹介してたわけですよ。辻調の小川先生、水野先生、あとは辻校長などのコメントでもあり、非常に刺激的な番組でした。

中村 映像の世界の影響はすごいものです。それはその人の人生の方向づけをする場合もあるわけですから。

下村 そうです。あの料理天国がフランス料理との出会いでした。そして必然的に辻調に行くわけです。

中村 辻調では貴重な多くの人材を育ててもらっています。やはり先生方や校長のポリシーだろうね。それでそこからフランス校に行ったわけ？

下村 いや、残念ながらそのときは行ってないんですよ。なぜかと言いますと、フランス料理を地元、茨城でというのは現実的じゃないということに気づき、考えてしまいました。学校ではフランス料理とイタリア料理の専攻科があって、学校を卒業と同時に、東京のイタリア料理店に勤めたんです。茨城ではフランス料理は成り立たない。また、フランス料理は選ばれた一部の人がやる料理だと思っていましたから。

中村 ま、それは完全なる勘違いなんだけど、でも当時はそういう思いに至ることはよく理解できます。

下村　はい。当時はそういう感じでした。ですから、そういう意味でイタリア料理に入ったんですが、先輩方に教わるとすぐにできてしまう。自画自賛で申し訳ないのですが、時には辻調で学んだ料理レシピを再現すると本当においしいものができてしまい、店のコースに採用されたりもしていました。

中村　もうそのころから自分を褒めることをやってたわけだ（笑）。

下村　はい（笑）。しかし、先輩方々から褒められることよりも自身のクオリティーを上げなければ、そういうふうに考えていました。そうした中で、大きな変化があったのは、夏休みに関西に遊びに行ったときでした。かつての辻調の同寮の友人の働く神戸のフランス料理店「ラ・ターブル」で食べたリ・ド・ヴォーのフリカッセ ポルトソースが本当においしかったのです。そのとき、自分の〝学ぶべき料理はフランス料理〟だと強く思ったわけです。

人生をかけた厳しい3年間で料理人としての技術と意識を習得

中村　やっとフランス料理のトビラを自ら開けたわけですね。

下村　はい。やはりフランス料理となると、私の性格上もう止まらないわけです。東京に戻りすぐに次に働くべきフレンチレストランを探し始めました。たまたま見た料理雑誌に、開店直後の「成城オーベルジュ・ド・スズキ」が掲載されていて、翌週の休みには1人で食べに行きました。フランス人のギャルソンもおり、何かと親切に接客してくれ、ますますフランス料理に興味を持ちました。食後オーナーの鈴木シェフとお話ししたところ、ウチは非常に厳しいが、やる気があるなら来いと。ただし、今の仕事場を必ず年内一杯まっとうしてきちっとけじめをつけてから来なさいと、言われました。
中村　それはとても大切なことですよ。鈴木さんはしっかりした方ですからね。
下村　で、約束通り入社しましたが、現場は、私の想像以上にとても厳しかったです(笑)。まず、サービスをやり、フランス料理人となり、人生をかけた厳しい3年間だったと思います。
中村　でも、厳しかっただろうけど、鉄は熱いうちに打ての通り、そこで鍛えられ、勉強させていただき、今としては感謝の一言ですね。
下村　その通りです。鈴木シェフのもとでは、料理技術の習得と同時に料理人として明確な意識を習得させていただいた貴重な時間でした。そして入社2年目に、社員旅行でパリに行き、一流レストランを食べ歩き、フランスのスケールの大きさ、奥深さに圧倒されました。最終日の自由行動の日には、この旅の大きな目的だったモンマルトルの丘のサクレクール寺院に途中一度も後ろを振り返ることなく駆け上がり、初めて観るパリ全体の街を眺めながら、今度来るときは旅行じゃなく、必ずこのパリの3ツ星レストランで働くと、固く心に決めました。
中村　なるほど、そのとき夕陽でサクレクールが赤く染まっていたかは分からないけど、そうした決断をするにふさわしい場所であったこと、そしてその決断をしたあなたはただ者ではなかったわけです。いいですね、夢と希望はでかいほど良いわけですから。
下村　今でもパリを訪れる際は、初心に戻る意味でもモンマルトルのサクレクール寺院には時折訪れるようにしています。実はビザも取れるということで、パリ訪問の少し前までは、オーストラリアのフランスレストランで働きたいと、鈴木シェフに申し上げましたが、同じ海外に行くのだったら、フランスに行くべきだと言われました。今思うと、そのときは逃げもあったわけですよ(笑)。フランスだと言われたとき、そのとおりだなと納得し、すぐにフランスに方向を転換したわけです。

中村　いいですね、素直で（笑）。でもその鈴木さんの一言は、とても重かったと思います。今のあなたがあるのは、やはりフランスに出向き、自分で道を切り開いたことにあるわけですから。そのときの勢いであなたがオーストラリアに行っていたらどうなっていたかと思うと、きっと面白い展開になってたことだろうね。もうあなたは忘れてると思うけど、実はそのとき鈴木さんから私に電話があり、うちの若い子がフランスに行きたがってしょうがないと。でもまだ早いと思うので、中村さんのところに行かせますから、いろいろと厳しくアドバイスしてください、と依頼されました。

下村　はい、確かにお伺いしました。そのとき一緒に写真も撮っていただき、今でも大切に持っております。

中村　そのときあなたはものすごく情熱的に自分の思いをとうとうと話してくれました。その話を聞いているうちに、あなたのいちずな気持ちが伝わり、本来止めるべきところを、そこまで思っているのだったらフランスに行くべきだと思いました。

下村　ちょっと…（涙）。覚えております…。

中村　それで、鈴木さんに、あれだけの思い入れを持っているんだったら、行かせてもいいんじゃないか。若いけども大丈夫じゃないかと伝えました。

下村　（涙を拭きながら）いやあ、あのころの僕はかなりできが悪かったんですよ…。

中村　いやいや、若いときはできが悪くて結構、私を含めみんな同じですよ。でも最終的にはいかに自分の仕事に情熱を燃やせられるか。実際に行動して、どこまで打ち込めるかで、その人の先々が見えてくるわけです。正直、若すぎる気がしたけれども、あなたはそれを上回る情熱があったわけだから、結果的にもそれでよかったと思いますよ。

下村　言われてみますとそういうことでしょうね。とにかくできは悪かったんですが、休みの度に食べ歩きをして、フランス料理に救われていた気がしています。

中村 結局あなたはきっかけとして、最初どういう形でどこに行ったんですか？

下村 僕は最初、ジュネーブの和食のレストランで働きながら、フランス行きの準備を行ないました。語学、そして資金と。その数カ月間は非常によいワンクッションとなりました。

中村 それはラッキーでしたね、そこは自分で探したの？

下村 いやそれは辻調のときの友人の紹介です。当時22歳でしたが、その後ジュネーブで知り合った日本人料理人の紹介で、ロレーヌ地方のヴェルダンのレストランで働くことになりました。

中村 ああ、知っていますよ、ヴェルダン、1ツ星でしたね。

下村 はい、そうです。そこで最初に食べさせてもらった料理が「鴨のフランボワーズアラクレーム」という、すごくクラシックな料理でびっくりしたものです。シェフも当時60代の方だったと思います。その店で労働ビザを取っていただき1年間働きました。

中村 いやあ、すごく頑張ったね。よっぽどではないと労働ビザなんか取ってくれませんから。実は私もアルザスにいたとき、隣のロレーヌにも興味があっていろいろと調べたことがあります。なんたってアールヌーボーのガレの本拠地ナンシーの街はとても魅力的で、実際に出かけたことがあります。

下村 そこで、実践フランス語を学ぶため、決して日本人とは接触しないと決めました。なんとしても3ツ星に行くのが夢でしたから、とにかくがむしゃらにフランス語を勉強しました。店のレセプションには友達から電話がかかってきても決して取り次がないでほしいとお願いしたくらいです。

中村 すごいね（笑）。当時そこまで思い描き、行動していた日本人の料理人はそうそういなかったと思いますよ。

下村 1年間、自分がフランス人かと勘違いするほどに店にもなじんでいましたが、次に働くレストラン探しのためにあちこちに手紙を出しましたが、まず返事すらもらえない。これにはまいりましたね。一軒だけ返信がきたのが、当時2ツ星のドミニク・ブッシェさんからでした。

中村　ああそうでしたか、彼は日本のトゥールダルジャンのシェフを終え、いよいよ郷里のアルマニャック地方でオーベルジュを立ち上げ、すごく話題になっていた時期ですか。

フランスの田舎町でしかできない体験

下村　はい、そうです。結局その後の返事がなかったので、自分からスーツケースを持って現地に出向いたわけです。しかし、返事がない場合は不採用だ言われました。そこで何かと粘ったあげく、彼の後輩のバイヨンヌ地方の1ツ星レストランを紹介され、サン・ヴァンサン・ド・ティロスという本当に田舎町のレストランで住み込みで数カ月働きました。

中村　それはそれで、地元のバスクではかなりの有名店です。また、フランスのバスク地方のテロワールにどっぷりつかる、いい経験をしたことになりましたね。

下村　はい、南西部地方ならではの経験をしていましたね。レストランは、森林公園の中にあり、僕は店の2階に1人で住んでいて、毎晩フクロウの鳴き声を聞きながら過ごしていたものです（笑）。

中村　要するにそれは隔離されていたってこともあったんだね。

下村　そうでしょうね（笑）。以前の労働ビザの延長ができず不法滞在でしたから。毎日曜日の夜と月曜日は定休日でしたが、商店やスーパーも閉まり、誰も町にいなくて、ほんとにあんな孤独を味わったのも初めてです。週末はテレビで映画を観ることが唯一の楽しみでした。その店のスペシャリテはマグレ鴨のロティ、ソースポワブルベール ア・ラ・クレームなど、非常にクラシカルなでした。そこで僕はガルマンジェとデザートのシェフ・ド・パルティを兼ねていましたが、びっくりしたのは、午前中に店に届くフォアグラが生暖かいんです。後にも先にもそのような鮮度の良いフォワグラを扱う機会はありませんね。

中村 いやあ、いきなりシェフ・ド・パーティとは、それはすごいですね。よっぽど信用されたのでしょう。恐らくその場で生きた鴨のはがしたてのフォアグラを持ってきていたんでしょう。日本だったらすぐ新鮮生フォアグラの刺し身でワサビじょうゆで食べてしまわれそうですね(笑)。

下村 休みの日にガバージュといって、一度蒸したとうもろこしを乾燥させて油と混ぜて強制的に喉から流し込んで食べさせることを体験させていただいたりと。度々、肉屋さんと連れだって、いろいろな生産者を巡らせてもらいましたね。

中村 そういうところですね。地方の田舎で働くメリットは。今にしてとても貴重な経験だったと思います。当時はまだガチョウもいたんじゃない?

下村 はい、多少はガチョウもいましたが、基本的に鴨が多かったですね。何やらガチョウは気性が荒く飼育が大変とのことでした。フォワグラ料理には特産のアルマニャックをふんだんに使い、テロワールにふれ、生産者ともふれあい、今にしてとても有意義だったと思います。

中村 フランスの地方で働く醍醐味と、そのさまざまな実体験はパリで何十年働いていても得られない大切なものだろうと思います。フランスの各地方のテロワールにじかに触れることで、フランス料理の何たるかが、後々分かってくるような気がします。

下村 そのとおりだったと思います。車を走らせると、フォアグラ、フォアグラ、フォアグラ、と多くの看板があり、生産者があらゆるところおられ、正にフォアグラの産地だなあと実感させられたものです。

中村　農家さんがフォアグラ用の鴨を飼育していて、それを売って生活の足しにしている、まさにフォアグラのど真ん中で働いていたわけですね。

すさまじい状況での修行 ロワゾーシェフの料理哲学を理解

中村　下村さんはブルターニュにも行きましたね。
下村　はい、ヴァンヌの近くのケスタンベールっていう小さな町の2ツ星のオーベルジュ「ル・ブルターニュ」。オーナーシェフはジョルジュ・ペノー氏。フェルナン・ポワンさんの流れをくんだクラシックな料理でありながら色合いや盛り付けが、非常に個性的でアーティスティックな料理を提供しておりました。店内の絵もすべてシェフ自らが描いたものでした。僕は、シェフパティシエで働いていたんですが、お給料もしっかりともらえたので、休日のたびに食べ歩きをしていました。オリビエ・ローランジェほか、多くのブルターニュ地方の有名レストランを食べ歩きました。
中村　その「オリビエ・ロランジェ」はブルターニュを代表する有名なレストランですが、当時、オリビエさんは3ツ星もらっていたころですか?
下村　いえ、まだ2ツ星でしたが、ブルターニュのトップシェフとしてすでに話題になっていました。本店はもとより、宿泊施設に併設されているビストロ「コキアージュ」のシーフードを用いた数々の料理には衝撃を受けました。その後、現在名古屋でオーナーシェフをしていられるグランターブル・キタムラの北村さんと知り合い、スイス・バーゼルの「スティッキ」という老舗2ツ星レストランで共に働くことになりました、そのとき、北村シェフから3ツ星で働くべきノウハウを伝授していただいたことが、その後の私の料理人人生の大きなターニングポイントとなりました。北村さんのアドバイスもあり、当時、飛ぶ鳥を落とす勢いの「ラ・コート ドール」に出向き、初めての3ツ星での採用が決まったのが、93年。ロワゾーさんが3ツ星を獲ったのが91年なので、まさに絶頂期のころでボキューズの後継者はロワゾーさんと言われていた頃です。

中村　「オリビエ・ロランジェ」には、帰国後何度か行ったことがあります。あの海岸からの風景は、大好きなところです。また、その後行かれた「ラ・コートドール」のロワゾーさん自身は、熱烈なポール・ボキューズさんの信奉者なんですよ。彼はボキューズさんのことを神のごとく思っていて、その生き様にすごくあこがれていましたからね。

下村　そのままロワゾーさんに行くのは自信が無く、その前に、パリでより自身を鍛えてから行こうと思い、かつてのロブションのシェフだったフィリップ・グルート氏の「アンフィクレス」という、当時、開業1年目で1ツ星、2年目で2ツ星とロブション氏以来初めて3年目で3ツ星をとるんじゃないかと、フランスで話題だったレストランで研修を行ないました。

中村　なるほどなるほど、で、そこはどんなところでしたか？

下村　いやぁ、非常に神経質で厳格なシェフでした。客席は満席24名ながら狭い調理場には調理スタッフが、14人ほどいましたが、仕事が非常に細かく、仕込みが全く終わらない。連日、賄いを食べれない日が続いていたものです。当然のごとく毎サービス満席で皆、凄まじい緊張感の中で凄まじい状況の中で働いていました。営業中にサラマンダーの前で盛り付けていたスタッフのトックに火がついて燃えているんですが、だれもそれに気が付かないほどすさまじかったです（笑）。驚いたのは、ある土曜の夜の営業中にちょっとしたミスにより、営業後にフランス人セクションシェフ3人のみが残され、月曜日に出勤してみるとその3人は解雇されていて、新たなセクションシェフが3人が入社していたことです。しかも1カ月間のトライアル期間は無給。まさに3年目での3ツ星を狙っていたので、すさまじい状況での研修となりました。

中村　それほどオーナーシェフのフィリップ・グルーさんには力があったということでしょう。そういうところで、研修ができた事自体が実に尊いですね。また、彼らにはシェフ仲間の強力なブレインがいて、互いに助け合っているわけで、人のやりくりもきっちりできていたということでしょうね。

下村　まさにそうですね。その情報に驚き、それを目の当たりにして自分もいつ飛ばされるか分からないと更に気が入りました。

中村　今でもそうですが、特に若手のオーナーシェフたちは、仲間のすごい絆で結ばれていますからね。

下村　そこからロワゾーに行ったんです。約束の前日に行って食事をし、料理が盛り付けられた皿とか、サービスの段取りなど、さまざまなものをインプットし、あくる日の営業中に自分から皿を選び、料理を盛り付けるわけですよ。すると周りが驚き、一目おかれて早い段階で仲間として認めてくれ、その後の仕事がやりやすくなります。初めての3ツ星の現場で、ロワゾーシェフが、オーダーを読むたびに「ウィ」と20数人が、一斉に答えるわけですが、その凄まじい声量に鳥肌が立ちました。これが3ツ星だと思い、腰を据えて働かねばと思いました。

中村　3ツ星レストランには3ツ星なりの独特な空気、雰囲気というものが感じられます。当時スタジエ（研修生）の日本人は何人くらいいました？

下村　日本人は私を含め7人おりましたが、みんな僕より年上でした。シャーベットなどもオーダーが入ってから係の日本人が付きっきりで回すわけです。僕は、いきなり肉の付け合わせの中心部でガンガン働いている訳ですから、先輩方からは、お前は〝ずるい〟と言われていました（笑）。
中村　それはしょうがないね、シェフはあなたの仕事ぶりをみて、セクションにつかせているんだから。フランスでは年の差は関係なく、実力の世界です。それだけに常にそのことが、自身に問われることです。

「レジャポネ」ではなく「KOJI」誇りをもって働くことが大切

下村　ロワゾーさんからは、日本人は皆「レジャポネ」と呼ばれ、「ウィ」「ウィ」と返事していたわけですよ。僕も3週間ぐらい我慢したんですけど、僕に「レジャポネ」って言われたときに「シェフ、僕は日本人ですけど名前はレジャポネじゃない」と言ったわけです。シェフたちは僕たちを後ろから見ているときが多いわけですから、僕はその日からトックの後ろに「KOJI」と書いて1日も早く名前を覚えてもらうようにしました（笑）。
中村　それだけ当時、日本人のスタジエはどこにでもいたわけですが、でも自分に対する誇りというものは絶対大切ですね、また、そこでいかに認められるかが大切で、並の仕事ぶりではいつまでもジャポネにとどまるわけですよ。
下村　そこの部分、僕は申し訳ないくらい非常に強いんです。そもそも、フランスは個を尊重する国ですし（笑）。
中村　（笑）で、ロワゾーさんの3ツ星レストランであなたは何を学んだのですか？

下村　働き初めて3カ月程のときに営業中にフランス料理の神が僕に降りてきた瞬間があるんですよ、26歳のときでした。これは中村シェフであればご理解いただけると思うんですが、当時フェット・ド・レギューム（野菜のお祭り）という野菜のコースがあったんですが、そのメイン料理のポム・ギャレットの一連の作り方を事細かく観察していたとき、一見、単なるポム・ギャレットの構成が、実はポム・ブーランジェーの再構築であることに気がついたのです。正にロワゾーシェフの料理が僕に語りかけて来た瞬間から、アミューズ、デセールなど、すべてのロワゾーシェフの料理哲学が理解できました。

中村　とても大切で肝心なこととして、ロワゾーさんがやろうとしている料理のポリシー、発想の原点が理解できたということですが、そこに気がつくということはすごいことだと思います。

下村　その料理の方程式に気がついたのが26歳で、その瞬間が今の僕の料理のベースを作ってくれたと思います。その後、ロワゾーさんがトロワグロで共に働いていた当時の後輩のパリのギイ・サヴォワに紹介していただきました。

中村　ロワゾーさんとギィ・サヴォワさんは同じオーナーのもとで働き、互いに助け合いながらとても仲の良い、兄弟みたいな付き合いをずっとやっていましたからね。

下村　確かに毎日のように電話で情報交換していましたね。ギイ・サヴォワではガルマンジェのシェフをやらせていただきましたが、徹底的にフォアグラやキャビア、カキの扱いなどを学びました。その後、ロワゾーシェフには、トロワグロ、ジャック・シボワさんにも推薦していただきました。

中村　結局トロワグロにも行けた？

下村　はい、希望通りに働くことが出来ました。最初にレストランの扉をくぐった瞬間、今まで感じたことがない、老舗グランメゾンの空気を肌で感じました。その後、面接の前にご馳走になった料理の全てが正に3ツ星の料理に魂が揺れたことは今でも覚えています。

中村　そうすると、新しい真っ赤な厨房ができたときの話ですか？

下村　そうです、設計はNASAが担当したと伺いました。当時としては、とてもモダンな電気仕様の調理場でした。

中村　当時、息子のミッシェルさんはすでに厨房に入っていたのですか？

下村　はい、お父さんのピエールさんと2人で日々、新たな料理を生み出していた感じでした。

中村　そうすると、お兄さんのジャン・トロワグロさんはもう亡くなっていたころのことですね？

下村　はい、故に今後の息子さんの時代を築こうというときで、よく雑誌にも2人で出ていました。

中村　それは時期的にいつのころ？まあ1年中忙しいところだけど、特に夏のバカンスシーズンは昼夜すさまじく忙しいところだったからね。

下村　私は秋口に入店しましたが、常に満席の状態でした。私が何よりもうれしかったのは、担当を命じられたセクションの仕事の引き継ぎの際、前任者のフランス人では無く、ミッシェル・トロワグロ氏自らすべての仕込みをマンツーマンで教えてくれたことです。毎サービス70人分の肉の付け合わせを一人でこなす部署を担当していましたが、ジャガイモのローズ・ド・サーブルという非常に手間がかかる料理があり、イベントの際には150人前を1人で作ることもありました。

オーナー家族の料理を作り信用を得る

中村　実はあの原型は僕が作ったんですよ。僕がレストランマレーで働いていたとき、8月にバカンスで1カ月間店が閉まるので、その1カ月間丸々トロワグロでスタジエとして休みなしで働きました。そのとき、3日目にジャン・トロワグロさんが、「ジャポネ！」と僕を呼びつけ、シェフポワソニエが病気となり、明日から来られないからお前がここでやれと言われ、もう大変な日々でした。休憩時になると、まだミッシェルさんは中学生のころで、ピエールさんのマダムがやってきて僕に家族の昼食を作ってくれと言ってきました。お昼のサービスが終わってから食事するので、スタッフはみんな早めに逃げちゃうんだよね、頼まれたら困ると思って。でも僕はこれはチャンスだと思い、折々に頼まれて張り切ってさまざまな料理を作っていました。そのとき、ジャガイモを丸めてローズサーブルを作ったわけです。そのときピエールさんが、いま本を初めて作っているのでルセット教えろ、やって見せろって言われて、作った料理です。

下村 えっ、そうなんですか！その料理は当時まさに全盛期で様々な撮影の際には登場していました。私も家族の食事を率先して担当していましたから、早い段階で信用を得ることができたのでは、と思います。

中村 まあなんでも無心に一生懸命やっていると、誰かが見ていて、道が自ずと開けてくるものです。

下村 で、すみません、先ほどちょっと言い忘れてしまったんですけど、僕はロワゾーで働いているときに中村シェフにお会いしているんですよ！

中村 ああ、あのときはタクシーを待たせ、昼時1人で食べていました。その後、厨房を見学させてもらおうと出向いたわけです。

下村 そうなんですよ。僕が肉の付け合わせをやってるときに、中村シェフが来られて、そのとき現、神戸北野ホテルの山口さんもいたんです。

中村 そうそう、そのとき、神戸の山口さんとも会っています。

下村　神戸のロワゾーの支店から研修に来ていた山口さんが向こうで中村さんと写真を撮ったりしていたんですよ、僕はめちゃくちゃ忙しい日曜日の昼だったので、仕事に追われていました。中村シェフとちょっと話がしたかったんで待っていてくださいと伝えて、中村シェフはタクシーを待たせつつもワインセラーを見に行き、また戻ってきても僕の仕事は終わっておらず、結局話ができなくなり、いやあすいませんとちょこっと顔を出しに行ったとき、ポンポンと、僕の肩を二回たたいてくれたとき、ああ、私の気持ちは通じているんだなぁ、と思ったのがいい思い出です。

中村　あのときは語る時間はありませんでしたが、あなたが頑張っていることはわかりました。その日の夜は、ヴェズレイの3ツ星レストラン「エスペランス」に予約してあり、1人で泊まることになっていたので、先を急いでいたわけですよ。

下村　その後、中村シェフが、フランスの各地でのガストロノミーの会を主催し、日本からのお客様を引き連れてフランスの各地を食べ歩きに来られた際は頻繁にお声掛けして頂いたものです。

中村　そう、本物のフランスの食文化を体験してもらうために、自分ですべてを計画していました。

下村　その合間に、「下村が今パリで一番いいと思うレストランを予約をしてくれ」と言われ一緒に食事をしていましたね。中村シェフは、覚えてるかどうか分かりませんが、一緒にアンジェリーナに行ったこともあります。リュー・ド・リボリの本店に。モンブランで有名でしたが、当時日本には出店しておらず、日本の方々はいらしてなかった時代でした。そして、そのモンブランこそ今の僕の料理構成のベースにもなっています。ちょっと話は長くなってしまうんですけど、栗の濃厚なペーストが表面にあり、その中に砂糖を加えていない泡立てた生クリーム。底にはサクサクに焼いたメレンゲがあるんですよね。一杯目のスプーンは濃厚な栗を食べ、二杯目は40％クリームが入って、60％が栗なんですよ。それをどんどんスプーンで食べるごとにパーセンテージが変わっていくので、飽きずにおいしく食べ続けられます。そこで僕が悟ったのは料理には味の変化が必要だと。その味の変化のバリエーションをあそこのモンブランから見出したんですよ。それを確認するために中村シェフをお誘いしたわけです。で、シェフにこれはこういう組み合わせでこうこうだからうまいんですと、盛んに説明したわけです。まだ20代で偉そうに能書をとうとうと述べましたが、でもシェフはうれしそうに聞いてくれておりました。結構こいつ言うなぁみたいな感じで(笑)。

中村　いやいや私の20代から比べると、あなたの意識の高さは実に見上げたものです。いずれ立派なシェフになると思っていましたよ。でも、言うとあなたがすぐその気になりそうだから言わなかっただけです。

下村　しかし、数年後のパリでのガストロノミーの食事会の際には、ご参加されていた方々に、〝彼は絶対に日本で名を成す男です〟と、紹介していただいたこともあり非常に嬉しかった記憶があります。

中村　あなたの日本人離れした、情熱みたいなものが強烈にあって、パリに行ったらその成長を見届けるのが楽しみだったからね。

8年間で30軒以上の経験

中村　イタリアのマルケージはどうでしたか?

下村　僕が働いていたマルケージさんの店はミラノからイタリア北部ロンバルディア地方の小さな村に移転した店でしたが、イタリア料理を世界的レベルにまで押し上げた巨匠の料理を味わう為に、世界中からグルメなゲストが押しかけていました。今では世界中のレストランで提供されているキャビアの冷製カペリーニ、イタリアンパセリのラビオリ、黄金のリゾットなど、オリジナリティ溢れる料理が提供されていました。マルケージさんは既に、厨房には立っていませんでしたが、撮影時に彼が作り出す料理の世界感やストーリーは本当に素晴らしかったです。例えば、イカスミの真っ黒なリゾットを皿一目に敷き詰め、中心にはあえて真っ白な小イカ盛り、皿の下紙には墨感を強調するべく万年筆で文字を描きデコレーションするなど。当時、マルケージ氏は60代後半でしたが、衰えを微塵にも感じない桁外れのモダンなセンスにはしびれたものです。ピカピカに磨きあげられた銀製アンティークのコクティエ（卵入れ）のコレクションも見事でした。

中村　実際にそういう器を使用していたの？

下村　はい、ゲストにより様々なタイプのコクティエをアミューズに使ったりと、そこには唯一無二の世界感がありました。そんな環境の中で育ったマルケージチルドレン達によって現在のイタリアガストロノミー界が、構成されている意味が理解できます。

中村　なるほどなるほど、あなたはかなりの店に出入りしていますが、スタジエ（研修）を含めて何件くらいになりますか？

下村　僕は8年間ヨーロッパに滞在中、食べ歩きの最後に本当に美味しい店に出会った際には、そちらのシェフにお願いし、1、2日間の短期研修を受け入れてもらっていました。それらを含めるとなんだかんだで30軒以上になるでしょうね。

中村　そう、かなりのレストランになりますね。そこで、今でもあのときのあの場面という記憶に残るレストランはどんな店がありますか？

下村　それはやはり先にも話しましたロワゾーで、フランス料理の神が私に降りてきたところですから。それ以外では、フランスに渡った際に最初に食べに行き、帰国迄には必ず勝負しておかなければ（笑）と感じたサヴォワ地方アヌシーのマーク・ヴェイラです。ミシュランから3ツ星獲得の電話が来た瞬間に、シェフの脇で歓喜の場に立ち会うなど、刺激的な体験もしました。

中村 ああ、マーク・ヴェイラさんね、あのシェフの厳しさはすさまじく、独特のようでいろいろと私も聞いておりますが、でも何かを持っているビッグシェフなのでしょうね。

下村 彼の独自性というのは、非常に特殊なものです。実際ここでは話せないような逸話も多々あります（笑）。

中村 自分がいいと思ったことは躊躇なくやる。

下村 味覚と感覚と、ハッタリとも言うべき独自性は、すさまじいもので、なんて言うんですかね、今まで働いて来たシェフ達とは全く違う料理感、感情を持たれていました。

中村 彼はボキューズさんとかトロワグロさんなどの、大先輩の中でも平気で堂々と自分の主義主張を貫き通し、それは周囲がハラハラしているみたいですね。

下村 いやー、まったくそのとおりです。3ツ星獲得後に地元アヌシーの5ツ星ホテルでのボキューズさんとのコラボレーションの際には、敢えてディナー開始の直前に会場入りし、厨房内で荒れ狂うヴェイラ氏にボキューズさんが激怒し、その場が凍りついたこともありました。

中村 僕は彼の当時のオーベルジュ・ド・レリンダンの店が、絶対に3ツ星を取るといううわさがあって、一人で泊りがけで確かめに行ったことがあります。当時、フランス食文化の旅を毎年実施していて、その時も連続2回の22日間が終わり、皆様をパリの空港から見送った後、一人でミッシェルブラスに行き、その後、サヴォワまできて、彼の店にたどり着いたわけです。要は疲れ果てていたけど、あそこのアンシー湖で取れる、かのオンブル・シュバリエを絶対に食べようと思って出かけたわけです。そしたら食欲もない中、注文もしていない料理がどんどん出てきて、慌ててギャルソンに尋ねたら、どうもマーク・ヴェイラさんが、あいつは日本人のシェフに違いないと、いろいろとサービスで出してくれたわけですよ。もうはっきり言ってうんざりしていましたけれども、気合を入れて食べきりましたよ(笑)。

下村　彼はとても繊細なので、お客さまが料理を残されると大問題となります。そしてその方には違う新たな料理を出すわけです。で、お客さんがまた残すと、また出すの繰り返し。お客さんからの伝言で、サービススタッフが「シェフ、お腹が一杯でもう食べられないそうです。」と伝えた途端、そのサービススタッフの胸ぐらを掴み料理台の向こうから、厨房内に引き込むんです。で、案の定その流れはデザートでも続きます(笑)。自身の料理に対するすさまじい自信と同時に不安を持っているわけです。しかし、私にはその自信と不安の感情こそが、彼がトップシェフに登りつめれた理由ではないかと思います。

中村　よく分かる気がします。僕はそのときになにが感心したかと言うと、プラトー・フロマージュがすごかった。僕はそのフロマージュによってレストランのポリシーが大体理解できると思っていましたので感動しましたね、地元のサヴォワ地方のみならず、フランス各地のフロマージュが二つの大きなワゴンにあふれ、いまだかつて見たことのない風景でした。

下村　あの壮観なフロマージュのプラトーは素晴らしいですね。私も数知れず3ツ星に伺いましたが、あれ程のものに出会ったことはありませんね。そして、私達の日々のまかないは人参や玉葱などの野菜のスープ。時折食べるご馳走は、ジャガイモの皮のフライドポテト！とにかくすべてが規格外でした(笑)。

中村　うん、ちょっと珍しいよね、まかないはそこそこちゃんとみんな食べてたはずなんだけどな。

下村　まかないを作る時間、食べる時間が無かったのです。なにせ当時はシェフを含め全キッチンスタッフはたったの5名で、洗い場スタッフもおらず営業後はみんなで、数時間かけて鍋洗い&磨きと。毎晩が大掃除のようでした。私達若いスタッフは近くの寮に住んでいたのですが、朝出勤の際に他のスタッフを迎えに行くと部屋にいない。夜逃げしているのです（笑）。朝に入社した新たなスタッフも夕方には姿をくらましていたりと、とにかく過酷な状況でしたが、皆が一丸となって3ツ星の獲得を信じて働いていましたので、私にとって料理人として「一皮向けた」店でした。その後、ロワゾーさんの紹介で、南仏のグラスのジャッククシボアさんのところでお世話になりました。こちらは、渡仏した90年の夏、当時シボワさんが、シェフをされていたカンヌのホテルグレイ・ダビオンで食べた見事なプロヴァンス料理をどうしても学びたく、彼の独立を数年越しで待っていたからです。ジャックシボワさんは、パリ郊外のカメリアのジャンドラベーヌ氏、ポトフー時代のミッシェルゲラール氏の元でフランス料理の基礎をしっかりと学んだ、まさにフランス料理界のエリートコースを歩んでこられた方で、通常営業の南仏系の料理は元より、大人数のブッフェの際にはクラシカル且つオリジナリティ溢れる料理が振舞われていました。

「気が触れた」シェフの爆発したような パワフルな料理に学ぶ

中村　僕もシボワさんと何度もあっており、よく知っていますよ。2ツ星まで行ったけども、最近あんまり話題にならなくなったような気がしますね。

下村　確かにそうですね。私が思うに、レストランのゲスト数と厨房の仕組みに無理があったのでは？と感じています。開店当初はフランス内で新3ツ星候補筆頭に上がっていましたから非常に残念です。経営者としてシェフとしての店作りの葛藤があったのでしょうね。マーク・ヴェイラ氏、ジャック・シボワ氏は、共にフランス国内でも荒れる「気が触れたシェフ」と有名なシェフ2人でしたが、彼らの感情そのものが、爆発したようなパワフルな料理には〝気〟が宿っていました。

中村　（笑）。人のことを簡単に言うけど、あなたも2人と同じように、仕事に妥協しない、気が触れた部分が、あるんじゃない？（笑）。シボワさんは普段話をしていると、とてもやさしそうで、温和に感じるんだけどね。

下村　はい、そのギャップがすごくて。調理場に入っている際は真っ赤な顔をして、頭からからはまさに湯気が出ているんです。あらゆる部署の仕事に納得できず、厨房内は荒れまくっていました。私はシェフの激しい気性を理解していましたので、シェフが荒れる前に私自身が荒れて（笑）自分の部署のポワソニエにはトバッチリが来ないようにしていました（笑）。

中村　確かパトロンはパリにおられたようだったね。

下村　詳細は分かりませんが、確かにパリから帰ってくると、光熱費や経費の節減を厳しく指示されました。レストランの規模自体がすごく大きかったですからね、月々の経費は莫大なものだったと思います。

中村　あそこのテラスも大きかったけど、夏なんかレストランとしてパラソルなどをおいて営業するわけでしょ？

下村　はい、そうです。テラス席もそれなりの客数になりますが、時には二階のバンケットルームの60名の貸切料理も同時進行ですから、厨房は正に戦場と化していました。ホテル営業も行なっていましたから、店は無休なのですが、私自身の週1.5日の休みの日には、毎週のようにカンヌ、ニース、モナコの星付きレストランへ食べ歩きに行き、シボワ氏以外の南仏料理のヴァリエーションを広げていましたね。

中村 あとは、記憶に残る個性的なレストランはありますか？

下村 ソローニュのジビエ料理の有名な2ツ星ベルナール・ロバンです。クリスマスの時期に短期研修をしましたが、冷蔵庫の中は正にソローニュの森の如く様々なジビエが溢れかえっていました。また、ジュラ地方アルボワの2ツ星ジャンポール・ジュネでは、地元ならではのヴァンジョーヌを豊富に使ったクラシカルなプーレ アラクレームド モリーユなどを学びましたね。

帰国後更に経験を積み
ミシュランの栄誉を手にする

中村 そのような厳しい状況の中で8年フランスで過ごしたわけですが、帰国後についていろいろと聞いてみたいと思います。まず帰国後は当時結構話題となっていたジョージアン・クラブでスーシェフとして働いてましたね。

下村 はい、東京の地で自分の力を試すべく、先ずはスーシェフのポストで、3年弱働きました。その間に多くの顧客やマスコミ、先輩のシェフ方々から日本でシェフとしての生きる術を学び、その後、立食ブッフェ料理を学ぶべく、中村シェフのご紹介で、飛ぶ鳥を落とす勢いの新宿パークハイアットの宴会料理を半年間学んだのちに、乃木坂レストラン・FEU に入りました。

中村　レストラン・FEUでは結構自分がやりたいことを思い切り試せ、できたんじゃないですか？

下村　そうですね。雇われシェフとしては十分過ぎる程、全く悔いのない5年半を駆け抜けることが出来ました。その間、在日フランス大使公邸からも数多くの出張宴会の依頼もありました。現在の〝エディション〟は、私が初めて大使公邸でのパーティ料理を振る舞ったアランデュカスグループ日本代表のルノー氏のご紹介の施工会社にて作られたものです。中村シェフとは、東京でミシュランガイドが発刊されるとの噂が出ていた当時、偶然にも六本木ヒルズのイベントの合間に散歩をされていた中村シェフと道端でばったり出会いカフェでミシュラン談義に花が咲き、「下村のような料理人こそ、星を獲るべきだ」との魂のこもった言葉を頂きましたが、本場フランスの地で日本人として最初にミシュランの星を獲った中村シェフからのその言葉こそが、私の独立の大きな後押しとなったことは感謝しております。

中村　それではいよいよ今の店について話を移しましょうか。やっぱり満を持して自分が本当に勝負したいということであったと思いますが、いかがですか？

下村　そうですね、FEUに在籍した状態でも星を取る事が出来たのかも知れませんが、私がフランスの地で共に時を過ごしたシェフ達の殆どが、オーナーシェフでしたから。星を獲るにはやはりオーナーシェフでとの想いが強かったのです。生意気に感じられるかもしれませんが、私が働いてきた多くのレストランは2ツ星以上で、当然が如く、私も2つ以上を目指して今の店を作りました。幸いにもオープンの、翌年にいきなりの2ツ星の栄誉を与えられることができました。その年のミシュランの発表パーティーの直後、会場を出て涙ながらに中村シェフに報告の電話をしましたね。もう今日もですね、その時の感情を思いだして泣くんじゃないかと思っていたんですよ…。

中村　いやあ、あなたはよく頑張ったと思います。というか、自分では当たり前だと思っているでしょう、そこが、ほかのシェフと違う所ですね、自分で自分を追い込んでしまうということを、あえてやっているのだろうと思うけれども、それはあなたなりの進歩の在り方だと僕は思っています。

謙虚な気持ちを保ち続けられるかが進歩の要

中村　この前久しぶりにあなたの料理をいただきすごく感動しました。そこでこの対談で改めていろいろと聞いてみたいと思ったわけです。そのとき感じたことを具体的に話しますと、オープン当初の料理はもちろん何度か食べています。そのころと当然ですが中身がぜんぜん違うんですよ。あなた独自の進化がとても安定していること、各地の食材をしっかり探求され、そのクオリティーの高さが一つ一つの料理に現れていて見事でした。そこで念のためもう一度食べに行きましたが、とてもよかったです。自分がシェフになりたてのころは、アレもしたいコレもしたいと思うものです。それが一通り全部、出し尽くした後、自分の料理を改めて構築することになります。そのときこそが本物かどうか厳しく問われることになると思いますね。私も折々に食べ歩いていますが、久しぶりに記憶に残る料理を食べられた気がしました。そこで、あえて、あなたに申し上げたいことは、物作りというものは最終的に、いかに謙虚な気持ちを保ち続けられるかが求められます。謙虚さがあってこそ、そこに進歩というものが維持、持続されるものだと思います。釈迦に説法ですが、一度言っておきたいと前々から思っておりました。

下村　誠にありがとうございます。この店を開業して12年間日々進化と深化を積み重ねて来た末が、現在の料理の姿となっております。一時は目指すべき道筋を失いかけた時期もありましたので、中村シェフにそのようにおっしゃっていただけることは、最高の賛辞であり今後の励みとなります。そして、常に謙虚であれ！は私が長年、中村シェフから言われ続けている言葉です。

中村 自分の若いころを思うと、決して偉そうなことは言えません。でも僕はあなたの努力、そこから育んだ才能を知っているつもりです。だから言わざるを得ないわけです。でも僕もそうですが、少しでも前進するためには自身の葛藤も意味あることだと思います。とても必然的で、決して無駄ではないと思いますよ。

下村 フランスからの帰国後、多くの国内外の有名シェフからセカンド店のシェフにどうかとのお誘いがありましたが、私は真のシェフを目指していましたので、すべてのお誘いを断りさらなる学びのため、過去に経験のなかったホテルで宴会料理を学ぶためのアルバイト生活を行なっていた時期がありました。そのころ、同世代の料理人からは下村はもう終わったなみたいな声が僕にも入っておりました。そんな思いを断ち切るために、中村シェフが率いる飯田橋メトロポリタン内フレンチレストラン「フォーグレイン」に1人で食事に行ったこともありましたが、中村シェフは覚えてらっしゃいますか？

脱皮しない蛇は死に果てる

中村 そうそう、一人でポツンと食べに来ましたね。

下村 中村シェフにあいさつをして席には着いたものの、料理がなかなか出て来ない状況を見かねて、支配人が僕のところにいらして今、調理場は大変な状況です。普段ホテルの総料理長として直接料理を作らない中村ムッシュが、下村さんのために料理を作ってて…調理場内は荒れに荒れています！と。確かに、客席には一切、料理はなかなか出てこなかったんです（笑）。しかし、その後に提供されたヒゲ鱈料理にはハーブとガーリックの効いた軽やかなプールブランソース。そして、フォアグラを詰めた小鴨に添えられたサルミソースが抜群においしくて非常に感動したものです。中村シェフが調理場でガンガンやられていることを聞いて、うれしい半面、スタッフの皆さんにすみませんみたいな、複雑な感情がありました（笑）。また僕は、毎年中村シェフに年賀状を出しており、蛇年のその年も中村シェフからお返事をいただいたのですが、はがきになんて書いてあったと思いますか？「あけましておめでとうございます。今は大変な、つらい時期だけどぜひ頑張ってください」などではなく…。

中村　うんうん、どこかで聞いたような言葉ですね（笑）。

「脱皮しない蛇は死に果てる」それだけの言葉でした！震えました～!!

下村　当時、僕はフレンチ界から消えそうな自分自身に挫折感を感じながら必死にもがいていました し、そもそも、アルバイト先のホテルも中村シェフのご紹介でしたので、でしたら僕にシェフの仕事、紹介してください！みたいな状況です。なのに年明け早々、その年賀状です（笑）。僕自身は、脱皮しないんじゃなくて、その現状から脱皮できなかったんです。シェフの仕事も見つからず。でも、あきらめることなく、「その年賀状を部屋に張り、悔しさをバネに自分自身と戦っていました」結局、7カ月間そちらのホテルでお世話になり、その後、乃木坂レストランFEUのシェフに決まりましたが、「脱皮しない蛇は死に果てる」は、1年は私の部屋に張り続けておりました（笑）。

中村　いやいや、それはあなたに脱皮し、飛躍してもらいたい私の願望ですよ。当時あなた自身の頑張りどころだったからね。優しい言葉より、あえて厳しく言ったつもりです。

下村　「厳しいお言葉」は見事なまで私に作用しました。本当に感謝の一言です。中村シェフとの付き合いも既に四半世紀ですから、私の気質を完全に把握された上でのお言葉だと感じております。

中村　それだけあなたにはフランス時代からずっと期待してましたからね。いずれはやってくれるという思いがあったわけです。

下村　僕がフランス滞在中に中村シェフが書かれた『ポワルの微笑み』という本が私の手元に届いたとき、まさにフランスの片田舎のレストランで孤独との戦いの真っ最中でした。朝、夕、晩と仕事の合間に夢中で読んでいたものです。そして日本に帰ったら自分も一流のシェフとなるという目標を、明確に導いてくれた本でもあるのです。私の人生のパーツパーツでその折々に中村シェフの存在があったわけです。

中村　そして余計なこと言っているわけです（笑）。

下村　いや、多大な刺激を、つぶされそうな厳しい言葉を言われつつ、そこで僕は踏みとどまり、つぶされずに奮起してやってきた四半世紀っていうことです！（笑）。

中村　うんうん、僕の思惑通りですね。今回ちょうど良い時期だと思い対談の電話をしたら二つ返事でパッと受けてもらい、とてもうれしかったですよ。

下村　しかし…何故僕が対談のトップバッターではないのかと思ってしまうのです（笑）。そこが調子乗るなってことですね！

中村　そう、そういうことです。まああなたにはまだまだ危なっかしいところがあるので、ずっと言い続けるだろうね（笑）。あなたも押しも押されもせぬ日本を代表するシェフとなり、周囲から、何かとチヤホヤされることになります。ですから、僕が、同業の先輩として折々にチクリチクリとやってあげたいと思うわけですよ。

下村　ありがとうございます。現在、皆さんからは、中村ムッシュと呼ばれますが、僕は今でも中村シェフと呼ばせていただいております。ホテルの総料理長っていうよりも、僕にとっては、今でも現役のフランス料理のシェフなのです。その魂は僕がいかに生意気なことを発しようが、中村シェフは受け入れてくれる、受け答えてくれるっていう、なぜかその確固たる思いが僕にあるんですよ、失礼なことを言おうが、そんなこと鼻で笑って、ふざけんなよ、調子乗んなよ、みたいな。そういうことを言われながらも受け入れてもらえると僕は一方的に思い、そういう心の師です、僕にとっては。

中村　重いなぁ…。面と向かってあなたに言われると、こそばゆいし、重い！（笑）。では今後の抱負を聞かせください。

どんなに時代が変わろうと〝魂〟は変わらない

下村　私の料理人人生の中で数知れずの困難を乗り越え、今があるのは、常にフランス料理自体に支えられてこられたからなのです。どんなに時代が変わろうと、時がたとうと〝核〟となる〝魂〟は変わらないと思います。現在の当店の若いスタッフたちはもとより、既に巣立った卒業生、勉強のために海外から当店にやって来る彼ら料理人に対して、私はあえて厳しく物を言うようにしています。彼らが大きく成長し、いつの日か立派なシェフになる日を夢見て、これからも私にできるサポートは行なっていくつもりです。すでに国内外で活躍している若手シェフも当店から輩出されています。近い将来、彼らを交えたイベントも予定しております。また、この数年間は海外でのイベントも頻繁に行なっております。それらは単なるPRイベントではなく、我がエディションチームの個々のスタッフが多彩な言語、異文化の地でのチャレンジを行なう習慣を身につけるためのものです。この春には、かねてからその独特の世界観に魅了されていた、バンコク屈指のホテル〝マンダリンオリエンタル（旧ザ・オリエンタルホテル）のフレンチレストランノルマンディー〟にて4日間のイベントを行ないます。我がチームにとってかけがえのない経験となることを願っています。

中村　タイの最高のホテルですね。素晴らしいことで、誰もができることではないと思います。最近はフランスのグランシェフも日本を素通りし、東南アジアに頻繁に行くようになっていますね。分かるような気がしますよ。日本にない、素朴な食材と。その風土からの新鮮でエキゾチックな風味という大きな魅力がありますからね。

下村　その通りですね、なんて言いますか、西洋では決して感じ得ることのない感覚が身体に溶け込むのです。こうして海外で過ごす時間は私自身に多大な刺激を与えてくれると思っています。そこで学んだ新たな食文化との出会いが、私のフィルターを通して、新たな進歩と深掘りの末に独自のフランス料理を生み出すことにつながるのではないかと思います。

アンテナを持ち感性を磨く
世界での体験を自身の進化につなげる

中村　あなた自身がそういうのを求める時期になったということですが、これはエンドレスに継続されてゆくだろうね。これからのトップシェフは自身の感性をどのように磨き続けるかが常に求められることでしょうね。世界各地の風土に身を置いて、そこでの体験を自分自身の進化につなげることも実に尊いことです。

下村 そうですね。そのことをすごく感じますね。10年前だったら僕は素通りしたと思うんです。とらえられることが僕自身できなかったと思います。まだ細部が見えず、表面の華やかなところだけが目に付き、大切な細かいところをキャッチできなかったものですが、年とともに、経験を重ね、感じることができるようになったのは確かです。料理感も、中村シェフに出すんだったらこういう料理で、フランス人若手シェフだったら、また違う料理で。その人のためにどんな料理をクリエーションするのかが自分の身についてきたのは確かです。

中村 今の時代、アンテナさえしっかり持っていたら、多くのことを自分でとらえられる時代になってきました。でも肝心なことは、そこに自身が行くということが、すごく大切だと思います。

下村 そのとおりですね。そして今後の抱負はもう一つあります。今までさまざまな仕事のオファーを受けてきましたが、今後はお国のための仕事をやりたいと思っているんです。それも中村シェフとご一緒にです。

中村 うーん、ぜひ実現してください、私がついていきます（笑）。

下村 いや、シェフ笑い事ではありませんよ！あえてどことは言いませんけど、中村シェフが日の丸を背負ってやられたことは、多々あるわけですが、僕はそこまでの経験はありません。それなりに自分で頑張ってきたつもりですが、日の丸背負って、というより、今までは自分の名前、自分の看板背負ってやってきましたけど、そろそろ日の丸を背負ってお国のためのようなことをやりたいと思っています。フレンチシェフとして、一人の人間としてご一緒できるのであれば、ありがたいなと思っています。

中村 そういうあなたの気持ちはとても尊いことだと思っています。でも、そのような機会は自然と、周囲が作ってくれるものだと思います。それがためにも、日々精進ですよ。人は常に見ているものです。その来るべきときのために、無心で自分と向き合ってほしいですね。あなたにはそのときが必ずくると信じています。

下村 ありがとうございました。それでは、そろそろ終わりにしましょう。中村シェフとは25年ですから、今回お話できなかった内容の続編の対談が今から楽しみです（笑）。

中村 いやいや、これで当分ありません（笑）。でもあなたの型破り的なグランシェフの生き様を、時にはハラハラしながら、見ない振りをしながらも見てますからね。場合によってはまた一言はがきを書きます。いやあ今回じっくりあなたと語り合えて、とても嬉しかったです。ありがとう。

【対談後記】

今回4回もの対談を通じて本音で語り合え、とてもすがすがしい気持ちで終えることができた。それだけに、ここで語るべきことは、あまりないように思える。あえて下村シェフのことを表現すると「ピュアな努力家であると同時にとてつもない自信家」である。それが故に、先々にさまざまな波乱万丈も予感される。しかしそこが下村シェフの魅力であり、自分が心より敬愛すべきところでもある。正直に言うと、僕は下村シェフの才能に自分ができない分を期待している。だからこそ、今後もこの物語を見届けたい。

PROFILE. ヨコハマ グランド インターコンチネンタル ホテル 名誉総料理長1948年生まれ。1967年高輪プリンスホテル入社。1984年守口プリンスホテル、1993年新横浜プリンスホテル、1998年浦和ロイヤルパインズホテルの総料理長を経て、2003年から「ホテル インターコンチネンタル 東京ベイ」の総料理長を務める。2018年9月より現職。1984年メートル・キュイジニエ・ド・フランス、2012年度調理師関係功労者厚生労働大臣表彰。他、全日本司厨士協会 自由民主党総裁賞、日本西洋料理最高技術家協会 八重洲会 金賞など数々の賞を受賞。

長い下積み生活で実力をつける

ヨコハマ グランド インターコンチネンタル ホテル
名誉総料理長　岸 義明 氏

【2019年9月20日号、10月11日号、12月27日号掲載】

中村　本日はお忙しいところお時間を作っていただいてありがとうございます。よろしくお願いします。それではまずこの料理の道に入ったきっかけからお伺いしましょうか。

岸　こちらこそよろしくお願いいたします。実は１９６４年の東京オリンピックが、ちょうど高校一年生のときでした。オリンピックが終わってから帝国ホテルの村上料理長の雑誌の記事を読み、コックさんっていい仕事だなと思い、すごくあこがれてしまいました。そこで、高校一年で中退してコックになろうと思ったんですが、家族や、担任の先生にも怒られて、高校くらい出なさいと言われしぶしぶ3年間在籍しました。

中村　それはそれは、とても一途（いちず）な思いに駆られたわけですね。岸さんはご出身はどちらでしたか？

岸　僕、新潟県の佐渡なんですよ。そこで、思いがけずも高校三年の夏休みに箱根のホテル小涌園で４０日間研修に行きました。

中村　え！箱根の小涌園は僕が鹿児島の小さな町の高校を出て、料理人として最初の職場です。いやあ驚きました。それで研修生として行ったんですか？

岸　そうです。アルバイトを兼ねた研修生として行きました。コックってどういうことをするんだろうと思い、実際にそれを見たくて箱根に行くことになりました。箱根のホテル小涌園に担任の先生の知り合いがおられて、それで行ってみないかということになったわけです。あのホテルのプールサイドのグリルレストランで洋食と中華の調理場で朝6時からおしまいになる夜１１時ごろまでずっと鍋洗いや皿洗いをやっていたんです。そのときのレストランの料理長さんが、柳下さんという方でした。

中村　いやいやびっくりですね、私もそこのレストランで半年くらい働いていましたからよく知っています。

岸　中村さんが箱根の小涌園におられたことは人づてに聞いていましたよ（笑）。そこで西岡さんとも知り合い、寮も一緒でなにかとよく面倒を見ていただきました。

中村　驚きの連続ですけども、西岡さんには私もよく面倒を見ていただきました。西岡さんはホテル学校の第一期生で、とても頭がよく、勉強家でしたね。その後、今でもずっと縁が続いています。私がフランスに行ったのも、西岡さんの後を追っかけて行ったようなものです。今の自分があるのは、ひとえに西岡さんのおかげです。

岸　いやいや世の中せまいですね、当時、朝から晩まで洗い物をしながら、調理場の様子を見ていましたけど、新入社員がめちゃくちゃに怒られている様子を見て、コックになるのも考えちゃいましたよね。

中村　いやあ、分かるなあその気持ちは。でも当時は、そんなことが当たり前でしたからね。僕も田舎からポツっと出てきて、この業界に足を踏み入れたものの、すべてに無知で、戸惑うことばかりでした。もう毎日が必死でしたよ。でも岸さんは、まだ高校生で夏休み期間中よく頑張りましたね、それは入社を前提のアルバイトだったのですか?

岸　そうです、あのプール下の大きなナイトクラブみたいなところで、毎日華やかなバンド演奏があり、プールに作ったフローティングの特設のステージでは、ハワイアンのフラダンスや、ファイアーショーにアクロバットダンスなど、そしてプールサイドのテーブルで、豪華なバーベキューなんかもやっていて、まるで映画のワンシーンみたいな状況でしたよ。

中村　まあ確かに夏は一番の稼ぎどきで、毎日、多忙を極めていましたからね。

岸　小涌園で現場の雰囲気を見て、コックを断念しようと思ったんですが、でも、ずっとあこがれていたのでここで挫折すると、後悔するだろうと思っているときにプリンスホテルの入社試験が小涌園より早かったので受験し、高輪プリンスホテルにお世話になることになりました。そこで長い間下積み生活というか、料理人としてのさまざまなことを学ばせていただきました。職場としてはとても恵まれていましたし、いい環境で育ったと思います。その後、関西に初めて進出する、守口プリンスホテルがオープンすることになり、そこで萬木義次さんのもとで2番手としてオープニングスタッフとして出向いたしました。

中村　萬木さんは、存じ上げています。僕も箱根から横浜のプリンスホテルに移動しましたが、大きな仕事があるとき、東京の各プリンスホテルからヘルプに来ていただいていました。萬木さんはその筆頭格で、なかなか厳しい方のようでした。われわれ横浜組は当時東京の方々にコンプレックスみたいなのがあり、東京においていかれないようにしっかり勉強しなくてはという気持ちが強く、休日はそれぞれ何かしらやっていましたね。僕は早朝から肉屋に研修に行き、肉のおろし方などを勉強させていただいてました、しまいには、中川という横浜の大きな問屋まで出向き、3年くらいやらせていただきました。おかげでのこぎりとナイフ一本あれば、牛肉の骨付きの半身を解体できるようになりました。

岸　いやあ、当時はそうやって皆さんよく勉強されていましたね。

中村　元日光プリンスホテルの料理長の渡辺彰さんってご存じですか?

岸　よく存じ上げておりますよ。

中村　渡辺さんは、同じ歳なんですが、僕は箱根から横浜に来て、また一からの出直しでしたので大先輩に当たるわけです。すごい努力家でこんな話もあります。休日に魚屋さんの前にずっと立ちっぱなしで魚のおろし方を見て、覚えようと通っていたそうです。魚屋さんの方は、あの馬鹿がまた来て立っているよと、笑われていたそうですが、でも本人は必死に覚えようとしていたわけです。当時、なんだかんだで、若手のやる気のある料理人は何かしらやってましたね。で、岸さんは当初どんな状況だったんですか？

岸　私は、最初高輪プリンスの宴会厨房で、１年くらいずっと鍋洗いをしてまして、２年目で朝食の早番を担当し、オムレツを作ったりしていました。４６年に高輪の本館が開業したときに、ル・トリアノンというフランス料理専門の立派なレストランが、オープンすることになりました。スタッフは東京プリンスから多くの料理人がやって来て、高輪の人はなかなかそこに入れてもらえないんですよ。そこで私も強い刺激を受け、当時の田中三郎さんという料理長に、「今やっていることも満足にできないくせに生意気言ってんじゃねー」と怒鳴られながらも、なんとかル・トリアノンでフランス料理を学びたい一心で懇願し続けました。

中村　ル・トリアノンは高輪プリンスホテルの、象徴みたいなレストランですよね。

岸　そうです、プリンスのメインレストランでしたね、当時、高輪プリンスには、フランス人シェフで、ジョルジュ・テロワさん、４９年からアンドレ・ティエボウさんという方を招聘いたしました。ティエボウさんはどこに行くにも岸さん、岸さんと言っていただき、いつも私がカバン持ちであちこち連れ歩いていただいた方です。

中村　いやあ、実は私が帰国し縁あってホテルエドモンドで働くことになり、そのオープンレセプションの前日に、西武デパートから連絡があり、フランス人シェフをそちらに派遣します。ということでしたが、その方がアンドレさんだったと思います。オープニングでとても忙しくあまり話もできませんでしたが、何か不思議な縁を感じます。

岸　彼はとても人柄のよい方で、私をとてもかわいがってくれました。残念ながら最後はガンでなくなったみたいですね。

中村　日本でお亡くなりになったの？

岸　いや、フランスに帰国後亡くなりました。そのとき、私は日本流に言うとニースの彼のご自宅まで線香をあげにいったんです。奥さんがとても喜んでくれ、日本での写真やアルバムを出して見せてくださいました。彼は檜風呂が大好きで、実際にニースのご自宅に日本の檜風呂を作り楽しんでいたみたいですね。伊豆に奥様と３人で旅行したとき旅館の檜風呂に入り大きな背中を流したのを思い出してしまいました。

中村　日本の温泉が忘れられなかったのでしょう、でもとてもいい話ですね。奥さんは日本人？

岸　いや、フランス人で、外務省関係のところで働いていた方と伺いました。当時昭和４０年代に東京ドームホテルの鎌田さんや石鍋さんや井上さんなどフランスで勉強された多くの日本人シェフたちが帰国し、皆さんの活躍ぶりに私もすごく刺激を受け、自分も勉強しなければという思いが強かったです。それでなんとしてでもル・トリアノンに配置転換して欲しいと焦っていました（当時宴会調理に所属）。

中村　当時、プリンスホテルはホテルグループとして業界でもすごく勢いがあったホテルでしたね。僕は横浜のプリンスでしたが、みんな向学心に燃えとても熱気がありましたよ。また、当時はホテル業界も右肩上がりの勢いがあり、とても忙しく、残業も無制限で朝から夜遅くまで、働きづめの状況でした。今ではとても考えられない時代です。また、各プリンスホテル同士で結構なライバル意識もありましたね。

岸　いやあ本当にそのとおりですね。当時はなんだかんだ言いながらもみんな必死に働き、また、勉強もしていました。中村さんはいつ向こうに行かれたのですか？

中村　僕は１９７０年の大阪万博のときです。向こうに渡り、２年目で家庭の事情で1週間帰国しましたが、その後１３年間、一度も帰国しませんでした。ですから、帰国の折は日本を発ったときと同様に緊張していました。日本の事情も全く分からない中で、また日本で新たな生活の拠点を築き家族を養っていかねばならず、必死の日々でした。私が渡仏した1970年台のフランスでは、各地方のオーナーシェフが活躍され、有名なグランシェフが各地方にキラ星のごとくおられました。今日パリのグラン・ド・ホテルでは、競争のように有能なシェフを招聘し、3ツ星獲得に見事なまでの努力をなされていますが、以前は全く違いました。ホテルのレストランは、ミシュランガイドで1ツ星くらいは獲っていましたけれども、おしなべてレストランのランクは低かったです。私1972年のころモナコのホテル・ド・パリから雇うという返事をいただきましたが、当時1ツ星でした。僕は豪華ホテルよりも、レストランのグランシェフのもとで働くことに魅力を感じていましたので、モナコを断り、アルザスに出向いたものです。

何かを得るには自分から出向く勇気が必要

岸　そうでしたか…。当時私はエスコフィエのギッド、キュリネールはもちろん柴田書店の「専門料理」でそれなりのフランスの情報には興味津々でしたが、詳しいことは分かりませんでしたね。世間の新しい波に刺激を受けながら当時柴田書店さんが出されたアラン・シャペル、ミシェル ゲラール、ジャックマクシマン、ジラルデ、トロワグロ兄弟、ロジェベルジェ、ベルナール パコ、ミシェル トラマなどの翻訳本を読みあさり自分なりに勉強はしましたがフランスの本物に触れたことがないのでいつも中途半端ですっきりしないことも多かったように思います。

そんなときに36歳で大阪に行き約10年たって新横浜プリンスホテルに帰り5年間総料理長として勤務させていただきましたがこのままプリンスで働き続けるか、また外に出て、何か新しいものを追い求めるべきかと、いろいろと考える時期でもありました。プリンスホテルに残りあわよくば料理長になり、定年退職というのも少し見えていた時期でもありました。でも外に出たら自分が苦労をした分、料理人として何か大きなものが得られるのではないか、そんな思いもどんどん膨らんでいた時期でもありました。そんなとき、プリンスホテルの本社から大阪守口の開業スタッフとしての出向の打診があり迷わず手をあげました。出資は今で言うパナソニックですけど、松下電器産業株式会社の松下幸之助相談役さんが、海外からのVIPをお迎えできるホテルを作るべく、当時のプリンスホテルに運営委託をされ実現したホテルでした。そこに、選抜メンバーを組んで、萬木さんの2番手として私も参加させていただきました。家族もついて来てくれましたので、さほど問題はありませんでした。今にして思うと、やはり大阪に行ったことは私の人生の大きなターニングポイントだったと思います。実際に調理のみならず松下イズムをはじめさまざまなことを経験させていただき、多くのことが自分の血となり肉となった時期でもありますね。

中村　それはそれは、本当に良かったですね。何かを得るためには自分から出向く勇気というものが必要となります。違うカルチャーに身を置くことによって、周囲の環境や、食材も違うし、特に風土によって異なる味覚を経験することができます。よく関東と関西では、味も根本的に異なるそうですが、その両方を経験している人って、うらやましいですね。キャピトル東急ホテルの曽我部総料理長も名古屋からこちらに来られ、そのへんのところをとてもよく理解されているシェフだと思います。

岸　曽我部さんも名古屋にいましたからとてもよく分かっておられるんですよ。今はそんなことはありませんが当時関西の料理人は東京に対するコンプレックスがすごく強く、一方では「東京なんやねん！」みたいなところがありました。ですから、やたらしっかり理論武装して来られるわけですよ。あれはすごいなぁと思います。僕も大阪でそんなシェフたちが集まり、グループを作り、勉強会をやっていました。最初の2年くらいはいやで東京に帰りたかったものですが、でも慣れてきたら本当に大阪が好きになりましたね、逆に東京に帰るのがいやになったくらいです。

中村　おそらく岸さんにとっては、実に貴重な時期だったと思いますが、結局何年くらいいたのですか？

岸　約10年くらいです。1985年守口プリンスホテルの立ち上げと共に10年弱の中で松下興産の観光リゾート開発事業が一気に加速して行きました。1988年に妙高パインバレー、1990年にオーストラリアゴールドコーストにロイヤルパインズリゾート、1991年にゆうばMt.レースイリゾート、和歌山マリーナシティーと大規模リゾート開発を行ないました。特に苦労したのは夕張のホテルの立ち上げでした。炭鉱事故で閉山になり過疎化が進み町起こしの一環としてスキー場とホテルでのリゾート開発でしたが、なかなか従業員が集まらず守口から送り込んだ従業員が中心となり、あとは地元の高齢者とのチームで立ち上げましたが、守口から送り込んだ従業員は夕張の極寒の環境に順応できず、連日体調不良者が続出したり、また想像以上の豪雪で流通がストップし当日冷蔵庫内にある材料でメニューを考えるなど、毎日胃が痛かったことを思い出します。また、妙高パインバレーでもやはり過疎化が進み150万坪の中に3～4軒くらいの民家しかなく70～80代の高齢者ばかりでした。ここもやはり要員と地元の商店からの仕入れ最優先で、リクエストしたものが納品されず納品業者さんの指導に苦労した思い出がありますね。リゾート開発にはいつも人と物の苦労がつきまとい、首都圏とは全く環境の異なる苦労を味わいました。この間の10年でスタッフとの接し方や自分自身の感情のコントロールが少しずつ分かってきたような気がします。そして1993年新横浜プリンスホテルの総料理長として関東に帰ってきました。このときすでに1999年開業の浦和ロイヤルパインズホテルを立ち上げる覚悟をし、新横浜プリンスホテルで時間があるときは少しずつ準備をしておりました。

中村　いやあこうして伺っていると、岸さんは当時は大変だったでしょうが素晴らしい経験をされましたね。さらりと語られましたが、実際には実にさまざまなご苦労があり、それらの積み重ねが揺るぎない自分の土台となって今があるのだろうと思います。そして、いよいよ浦和ロイヤルパインズの話が出てまいりました。

セクショナリズムは弊害を生む壁を作らず組織の底上げを

岸　浦和ロイヤルパインズは松下興産の関根社長が手掛けたグループのフラッグシップホテルでした。浦和は社長の地元なのですが、まだ守口にいるとき「岸くん、浦和でこんなホテルを作るから頼むぞ」と言われました。最初は出向でという話でありましたが、出向は自分自身の逃げ道をつくることになりますので、自分としてはこの際プリンスを退社し、新たな挑戦をしてみたいと思い、そのように申し上げたところ、松下興産の社長は「いいのか君！」と、とてもびっくりしながらも喜んでくださいました。その後プリンスホテルの社長と話し合いをしていただき、３１年間お世話になったプリンスホテルを円満退社して浦和　ロイヤルパインズの準備室に松下興産の社員として入社させていただきました。

中村　なるほど、岸さんの人柄と力量を見込まれてのことでしょうが、岸さんにとっても、また一つの大きなチャレンジのチャンスをいただいたことになりましたね。浦和にロイヤルパインズという立派なホテルができるということは、東京でもオープン前からいろいろと話題になっていましたよ。ちょうど僕も帰国してしばらくの時期だったと思います。何よりもいままでのさまざまな経験を生かし一から岸さん自身で立ち上げられ、それだけやりがいも大きかったと思います。

岸　やはり修羅場をくぐらずプリンスホテルだけしか知らないというのは将来の自分にとってもよくないと思いました。家族に相談したところ大賛成してくれて、とてもありがたかったです。

中村　先ほど話を聞いていたときに、2年で北関東で一番のホテルになるぞ！という決意をしたということで、やっぱりそこには、岸さん自らの陣頭指揮のもとでやってやろうという強い意思があったからこそだろうと思います。職場長30歳代のバリバリの意欲満々の方々でいいチームを作り育てられたということですね。

岸　そうです！開業時は日本料理を除いて皆30歳代の職場長です。洋食は現インターコンチネンタル東京ベイの総料理長中宇弥満也、パティシエは浦和の「パティスリーアプラノス」のオーナーシェフ朝田晋平、日本料理は麻布十番の「和処きてら」の佐々木生剛、中国料理は現浦和ロイヤルパインズ中国料理「彩湖」料理長の費成裕と若い面々でした。当初、若い職場長で少し不安もありましたがやはり10年先を考えると、例えば40歳で採用した人は50歳になるわけで、その間に10年かけて若手を育てなくてはいけません。それが会社の活性化につながると考えました。それともう一つ大きなスローガンを掲げました。「和・洋・中・菓の壁は絶対作るな！」です。セクショナリズムは多くの弊害を生むだけでなく、セクション間相互の応援体制や、食材を有効に活用する上での妨げにもなります。職場長同士が仲良くやれれば、きっと部下同士も良い関係ができるはずです。

コンクールは職場の活性化とレベルアップにつながる

中村 その「壁を作るな」がとても重要ですね。そこのホテルの食の評価はどこか一つが突出するのでなくホテル全体のチーム力の底上げが重要です。岸さんの目線の先は実に正確で鋭いものでした、また、先ほどコンクールにみんなを出させたと言っておられましたが、それも大きいです。コンクールに出るということは、自ら勉強しなくちゃならないし、同時に周囲の先輩方もしっかり指導しなくてはならない、その一つの目標を果たすためにスタッフが共に苦しみながらも確実な進歩が得られることになります。ですから、コンクールは職場の真の活性化とレベルアップに最も有効な手段だと思います。

岸 そうなんですよ！一つの目標を持たせないとだめだなと、いちはやく思っておりました。大阪にいるとき、地域協議会の中で勉強会をやっていましたが、私は余裕がなかったから折々に、すいませんと参加を断っていたことも多かったです。そんなとき辻調理師学校の水野先生からコンクールに参加するようお誘いのお電話をいただきました。私は「正直申しまして、このコンクールの結果を見ていると毎年同じホテルの人が上位を占めております。私の部下をそんなコンクールに出したくありません。このコンクールの審査員の先生方に、会社名とエントリーしたシェフたちの名前が全く分からないように審査の方法を変えるように伝えてください。そうしていただければ、喜んでわれわれも参加させていただきます」と伝えたところ、水野先生は「岸さん、私が責任を持って審査方法を変えるように伝えます」と約束してくれました。そして次の年に、選抜した部下を参加させました。結果はたまたま優勝・準優勝・そして3位を独占しました。大阪市内の同業他社の料理長の方々に「守口さんはコンクールのことしか仕事してへんのとちゃいまっか」と嫌味を言われた思い出があります。もう32年前のことになりますね。ロイヤルパインズグループがなぜコンクールに一生懸命にトライするのかと言いますと、守口プリンスホテルの開業時の萬木義次総料理長がコンクールに対してとても積極的な料理長で、初めてプリンスホテルが関西に進出し、175室の小さなホテルでも「プリンスホテルここに有り」と、存在を誇示したかった部分もかなり強かったと晩年に本人から伺いました。大津プリンスホテルの開業準備室に異動になったときは、萬木総料理長がせっかくコンクールに対する環境作りに種をまいていただき、2代目料理長の私の代で途切れさせることは絶対にあってはいけない、私の役目は日々、畑の苗に水をまき続けることと思いました。残った部下たちもこの火を絶やすことのないようにコンクールに対して常に東京、そして世界を見据えて努力しておりました。現在守口プリンスホテルの調理のOB達は全国いたるところに散り、その地域地域で萬木さんの意志を継ぎ、部下の指導に熱意を注いでおります。ですので萬木義次さんの存在なくしてコンクールは語れないのです。

すべての料理に対する好奇心、料理人としての誇り、情熱が不可欠

中村　私どもは、自分本位ではなく、常に部下の育成、ひいては会社の発展に純粋に挑み続ける良き先輩に巡り会えることの尊さと、そこに対する感謝の念は忘れてはならないと思います。そしていみじくも岸さんが言われたように、コンクールではその地域のトップも大切ですが、世界を見据えた努力がとても重要となります。今、日本での調理技術、またそこに伴う本物の感性を養うにはまずそう

した世界水準のレベルをしっかり把握しなくてはなりません。その上でそこに近づく努力が求められるわけですから決して生易しいものではありませんね。日ごろのすべての料理に対する好奇心と料理人としての誇り、情熱は不可欠です。それらの積み重ねが少しずつ自分が作る料理に進化をもたらすものだと思います。岸さんは、浦和で何年グランシェフを勤められたんですか？

岸　浦和ロイヤルパインズは5年在籍しました。なぜ開業間もない浦和ロイヤルパインズホテルからホテルインターコンチネンタル東京ベイに転職したかと申しますと、開業して3、4年経ったある時、現在働いているホテルの会長をはじめ、私がプリンスホテルで働いていた時代の役員の方々がゴルフコンペの打上げで浦和に立ち寄ってくださいました。この方々は私が10代から30代にかけて一緒の事業所で働かせていただいておりましたが、当時は怖くて目も合わせたことの無い方々でした。その日は昭和30年代から40年代の話で大変盛り上がりました。そんな再会を経て会長は私に少し興味をもってくれたらしく、後日ホテルインターコンチネンタル東京ベイでの仕事のお誘いを受け、そして現在の横浜のホテルで働く機会にもつながっていきました。本当は浦和で料理人としての幕引きをするつもりでしたが、つくづく人の縁を感じます。

その時、東京ベイは本当に大変なときでした。いろいろと問題も山積みでやるべきことが多かったですね。だから料理人が定着せず、3年間くらい人集めばっかりやってましたね。それでなんとか落ち着くようになって、みんな他部署の方々にあいさつも少しできるようになってきて、ある時エレベーターで一緒になった女性社員の方に「最近コックさん変わりましたね」と言われた時は嬉しかったです。

中村　経営のトップは、常に本物の人材を求め続けているわけです。岸さんも一つのところに安住するのではなく、厳しさが伴うその先々を見据えておられることに岸さん自身の生き様が感じられます。今日はこれだけはしっかり聞きたいと思ってきましたが、岸さんは自身の行動を示しつつ、スタッフを育て、組織というものを構築されることにとてもたけておられると思います。そのことに対する、自身のポリシーと日ごろどのようなことを心され、どうありたいと努めておられるのかを聞かせていただけますか？

死ぬまで白衣を着て現場に立ちたい

岸　私は組織ってそもそも一番大事だと思っていて、どれだけ優秀な人だろうと一人じゃ仕事ができないじゃないですか。やっぱりチームですよね。たとえるならば、オフェンスのたけた人、ディフェンスのたけた人、そういう人間を見極めて、要所要所にはめて、一つのチームを作るという感じじゃないですか。組織に関してはすごく気にします。やっぱり組織を作るのがうまくないとそもそも仕事ってやっていけないと思うんです。私は料理人としての考えというのは、死ぬまで白衣着て、死ぬまで現場にいたいんですよ。外から見て偉そうなこと言う、まあそれはそれでいいと思うんですけど、まず自分がやって見せなきゃいけないし、自分の持ってるものを与えてやらなきゃいけない。後輩でも優秀な後輩ってたくさんいますから、分からないことは後輩にも素直に聞いて、自分も習わなきゃいけない。死ぬまでそういう気持ちでいたいなあと思うんですよね。前の会社にいるときなんか、出勤して帰るまでずっとスーツ着て、お茶飲んで、時間来ると帰るような人も見てきましたけれど、やっぱり料理人ってそうじゃなくて、死ぬまで働く気概が必要だと思います。

中村　まったく同感です。自ら「料理人は芸術家だ」というシェフもいるけれど、僕はその才能がないので、とんでもないと思っています。お客さまがそう評価していただくことはとてもありがたいことですが、でもわれわれはまず「職人」であるべきたと思っています。フランス時代多くのシェフたちと仕事をさせていただきましたが、一流のシェフは皆さんおしなべて謙虚です。そして自分が持っているすべてをさらけ出して教えてくれます。隠すということをしないんですね。そして、相手の言うことをよく聞いて、素直に情報交換をする。その姿勢を見て、僕はこれだけは見習いたいと思いました。今でもときどき思い出すことは、ラ・マレーのシェフ ジャガー・ルィヤールさんがMOF(フランス国家最優秀 職人章)のコンクールを受けることになり、そのとき、周りのすでにMOFを獲得している先輩方が教えに来てくれます。当時ルドワィヨンのグランシェフ、ルゲイさんと当時若き天才シェフとして活躍中だったロブションさんの二人が来ていました。昼のサービスが終わったあと、地下の厨房で実際に料理を作りながらあれこれと指導を受けます。そのとき、リヨンからきたシェフと、ヴィエンヌのピラミッドのシェフ三人で共に勉強されておりました。昼のサービスが終わると、スタッフは皆休憩にでてしまいます。僕は、これは何か手伝わなくてはならないと思い、ずっとそばにいて、助手をさせていただきました。そのとき感じたことは、このMOFのコンクールは基本的な技術の確かさが求められますが、同時に自分の個性と力量をいかに加味できるかが求められます。決められたテーマの料理をルゲイさんとロブションさんは真剣に試食しつつ、さまざまな角度から熱心にアドバイスし、試作を重ねている様子を見て、「ああ、フランス料理はこういったことの繰り返しの中で業界の絆がしっかり保たれ、まっとうな技術が伝承されながら、グランシェフが育っていくのだなあ」とつくづくと感じ入ったことがあります。

優秀な組織を構築していくには

中村　日本の一流ホテルの組織は、フランスや、ヨーロッパのレストランと宿泊中心のホテルとはかなりの違いがあります。ですから私自身、帰国後縁あってホテルで働くことになりましたが、組織をどのように機能させていくべきなのかさまざまな葛藤がありました。先ほど岸さんがいみじくも言われたように、その組織をいかに構築するかが重要となりますね。結局のところ、優秀な人材をほかから引き抜くことはなかなか難しく自身で地道に育てることになります。経験的にも時間はかかりますけれども先々を見越すとそのほうが良い方向にいくのではと思います。

岸　その通りですね、抜いて連れてくると、抜かれた方が大変になるじゃないですか。

　引き抜きの場合は、そういうバランスも考えないと、狭い業界で不和を起こしてしまうと思うんです。なかなか簡単ではありませんね。ですから、私は横浜に来るときも東京ベイから誰も連れてきてはいないです。横浜の料理長はじめ各部門の責任者は協力的で職場環境は良いと思いますが、現段階で気になる箇所が2～3箇所ありますので、そこは何とか補強しなければならないと思います。よそから来た人にいきなり権限を与えたりしたら不協和音が生じると思いますので、今は元々の横浜のスタッフを立てながらやっていかないと失敗すると思っています。まず中にいる人に責任者になっていただき、外部から一般採用した人はその下につけなければいけないと思っています。まあ、難しいと思う面も多々ありますが、粘り強くやらねばなりませんね。これは私一人ではできません。

　社長、GM、各部門の責任者を交えて協議しながら進めなくてはなりません。一方で横浜のインターコンの強みは若い料理人が多いことです。教育次第では10年後が今から楽しみです。

中村　そうですね、それぞれのホテルで、さまざまな事情を抱えているでしょうが、職場の活性化、モチベーションの向上、料理人とサービスにかかわるスタッフのスキルアップなど、人材育成には待ったなしでさまざまなことが求められます。結局のところ、料理長のみならず、トップにいる管理者はもちろんのこと、組織全体のモチベーションを高め、社員一人一人の意識の向上をいかに図れるかが求められるでしょう。話はちょっと変わりますが、僕も横浜に住んでいるけれど、横浜は、東京のリゾート的な位置にあり、立派なホテルも多い。ただ交通のアクセスも非常に便利になり、それだけに日帰りも十分できるわけです。そこをいかに滞在させるか、その魅力づくりが求められてくることになりますね。

横浜エリアの可能性と課題

岸　まったくその通りですね。今、われわれのマーケティングも東京からのお客さまを横浜へどのように呼び込み、滞在させるかが最大の課題ですね。横浜全体が取り組むべき問題でもありますね。

中村　横浜は、まず港町で、昔から地域の風土に育まれてきた独特な文化があり、そこが横浜の大きな魅力となっています。元町もかなり様変わりしましたが、中華街や三溪園など、スケールも大きいですが、個人的にはその背景に横浜の風土と歴史が感じられることが肝心であるように思います。そうした中で岸さんが手掛けられておられる新しいホテルも、とても注目され、新しい横浜の魅力になりそうですね。

岸　横浜には東京にない横浜独自の空気がありますね。ポテンシャルが高いと思いますよ。そして２０１９年１０月には私どもの新しいインターコンチネンタルホテルがオープンしました。中村さんが今言われたように新しい横浜の顔として立派なものを作る責任があると思っています。

中村　どういう構想なんですか？

岸　５階建ての建物に複合施設の一部として、新しいホテルが上層階に入ります。海外からのクルーズゲスト向けにCIQ（税関、出入国管理、検疫）施設が整います。丸ごと船が横付けされそのまま乗客がホテルに入れるわけだ。

中村　それはまたスケールが大きいですね。

岸　それもできるし、複合施設の1～2階にはフードコートや物販の店舗が入ります。そんな中、ホテルは2階に直営のダイニング、3階にバンケットルームや鮨処、4階にジムとスパができます。5階には約400㎡のクラブラウンジができます。客室のADRは比較的高めの設定をするようなので、当然ラウンジにも力を入れます。クラブラウンジは、非常にクオリティーが高く、朝食もそれに見合ったものにする必要があります。ちなみにホテルの総客室数は173室です。それからですね、私が初めてGMと面談したときのことですが、これからホテルを成長させていくためのパートナーとしてお互いの協力と理解は不可欠ですが、総料理長の私の責任の下に調理に関しては全ての決定権を私に付与して欲しいと言明させていただきました。当然GMとは事前協議させていただいた上での事ですが、調理の総責任者として料理人の目で公明正大に調理全体を見極めたいからです。とは言いながらも、横浜で私の就任ガラパーティーを行ないましたが、ああいうビッグイベントをやるときって、すごく不安がありますね。料理ってホテルの生命線じゃないですか。いつもお客様の評価がとても怖いです。でも常にスタッフを信じ誠心誠意、総料理長としての自分のすべてを出し尽くして頑張るしかないと思っております。

後ろを振り向く間もなく、前へ前へ

中村　とても良いことを言われました。まず岸さんが今言われたことはとても重要かつ大切なことですね。それをあえて言明することは、自分自身に対する諸々の覚悟の表明でもあるのでしょうが、とても尊いことであると思います。また、不安は僕も常にどこかで意識しています。でも僕は不安は常にどこかに持ち合わせていたほうが良いと思います。自身過剰や、自信満々に突き進むより、常にこれで良いのかな?という思いを抱き続けているほうが自身の進歩につながることになると思っています。岸さんは、なかなかこれから先も楽はできませんね(笑)。今おいくつになられましたか?

岸 71ですね。なんだか後ろを振り返る間もなく、前へ前へとやってきましたが、気が付けば70を過ぎていた、そんな感じがしますね。

中村 71歳で新たな自分史を作れるって、素晴らしいじゃないですか。だれもができることではありませんよ。

岸 いやあ今のところ体も悪いところもないし、体質改善プログラムも始めて調子いいですよ。1月から3カ月プログラムでやりました。筋肉はどうでもいいんですけど、始めたら血圧がドーンと20下がりましたよ。昨日お客さまに「総料理長ちょっとやせた?」と言われて、環境が変わるとやせるんですよみたいなことを言ってしまいましたけど、実は体質改善プログラムのおかげです。すごく良いですよ。

中村 うーん、やってみたいですね。われわれの仕事はどうしても食べる機会が多くなります。体調の管理は不可欠なことは分かっておりますけどね、今のところ僕はもっぱら歩くことを心掛けています。

岸 私も、週末は大体会社にいて、2万歩くらい歩いていました。各職場の巡回も自分の仕事だと思っていますから。平日だと6000歩くらいでしょうか。今は1万2000歩くらいです。定期健診もしてますよ。やっぱり健康管理ですよね。そのうえで最近つくづく感じることは、今日の対談もそうですが、やはり私たちは次世代の人材を育てていかなきゃいかんと思いますよね。

世代をつなぐ責任

中村　それはその通りですね。私たちの先輩方もされてこられたようにわれわれも、世代につないでゆかねばなりません。人材育成は、なすべき義務です。でも業界全体の活性化のためにとか、あまり高尚なことを掲げず、まず自分ができることを確実にコツコツやっていくことだろうと思います。

岸　その通りですね。先日も中村さんに声をかけていただき、横浜の小学校で地域のシェフたちと食育の授業を、チームを組んで皆で一生懸命やらせていただきました。やっぱりそれなりの歳になると、社会貢献というのは本当に大事になるんだろうなあと思うわけです。

中村　食育にもいろいろな切り口がありますけれども、約14年前から僕が取り組んでいることは小学生に対する味覚教育ですね。今の世は、食も満たされているがゆえに、ピュアな味覚というものは、ないがしろにされている傾向があります。決してレトルトや、ファストフードを否定するものではなく、今やそれらは現代食生活の中で必然的な部分として、むしろ増えていると思います。さまざまな化学的な調味料が研究され増える一方ですが、でも僕らは自然な本来素材が持つピュアな風味というものをまず基本の味として、しっかり知るべきです。そこから、本物の味覚というものが、自身に備わってくるものだろうと思うのですが、現代ではそこのバランスが少しずつ崩れているように感じます。もう味覚が定まってしまった青年や大人はあきらめたとしても、小学生には今のうちに正しい味覚の教えが大切だと思っています。これはフランスのジャック・ピュイゼ教授がこの味覚教育の第一人者で、先生の本が世界の味覚教室のスタンダードとなっていますが、そのメソッドで僕なりにやっています。

岸　先の小学校での味覚授業もとても勉強になりました。子供たちに対するこれらの教えは実に尊いもので、特に現代社会では食がちまたにあふれている時代だからこそ、その必要性を感じましたね。それから去年の夏、毎朝私はラジオを聴く習慣があってNHKを聴いていましたら、何か聞き覚えのある人の声がイヤホン越しに聞こえてきました。しばらくして中村さんだと気づき、びっくりしました。あれなんかは多くの若い料理人にもぜひ聞いてほしい、素晴らしい内容でしたね。

中村　あれは去年の7月の毎日曜の朝1時間NHKの日曜カルチャーでしゃべっていたものです。本当は以前にNHKのカルチャーセンターで1時間半しゃべったものを、毎週日曜日に1時間に凝縮して流されていたものです。僕が話すことは、今まで自分が実際に体験し、そこから得たもの、感じられたことしかありません。でも、とても良い機会をいただいたと感謝しております。

今までいろいろと語ってきて、岸さんの総料理長としての、また、一個人としての生き様や、人間性などもいろいろと感じることが多くありました。実際われわれ料理人は、人が生きゆくための「基本」とも言うべき食にかかわる仕事をしておりますので、何か大きな責任感のようなものを歳とともに感じますね。それでは、最後になりますけれども、岸さんにはまだまだ現役で、頑張ってほしいと思いますが、これからの自分自身の抱負を思いきり語っていただけますか。

岸　先ず10年計画で周囲の協力を仰ぎながらスタッフの若返りを図りたいです。

現在の当社のセクション長の平均年齢は40歳代後半で締められています。この先10年を掛けて30歳代後半~40歳代前半のセクション長に切替えて行き更に風通しの良い組織を構築しホテルの生命線でも有るホテル全体の料理のクオリティーアップを図りたい。これが実現しないと今後、外資系ホテルを含めたみなとみらい地区の過当競争に勝ち残っていけないと危惧しています。

私の夢は10年掛けて先ず料理人である前に人間として、社会人として世に通用する人間力を備えた部下の教育をする事と料理人として全国そして世界レベルの料理人をヨコハマ グランド インター

コンチネンタル ホテルから必ず輩出いたします。幸い当ホテルにはポテンシャルの高い２０歳代のスタッフが３０％弱を占めております。今までの諸先輩の築いてくれたよいものを継承しつつ若いシェフ達の感性を積み上げてヨコハマ グランド インターコンチネンタル ホテルならびに新しいホテルを創造してまいります。

中村　いやあ、とても力強い言葉を頂きありがとうございました。岸さんのこれからのますますの活躍を期待しております。

【対談後記】

料理長にはさまざまなタイプの方々がおられる。岸料理長は、まず日ごろの自身の行動そのものを部下に示し、育成の一貫とされているように思えてならない。一見、とても落ち着かれ、学者の風ぼうをされているが、その内に秘めたる情熱はほかの追随を許さない根っからの料理人である。それだけ自分に厳しく、日々の積み重ねを大切にされているのにほかならない。今日、日本のホテル業界は外資系を含め、あらゆるタイプのホテルがひしめき合い、その競合の度合いは厳しさを増す一方である。そうした現代社会のホテルで求められるグラン・シェフ（総料理長）像は、まず調理技術は当然のことながら、経営的な手腕をいかに発揮できるか、管理者としての全体的バランスを考慮しつつ、それぞれの個性を引き出しいかに未来のシェフを育てられるかが問われています。そうした中で岸料理長は実に貴重な存在である。今後の活躍を祈りたい。

PROFILE. 株式会社パレスホテル取締役 パレスホテル東京 総料理長。１９５９年生まれ。２０１０年㈱パレスホテル入社、調理部次長を務める。１３年４月総料理長就任。「Japan Prize ２０１５ 日本国際賞晩餐会」の宴席をはじめ、東北復興支援イベント「モナコ宮殿×エリゼ宮殿 ふたりのグラン・シェフの饗宴」など、星付きシェフを招聘したガラディナーを数多く統括。１６年フランス「農事功労賞」のシュヴァリエを授章

バイト先の板長に勧められたホテル

株式会社パレスホテル　取締役　パレスホテル東京　総料理長　斉藤 正敏 氏

【2020年5月8日号、5月29日号、6月12日号掲載】

「めげることなく」

毎回、この対談では対談後記を書かせていただいているが今回、前記も記してみたい。なぜなら今、新型コロナウィルスが世界中で猛威をふるい、日本でもかつて経験したことのない、危機的な状況にある。そして本日、首相が「緊急事態宣言」を表明され、重要な局面を迎えることになった。今日まで、頑強に構築されてきたはずの社会生活の秩序も、もろく崩れ、人間の英知にも限りがあることを思い知らされた。わが国は、遅まきながら、観光立国を目指し、官民を上げて努め、インバウンドも増加し軌道に乗ってきたかに見えたがまた振り出しに戻ることとなった。私どものホテルや、レストラン業界以外の多くの場でも人々の悲鳴が聞こえてくる。しかし、私たちは今こそ、各人がなすべきことをなし、互いの連携のもとで、めげることなく、毅然と立ち向かって行く事は言うでもないことである。そして、こんな時だからこそ、内なる微笑みも忘れることなく大きな覚悟を持ってこの難局を乗り切りたいものです。

2020年4月7日　中村勝宏

中村　今日はご多忙な中、お時間を作っていただきありがとうございます。ではまず斉藤さんが料理の世界に入った動機から伺いましょうか。

斉藤　父親が日本瓦から内装など、あらゆる建築関係の仕事に従事していました。手先が大変器用で、そのDNAを私が受け継ぎ、プラモデル作りや手で作業することが大好きな少年でした。小学生時代の夏休みの宿題の工作などは、同級生の女の子の分もちゃんと作ってあげていました。

中村　それはそれは。そのころからすでにモテていましたね（笑）。

斉藤　（笑）。その後のことになりますが、1970年代「前略おふくろ様」というテレビドラマがありました。番組の中で、萩原 健一さんが『分田上』という料亭の板前さん、梅宮辰夫さんがそこの板長を演じていました。

中村　そのころのことはまったく僕は知らないんですよ。

斉藤　そうですね。ちょうど中村ムッシュがフランスで活躍されていたころですね。その板前さんにあこがれて、お料理を作るのもすごくいいなと考えていました。そして高校生のときに父親に頼んでアルバイトした先がたまたま炉端焼き屋でした。

中村　へぇー、それはそれは。なんだか楽しそうなアルバイトですね。

斉藤　その炉端焼きがとても面白い上に、当時の高校生としてはたっぷり稼いで、ニコニコして帰ったものです。

中村　焼きもやらせていただいたの？

斉藤　そうですね、お刺し身を切るのだけはそこの板長がやっていたのですが、煮物と焼物はバンバンやらせてもらいました。炉端焼きが世の中に出始めのころで、大きなしゃもじの上に料理を載せてお客さまの前に「はい！」って提供することが楽しくて楽しくて。常連のお客さまからは「お兄ちゃん、お兄ちゃん」とかわいがられていました。こんな楽しいことは一生の仕事にしようとそこの板長に相談したところ、「お兄ちゃんホテルがいいよ。ホテルが絶対いいよ。和食も洋食も中華もあってね、なんでも好きなことができる」と勧めてくれました。

中村 うーん、立派な板長でしたね。あなたの将来を思ってホテルを勧めてくれたことは今にして感謝です。

斉藤 そうですね。同級生は皆進学したのですが、僕は料理人になりたいと進学指導の担任に相談したところ、『おー、そうか。家内が小学校の教師をしていて、担任のクラスにホテルオークラの料理長の娘さんがいるので、相談してみよう』となりました。その料理長は、当時のホテルオークラ本館にあるテラスレストランの料理長、石川新緑さんという方で、お会いしたところ、すぐうちに来なさいとなり、トントン拍子で東京のホテルオークラに入社することができました。

中村 それはよかったですね、僕も鹿児島の田舎の高校を出て業界のことを全く知らない、真っ白な状態で職場に我が身を置き、一からのスタートでしたが、今にして思えば不安だらけであったけれど実際に我が身を通して覚えていくことも尊いことだったと思います。

斉藤 おっしゃるとおりです。ホテルオークラに入社してみると、自分が想像していたよりも優しい環境でした。当初は鍋やまな板が飛んでくる世界かと思っていましたが、全くそのようなことはなく、先輩たちは皆優しく、大事にしていただいたように思います。ただ、すべてを教えてくれるわけではありませんでした。どんな手つきで、どんなふうに、どこで何を入れてなど、一挙手一投足を見逃さぬよう必死でした。先輩たちが作った料理の鍋に残ったソースをさっと味見したりもしていました。もちろん、会社組織ですから、勤務時間のシフトは決まっていたのですが、毎日時間前に出勤して、自分の担当以外の部署で多種多様な作業をやらせてもらいました。また、料理の専門書を買い求め、フランス語と日本語訳を比べながら専門知識を習得していきました。調理場内だけでなくホテル館内すべてで、あいさつや言葉遣い、社会人としての礼儀を重んじることはとても重要ですし、先輩たちが仕事を始めるその前の段階にどんな準備をしておくかなど、自然と身につけていったと思います。

かわいがられることで成長が早まる

中村　いやいや、斉藤さんは人の倍も頑張られたと思います。そして話を聞いて、さすがホテルオークラなのだなぁと思ったことは、当時小野ムッシュや剣持さんなどを中心として料理や技術の面のみならず、スタッフの育成についてもしっかりした土壌があったとうかがえます。一方で、斉藤さん自身の日ごろの行動および人柄が先輩たちに好意をもって受け入れられていたのだと思いますが、実際そうだったんじゃないですか？

斉藤　はい。正直言うと、とってもかわいがっていただいたと思います。

中村　そうでしょう、分かるなぁ。まず正直で熱心、人一倍の探究心もあるし、なおさらですよ。総じて心ある先輩方は、やる気のある若い人には積極的に教えようと思うものです。そこに手応えを感じると一段と熱が入ることは必然です。

斉藤　そのとおりですね。僕の先輩たちが名字を呼び捨てにされている中で、「おーい、まさとし～、まさとし～」と私は下の名前で呼んでいただいていました。

中村　やっぱりそれは斉藤さんには他人が持ち合わせていない何かがあったからこそでしょう。結局ホテルオークラにはどれくらい在籍されたんですか？

斉藤　オランダに行く前は5年です。

中村　まあ5年経験すると一応の基本的な部分は会得することができるでしょう。斉藤さんの場合少なくとも5年6年分の経験をされたでしょうからね。当時はまだ剣持さんと岡村さんもいらっしゃったころですね。

斉藤　そうです。当時小野さんが部長で、次長に剣持さんと岡村さんがいらっしゃいました。その後、岡村さんは新宿のセンチュリーハイアットのオープンに総料理長として着任されましたね。

中村　僕が帰国後しばらくしてセンチュリーを訪ね岡村さんに一度だけお会いしたことがあります。とても紳士的で優しい方でしたが、総じてできるシェフは外に優しく、内に厳しいシェフが多いように思います。当時ホテルオークラの小野ムッシュには、両車輪がしっかりと機能していて、とても強力な時代だったと思います。

斉藤　当時岡村さんはいつも髪を短く刈り上げ、柔道家のようでした。私が20代のころの小野さんは、近寄りがたく常に怖い存在でしたね。それに比べ剣持さんは、普段は柔らかく、ここぞというときにはピリッと、でしょうか。皆さん総じて、笑顔は穏やかだったと記憶しています。

中村　日本の一時代をしっかり構築していただいた方々がいらっしゃったわけですからね。でもホテルオークラの剣持さんの役割って、とても重要なものだったのではと、今にして思います。イタリアンの話が来ると剣持さんが受け持っておられたと聞いています。また、実際スペインにも行かれていますね。

斉藤　そうですね。でも日常の業務では小野さんがメニューを書かれていたのですが、折々に剣持さんが、イタリア、イタリアって言っていました。しかし、どこがイタリアでどこがフランスなのかは、当時若輩者だった僕には理解ができなかったですね(笑)。

中村　そうですね、当時は日本にヴァージンオリーブオイルとかはまだ、普及していなかったでしょうし、また、フランスもそうでした。南仏は当然、風土的にオリーブオイルを使用していましたが、パリを含め、ほかの地方の厨房では全くオリーブオイルを見かけなかったです。その後、オリーブオイルは、食における健康思考が強まるとともに、一気に普及していったように思います。斉藤さんはオランダに行かれたわけですけれど、その経緯はどんなものだったんですか？

世界での経験で人生が動き出す

斉藤　その当時のコーヒーショップのシェフだった方が「どうだ、まさとし、アムステルダムに行くか？来年空きが出るぞ！」と。私の同期が二人、既に赴任していましたので、自分にもチャンスがあればと思っていました。「私には家内がいますが、一緒に行けますか？」と聞いたところ、ホテルオークラ・アムステルダムの中にある和食レストランにサービスの空きが一人出たタイミングだったようで、「どうだ、君の奥さんはレストランのサービスはできるか？」と聞かれ、「結婚する前に、ホテルオークラのコーヒーショップでサービスをしてました」と答えたところ、「それは好都合。現地採用だからな。条件違うけど、それで進めとくから」と話が進み、二人で同時に赴任することになりました。

中村　夫婦二人して行けたことはとても幸運で、素晴らしいことでしたね。それで実際にアムステルダムに着かれ、オークラで働かれてみていかがでしたか？

斉藤　ホテルオークラ・アムステルダムのオープンは1971年。日本人は本社からの出向者と現地採用を合わせて60人程でした。館内で働いている人の国籍は19カ国。オランダは世界各地に植民地がありましたので、スリナムやインドネシアなどからの移民や、東欧から移住した人々、東南アジアからの移民がいました。また、フランス統治領のモロッコやチュニジアからの労働者、さらにベルギー人やフランス人、アイルランド人、スコットランド人などがいました。日本を発っていくときは相当覚悟をして来ましたが、何ということころだ、と度肝を抜かれました。キッチン内の作業では困ることはありませんでしたが、初めて多くの外国人たちと仕事をして、文化の違いや物の考え方の違いに多少戸惑いがありました。向こうからすれば、自分がその外国人だったのですが。

中村　よく分かります。フランスでも似たようなところがあります。当時サービスはイタリア人を中心にポルトガル、ギリシャ系が多く、洗い場は旧植民地のアラブや、アフリカ系の人々が中心でした、でも日本では決して経験できないことでそれを通じて日本という国のことを良くも悪くも再認識させられたことになります。そして、妙に日本という国が気になり、意識することにつながります。

斉藤　まったくそのとおりですね。そして僕はとにかく実年齢よりかなり若く見られていました。赴任当時は24歳だったのですが、17、8歳くらいに見られ、「お前に何ができるんだ」と言われることもありました。

中村　そうなんです！日本人はすごく若く見られてしまいます。また、日本も中国もアジアもひとくくりに思われがちでしたね。当時また日本という国は、ソニーやホンダが代名詞みたいに有名でした。それで当時の総料理長はオランダ人だったのですか？

斉藤　そうです。今でもオランダ人です。当時、ホテルの最上階にある『シエルブルー』というファインダイニングの料理長は相馬さんという方、副総料理長は石川さんという方で、日本人の料理長が二人いました。日本人の先輩たちが何人もいたので、言葉に困ることはなかったです。ホテル内の公用語は英語でしたので、英語のプライベートレッスンに通いながら、日々の仕事の中で語学のスキルを養っていきました。英語がネイティブな人々は少なかったので、ほとんどのスタッフは母国なまりの英語を話し、僕のいい加減な英語でも意思疎通はできました。人とのかかわり方や物の考え方など1年もすれば徐々に慣れていき、そのあたりからフランス料理の本物が見たくなってきたように思います。まずお隣のベルギーまで出かけて行くと、オランダと明らかに料理が違うな、雰囲気が違うなと。メニューがフランス語で書いてあるなと。よしよしこれ読めるぞって感じで楽しかった記憶があります。そのうちフランスに出かける機会に恵まれました。私は家内と二人で赴任したことで経済的余裕も幾分かあったので、車を手に入れ、バカンスの期間中は常にフランスの田舎巡りをしました。あるときはシャンパーニュ、あるときはブルゴーニュ、またあるときはノルマンディー、さらにはブルターニュといったように、郷土料理を食べ歩きました。近い将来はフランスで仕事をしたかったので、英語のプライベートレッスンのあとにフランス語のレッスンもちょっと受けていました。フランスに行って、レストランのオーダーとホテルの予約、簡単な買い物程度はできるようになり、フランスの田舎を巡ることが楽しくて楽しくてしかたなかったですね。これがフランス料理の本物かと。ミシュランの星付きレストランは日本の雑誌などでどんどん紹介されるようになり、それらの雑誌も手に入り、その当時の注目店も何軒か訪問しました。当時、『キュイジーヌ・テロワール、郷土料理』が注目されるようになったころで、ここぞとばかりにフランスの田舎を走り回り（笑）、安くて新鮮で、おいしくて大盛りの料理に魅了されたことを思い出します。

かけがえのない海外での経験

中村　僕がパリのレストランのシェフを勤めていた頃の１９８０年代初期の話ですが、当時パリに「バレーヌ」という人気の料理学校がありました。そこの特徴はフランスの星付きレストランのグランシェフたちを招聘し、それぞれのスペシャル料理をライブ方式に実践させるコースがあり、僕も友人のフランス人シェフの推薦で折々に勤めたときがあります。参加者は各国の料理人、料理学校のオーナーおよび先生、もしくはフランス料理の愛好家たちで、毎回びっしり詰めかけていました。フランス語で解説しながら実演し、それを英語で同時通訳をしていました。終わると、数人がバッと小走りに僕のところにあつまり、さまざまな質問や、料理学校に来て料理講習会をやってほしいという依頼があります。中でもオランダの方々がとても熱心で、僕のレストランまで何度も来られ、そのことが縁でオランダに行ったわけです。

斉藤　オランダのどこですか?

中村　デルフトという古い街です。

斉藤　デルフトブルーで有名なタイルや陶器の町ですよね。

中村　そうそう、デルフト焼きでも知られていますが、なんと言ってもヨハネス・フェルメールの故郷です。いまでもマルクト広場の市庁舎など至るところに、17世紀の当時の風景が生きている街です。別の意味でとても感激しました。残念ながら少し街をブラつくだけで観光はできませんでしたが、行ってみると初日は主婦の方々が中心でしたが、2日目は全く聞いていないプロの料理人が中心でした。また、その後アムステルダムで一番古いと言われているレストランのオーナーから料理長で来てくれないかとさんざん頼まれ、とにかくレストランを見るだけでもと言われ、アムステルダムに行ってきました。レストランについてみると至るところにかのフランス料理会のドン、ムッシュポール・ボキューズの写真が飾ってあり、聞くとオランダで初めてボキューズさんがこのレストランで賞味会を開いたそうです。オーナーはすごく優しい方で、ドライブに行きましょうと車に乗せられ、連れて行かれたところが、運河のほとりの3階建ての一軒家でした。ボート乗り場もついていて、「もし君が来てくれるんだったら、ここに住んでもらいます。車も手配する」など、とても高額な給料も提示されましたが、当時僕には、娘が生まれ今後のことをあれこれ考えたすえ、あと1年で帰国することを決断しており、まったくその気はなかったです。しかし、オランダに行っていたらまた自分の人生も変わっていたでしょうね。

斉藤　そのレストランはアムステルダム中央駅に近い、運河沿いのお店でしたか？そのお話は70年代後半でしょうか？

中村　いや、84年に帰国しましたが、その前年の83年あたりの話です。よく探せばそのレストランの写真や、資料が出てくると思いますが、肝心なレストラン名はすっかり忘れています。

斉藤　もしアムステルダムでシェフをされていたとしたら、どんなに有名になられていたでしょうか。当時オランダで料理関連の雑誌を見ていてもフランス料理らしきものはまれで、ハーブやスパイス、野菜の種類も少なく、フランス料理に数多く登場する高級鮮魚はほとんど流通していなかったかと思います。

中村　でも驚くことに、オランダ人はみんな体格が立派ですが、あれはどこからきているのかな？

斉藤　乳製品とお肉でしょうか（笑）。とにかくマヨネーズが大好きですね。フライドポテトだけでなく、アントルコートもマスタードやカレー風味のマヨネーズなんです。またハーブバターも好んで食べます。ランチのサンドウィッチの隣には1パックのミルクが2本。

中村　うーん、なんとなく分かるなぁ（笑）。そうそういま思い出しましたが、以前一緒にフランスの地方を旅したとき斉藤さんのスピードの出し方は半端ではなく、正直ハラハラしたときが何度もありましたが、あの運転のうまさはオランダ時代に奥さんと各地を車で旅されたたまものですね。

斉藤　そのとおりです（笑）。ありがとうございます。そうですね、コートダジュールやコートデュローヌ、オーヴェルニュ、ノルマンディをご一緒させていただきました。

新しい道が開く帰国後の転職

中村　さて、日本に帰国されてからのことに移りたいと思います。

斉藤　実は私は、フランスで就業したいと思っていました。フランスでの就業経験のある前述の相馬さんにも掛け合い、四方八方手を尽くしましたが、タイミングが合わず、ビザも取れなく、東京のホテルオークラに戻りました。のちに取締役総料理長をされる根岸さんのバンケット魚料理のセクションが配属先でした。オランダではファインダイニングでアシスタントシェフと同等のポジションでしたが、ホテルオークラではセクション内一番の若手で、料理を作ること以外に多くの時間を費やしていました。将来に向けてこれからどうしようと考えましたね。当時、街のレストランではフランスで就業を終えた多くのシェフたちが華やかに活躍され、料理書を数多く出版し、とても刺激を受けました。街のレストランの経験もしてみたいなと思っているところに、先日他界された嶋村光男さんが総料理長に決まっていた箱崎のロイヤルパークホテルの話が浮上してきたんです。話が前後しますが、知り合いがカウンターだけの小さなドイツ料理のレストランを国分寺で営業していて、そこを閉めて吉祥寺に移るから、ここでやってみない？と誘われました。若気の至りでしょうか、勢いでしょうか（笑）、ホテルオークラで仕事をしながら、家内と共にカウンター１２席のフランス郷土料理の店を２年位経営していました。リエットや、鴨のコンフィなど当時まだ珍しかったフランスの郷土料理を提供しながら、レストラン運営を僅かながらにも実体験できました。そのときの経験はいまでも役立っています。

中村　それはまた、初めて聞く話ですが、とても頑張っておられましたね。日本の大きなホテルでは個々のレストランもありますが、大きな宴会場もあります。それらを総合的に運営するためには、組織力がまず大切となりますね。ここのところが街場のレストランの厨房の在り方とちょっと違うように感じます。ですけれどヨーロッパでたとえホテルのレストランでも経験するとそのレストランの魅力を知ることになり、興味が募ります。僕もアルザスや南仏などで地方のレストランを経験していますが、地方に行けばオーナーシェフが当然多くなります。そこで2ツ星や3ツ星のみならず、1ツ星でもそこのオーナーシェフの方々は、その街や村を代表する名士となります。市長や警察署長などと同等に評価されているくらいです。そうしたことにフランスの食文化の底力が象徴されるところでもあります。斉藤さんが各地を食べ歩かれそのレストランの在り方に興味を持たれたのもごく自然なことだと思います。さていよいよ嶋村さんの名前がでてきましたね。

斉藤　実は嶋村さんの側近だった浅野さんという方がホテルオークラ時代の私の先輩でした。私がオランダに赴任している間に浅野さんはオークラを退職され、他ホテルに移籍されていました。嶋村さんがロイヤルパークホテルの総料理長としてホテルを立ち上げるタイミングで、嶋村さんの側近の浅野さんが招聘されたわけです。浅野さんは、ホテルオークラ時代の部下とコンタクトを取るつもりでかけた電話口に、オランダから帰ってきた私がたまたま出てしまったわけです。浅野さんが「お〜、まさとしか！お前オランダからいつ帰ってきたんだ？」と会話が始まり、「ご挨拶が遅れて申し訳ありません。近々伺います。」と話しているうちに、「どうだ！今の職場は面白いか？」となりました。そのころは、セクション長の根岸さんとお隣のセクション長の大庭さんのお二人は当時のホテルオークラの中でも一二を争うフランス通で、お二人から料理関連のフランス語をかなり習得したと記憶しています。

中村　根岸さんとは僕が1971年にチューリッヒからパリに上がったとき、ちょうどホテルプラザアテネを辞められ、帰国寸前のときにお会いしています。また帰国後しばらくして、大庭さんが京都ホテルオークラにおられたころ、いろいろとお世話いただいたことがあります。お二人ともホテルオークラきっての実力者でしたね。

斉藤　そうです。根岸さんは当時の小野正吉総料理長宛案件の秘書方をもされていましたね。先ほどの話に戻りますが、浅野さんがいたロイヤルパークホテル開業準備室まで挨拶に出向くと、いきなり「おい、履歴書どうした」と言われました。「今日はご挨拶に伺いました。」「ここは開業準備室だから分かるだろう、履歴書持参が当然だよ」とおっしゃいました。当時はそういう時代でしたからね。その3日後に履歴書を持参したのですが、僕本人としては決めかねていたところがありました。すると、「人事に話しておいたから」、「お前の現在の年収は？」と聞かれ、「それじゃこのくらいにしておこう」と、とんとん拍子に決まってしまいました。

トップシェフとの仕事の経験でさらに高みへ

中村　嶋村さんとはホテルオークラ時代にはお会いにはなってないんですよね？

斉藤　はい。嶋村さんは福岡と韓国に出向されていたので、ホテルオークラ本社ではなかなかご一緒出来ませんでした。「僕はどういうわけかずっと外回り専門なんだよ」とご本人もおっしゃっていました。後年、嶋村さんの武勇伝を数多く伺っていますが、それはまた別の機会にいたしましょう。その後、ロイヤルパークホテルにフランス人シェフが常駐することになり、かねてから望んでいたフランス人シェフのもとで働ける環境を幸運にも手に入れました。ホテルオープン当初は、パリのアンフィクレスでオーナーシェフを務めるフィリップ・グルー氏とロイヤルパークホテルが業務提携し、派遣されたのがエリック・ブリファールシェフでした。２７歳で来日したシェフは日本が全く初めてで、毎日が戦場のようでしたね。

中村　実際にシェフはどんな方だったんですか？

斉藤　かなり神経質ですべてに妥協しない厳しいシェフでした。さまざまな仕事を体得しましたが、加えてそこで私が会得したのが、キッチンの中でのフランス語です。ブリファールシェフはフランス語のみで通していましたから。

中村　どちらかと言うと汚いフランス語が厨房を飛び交っていた、、（笑）。

斉藤　そのとおりです！（笑）

中村　僕は１３年間もフランスの現場でそれらの非常にエレガントなフランス語で鍛えられてたんですよ（笑）。自慢じゃありませんが、僕はまっとうなフランス語のレッスンを受けたことがありません。したがって自分がシェフになったときもフランス人の部下にそんな言葉でごく当たり前のように怒鳴っていました。ですから今でもまっとうなフランス語はそんなにうまくしゃべれません。今にして情けない話ですけどね…。

斉藤　通訳にたまにいらしていた方が、ブリファールシェフはフランス語でまくし立てているけど彼のフランス語はすごく汚い言葉ですよと言っていました（笑）。

中村　まぁ、フランス本国のままでやっていたのでしょうからよく分かります。

斉藤　そこでかなり戦場のフランス語を会得したわけです。その後、フィリップ・バトンシェフが来日するのですが、その二人と1年ずつ一緒に仕事をして、それはそれは素晴らしい経験となりました。フランス人シェフと四六時中一緒にいるんですから。2年後バンケットに異動となり、そこでFFCCフランス料理文化センターの事務局長をされていた大沢晴美さんと出会うことになります。バンケットキッチンではフランス語がある程度分かるシェフは僕だけだったので、FFCCの料理コンクールの晩餐会の準備のためにフランスから招聘するシェフの元に毎回伺うようになりました。

中村　いやぁ、日本にいながら毎年フランスに行き、さまざまな地方のレストランのシェフを訪ね、素晴らしい経験を積み重ねられたことはおそらく斉藤さんだけの特権であります。またそれに見事に応え、結果を出したことが、ますますの評価につながり、各シェフとの絆を強めることができたと思います。

斉藤　とても幸運だったと思います。

中村　実際にフランスを代表する方がいっぱい来られて、その窓口になってその都度下見に行かれ、また食べ歩き、さまざまな経験をされたと思いますが、かなりの期間をされましたね？

斉藤　１５年間です。打ち合わせもかねて来日するシェフのところでお食事しますよね。昼はミシュラン2ツ星のお店、夜は同じく3ツ星のお店と。この打合せと、同時に参加していた研修旅行を含め、訪れたレストランのミシュランの星の数を加算していくと、２５０星以上になります。イベントで一緒に仕事をしたグランシェフは３０人以上でしょうか。

中村　それが、最終的には斎藤さん自身の血となり肉となり、かけがえのない財産となり、今があると思います。でもそれは本人の努力の結果であり、フランスの各グランシェフから信頼を得られたということが誠に素晴らしいことだと思います。

斉藤　本当に僕は幸運に恵まれたと思います。前もって打ち合わせにシェフのところに行って、日本でのガラディナーで出す料理を試食させてもらいます。今はスマートフォンでバンバン写真を撮れますが、当時は絶対に忘れないようにホテルに帰ってきてからすぐに絵を描くんです。中村ムッシュも折々になさっていますが、絵やメモを書いて要点をまとめ、それを日本に持ち帰って準備するわけです。さまざまな工夫を凝らさなくてはならない時も数多くありました。

トップの料理人に共通すること

中村　ひとつ斉藤さんにお聞きしたいことは、斉藤さん自身は先程言われたようにフランスを代表する多くのグランシェフと一緒に仕事をしてこられました。この中で一人ということではなく、最も印象に残っているシェフを挙げるとしたらどなたですか？

斉藤　そうですね、まずお付き合いが長かったヴィエンヌのLa Pyramideオーナーシェフのパトリック・アンリルー（Patrick Henriroux）さんです。ホテルレストランのスタッフ全員と家族同様に接していらして、心優しく雄弁で、料理人としてもとても素晴らしい方です。レストランリニューアルも全部自分でデザインを起こして、工事現場にヘルメット被って陣頭指揮を執っていた（笑）と聞いています。そこのメートル・ドテルもMOF（国家最優秀職人章）を持っているフランスきってのグランメゾンですね。

中村　私も何度もお会いしてよく存じ上げていますが、本当にフランスのオーナーシェフのお手本と言える素晴らしい方ですね。まさに自分のブリガード（組織）をファミールとして調理もサービスもすべてのスタッフを育てようという意識がとても高い方です。また、日本がとても好きな方です。

斉藤　あと、サンボネ・ル・フロアのRégis et Jacques Marconのレジス・マルコン（Régis Marcon）さん。卒業生はそろってマルコンファミリーと呼ばれていてフランス全土に散っていますし、日本にも多くの分子が存在します。

中村　あの方はすべてがそろっておられますね、フランス国内には、すごいグランシェフがきら星のごとくおられますが、中でも名実ともにフランスのスーパーシェフとしてリーダーとして、多くのシェフたちからリスペクトされている方です。フランスは自国の料理を国家戦略、国策の一つとして内外にアピールしていますが、その中心人物ですね。とにかくすべてに平等で、日本人に対しても同等に育てようという高い意識を持たれておられます。

斉藤　まさにそのとおりですね。大沢さんのお声がけで来日されることも多く、私も親しくさせていただいています。近頃は息子のジャック・マルコンさんに現場を任せることが多いようです。

伝統あるホテルの改革をはじめる

中村　それではいよいよパレスホテルに移られた経緯などをお伺いしましょうか。

斉藤　最初にパレスホテルの話をいただいたときから、実際に移るまで10年程かかりましたでしょうか。現総支配人の渡部と前任の久保木さんの二人から、前総料理長の竹本さんの下で副料理長として入社し将来は、というお話でした。パトリックさんが当時のパレスホテルのクラウンレストランで賞味会があると、よく呼ばれて手伝いに行っていましたし、業界のイベントではパレスホテルの調理スタッフと一緒に仕事をする機会が多く、すでに気心も知れていて、まったく別の会社に、新しい職場に移動するという意識は殆どありませんでした。一人で行っても大丈夫なの？と同業他社の多くの諸先輩に言われましたが、心配はありませんでした。

中村　で、結局は一人で行ったのですか？

斉藤　最初の1年は一人。その後、私が直接声をかけて加わってもらったのは二人です。さらにその二人が其々数名のスタッフを呼んでいます。

中村　僕は逆に素晴らしいことだと思っていましたよ。僕が知っているパレスホテルは昔からのパレスの伝統を忠実に守っているようなイメージのホテルでありました。そこに斉藤さんが行かれ、さまざまなことを改革していく、そのような経験は自分の料理人人生の中でも、そうそう機会があるものでもなく素晴らしいことに挑戦できると思っておりました。

斉藤　ありがとうございます。嬉しい限りです。

中村　厨房の設計も斎藤さん中心でやられたのでしょ？

斉藤　そうですね。パレスホテルから２０１２年にパレスホテル東京へリニューアルオープンする２年前に入社し、開業準備室で基本図面を見せてもらいました。各方面で実績のある厨房設計のチームがコンサルタントで、HACCPの食品衛生管理を基本にした素晴らしい厨房でした。そこに我々使い手の意を存分に反映させてもらいました。私なりにそれまでの経験を踏まえて、ここは作業効率を考慮するとこうあるべき、といった私の話を聞いてくださったのが、当時の竹本総料理長です。「斉藤シェフの言うことを聞いてください。」と、何事についてもフォローしていただきました。竹本さんがいらっしゃったからこそ開業準備の２年間を有意義に過ごせたと思っています。

中村　竹本さんは斉藤さんが次期総料理長になると確信し、認めておられたからこそでしょうね。斉藤さんの意にかなったものとして新生パレスホテル東京を立派なホテルにするんだという思いがご本人にあったのでしょう。私も何度かお会いしたことがありますが、とても真摯で好感の持てる方ですね。

斉藤　はい、仰るとおりです。私がパレスホテルに入社した当時、先輩のシェフは40人程いらっしゃいました。竹本さんは折に触れ「君たちより若い斉藤シェフが来て、私のあとに総料理長をやってもらうが、みんないいかい？わかってるね!?」と最大限のサポートをしていただきました。

中村　うーん、ずっしり胸に響きます。とても立派です。斉藤さんの人生の中で、竹本さんは忘れられない方となりますね。

斉藤　はい、そうです。さまざまな期待に応えねばならないという思いが強くなっていきました。そして他部署のスタッフとも自然に溶け込んでいけたかと思います。話してみれば敵じゃなくて仲間だなと（笑）

中村　パレスホテルは一時代、日本のホテル業界をリードしてきた名門ホテルでもあり、伝統があったわけです。それに対して、斉藤さんに対するプレッシャーは現スタッフではなく、むしろOBの方々の方が強かったのかもしれませんね（笑）。

斉藤　恐縮です（笑）。竹本さんはじめ現副総料理長の大田や他のスタッフのおかげで120点の出来でスタートが切れたと思っています。設計にかかわらせてもらったこと、設備や備品の選定、レストランコンセプトの決定、メニュー開発、要員計画、全部含めてですね。でも、これも竹本さんが後ろでちゃんと支えてくれたからこそです。

中村　それも2年の期間があったからこそですね。

斉藤　そのとおりです！2年の期間をいただけたからこそだと思います。以前にもお話ししましたが、建築関係の仕事をしていた父親から受け継いだ物作り職人の精神、アルティザンの血が流れているとしたら、目の前にやってきた新しいものを創り上げる巨大なプロジェクトに最善を尽くすことは、ある意味、親に対する恩返しでもあるかと思います。

中村　まだ、ご健在でいらっしゃいますか？

斉藤　はい、元気です。

中村　うーん、とてもいい話ですね。やはり何かを成すには、その背景に一つの確固たる信念みたいなものがあると、そこに自身を打ち込む度合いが自ずと違ってくると思います。また、そうした思いを保ち続けられることが、とても大切で誰もができるわけではありません。

斉藤　はい。運よく私は恵まれていたかと思います。開業準備室を経験することは、長年望んでいたことの一つでもありました。それまでの経験を生かして、作業効率抜群なキッチンの設計に関与したいと思っていました。

成長環境を整え スタッフに投資する

中村　それだけに当然、今後の斉藤さんの責任も、より重要なものとなってくるわけですね。オープンしてある程度落ち着き、ここからパレスホテル東京のまったく新しい伝統をどのように構築していくかということになるのでしょうから。それがためにも若手の人材をいかに育てていくかが大切となりますね。結局チーム力がトータルで、そのホテルの料理人の質の向上に直結しているのだと思います。

斉藤　はい、その部分が一番の課題であることは業界共通ですね。中村さんが仰るように、これまでの多くのフランス人シェフとのコラボレーションは、私が今後この業界で生きていく事に繋がるとても大きな糧です。イベントとしてやること、スポット的にレストランでやること、中長期的にホテルと業務契約を締結して等々、若いスタッフが多くを体験できるような土壌を、幾分かは構築してきたかと思っています。既に、フランスで仕事をしたいというスタッフが数名います。一つの例として、フランス料理文化センターとオフィス・オオサワを経由して、フランス料理留学コースに参加してもらい、数か月現地のレストランで経験を積んでもらう。さらにはこれまで関連のあった海外のシェフのもとに、直接研修に出向いてもらうなどがあります。また、私の育った時代は、ホテルのシェフと街のレストランのシェフとの交流は殆どありませんでした。フランス料理文化センターのイベントを通して、街のレストランのシェフと築いた絆がとても大切なものであることを痛感しています。一つ一つの食材と真摯に向き合い、生産者の方々と良好な関係を保ち、スタッフと和を保ち、経営を肌身に感じられる環境の中で皆さんは生きています。ホテルの若手スタッフが3カ月や半年ほど、ホテルを休職して研修に出向けたら、どれだけホテルに役立つか。これについては高いハードルではありますが、じっくり時間をかけて取り組みたいと考えています。

中村　とても素晴らしいことですけれども、実際は組織として難しい面もありますね。というか組織のトップにどこまで理解していただけるかが問題となります。でもぜひ斉藤さんには実現してほしいですね。今後ホテルは、より革新的な人材育成の在り方を模索していかねばならないし、今言われたことは実に画期的です。従来のホテルの料理人の殻を打ち破り、生きた人材育成が可能になります。帰ってきて得たものを出して活躍することが、その組織の質の向上に大きく貢献することができます。ですから、復帰が前提であれば可能なことでもあるわけです。そういうポジティブな思考に切り替えないと、ホテルも業界の早い流れについていけません。また、これを行なう前提として言わば個人に投資するわけですから、その人材を見極める基準も公にし、誰もが納得できるしっかりしたものを作ることが大切となりますね。

斉藤　そうですね、当然ながら多くの問題を一つ一つクリアしていかねばなりませんね。戻ってきたら、得たものを即座にホテルの中で表現できるような環境を構築しておかないといけません。

既成概念を破れるか

中村　以前ホテルはその組織力をもって、食の業界をリードしている立場でもありました。人材も厚く組織が機能していたように思えます。そのパワーをもっともっと生かして大胆な活性化を模索してもらいたいと思います。現状ではそれらの点が停滞気味に感じられますし、はっきり言うと経営者側も、われわれシェフやサービスのトップも含め、勉強不足という思いは常々ありますね。これからは部門別ではなくホテルトータルの戦略として互いに信頼しあえることをなさねばならないと思います。

斉藤　仰る通りです。これまでの慣習の上に乗ったままではなく、誰もやっていないことに挑戦すべきと思っています。

中村　さて、残り少なくなってきましたが、ホテルの料理長の在り方は今後どうあるべきか。また、先程から言われていることと重複しますが、今後の斉藤さんの考えを聞かせてください。

斉藤　一人の料理人として、価値ある料理を表現して多くのお客様の心をつかむことは必要最低限なことですが、それだけでよかった時代は既に終わりを告げています。ホテルにはレストランとバンケットの太い二本の柱があります。先ず、レストランの運営については総合プロデュースの時代に突入しています。基本コンセプトに則った料理は勿論のこと、チャイナ、カトラリー、グラス、小物、テーブル、チェア、内装、更にはレストランロゴやユニフォームのデザインまで。料理長は関連するすべての知識を備えていること。成功している街のレストランの殆どは、これらのバランスが整っていますね。もう一本の柱、バンケットについては、これまでのホテルのバンケットの既成概念を打ち破って、500名の宴席でもレストランと同等のクオリティで正餐の料理を提供できるか。また、味とプレゼンテーションの双方に抜きん出たブッフェ料理の提供にイニシアティブが取れるか。これにはバンケットサービスの知識も必要ですね。料理長はオーケストラの指揮者と等しい存在であるべきと考えるようになりました。

中村 言われていることは、よくよく分かります。本当にその通りだと思います。僕は、料理人は職人であると思っていますが、一流の職人というのはあらゆることに興味を持ち、ただ興味を持つだけではなく、一歩踏み込んでそこで何かを学ぶ姿勢があり、無意識に自分の道にそれらを反映させるという思考が重要だと思います。世界に通用する料理人はおしなべてそのようなことを持ち合わせているように思います、とても視野が広く、発想が柔軟でそこから見事な個性が生まれてくるように思います。

斉藤 まったく、同じ考えです！

中村 最後に一つ斉藤さんの今後の抱負を聞かせてください。

斉藤 抱負ですか（笑）…

中村 そんな、改まったことではなく、世間話のことでも結構ですよ（笑）。

斉藤　いつまでも必要とされる人間でいたいです。

中村　素晴らしいね、そういう一言。簡単に聞こえるけど実際には今、斉藤さんの今後に対する覚悟を耳にしたように思います。ありがとうございました！

【対談後記】

自分が身を置く業界で成功する為には、まずその仕事を好きになることだ。日々情熱を持って無心に打ち込めることが絶対条件となる。今回対談いただいた斉藤料理長はまさにそのような方である。この度の日本における新型コロナウィルスの緊急事態の様々な状況の中で、最も痛感されたことの一つに、「リーダーのあり方」があった。私どものホテル業界の再建も多くのことが求められよう、斉藤料理長にはその柔軟な発想と、実行力を業界のリーダーの一人として一層の活躍を心より期待したい。

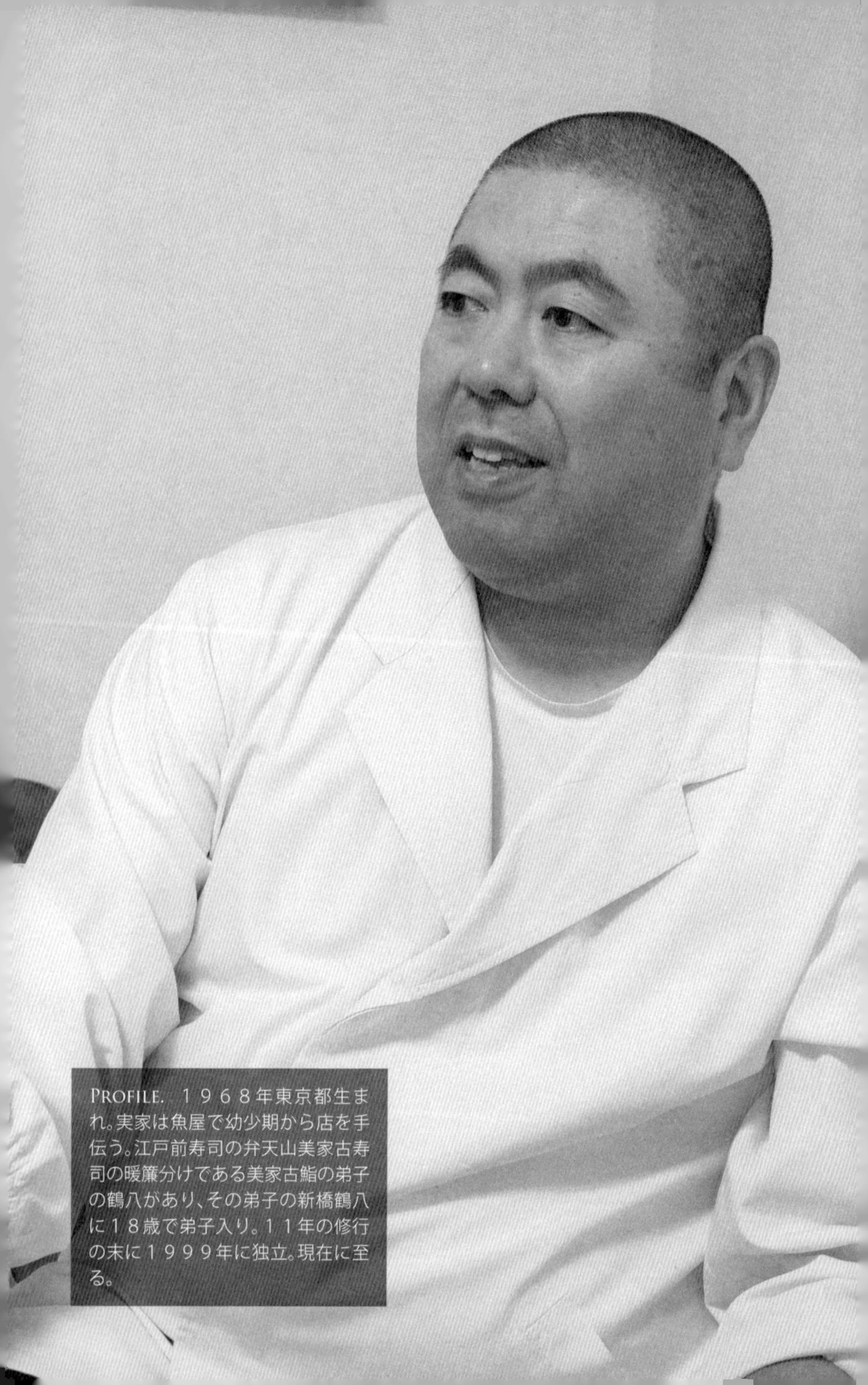

PROFILE. １９６８年東京都生まれ。実家は魚屋で幼少期から店を手伝う。江戸前寿司の弁天山美家古寿司の暖簾分けである美家古鮨の弟子の鶴八があり、その弟子の新橋鶴八に１８歳で弟子入り。１１年の修行の末に１９９９年に独立。現在に至る。

魚屋の息子が寿司職人になったワケ

新ばし しみづ　店主　清水 邦浩氏

【2020年10月23日号、11月27日号、2021年1月22日号掲載】

中村　今日はコロナ禍のさなかで何かと忙しい日々ですが、おいでいただきありがとうございます。さて、まず寿司の道に入られたきっかけからお話いただけますか?

清水　私は、東京都杉並区の閑静な住宅街の上北沢の生まれです。父が魚屋で、幼稚園のころから仕事をしなさいと言われて家業の手伝いをはじめました。小学校のころは学校から帰ると当たり前のように手伝いをしていました。遊びたい盛りでもあり、親に反発する気持ちもあってグレる方向に行きそうだったのを親が見越して家業の手伝いをさせてくれたので、ひどくグレることなく、将来は魚屋になるんだな、と漠然と感じていました。ですからこの道に入るとは思っていませんでした。というのは寿司屋にあまりいいイメージがなかったからです。夏休みなど、朝九時ごろ河岸から帰ってきた父親の手伝いで寿司屋に魚を届けに行くことがありました。その寿司屋はいま起きたばかりといった感じでタバコを吸いながらお茶を飲んでいて、私が「どうも」と声をかけると、「そこに置いておいて」と無愛想に返事をするのです。そういう対応が子供心にいやでした。その一方で、そのころから世間ではグルメブームが起こり、よくメディアに登場していたのがフランス料理のレストランと寿司屋でした。寿司屋では、浅草の弁天山美家古寿司や、すきやばし次郎などがよく紹介されていましたね。

中村　それはそれは。寿司屋さんも立派な方がおられますが、たまたまそこの寿司屋さんが具合が悪かったみたいですね。その日本でのグルメブームというのは、私が帰国した1984年のころはすでに始まっているように感じましたが、正確にはいつ頃のことでしょうか?

清水　80年代だったと思います。先程中村さんが言われていたように、TVなどで紹介される寿司屋さんは、以前私が考えていた寿司屋とまったく違い、バシッとしているし、卑屈ではないし、格好よいと思いました。私は学校での成績も悪いし、素行もあまりよくなかったので、こうした職人の世界に憧れを抱きました。私が小学生のころまでは魚屋も景気がよかったのですが、その後スーパーマーケットが出店されるようになると町の魚屋が厳しくなってきたのを肌で感じていました。その後、中学2年のときに自分の親と腕相撲をして勝ってしまいました。それで当時、自分も働かなくてはならないと思うようになり、定時制高校に通いながら母が営んでいた食堂を手伝うようになりました。そのほかにも朝5時からも上北沢にある青果市場のダンボール回収のアルバイト、9時から友だちの家の寿司屋でのアルバイトなどもし、夕方5時半から定時制高校に行っていました。そうして稼いだ小遣いでほしかったビデオやバイクなど欲しい物を買えるようになりました。がんばればお金を稼ぐのも案外できるものだなあと感じたのを覚えています。また、ちょうどそのころにNHKのテレビドラマで、小林薫さん主演の寿司屋の修行話「生きのいいやつ」が放映されていました。絵に書いたような修行話で、親方に殴られても頑張って、やがて自らの店を出すというストーリーです。若山富三郎さんなども出演していました。そのドラマを見ていて、寿司職人は格好いいなとさらに思うようになりました。その後、高校を卒業して自動車の運転免許をとりに府中の免許センターへ行く際、ドラマの原作となる『神田鶴八寿司話』が駅前の書店で平積みになっているのを見つけて購入しました。そして、本を読んで感動し、すぐその店に食べに行ったのです。店に入ったとき親方にジロッと見られましたが、カウンターの一番端に座って内心ビビりながら、一人前くださいと注文しました。そこで食べた寿司の味が、バイト先の寿司屋とあまりにも違っていました。家業は魚屋でしたが子供のころ、寿司などあまり食べたことがありませんでした。「なんだこれは」というのが正直な感想でした。この神田の「鶴八」こそが、実は私の親方の親方の店です。考えるだけでなく、行動できるか。

中村　まず清水さんが本を読み、すぐそこに食べに行かれたというその行動を褒め称えたいです。そこより出会いが始まることになるのですから。実は帰国して2年目の頃ぼくもその店に食べに行っております。路地を入ったところにある小さな店で、小柄なご主人が一人で黙々と握っている昔ながらの古風な寿司屋だったと記憶しています。素朴なのですが、寿司飯がふわっとして、酢とのバランスがとても良く、当時都内の本物の寿司を食べ歩いていたさなかでしたが、その雰囲気にとても緊張して食べたことを覚えています。実はぼくは若いころにフランスに修行に行ったので日本の和食の一流店を知らず、フランスで日本の寿司店や天ぷら屋など和食のいろいろなことを聞かれてもそれに答えることができませんでした、日本で生まれ育ったのに、日本の食文化に無知だったのです。それで日本に帰ったらそれらの名店を食べ歩こうと思っていました。そして実際にあちらこちら食べ歩き、寿司屋でたどり着いたのが四谷の「纏(まとい)寿司」でした。纏さんは一年通ってもカウンターには座らせてもらえなかったし、お客さんも本当に寿司を知っている方ばかりでした。勉強のつもりで行っていたので、魚のことなども聞きたいと思っていましたが、聞ける雰囲気ではありませんでした。ここに何年も通って寿司のことを少し理解できたのかなと思っています。それで清水さんはどうやって弟子になられたのですか?

清水 ここだと直感し、あまり深く考えずに人生はじめての手紙を書きました。ラブレターだって書いたことがなかったのに。「本を拝読して感銘を受けました。ぜひ修行させてください。給料もいりません」と書いて送りました。すると返事が来たのです。そこには、「ありがとう。ただ人を雇ったばかりで、狭い店なのでここでは雇えないのですが、ここで修行して新橋に店を出した人がいるからそこはどうですか」と書いてありました。すぐにご紹介いただき、働き始めたのが新橋の「鶴八」でした。そこで11年間ご厄介になりました。

中村 それはそれは、清水さんが本気だと感じ取ってくださったのでしょう。その店は新橋のどこにあるのですか?

清水 駅前のニュー新橋ビルの中でした。親方が店を出店して6、7年目でした。世の中も右肩上がりの時代でしたから忙しかったですね。その親方が神保町の鶴八で修行し、その後暖簾分けし、新橋鶴八を開店されたわけです。いま、その時の親方は神保町に戻って鶴八をやっています。

中村 自分の強い思いからの行動によって素晴らしい御縁をいただいたわけですね。

清水 そうですね。江戸前寿司ということでは、弁天山美家古寿司を本山として、四つ枝なのです。弁天山は基本的に暖簾分けしないのですが、唯一の暖簾分けが血縁の柳橋にある美家古鮨です。その弟子が神保町の鶴八。その弟子が新橋鶴八で、その弟子が私です。

中村 うーん、折々に思うのですがこの私どもの食の業界で働くことになったとき、とても大切なことは、「いかに立派な親方や、料理長に巡り会えるか」ということです。でも最初はそうしたことに対して疎く、よく知らないわけですから。みんなが素晴らしい親方に巡り会えるとは限りません。でも、清水さんは自らの行動で、その出発点に立ったわけです。その重みと深さがしみじみと感じさせられます。そして、お話を伺っていて、東京の寿司店の系譜の一端がわかってきました。そこで、清水さんの修行時代のこと、また独立したきっかけなどを話していただけますか？

清水 私自身は大げさに必死で修行したという感覚はあまりなく、お金をもらっているのでしっかりと働くことは当然だと常に考えてきました。とにかく技術を覚えたいという思いが強かったですね、兄弟子もいましたが、意外とおっとりとしていて、食材を買いに行くときも私が親方についていき、徐々にまかせていただけるようになりました。日本全体がまだまだ貧しい時代で、皆が頑張ることが当然という時代だったので、修行という言葉には違和感がありますね。独立したのは１９９９年でした、もう２１年目ですね。新橋で修行したので、そこで出店すると客をとった、取られたとなってしまいますから上野から新橋の間で店を出すつもりでした。日本橋辺りを狙っていました。普通は店で働きながら新しい店を探すのですが、私の場合は店をやめてから探し始めました。そんなとき、新橋の店のそばで引っ越しをしている店舗を見かけました。店を出したことのある先輩たちからはどんな物件でもよいから、できるだけたくさん見ることが大切。目が肥えるからと言われていました。そこで、その引っ越ししている店舗に声をかけてみると、更地にして神社に戻すということでしたが、その裏にあるお茶漬け屋さんがやめるらしいという情報をもらったのです。そこでそのお茶漬け屋さんを訪ねてみましたが、あいにく留守だったので手紙を置いてきました。後に「誰に聞いたの?」と電話がかかってきて、いきさつを話していくうちにお年なのでお店を閉めることなどを知りました。当時、店が立つ路地は、新橋にこんな寂しいところがあるのかというぐらい寂れた感じのところでしたが、私にはピンとくるものがありました。神社から来て曲がったところにある路地の風情がとても気に入りました。そこでさっそく親方に、近くなのですがここに店を出してもよいでしょうか?と聞いたところ、「いいんじゃない。やれよ、やれよ」という返事をいただきました。その後、親方の親方のいる神保町の鶴八にもあいさつに行きました。その際、親方が席を外したときにその大親方から「お前ね、こんな親方の店から近いところに自分の店を出すバカはいないよ。ただ、やると決めたら、しっかりやれ。名を汚すな。お前がよくなったらあいつの株が上がるのだから」と言われました。そのときは、そういうものなのだなと思いました。こうして自分の店がどたばたとスタートしたのです。5、6年前に親方が30周記念パーティーを開いたとき、神保町「鶴八」の大親方にもお会いし、よかったなとのお言葉をいただくことができました。

人のご縁を大切にしているか

中村　とてもいい話ですね、歳とともにしみじみと思うことは、人と人とのご縁ということです。そのことがあってこそ、今の自分がある。でもそれをどこまで持続し、よい状態で保て続けられるかは、一重に自分自身に関わっていることでもありますね。時々ふと様々な不義理も思い出し、後悔の念にかられることもあります。

清水 本当にそうですね。この業界で生きゆく上で、人と人とのつながりの大切さというものを、常々感じさせられています。いまでも親方でなければどうなっていたことかと思いますね。でも店であれだけ従業員を怒る人もいないんじゃないかというぐらいの人でした。私の出身の上北沢は不良たちの発祥の地で友だちもそっちにいったやつもいますが、私は親方の元で目標が見つかったので行かなくてすみました。

中村 その上北沢の不良とやらはよく知らないのですが…？

清水 そうですか（笑）。世間を騒がした暴走族です。私はそっちに行かなかったのですが。当時の不良は上下関係にはうるさかったですね。私は親方のおかげでバカがグッと押さえつけられたので、おかげさまでいまの業界にいられます。

中村 いやいや、清水さんはそっちの方向にもろに行ける人ではなかったのですよ、そして親方との出会いがすべてで、その存在は大きいと思います。よい親方について、いい時代に修行できた方は、総じて日頃より感謝の念を忘れず、人の心情を理解されていらっしゃる方々が多いように思います。また、前々から聞いてみたいと思っていたのですが、寿司屋さんは１００％対面での商売で、常連さんが圧倒的に多いと思います。１つの舞台でもあるカウンターで仕事をするときに、日頃どのようなことを心がけておられますか？

清水 私が若いころは、寿司屋の親父が気難しくてお客さんが気を使っているようなイメージもあります。あるとき、コラムニストの山本夏彦さんがお客さんでいらしてうちの兄弟子が「先生きょうお雨が降っていますが、お傘をお持ちですか」と話しかけたら、「雨と傘に〝お〟なんかつけるな」とおっしゃるのです。「雨が降っていますが傘お持ちですか」というのが普通だと。「職人は無愛想なんだよ。でもそれでいいんだ。職人なんだから」とおっしゃられる方でした。私が店を出したのは31歳のときで、まだ小僧のようなときです。ご紹介でいらっしゃり、寿司を食べ慣れているお客さん、中小企業の社長さんなどの中で、なんとか威張って自分の行きつけの店にしようとする方もおられます。そういう皆さんはだいたい「俺は久兵衛とすきやばし次郎に行っているんだ」とお話されます。ようするにいい店に行っているからよくしろよ、という意味ですね。でも、そういうお客さんも2回、3回と来店してくださるうちにだんだん馴染んでくるのですよ。そのとき感じたのが、お客さんもいろいろと警戒されておられるのだなぁということでした。だからなんとなく威勢を張られる方もおられるのだと思いました。昔、横綱相撲という言葉を聞いたことがありました。それはどこからでもかかってこいと構え、相手を受けて土俵際で耐え、そこから逆転して寄り切って勝つというものです。それを思い出してからはお客さんの話を、はい、はいと聞きながらも最終的にはお客さんの言いなりどおりにはならず、気がつくと「やっぱり親父にやられちゃったな」と、お客さんに喜んで帰っていただける店にしたいと思いました。お客さんも負けるが勝ちみたいな、満足感のある店。お客さまの言うことを全部聞いてしまうと、うちがうちでなくなってしまうし、お客さまが100人いたら100人分を聞かなくてはならなくなります。それでは私がやる意味がない。そうかと言って、受け入れてももらえる部分がなければ自分の仕事を発揮できなくなりますからね。

中村 うーん、よくわかります。とても深くていい話ですね。食の世界も出だしはどうであれ、最終的には、我々作り手と、食べる方々との信頼がいかに良い方向に構築されるか。そのストーリーがとても大切なことになります。

清水 そうなんですよ、店を出してから2~3年でそのように考えるようになりました。それも常に変わって行かなければならないと思っています。よく政治家が以前と違う発言をすると指摘されることがありますが、それで引いてしまうのは指導者としてよくないと思います。むしろ変わって当然と言うべきでしょう。いま、大変な状況でもある新型コロナウイルスに関しても自粛の効果がなかったという意見も出ています。自粛が違うと思えばやめればよいし、必要だと証明されればまたやればよいのです。以前の発言が違うのでは？と言われることをあまりにも怖がりすぎていると思います。良い方向でしっかりその辻褄があえばよいのではないでしょうか。

中村　そうなんです、最終的によい形になればよいと思います。でも最も大切なことは、各人がその過程の中でいかに自覚し、いかに責任ある行動を取るか、ということに尽きると思います。先程言われましたが、今日のコロナ禍で、各方面でのリーダーの在り方というものが、とても重要であることをつくづく思い知らされております。今こうした危機の中で、各方面で責任ある立場の方々、そして国の指導力がどうあるべきかも大きく問われていると思います。

清水　まったくその通りですね。私もそんなことを微妙に感じつつ、自分自身もまた微妙に変わりながらやっています。よく同業者同士で食事をすると、「俺たちは寿司職人をやっているより、フレンチのサービスをやっている方があっていない？」なんて話をすることがあります（笑）。

カウンター商売は客が店に合わせるもの

中村　フレンチレストランのギャルソンのように、お客さまに当日の食材などについて説明しながら、いかに満足していただけるかに努めていらっしゃることでしょうが、具体的に意識されていることはありますか？

清水　心がけているのは、つかず離れず、媚びるのではなく、適度な距離感で、できることならあまり話さなくてもよいと思っています、うちは寿司を食べるところですからね。派手なパフォーマンスを求められても困りますし、お客さまの他店のネガティブな話も聞きたくありません。写真を取るのも他のお客さまに迷惑がかかる場合もありますし。ある意味カウンター商売は、客側が店に合わせるものだとも考えています、あくまで私の家ですから。

中村　ぼくは遥か昔の1972年のことですが、パリでの1年を終え、向かった先はアルザスの有名な2ツ星レストラン「オーザァルム・ド・フランス」でした。そこのオーナーシェフのピエール・ガルトゥネールさんは生粋のアルザス人で、とても厳しい方でしたが、でも心優しい方でもありました。当時まだ言葉も満足にできないのに、半年くらい経つと厨房のすべてを任され、シェフの立場で仕切るようになってしまいました。もちろん実力があるわけでもなく、日々のたうち回る中で自然に気付かされたことがあります。それは、顧客をいかに大切にするかということです。当然レストランはおしなべて、顧客で成り立っている店が圧倒的に多く、その顧客が新たなお客さんを連れてこられ、やがて信用を得ながら、更に大きく成長してゆくという構図があります。ピエールさんは直に注文を取り、その顧客の名前を告げながら、私に伝票を渡されます。そして、大声でそのオーダーをスタッフに読み上げながら、いかにちゃんとした料理作りをするかに日々務めることになります。思い出してみるともう私がフランスに行ったのは50年前のことですが、近頃は当時のことを鮮明に思い出します。そして、アルザスで四季を通じて食材の力というものに覚醒し、言わば料理人としての自覚、ターニングポイントの地でもあるわけです。そこでお尋ねしたいことは、言うまでもなく寿司屋さんの場合、四季折々の新鮮な食材をいかに表現していくかという、言わば究極のシンプルな料理道でもあるように思いますが、清水さんのその素材に対する日頃の思いを聞かせてください。

自らが扱うものに対する責任

清水　そうですね、そこには寿司屋独特のものがあります。市場には毎日のように行っています。市場の値段が決まるのも寿司屋が中心です、一番高い金を出しますから。基本的にホテルや料理屋、和食店なども大体中間業者から仕入れているので、料理人が自分で市場に行くことは少ないです。魚屋は安くたくさん仕入れたいので自分自身で行くことが多いです。しかし、寿司屋の場合はよいものを仕入れたいからこそ自分で行くのです。寿司屋は魚を売っているような商売なので、寝る時間を惜しんでも市場に行くのです。私も朝7時には河岸にいますから。それで仕事を終えて家に帰るのは23時半ごろ、私はずっとそんなもんだと思っていました。鮮度もそうですし、とり方、質などを見極めていると、どんどん高いものを買うことになっちゃうんですけど。それが値段に反映されてしまうのでよくないなとは思うのですが。環境もどんどん変わってきています。まず、捕りすぎ。どうしても売れるから捕る、それが過剰なのです。さらに海を管理しないなど、フィールドも管理できていない。そういうことを上手にやっているのが大西洋のマグロで、きちんと規制をしています。そうすれば少し割高でも上質なものが長く手に入ります。一般の方は意外に思われるかもしれませんが、高いものがよいものかというと、そうでもないこともあります。おいしさに関しては、雑に捕ったアジの方がうまいこともあります。きれいに血抜きされたアジは鮮度が長く持つし見た目はよいのですが、味がよくないこともあります。赤身の魚は特にそうですね。そこが鮮魚店と寿司屋の視点の違いですね。魚屋が店先で色よく売りたいならよいのですが、寿司屋は多少色持ちが悪くてもうまいほうがよいということです。だから値段だけにとらわれない仕入れを心がけています。

中村　ごく少人数ですが、フランス料理のオーナーシェフでも毎朝市場に通っている人もいます。でも、清水さんたちの寿司に携わる方々の場合、その時期のいろいろな素材を仕入れられるのでしょうが、ある程度その日その日の仕入れに対する構図のようなものはできているのでしょうか。

清水　いわゆるパターンはあります。それが毎年少しずつ変わるのです。だからこそ市場に行かずにはいられないのです。毎日にように行くのが当たり前のように思っていましたが、知り合いの寿司職人にも市場に行かない人もいますが。10年ぐらい前の夏、お客さまにとり貝を出して「なんでこの時期にとり貝があるんだ」と尋ねられたことがありました。その夏は普段とり貝がいない銚子沖で、たまたまたくさん捕れたとのこと。このとり貝が結構よかったのです。市場に行っていないと、こうした機会には出会えません。このように市場に行っていれば時期外れでもよい素材を見つけることもできるのです。

中村　最近は温暖化の影響もあり、黒潮の流れが蛇行し変化し、意外なところで意外な魚が捕れたりしていますよね。

清水　そうですね。私が子供のころサワラは西の魚でした。瀬戸内では刺し身で食べるし、関西では焼き物で食べていました。ところがいまは三陸や北海道がメインとなっています。そこで取れたサワラを関西に送っているんです。これはしょうがないことです。

中村　北陸の代表みたいに言われているノドグロも最近では千葉でも大型で立派なものが水揚げされていますね。

清水　ノドグロは昔から捕れていました。子供のころの思い出では、御用聞きに行き、煮魚用の魚は何があるのかをたずねられて、キンメとノドグロ…と答えるとそんな脂っぽいのはいらない、なんていう会話がされていました。いまは脂っこい魚が好まれてキンメやノドグロはごちそうになっていますが、私が子供のころは結構嫌がられていました。40年ぐらい前もあるにはありましたが、それほどの値段でもなかったし、本気で捕らなかったのでしょう。ところがいまガラッと変わってきましたね。

中村 おもしろいですね！そのような話は最近では各地で聞かれるようになりましたが、でも、なんと言ってもさすが東京の豊洲には全国から質の良いあらゆる魚介が集まり、寿司屋さんにとってもありがたいところでもありますね。

清水 東京には豊洲に中央卸売市場がありますから、特にすごいですよね。だから地方の寿司屋からみんな東京に買いに来ていますよ。地元の食材にこだわる店は別ですが、流通が発達していますから、九州からのものも次の日には届きますから。だから九州産のコハダは九州では出回らないんですよ。九州のコハダが東京の市場に来て、それを九州の寿司屋が買い付けるということが普通になっています。豊洲市場も変わってきていて、例えば10の魚が入ったとすると豊洲で売っているのは4程度で残りは全国に行きます。ハブ空港的な存在なのです。われわれ寿司屋も実際に市場に行くとそういう状況を肌で感じ、対応していかないとならないと思っています。東京で寿司屋をやるということは、豊洲が近くにあるというアドバンテージがありますが、それもいつか変わってしまうかも知れませんね。

中村 でも、東京は永遠に大東京で、ちょっとやそっとでは変わらないと思いますが、でもそうした危機感みたいなものを持ち続けることも大切ですね。一方では清水さんは、地方に行ったときはその市場を覗いたりされるのでしょ？

清水 行きますね。地方に行くと、だいたい扱っている魚が決まっています。以前に京都に行ったときは、甘鯛、冷凍のサバそんなのばかりでした。ただ、豊洲はすべてがあります。知り合いの地方の寿司屋が台風のとき、東京に来たので豊洲に連れて行ったことがありました。私が「今日はしけで魚がなかったでしょう」というと、その方は「こんなにあるじゃないですか」と驚いていました。経済の力、流通の力はすごいですね。わたしたちが東京でいろいろな魚を提供できるのも市場のおかげです。

尊く美しい江戸前寿司の世界

中村　以前、私の故郷でもある鹿児島の阿久根の一本釣りの鯛が築地でとても評判だと聞き、嬉しく思ったときがありました。いまは隣の出水のアジが評価されているようですね。まあ食材のいいものは東京に集中してしまうという宿命があると思いますが、『江戸前寿司』という言葉には非常に尊く美しく、かなりのうんちくが詰まっているように思いますが、実際にはどのような定義があるのでしょうか。

清水　江戸前寿司の定義とは何なんでしょうね。昔うなぎ屋のご主人に聞いたことがあるのですが、そもそも江戸前という言葉はうなぎ屋のものだったそうです。江戸時代は養殖うなぎなんてありませんでしたから、戦前戦後くらいまでは天然うなぎが占めていました。うなぎは桶に張った水に入れておけばもちますから、江戸川より東の千葉、水郷地区のうなぎを使っていたそうです。ところが、あるシーズンになるとうなぎが東京湾を遡上してきていたとのこと。それがシャコやエビをいっぱい食べて脂が乗り、別格だったそうです。ただ江戸時代は、脂はゲスなものと捉えていましたから、よいうなぎとは評価されませんでした。それをなんとか美味しく食べられないかと考え、白焼きにして、蒸して脂を落としてから蒲焼きにしたとのことです。昔はさばいてうなぎを筒切りにして串に挿して焼いていただけでしたから。蒲焼きの語源は、蒲の穂焼きで、それが訛って蒲焼きになったそうです。

だから江戸前は、寿司屋の粋でいなせなイメージと合っているので名前が独り歩きしていったんだと思います。どういう意味なのかというと〝東京スタイル〟とか〝東京風〟ということではないでしょうか。寿司はもともと関西から伝わった押し寿司や柿の葉寿司を指しましたが、文化・文政のころ、江戸前鮨の開祖とされる華屋与兵衛が押し寿司をつくるのが面倒だということで、ちゃちゃと飯を握って具材をのっけたのが握り寿司のスタートです。けれども当時は、朝河岸、夕河岸があったとしても冷蔵庫がありませんでしたから、魚を生で食べるというのは奇跡のようなことでした。そこで、醤油につける、煮る、酢で〆るなどの仕事が発達していきました。それに着眼したのが、山本益博さんです。江戸前とはこういう調理スタイルのことだと言い、それには私も同意見ですが、これが全国に広まっていったのではないでしょうか。なんといっても「江戸前」という響きは寿司屋っぽいですよね。

中村 東京の江戸前寿司では煮切りをさっと塗って食べさせてくれますが、それになれてしまうと、醤油だけで食べることに少々抵抗があります。特にカウンターでは刷毛でひと塗りされた煮切りが、ぱっと目の前にだされ、その煮きりがシャリまでしみないうちにサッと食べる。ということを纏の遠藤さんのところでは「喋らないで食べろ」と厳しく教わりました。要するに目の前に出されたら、話に夢中にならないで、すぐ食べる。これは事実、寿司をおいしく食べるコツでもあるように思います。ですから、仲間や知人たちと寿司屋に行くと、そのことが気になり、しょっちゅうすぐ食べろ！と催促していますね。

清水 まったくその通りで、寿司と天ぷらは、瞬間芸ですから。出された瞬間が一番おいしいとき、ということになります。しかし、昔のお寿司屋は煮切りを使ってますが、私の親方は煮切りを使っていません。その影響で私のところも煮切りを使っていませんでした。親方にその理由を聞いたことがあるのですが、その答えは「寿司が汚れるからいやだ」ということでした。柳橋は花柳界があるので、ほとんどが出前だったそうです。宴会の〆に寿司屋の桶がでて、最後は折り詰めにしておもたせで持って帰るという文化で、よい料亭街には必ず寿司屋があったといいます。とにかく盛り込みがきれいだったので、それを汚すのが嫌だったそうです。また、煮切りをつけるというのは店側が主導で、うちはこういうものですという主張です。客が自分の好きなようにつけられないということもあり、それなら最初から煮きりをつけないようにしようというのが、親方の考えです。私は煮きりをつける、つけないは何が違うのだろうと考え、小僧のころに自分の金でいろいろな寿司屋に行きました。そしてつける店には意志があると感じました。全体に塗ってしまう店もありますが、一流の店に行くとマグロにはたっぷり塗るけれども、イカなどには少しだけ塗るなど意識があるのです。それを受け入れるのもいいと思いました。

中村 最近ではネタによっては塩だけとか、かぼすなどの果実を絞ったり、もみじおろしや、生姜をちょこんと乗っけてそのまま食べてくださいという場合も多くなりました。そして、いまの清水さんの話を伺い、とても納得するものがあります。1つだけ言えることは、煮切りは寿司ネタそのもののうまさを優しく包み込んでくれますが、醤油だけの場合、付け方にもよりますが醤油そのものの主張が強くなる場合があります。煮切りでずっと食べ続けて、たまに地方の店で醤油だけで食べる場合、そのことがとても気になります。でも食べ方はそれぞれの主義主張があるわけですから、とやかく言えるわけでもありませんね。また、カウンターだからこそ煮切りが有効だろうと思います。

清水 私もそう思いました。私もやがて煮きりをつけるようになり、あるときその煮きりがなくなり、醤油をつけて食べてみたら強い感じがして、自分のやっていることもありだと思いました。

中村 出前の寿司の場合、先程も言われたように煮きりはまったく合わないでしょう。まず見た目が確かに汚くなりますね。ですから煮きりは寿司屋のカウンター席で一品一品の握りを一対一で味わうものだと思いますね。

清水 もう一つ、私の親方が言っていたのは、煮切りは桶に刷毛を入れて塗るのですが、いくつも塗るから煮切り自体が汚れるのです。自分でやってみてたしかにそうだなと思いました。これはいけないと思い、最初はちょこちょこ替えていました。そのうち塗らなくていいやと思い、垂らしたらこれがちょうどよい加減だったのです。親方が言っていたマイナス面をなくして寿司を汚さないできれいなまま出すことができました。

中村　まったく清水さんの言われるとおりで、とても素晴らしい工夫ですね。昔に比べると魚の素材自体がよくなってきているから素材のよさを生かすために、煮切り、ツメ、塩、柑橘の絞りなど、様々な工夫をなってきたと思います。その店の寿司の味とはなんだろうか。魚と寿司の違いとは。

清水　私が感じるのは、寿司業界が全体的に、あまりにも魚のご機嫌を伺いすぎると感じています。この魚のためにはこうするべきだ、など。もちろん当たり前のことで大前提なのですが、魚の味を生かそうと、寿司飯を3～4種類、煮きりも3～4種類用意するなどめちゃめちゃ努力しているのです。お客さんに「清水さんはシャリいくつ用意しているんですか」と聞かれますが、「うちは一種類です」と答えます。するとお客さんが「どこそこの寿司屋は、白シャリ、赤シャリ、両方合わせてロゼ…」。やりすぎですよ。確かに魚に合わせるという意味ではありかも知れませんが。ただ私は、それはよいことではないと思っています。なぜかというと、そうするとその店の味ではなくなってしまうからです。この店の寿司とは一体何なのだということになってしまうのです。他店で食べた寿司でそれを感じましたね。いまの寿司屋は魚を食べさせていると思います。アジならアジの寿司として食べてもらわないとなりません。アジを食べてもらうのではないのです。私はアジの寿司を食べていただきたいのです。そして一通り食べもらって、清水の寿司をわかっていただきたいと考えています。私は果たして何が答えなのかを常に考えています。何がうちの個性なのかを。

中村　とても説得力のある話です。僕は現役を離れていますが、だからこそ見えてくるものがあります。

その昔、粋がってやっていた頃の自分の姿が、折々に恥ずかしく思い出すことがあります。でも1つだけ本場フランスでの13年間で、得たものを一言で表すと「料理の本質と、その道理はなにか」ということです。私どもは、折々にそのことに立ち戻ることが肝心だと思っております。そこで、日頃気になっていることですが、最近、寿司屋でワインをサービスするところが多くなりましたね。ぼく自身はフランスに行くまでアルコールはまったく飲めませんで、フランスに行ってワインが飲めないと、フランス料理は学べないということに気づき、一念発起して飲む修行を3年間し、やっとアルザスで働いているころに飲めるようになりました。ですからぼくのワインの原点はアルザスワインです。でもあそこは、赤ワインはピノ・ノワールだけで、おしなべて白ワインです。生牡蠣や魚介にあうワインがあります。そこで個人的な興味で伺いたいのですが、清水さんはワインコレクターでもあり、お店にも当然ワインも置いてあります。そこでワインと寿司についてはどうお考えですか。

清水　漠然とワインと寿司の相性を聞かれれば、合わないと思っています。ただピノ・ノワールとマグロ、ヴァン・ダルザスとイカというふうになってくると、それは合うと思います。でも、寿司に一番合うのはお茶だと思います。ロオジエの中本さんに「寿司に何が合いますか」と尋ねられて「お茶しか合いません」と答えてひんしゅくを買ったこともありました。けれども実は私、ワインが好きで3000本のコレクションも所有しています。オスピス・ド・ボーヌも落札したことがあるんですよ。私がワインを始めたきっかけは、いまの店を開く前、ちょうど向かいで寿司店を営業していた場所を妻がバーとして開店したことがはじまりでした。バーテンダーを雇って店を運営していたのですが、妻に言われて学校にも行きましたよ。ワインバーではありませんでしたが、ワインを飲みたいというお客さんもいたので、ある程度のストックがあり、私の寿司屋の2階にも在庫を置くようになりました。そうした中から、私の店でも記念日利用にシャンパンを出してみると、お客さんから「ワインあるの？」

と聞かれるようになっていきました。いまでは、白はヴァン・ダルザス、リースリング、赤はエレガントなピノ・ノワール、それとシャンパンなどをそろえています。もっとよいワインを置いてほしいというご要望もありますが、私の親方が寿司屋はワインを売っているわけではないとおっしゃられるので、高いワインは置かないようにしています。ただ、あるお客さまが、お母さまを介護の末、亡くされ来店され、うんといいワインを飲みたいとおっしゃられたので、ラ・ターシュを出したこともありました。そういう特別なとき以外は、グラス1杯数百円というワインで十分という考えです。寿司にはそっちのほうが合いやすいのです。ただ、いまでもお客さんから飲み物は何が合いますかと尋ねられれば、お茶だけですよと答えています。その次は日本酒です。ワインならこれには合うけれど、これには合わないと話します。でも食事は答え合わせではありません。食事は楽しみなので、お客さまが合わせてみて、やっぱり合わないね、というのも楽しみの一つだと思っています。そんなスタンスです。

中村 今の話を伺いなにかホッとするものを感じられます。本物のワイン愛好家の場合、寿司に合うワインもあって然るべきだと思います。特に東京の場合、そうした店も増えてきましたし、その考え方も頷けます。ただし、地方にいくとその地方の地酒というものがあります。バランス的に無理してワインにすることもないのでは？と思うわけです。やはり料理というものはそれぞれの国の、または地方の風土と一体となり育まれてきたものです。その料理とマッチする飲み物も、その地方の風土として立派にあるわけですが、でも今日の流通と、グローバル化のおかげで様々な酒やワインがどんなところでも飲める贅沢な時代になりました。最終的には、その人の好みが尊重されるべきですが、でも個人的には日本茶が一番ほっとするように思われます。

清水 まったくその通りですよね。私の店の場合、特にワイン好きの方は白のシャルドネのグランクリュ、モンラッシュなどを飲みたがりますが、樽が効いたワインは難しいと思います。

中村　私は常々シャンパンなど、そうしたワインは前菜のときにいただき、寿司を食べるときにはお茶にしたほうがよいのかなと思います。でもこれは好き好きですから、あまり大声でいうことではありません。

清水　そうなんです。食事を楽しむアイテムとしてならよいと思います。でもお客さんには度が過ぎてしまう方もいるので、そうならないようにうちではワイン会などは開催しません。白身魚と白ワインは合いますね、というぐらいならよいのですが、ソムリエ大会で優勝するような人が真剣に相性を判断する必要はありません。お客さんを受け入れるために、ちょっとはワインもあってよいかなぐらいです。和食店でビールが出されるようになってからの宿命ですね。いまやビールは普通ですから。ビールが食事に合うとか合わないとか言わないでしょ。それと同じ感覚です。

人を育てる
我が身を照らしながら

中村　話題を変えて、人を育てるということについて伺いたいと思います。そう言えば以前、女性の寿司職人を育てておられましたね。

清水　最初、彼女は和食屋のような居酒屋のような店でアルバイトをしていました。ランチ営業がないときは築地に来て魚の勉強をしていたそうで、当時、仲買人に紹介されました。最初は「頑張りなよ」と声をかけるぐらいでしたが、ある日、昼間に出会ったので「今日はランチ休み?」と聞いたところ、ステップアップしようと店をやめて、次の店を探している最中だと言うのです。そのとき、うちも人手が足りなかったので、小遣いがないならアルバイトしないかと声をかけました。すると、その日に直ぐに電話がかかってきて、お願いしますということだったので雇うことにしたのです。とにかく、よい意味で欲があり、負けず嫌いで、あるとき寿司屋をできるのではないかと思いました。仕事はめちゃめちゃ大変だし、結婚や出産などあきらめなければならないことや、捨てなければならないこともたくさんあるかも知れないけれど、これからは女性の時代だからやってみたら?と聞いてみました。そうしたら彼女もやると決心し、それまで長かった髪の毛をおかっぱヘアにして、いまは坊主頭になっています。向こう気が強く、ときに癇癪を起こしたり、だめなときもあって、私は若い人に絶対に手を上げないことを信条にしていますが、あの子にだけは、げんこつを何回も飛ばしました。それでもガァーと向かってきましたからね。ちょっと調子に乗るところがあって心配だったのですが、結局、破門のような状態で店をやめてもらうことになりました。言葉で言っても分かってもらえない。それをどうしたらよいのか、悩んだ末の決断でした。

　私は歴史書が好きなのですが、戦国武将は時に身内に非情な決断をします。それはその人のため、あるいは家のためにやるのです。私も彼女のためになると思ってバサッと切りました。私もひどい男でしたね。その後は私の妻や、京都にいる兄弟子の松本くんが彼女の面倒を見ていましたが、去年、「そろそろいいんじゃないですか」と促され、私も河岸で会い努力しているのを見ていたので、許してもよいのかなと思うようになりました。しかし、私が大手を広げて迎えるのもおかしいから、松本くんに「私が首を立てにふるようになんとかしろ」と委ねることにしました。そうしたら私の親方に頼んだようで、親方から私が呼び出され、「ふみちゃん頑張ってやっているし、うちにも内緒でたまにあいさつに来ている、どうなんだ?」と仲をとりもっていただくことができました。そして2月に手打ち式をして、彼女も身内として再び復活を果たしたのです。この件で私もいろいろ成長させてもらいました。若い人を育てることは自分自身を成長させることにもなるし、社会的にもなるし、よいことだと思います。なかなかこういうご時世で、8時間労働という縛りもありますがそこも日々勉強です。

中村 それはそれは、とても美しい話ですね。確かに人を育てるということは我が身に照らしながらということにもつながります。以前、料理ボランティアの会のイベントで清水さんが助手で連れてこられていて、この道でよく頑張っておられるなあと感心しておりましたが、いろいろとご苦労があったのですね。

清水 そうなんですよ、今年入ってくれた人は純粋で頑張っているのであまり緩めることなく、将来もっと大きくなってもらえるようにと指導しているところです。

中村 ぼくも若いころは、調理の技術ばかり追いかけていましたが、アルザスや、南仏の地方を回っていろいろな経験をするうちに、それぞれの風土を生かした料理を知るには、その土地の市場や人々の生活習慣などをじっくり観察することも大切で、自分自身にそれらの感性を養うことが大切だと感じるようになりました。お寿司屋さんは日本の風土と、伝統そのものを担っている中で、その技術と感性とは、どのようなものだとお考えですか。

自分でつかむまで鍛錬を積むこと

清水 料理人を一目見たときに、器用そうだなという人よりも、もう一つだなあという人のほうが長い目で見たらよくなっています。不器用な人が実直に積みあげた技術に勝るものはないのかもしれません。技術の継承と、雰囲気とイズムはそこに現れるのだと思います。例えばお客さんが「なんかお寿司違ったよ、だけど食べ終わったら、やはり清水の寿司っぽいね」と思っていただけたら、それでよいのです。そこをうまく伝えられたら、感じてくれたらと思います。

中村　技術は一応教えられるけれど、最終的には本人がいかに目覚め、自ら求める領域に入って、初めて物事の理が分かってくるのだろうと思います。

清水　そのとおりですね。以前、横綱の元奥様にお越しいただいたことがありました。そのとき、うちの若いのが「親方が教えてくれない」と話し出し、奥様も「うちの主人も本当に教えないんです。何で教えないのか聞いたら、教えても分からないから」と答えられたと、お話しされていました。うちの女の子にも言いましたが、教えても覚えないものなのですよ。なんとかつかんだほうが絶対に忘れないですからね。

中村　清水さんがおっしゃっていたように、器用でちやほやされる人より、不器用を自覚してコツコツやるタイプの人は、いつのまにかできるようになっている。そういうことだと思います。

清水　愚直であることは、ある意味よいことだと思いますね。

中村　名言です！　私どもは常々、お客さまに料理人としてすごく大切なものを教えられるときがあります。随分古い話ですが、フランスでミシュランの星を頂いたとき、この星を落としてはならないという思いが強く、また、無様な仕事はできない、と考えていました。しかし、あるとき常連のお客さまから折々の表情を見られていたのでしょう。「そんなに頑張っても長続きしないからもっとリラックスしたら？」と言われ、なにかほっとして、救われた思いがしました。そう言えば、清水さんはミシュランの星を断ったそうですが、できたらその経緯を話していただけますか？

清水　ミシュランとの出会いは３１～３２年前でした。バッカスという雑誌でパリの３ツ星シェフの特集があり、ロブションが人生最大の喜びは１ツ星をとったときと語った、と書いてありました。ミシュランについても解説しており、すごいと思いました。その後、ミシュランが日本に上陸することになり、和食屋の連中も夢中で情報を集めていました。ワインのインポーター会社の誰それがキーマンだということで、シャンパンは何を使うといいなどと話していて、そこまでするんだと思って見ていました。他人事だと思っていましたが、ある日、当店にも外国人と日本人がやってきました。昼の営業が終わって店を閉めると、ガラッと扉を開けて入ってきてミシュランの名刺を出してきたのです。そして「載せるかどうか分かりませんが、選ばれたら掲載してもかまいませんか」と言い、承諾書みたいなものを書かされました。そのときは、ついに私もここまで来たかと思いましたね。この話を業界の偉大な先輩が来たときに話すと、「おまえさんたちはいいよな。おれたちが店を出したときは、食べ物ブームとかなく、とにかくランチから始めて、近所に割引券を配って、少しずつ積み上げてきた。いまは簡単だよな」と言われました。実は私もなんとなくそう感じていたのです。また、魚屋だった父のある言葉も思い出しました。父の魚屋には週1～2回、お嬢さんと一緒に来られて鯛の刺し身を買っていくご婦人がいらっしゃったのですが、実はそれはボラの刺し身で、親父はそのお客さんを「ぼらたいちゃん」と呼んでいました。私が高額な飲食店をやるときに言われたのが「そういう人がほとんどなんだよ。お客さんから1万円2万円も取るなんてとんでもない」と。父は私に釘を差すつもりで言ったのだと思います。それを思い出して、もう一度やり直そうと思い、ミシュランの掲載をお断りしました。あと、やはり人間は弱いですから、そんな人たちの顔色を見てしまうので、そういうことにとらわれてはいけないと思いました。知らない人からの評価とか、あるシャンパンを見えるところに置いたりとかね。そっち側の店になるのが怖かったのかも知れません。

中村　それは実に勇気あることですが、同時に自分自身に媚びないための戒めだったのではありませんか。

清水 おっしゃるとおり、媚びたくなかったのです。常にお客さんとも付け台挟んで対等でいたいのです。それでいてお客さんがありがとうと言ってくれて、私たちが一歩下がって感謝する、そんな関係でいたいのです。だからミシュランにも媚びたくないし、顔色を見たくないのです。仲間からは「なんで!?」と言われましたけれど。ただ、何年かたったときに一度、掲載されたことがあり、そのときはやめてくれと文句を言いました。でもお客さんは載ったのを見てありがたいことにお祝いを持ってきてくれて、「親方来年は3ツ星目指しましょう」と本気で言ってくれました。その方たちには申し訳ありませんね。

中村 そのお客さんは純粋にそう思ってくださるのでしょう。やはりお客さまは清水さんという人柄が握るお寿司を求めて来られたわけです。そこに何の理屈もなく、本心からともに3ツ星を目指そうと思われておられるのでしょうね。

星ではなく、自身の実力を問え

清水 ありがたいと思います。でも私はミシュランに媚びたくないし、頼りたくないのです。それがなくてもお客さんに来てもらいたいと思っています。しかし従業員に対しては申し訳ないと感じました。やはり星付きの店で働いているのは誇らしいですから。

中村 私もそうですが、人は無意識に世間に媚びたくなるものです。清水さんの毅然(きぜん)としたそういう思いを貫き通すことは、勇気というよりも自身に素直でありたいという気持ちが勝っているからこそでしょう。これは職人としてのあるべき美意識の現れでもあるかもしれませんが、なかなかできるものではありません。こういう話は自分までもなにかすがすがしい気持ちにさせてくれます。最後になりますが、今世界中で多くの危機をもたらしている新型コロナウイルスの話もぜひ伺いたいと思います。

清水　世界中にこんなに大変な恐怖と危機感がもたらされることがあるのか、と感じています。今思うことは、こういうときにリーダーはどうあるべきか、ということです。去年の秋、台風が二つ発生したとき、沖縄から出張でいらしたお客さんが「沖縄では、台風はしょっちゅうだよ。私たちにはぜんぜん特別でもなんでもない」とおっしゃっていました。新型コロナウイルスのさなか、2週間ぐらい店を休んだのですが、そのときテレビを見ていると学者が都合のよいことを言います。ネガティブな意見もありました。そこで自分なりに勉強しようと、テレビに出ない学者の意見をYouTubeなどで見始めました。好きなのは感情よりデータに基づいて発言される武田邦彦さんです。国や自治体も間違っていると思うことがたくさんありましたが、でもみんなが選んだ人ですから従わないとなりません。しょせん人類なんてこんなものだなあと感じました。逆に言うと人類は150万年、ずっと疫病と付き合ってきたのです。だから今回の新型コロナウイルスとも共存していかなければならないと思いました。

そこで、よし店を開こうと思い、医者にいろいろ聞いてみました。基本的に町医者は抑えろと言う一方、現場と外科医はまったく逆で、マスクは必要ない、手洗いはしたほうがよいけれどそれで抑止は絶対にできない。とにかく自分の健康を保って免疫力を上げろ、と。インフルエンザの感染者1000万人、死者1万人という数字と見比べてみると、お年寄りや持病を持っている方は別ですが、そうでなければ普通にしていればインフルエンザよりかからないなど、昔から思っていたのですが、公に言われていることにはうそがあまりにも多いです。釣りが好きでブラックバスを釣るのですが、外来種規制法という法律があり、これも悪いですね。ブラックバスが在来種を全部食べちゃうと言うのですが、よく考えてみたらブラックバスも生きていけなくなってしまうので、必要な分以外食べません。また、琵琶湖には魚が少ないと言われますが、それがなぜか分かりますか？漁師が取らないからです。本当はいっぱいいるんですよ。多少減ったのは、琵琶湖の周りを護岸工事してしまったからです。つまり土木と政治の癒着です。護岸工事する前はそこに葦が生えていて、小魚が産卵に来ていたのです。それがなくなったので魚が減った。そして、その小魚が生きるためには産卵していた沖の水草もとる。漁師は、外来種規制法で外来種を駆除すると県からお金がもらえるので、定置網かけて外来種を捕っていましたが、ブラックバスが少なくなったものだから水草をとるようになったのです。この水草も渡り鳥が運んできた外来種ですが、藻刈りといって草を刈っている。一度楽すると小さい在来種を捕るのが馬鹿らしくなってくるんでしょうね。ダイオキシンも、地球温暖化の問題も疑問に思えることが多くあるように思います。だから自分で勉強しなければなりません。温暖化もここ10年ぐらいは確かに平均気温が上がっているかも知れませんが、太陽活動が少し活発になれば地球は大きな影響を受けるのです。父の実家が長野の上田なのですが、子供のころ夏はとても暑かった記憶があります。山の上から景色を見ると、あんなにたくさんあった田んぼが全然ない。要はヒートアイランド現象なんです。騙（だま）されてはいけませんよ。私も小さいながら一国一城の主ですから。勉強して、確信して、それがすべてでなく、また疑う。どこかが間違っているかも知れませんからね。

　今回の新型コロナウイルスは、くよくよしてもしょうがないので、休んでいる間に地下に倉庫をつくってワインセラーを引っ越しました。また、普段、妻をこき使っているので、こんなときはゆっくりさせてやろうと思いましたが、二人きりでいるとケンカばかりなので、これはだめだと2週間でまた店を始めました。再開するとお客さんからも「よかった。もう家で詰まっちゃってさ。ありがとね」と感謝されました。私のほうが感謝しているのですが。しかし、早く平時に戻って欲しいですね。国としては、いろいろなことを考えて判断したんでしょうが。私も普段はマスクをしませんが、電車に乗るときは周りがいやだろうなと思ってするようにはしています。

世間と自身を同じにせず、自らが決める

中村　自分の断固たる思いを述べられるのは表面の意見をうのみするのではなく、自分自身が常々疑問を抱きつつ、勉強しておられるからこそだと思います。このコロナ禍で、多方面で実に厳しい現実にさらされております。先程言われた「リーダーの在り方」というものが、芯から問われ、多くを考えさせられました。また、この危機の中で、世間を自分なりに見つめ直す良き機会を与えられたように思います。人生１００年時代となり、先はまだまだ続くわけですが、今後清水さんはどのようなことをされたいとお考えですか。

清水　そうですね、家を立てたばかりで借金もありますし、まだ５０歳なので働かなければならないです。すきやばし次郎の親方は９０いくつで、いつまでやるのと言われていますが、技術職は自分を表現しているので、「もっと何かできるのでは、もっと上に行けるのでは」と、自分では見切りをつけられないのかもしれませんね。私が大好きな矢沢永吉は、ひと昔前は５０歳までやりますと言っていましたが、６０歳になっても、７０歳になっても「やめられないんだよね」と言って愚直に続けています。ホワイトカラーの人はある程度稼いで、あとは余生というのはありだと思います。それも人生で、私もそうしたい気持ちはありますが、見切りは付けられないと思いますね。

中村　まさに一国一城の主で店を持っている方々は、すべてが自分次第という面が強いと思います。僕はフランスで長年何人ものオーナーシェフの下で働いて、素直にそれを見ていたのでよく分かります。

すべて自己責任であるだけに、仕事に対する考え方や、覇気がまったく違います。ホテルなどの大きな組織で働いていると、また違った意味で自身を精進させる場も多くありますが、自分自身はなぜかずっとオーナーシェフにあこがれ続けていましたね。さすがに今となってはあきらめムードですが(笑)。

清水　そうですね。ホテルのような企業の方と、オーナーシェフ、お互いが引っ張り上げているところもあると思いますよ。いまではそこそこの店だと言ってもらえるようになりましたが、私としてはもうちょっとザクッとした、横丁に昔からあるような寿司屋をやりたいですね。イメージ的には銀座の並木通りあたりの小さな店で、クラブ出勤前のお姉さんがちょっとつまんで、帰りは飲食店の兄ちゃんたちが「親方ちょっと握って」というような簡単な店で、「あの店、冷凍のマグロ使っているけどうまいんだよね」というようなスタンスの店。若い人たちが来て「高い寿司売ってんじゃねーよ」と悪態つきながらでもいい寿司。素材は違えど、仕上がりがバシッとしていることが肝心です。貧すれば鈍するではありませんが、価格帯はそんな高くなくても、ちゃんとしたものができるんだなという仕事に最終的につきたいですね。

結局その人が積んできたものがでる

中村　清水さんから以前にもそのような話を伺ったことがあります。要するに本来のお寿司屋さんのあるべき姿に強い情景を抱かれておられるのでしょうね。また、銀座だからこそ、その価値も高まるのでしょうが、ぜひ実現していただきたいものです。最近つくづく思うようになったのは、提供されたときの、ただ1貫の寿司の姿は本当にすごいと思います。食べ物で、こんなに凛として、品格があるものはそうそうありません。

清水　それは、その人が積んできたものが出るのです。

中村　そうなんですよね。清水さんがいうとすごく重みのある言葉として心に響きます。われわれ料理人は、ある領域までたどり着くと、結局はシンプルがベストだということに気づきます。そうしたシンプルな料理の代表が江戸前寿司で、パッと握ってポンと置かれたとき、なんて素晴らしいのだろうと感動するわけです。

清水　私の親方の親方が、小僧のころ親方に「おい、見てろ、いい寿司だよ」と言われましたが、そのころは分からなかったそうです。その親方が６０歳になってあれがいい寿司だったんだなと気付き、握り始めから出すまで、すべての動作が様になる。私も少しでもそれに近づけたらなと思っています。

中村　特に舞台とも言えるカウンターに立たれて、寿司を握る一連の所作は、その方のいままでのすべての経験の上に成り立っていますから、その立ち姿の美しさが際立ちます。それはだれもができるわけではないからこそあこがれるのでしょうね。僕もフランス時代に修行したことがベースとなり、今に繋がっているわけですが、なんとかここまで来れたことに感謝です。足腰を鍛えようと思って、以前から筋トレを始めたのですが、少し胸が張り、足にも筋が見えるようになったら、だんだん欲張ってやりすぎてしまい、肩が痛みだし今は小休止中です（笑）。いま私の夢は、これはフランス時代からずっとあこがれていたことですが、カミーノ デ サンティアゴ（サンティアゴ巡礼路）です。また、東南アジアやアフリカあたりで海外青年協力隊のシルバー部門があるらしいので、自分の仕事を生かし、なにかできるかもとチラチラ考えたりもしています（笑）。最後に清水さんの今後の目標についてお聞かせください。

清水　高いところから自分を俯瞰（ふかん）して見ることです。また、吉川英治の太閤記に「親子は一世、夫婦は二世、主従は三世」という言葉がでてきますが、この主従三世についてもその意味が分かるようになってきました。親子の関係は一世、夫婦の関係は二世にわたり、主従関係は三世にわたるほど深いものであるということです。うるさい親方が現役でいてくれるので、それが私の抑止になっているところもあり、私も従業員に店を出させて初めて主従の絆の深さを実感しました。最近は「鶴八会」として私の親方から私の孫弟子まで集まって旅行に行っています。昨年は韓国に行ってきました。これができる幸せを感じています。

中村 やはり一人で生き抜くことはできませんね。そこで絆というものを自分なりにコツコツと築いていくことがどんなに尊いことか。そのことを再確認しつつ、清水さんの人となりを知ることができました。今回多くの素晴らしい話をたくさんいただき、本当にありがとうございました。

【対談後記】

若くして寿司の道に飛び込み、やがて「新ばし しみづ」と不動の店として築かれた清水邦浩さんは実に魅力的な人である。その凛とした姿勢に寿司職人としての誇りと自信、そしてこの道を極め続ける覚悟が感じ取られてならない。寿司は言うまでもなく、日本の風土を代表する料理である。その背景をもとに、清水さんをはじめ、名人と称される親方の立ち振る舞いの中に「粋」という独特な感性が見て取れるのも納得できる。以前もまた、今回の対談でも「ゆくゆくは銀座の並木通りの入口にあたりで小さな立ち食い寿司屋をやってみたい」と語られた。これこそが清水さんの心情を明確に表している。時代に逆行し、寿司の原点に立ち戻ろうという思いがひしひしと伝わってくる。また、一流の職人に共通して感じ取れるのは「厳しさと優しさ」である。今回の清水さんとの対談で寿司の奥深さの一端を感じ取っていただけたらこれに勝るものはない。

PROFILE. 両親は中国・広東省出身。横浜・中華街で生まれ育つ。16歳のとき、新橋の「中国飯店」にコック見習いとして入店。芝「留園」を経て、20歳で仙台ホテル「梅花園」に移り、余東照料理長のもとで7年間修業を積む。その後、京都や奈良、名古屋など全国各地の中華料理店で腕を磨き、1980年に京王プラザホテル「南園」の副料理長、1990年にはホテルエドモント「廣州」の料理長を務める。1996年にオーナーシェフとして「赤坂璃宮」を開店。2004年には銀座店をオープン。オーナーシェフに留まらず、テレビや雑誌などへの出演をはじめ、これまでの経験と技術を活かし多方面で活躍。

「勉強しないとコックになるぞ」の時代を経て

広東名菜 赤坂璃宮 代表取締役会長 譚 彦彬 氏

【2020年6月26日号、7月10日号、8月7日号掲載】

中村　はじめに今日はお忙しいところ時間をいただきありがとうございます。こうして改めて譚さんと向き合い、対談するとなると、少しこっ恥ずかしい気がしますね（笑）。まず譚さんがこの中国料理の道に入ったきっかけを話していただけますか。

譚　私は中国人で、生まれたのが横浜の中華街でした。当時は終戦直後で、仕事をするとしたらコックになる人が多かったんですよ。特に勉強しない人はね（笑）。

中村　それを言われると私も似たようなものですからね（笑）。

譚　よく両親から勉強しないとコックになるぞと言われていました（笑）。

中村　それはまたすごい脅し文句ですね（笑）。ご両親のご職業は？

譚　父親がラーメン店を4～5軒経営していました。

中村　やはりそういう環境にあったのですね。

譚　小さいころは店の手伝いをしていました。でも手伝うと怒られたりしていましたね。いまの時代とは違って両親はちゃんと勉強をさせて、この業界とは違う世界に行ってもらいたかったようです。

中村　この業界で身を粉にして働いていたからこそですね。ご両親の気持ちはよく分かります。ご自分たちの苦労を顧み、息子たちにはちゃんとした仕事についてもらいたいという親心でしょう。

譚　そうなんですよ、ですから兄はサラリーマンになりました。

中村　私も譚さんの特別な晩餐会などで、何度もお兄さんとはお会いし同席もしています。とても落ち着かれていて、能ある鷹は爪を隠すといったような方でしたね。お兄さんは何をなされているのですか？

譚　日本橋梁という会社で建築家をしていました。

中村　そうですか。やっぱりという思いがします。一方、譚さんはできが悪かったので料理の道を選んだわけですね（笑）。

譚　そうです、中華街では、悪ガキはみんなコックですね（笑）。

運命の出会いに気づけるか

中村　一世を風靡（ふうび）した、かの周富徳さん、全日空ホテルの麦さん、そして譚さんの3人は幼なじみでしたよね。

譚　そうそう、みんな昭和18年生まれで小学校から中学3年まで同級生でした。ホテルオークラの梁さんは二つ先輩でした。ちょうどあのころの人たちがまとまってコックになった時代でした。

中村　同様に私も鹿児島の田舎から社会に出て一人で生きて食っていくために手っ取り早くコックになろうと決心し箱根の山まで出てきましたが、譚さんの修行時代は三人とも新橋の「中国飯店」で修行されていたみたいですね？

譚　そうです、私が入ったときは梁さんがいまして、周さんとは入れ替わりです。

中村　当時、厨房ではすべて中国語だったそうですね。

譚　そうです、日本人のコックはいなくて香港のコックと中華街の華僑の人たちばかりでしたからね。洗い場とかホールには日本人の方も少しいましたね。

中村　まるで本場の中国と同じような環境だったのですね。いろいろと厳しい面もあったでしょうが、学ぶ場としては最高の職場でした。

譚　今にしてそうだったと思っています。すべて広東語で話していました、勉強するにはとてもよい時期だったと思います。

中村　それに中国飯店はとても有名なレストランだったそうですね。

譚　あのころは新橋の田村町にありました。いまの西新橋です。「新雅」などもありましたが、中国飯店が広東料理として一番人気だったと思います。規模は大きくなかったですが、個室が多く、ホールは小さかったです。個室対応の店で政治家や宮内庁などのお客さまが多かったです。

中村　中国レストランでは個室がとても重要となりますが、客層も素晴らしかったわけで、おそらく当時の最高レベルの本格的な料理を提供していたのでしょう。

譚　香港からシェフが6人ほど来ていました。広東料理は分業制なので焼き物は焼き物の名人が来て、蒸し物は蒸し物の名人がいたり、当時の一番鍋はプライドが高く「ふかひれ」「鮑」等のような高級食材しか調理しなかったですね。

中村　そうした部門別の分業のシステムはフランス料理や日本料理でも共通したもので、組織が大きく、名店になればなるほどそれが明確になっています。でも、日本のホテルなどではその部門が定期的にチェンジされますが、そういったことはなかったのですか?

譚　そう、当時はなかったです。でも、そういうシステムが続いたのは芝公園の「留園」までですね。それまでは蒸し物専門とか北京ダック専門とか、その道のスペシャリストが存分に活躍していた時代でした。

中村　譚さんはその留園でも働いていたんでしょ。

譚　そうですね。1年位働いた後、誘われて仙台に行きました。

中村　そのとき、若くして副料理長として赴任されました。

譚　そうです、料理長が余東照というすごい人だったのですが、当時横浜中華街にあった三郷公司という中国人のグループ調理人の紹介や斡旋（あっせん）をしていた「中華連」から私の父親を呼び、東京を離れて東北（仙台）へ行けば職場内で地位も昇進して、その結果給料もアップするとのことを言われたそうです。当時東京では考えられないような給料でした。私もお金につられて仙台ホテルに行ったようなものです（笑）。

中村　いやいや結構なことですよ、うらやましい。仙台は東北の玄関で、最も大きな都市ですから、やりがいもあったのではないですか。

譚　そのとおりです。当時上野から夜行列車で7時間かけて行きました（笑）。

中村　いやあ、いまと違って新幹線がなかった時代で、おそらく今では考えられないことですが、当時は仙台といえども覚悟を持って行く土地だったのでしょう、でも食材的にはその土地に直結したさまざまな素晴らしいものがあったのでしょう。

譚　そうそう、着いてみたら宮城県は海の幸も山の幸も多く、食材的には困りませんでした。たまま余さんも中国人にしては現地の食材をうまく使う人でした。中華用の食材がないと作れないというタイプではなかったので、私も多くの面で勉強になりました。

中村　譚さんは食べ歩きが趣味で、いまでもアンテナを巡らし、良いところを見つけては、ジャンルを問わず行かれていますが、仙台での経験も少し影響しているのですか。

譚　それもありますが、もともと中国では習慣があり、母親も年中、中華街へ食事に行くわけです。なので私も高校生のときから小遣いをためては、よい店に食べに行くという変な子供だったのです。

本物を食べ、感性を磨く大切さ

中村　本物を食べるということは料理人として成すべき大切なことです。私も鹿児島から出てきて、給料は少なかったですが、よく食べ歩きました。フランスでもとにかく本物を食べるのが修行の一つと思い、貯金なんて考えたこともなく、ひたすら食べ歩いていましたね。でも当時私はアルコールが全くダメで、その点すごく苦労し、飲む修行をしたものです。

譚　私も全くお酒飲めなくて、洋食に憧れちょっと小遣いがたまると、ハヤシライスやオムライスなどを食べに行きました。横浜のスエヒロさんとかね、伊勢佐木町の店はほとんど制覇しました。

中村　私も箱根から横浜に出てきて、伊勢佐木町とか元町は自分にとって大好きなところでよく行ったものです。当時、伊勢佐木町には「香り」という洋食屋があって、大きなエビフライ2本にコンビネーションサラダが付き、タルタルソースがおいしかったです。また、「荒井屋」というすきやきの名店があり、元町には「キャプテン」という洋食屋がありよく通いました。とても懐かしい時代です。

譚　横浜からフランスに行ったのですか？

中村　そうです、その前に箱根のホテルのゴルフ場に飛ばされ、料理人としては自分が育たないと考えて、東京に行きたくともまったくコネがなかったですから、たまたま縁があり横浜の磯子にあったホテルで約6年働き、それからフランスに行きました。

譚　私が仙台ホテルにいたころですね。現在は廃業したのかもしれませんが、かつては東北一のホテルと呼ばれていました。私はその後、27歳のときに名古屋の「御園飯店」に行きました。その店はちょうど東京オリンピックの始まる時代で、クラブをレストランに改装した店でした。その名残で店の中にバンドがいて、ダンスホールがあり、よく訳の分からない中華料理を出していたんですね。そこに7年ほどいて、その後周さんに呼ばれて東京の京王プラザホテルの「南園」に来たのです。

中村　そうだったんですか、周さんが呼んだのですね。

譚　周さんが「聘珍樓」に誘われて、南園をやめようとしたら、会社から誰か代わりを連れてこいと言われたそうです。そこで周さんが私に東京に戻ってこいと。ちょうどそのころ私にも男の子が生まれて、その子供を私の父親が中華学校に入れろとうるさかったのです。中華学校に入れるためには横浜に戻らなければならないと悩んでいたところに、周さんから電話がかかってきました。東京に戻る気ないかと聞いてきたので、自分も戻らなきゃいけないんだと答えたものです。とてもよいタイミングでしたからね。仙台7年、名古屋7年の14年ぶりに東京に帰ってきたとき、京王プラザホテルがあんなに大きなホテルとは知らずにびっくりしたものです。周さんに言われて見に行ったとき、街場の店では10人ぐらいのコックで仕事を回しているのに、中華だけで50人ぐらいいるのです。そのほか洋食は200人、和食50人などコックだけで300人もいました。入るときにとても戸惑いましたね。

中村　いやいやよく分かります。譚さんと知り合ったのは日本に帰ってきて3年ぐらいたったときです。私はフランスに26歳で行き、当時はまだ駆け出しだったので日本では一流の中国料理とか料亭やすしやさんなど、名門と言われるところで食べたことは一度もありませんでした。フランスに行って運よくパリのレストランの料理長になり、星を取るとフランスのお客さまたちとの会話でよく日本のことを聞かれました。しかし日本の食文化について無知で、とても恥ずかしい思いにかられました。そのとき日本に帰ったら、一流どころを食べ歩こうと密かに思っていたものです。で、帰国して早速あちこちと食べ歩いたわけですが、中国料理では譚さんがいらっしゃった「南園」が素晴らしく、あと一つ千葉県柏市に小笹さんがオーナーをしてらっしゃった「知味斎」があって、当時そこでシェフをされていたのが山本豊さんです。ですから、譚さんと山本さんとは同時期に知り合っていたわけで、私の中国料理の師匠です。そして私は1984年の暮に帰国し、エドモントに入社しました。その5年後に当時の社長に「ホテルに立派な中国レストランを作りたい、任せるから良いシェフを連れて来てほしい」と依頼されました。そんな簡単に見つかるわけもなく、とにかく譚さんに相談に行きました。

そのうち「おれが行くよ」と譚さんから言ってもらい、あのときはびっくりしたものです。譚さんはどうしてホテルエドモントに来ようと思ったのですか？

プロフェッショナルはプロフェッショナルと働け

譚　中村シェフがフランスで星をとったことを知っていまして、一度中村シェフの料理を食べに行ったことがありました。とても料理がおいしく、雰囲気がよかったです。この人と一度、一緒に仕事をしてみたいと思っていたのです。それで誘われたので、よし行こうと決めました。

中村　京王プラザホテルの南園では副料理長のタイトルでしたが、でも実質的には譚さんが現場を仕切っておられましたよね。当時譚さんは周さんや麦さんに比べると、まだ世間での知名度は少なかったですが、実力的には私もあちこち食べ歩きましたが譚さんの料理が一番だと思っていました。ですから、譚さんがエドモンドに来るとなったとき、ホテルをあげて譚さんを売り出さなければならないと思い、譚さんにも何でもやりたいことをやってくださいと伝えたことを覚えています。

譚　そうでしたね、エドモントに行ってから本当に自分の思い通り、好き放題やっていました。だから今日、中村さんが食べた料理も、当時のエドモントの廣州時代の料理をアレンジして作ってみました。あのころ中村シェフと知り合い、考え方がプロフェッショナルで、よい食材をどうやったら生かせるかに真剣でした。当時の私は、冷凍や缶詰を使っていました。しかし、ホテルエドモントで、中村シェフの影響を受け、それらをすべて取り去り、自分自身の料理に対する考え方も変わっていきました。中村料理長との出会いがなければいまの自分はありません。そのぐらいホテルエドモントの「廣州」をつくってもらってから自分の料理のすべてが変わりました。本当に今でも感謝しています。

中村　いやいや、逆に私は譚さんから多くのことを学びました。あのころ暇さえあれば譚さんの厨房に行っていましたね。そこですごいと思ったのは、フランス料理でも料理の基本となるのはフォンと呼ばれるだし汁ですが、中国料理では老鶏一羽丸ごとや、金華ハムなどを入れて本格的なだし汁を作っていました。素晴らしい味でとてもいい仕事をしているなぁと思い、行くたびに味見していたものです。そしていろいろと中国料理の基本を学び試食もさせていただき、私こそ感謝です。

譚　それも、中村料理長の仕事を見て、自分たちもこうしなければならないと感じたことが影響しています。そして「福臨門」に見に行って、ああ、金華ハム使っているのか、生肉を使っているのかなど見ながら、「廣州」でも「福臨門」に負けないスープを作ろうと、そこから始まったのです。そして料理が運よく当たって、世の中に広まりました。「廣州」に行かなければ、そうはならなかったと思います。京王プラザホテルでは店が大きすぎてそういうことができない。「廣州」の規模がちょうどよかったのです。調理場に行き、中村シェフの姿勢を見て、怖いけれどすごい人だなあと思って、負けたくないと思いました。もう一人、和食の板長の西村さんという方がいて、こちらもすごい職人タイプで、三人ともホテルの購買部とけんかしても自分の食材を探して来てしまう。中村シェフもフランスからジビエやフレッシュトリュフをどんどん仕入れていました。それをきちっとしたおいしい料理にして出す。それを見て自分たちも香港に行ってフカヒレから金華ハムから漢方薬まで、手に入るものは全部仕入れてきました。

中村　譚さんもあのころ香港によく行っていましたね。僕も一緒について行きたいくらいでした。残念ながら当時結構忙しい時期で簡単に休めませんでしたからね。

譚　いまでも感謝ですが、エドモントでは本当に自由でした。買ってからお金をくれというのが通用していました。本当にそういう時代でわがままさせてくれましたね。それが自分を育ててくれました し、いまがあると思っています。

中村　それはやはり譚さん自身の頑張りだったと思います。当時、香港には有名なペニンシュラも含めて一流のホテルがあり、香港の中国料理が全盛の時代で、譚さんも香港ではいろんな面で新しい知識を吸収されたと思います。

譚　そうなんです、ペニンシュラにも自分からそこに通いつめ、料理長とも仲良くなって、厨房に入れてもらいXO醤の作り方を教えてもらったこともあります。

中村　当時XO醤はまだ日本で流行る以前のころでしたね。

譚　そうです、ペニンシュラの料理長が調理場に入っていいよと言ってくれたのです。それが勉強になりました。ホテルエドモントに行き、ペニンシュラと知り合ったというのはなんだか不思議な話です。

中村　譚さんが、ペニンシュラからのおみやげとして、XO醤を持ってきてくれましたが譚さんがえらいなと思ったことはすぐ「廣州」でも自分なりのXO醤を作り、日本でいち早くXO醤を広めたことです。日本の中国料理はそれなりの一つのベースがあるのでしょうが、香港の一流どころとはいろいろな面で違いましたか？

譚　違いますね。厳しいことは厳しいですが、料理に対する考え方がすごかったですね。きちんとおいしいもの出すという姿勢とかね。あとはお客さまに対する姿勢もすごい。日本ではお客さまは神様と言いますが、香港にもそういうところがあって、いいお客さまがいて、その方が希望するならどんな料理でも作って出すのです。あの姿勢を見て、それまで自分は（難しいオーダーに対して）そんなことはできないと言っていましたが、考えが変わりました。どんな料理でも作ろうと思いましたね。

中村　私たちの仕事はお客さまあってこそ成り立つ仕事ですが、口ではそう言いつつも、何かしら料理人のエゴみたいなものも、まかり通っていることが無きにしもあらずです。いまは香港は何かと大変ですが、当時は世界中から一流のお客さまが来られ、客層も素晴らしいし、お客さまの要望に応えていく努力も大変だと思います。これは以前聞いたことですが、中国本土で文化大革命があったころ、中国本土の一流の料理人たちがこぞって香港に流れ、そこから各地に散って行ったという歴史があったそうですね。

譚　当時は、まさにそのとおりでしたが、いまは逆に中国本土にお金がありますから、本土が香港から一流のシェフを引っ張っています。

中村　「廣州」ができたころ、JR本社のトップの方たちもよく「廣州」をご利用いただいておりました。譚さんがいろいろメニューを考え、折々に熊の手を使っていましたね。

譚　いまでも熊の手の料理をよく作りますよ。

中村　熊の手の料理は、話には聞いていましたが、実際に見たこともなく、興味津々で譚さんのところによく行ったものです。

譚　あの当時のおかげでいまは僕のスペシャル料理の一つです。今日も朝、札幌に電話して熊の手10本発注しました。そろそろ捕れるころだからね。年間20本、2店舗で40本ぐらい使っています。

中村　いいお客さまがいるということですね。

譚　いまの銀座店は中国のお客さまが多く、彼らは中国では贅沢せず日本に来てフカヒレやアワビ、熊の手などを食べられます。ですから、そういう贅沢なメニューを作りやすくなった、ということがあります。とても有り難いことです。

中村　まあそれだけ譚さんの料理に魅力があるということでしょうが、あのころ折々に調理場をのぞかせてもらって、よい時代でした。専門ジャンルを超えて学ぶ姿勢を自然に持っていましたからね。

譚　中村シェフが調理場に入って来ると大変だったんですよ（笑）。

中村　え、どうして？（笑）、何でもあるものを試食していたから？でも、フレッシュフォアグラが日本に入荷するようになってすぐ譚さんのところに持って行きましたね（笑）。中国料理でフォアグラを使ってみたら？と。

譚　そうそう、最初はフォアグラの使い方が分からないから、中途半端な火加減でフォアグラが溶けてしまったり。いろいろ試してソースを変えたり。乾燥イチジクをソースに溶かし、その甘みを生かしてソースを作ったこともありました。そうしたらおいしいと言ってくれて、あのときはよかったです。すごい時代でしたね。中村シェフも中華の厨房に入って来て何でも持っていくんですよね。中華食材を持って行ってフレンチにしてしまう。もう中華食材だけでフレンチやろうというのですから、すごい人だなと思いました。

中村　それはですね、基本的な中国料理の技法は例えば野菜の油通しとか、蒸す、また強火で一気に炒めるなど、自分にとってとても魅力的な技法で、また、食事や調味料にも興味があり、何でも持って行って、フランス料理でも試してみたいと思ったわけです（笑）。

譚　今だからこそ言いますが、私も「フォー グレイン」に遊びに行ってフレッシュトリュフがあるとポケットに大きいのを入れて持って帰り、自分でいろいろ料理を作って食べていましたね。あのころ東京はいい時代で皆がお金を使ってくれていましたからね。

中村　そうそう、当時、やっとフレッシュトリュフが日本にも入って来ましたが、トリュフには五つの等級があって、形の良いフレッシュトリュフが一番上等なんですが、当時日本には2等級と3等級が混ざって入荷していました。フランスでこんなことしたらスキャンダルです。これは日本をなめているなと思って、業者にトリュフの見分け方を教え、ひどいものは送り返せ！と言っていたものです。
譚　シェフに教えてもらったことに、トリュフをお米や玉子と一緒に瓶づめし、3日ほど置いた後にリゾットやスクランブルエッグにするとおいしいことなど、いろいろなことを聞いて、自分も中華風に調理しよく食べましたね。とても大きいものをシェフがいないからとポケットに入れたりしていました。いまだったら怒られますけど（笑）。

4倍規模のレストランオーナーになる覚悟

中村　楽しくて話がつきないので、「赤坂璃宮」に行くことになった話に移りましょうか。当時は僕にも相談がありましたが、譚さんの人生だからご自分で決断されたことに対して心より応援しますと話しましたが、そのときはまだ決断できず、いろいろと悩んでいたようでした。
譚　そうなんですよ。今だから言えますが、当時、「赤坂璃宮」の料理長だった周さんはテレビにたくさん出ていて地方公演なども多く、店にほとんどいなかったのです。オーナーが怒って、自分に調理現場を見てくれないかと依頼され、3年ぐらい厨房を見ていたのです。そしてある日、オーナーが周さんにやめてもらって店を売ると言い出しました。それであれば、私が引き取りたいと思いました。しかし、私の父親がレストランを5軒つぶしているので、母も兄貴も猛反対でした。両親はこんなよい店にいて、給料もよいのだから、オーナーにはなるなと。散々悩んだのですが、せっかくコックをやっているのだからと、オーナーになることを決めました。
中村　そうなんですね、やるとなればルビコンを渡る覚悟が必要なのだろうと思っていました。料理人としてまた、これからの人生に勝負をかけた決断に僕は尊敬の念を抱いておりました。当然ご両親としては、失敗したら大変だという思いがあったのでしょう。

譚　まったくその通りなんですが、周さんとは昔から仲がよく、周さんがコケたときは自分が助け、自分がコケたときは周さんに助けてもらっていいという関係でした。周さん自身も聘珍樓から誘われているし、息子が青山に「富徳」という店を出すので、その店も見なければならない。だから私が赤坂璃宮を引き継ぐということになったのです。しかし、どうやってやめるかを悩んでいました。

中村　ですから、最初にその話を聞いたとき、エドモントにどうしても譚さんを引き止める気持ちはありませんでした。何よりもまず譚さん自身の気持ちが大切で、それをサポートしようと思っておりました。

譚　自分としてはせっかくホテルエドモントの廣州でこれだけ勉強させていただき、廣州で自分自身がすごく変化し、料理長としての自覚が大きく芽生え、その恩義に対してそう簡単に辞めてしまってもいいものか、散々悩みました。でも最終的に自分がオーナーシェフとして店を持つ決断をしました。当時私もさまざまな方との出会いの中で、いろいろな仕事を受けてしまい、ホテルエドモントにも迷惑をかけていました。自分としてもそろそろ次の段階にステップアップする時期だと思ったわけです。しかしながら、赤坂璃宮は実際には廣州の4倍くらいの規模で500席もありましたので、これまた、どういうふうにやっていくのか悩みましたね。当時、観光バスを受け入れていましたが、それを断り、普通のレストランにするにはどうしたらいいかということです。

中村　いやあ後々僕も店に行きましたが、その大きさに驚き、譚さんもこれからどのように仕切っていくのか大変だなぁと心配したくらいです。

譚　運よくスムーズに進んだのですが、廣州の料理をそのまま提供したいという思いがあって、結局バス会社を全部断り、通常のレストランとしてスタートしました。でも半分は何も考えていなかったのですよ（笑）。気合だけでやっていたところがあります。兄にはすっかり見透かされ「お前は何も考えていない、計画性のかけらもない」と、散々怒られていました。

中村 でも、譚さんらしいですよ、なんとかなるというその思いはすごくわかります。とにかく、そのような厳しい状況の中では日々を必死に頑張るしかないのですからね。その気持ちは譚さんと共通するところであり、すごく分かります。また、当時はまだ右肩上がりの部分もあり、世間もそれなりに後押ししてくれる時代でもありました。しかしその後譚さんは、業界の中でもどんどん有名になってきました。当然リスクも大きかったでしょうが、その分、譚さんの人柄に皆も協力してくれたのでしょう。なんとか成功してほしいとそれだけを願っておりましたね。

譚 でも、何回も言うようですが、本当に中村シェフと知り合ってからですね、自分の人生が動き出したのは。そして信じられる同志として料理作りに目覚めたのもそうです。

中村 譚さんは、日ごろ雄弁に語る方ではありません。でも、言葉は少なくとも気持ちはよく理解しておりました。少々照れ屋で自分をカモフラージュするところがありますが、本当はすごくピュアで男気があり、部下に対する思いやりもどれだけのものかを、僕はよく知っております。ですから譚さんのような料理人に知り合ったことは僕にとっても宝です。年も同じですし、廣州がオープンしたころのホテルエドモントはみんな頑張っていて、いわば本当の同志でしたし、今後もそれは変わらないでしょうね。

譚 そうですね、私は京王プラザホテルに10年いましたから、なんとなくサラリーマンっぽくなっていました。そのときに中村シェフに知り合ったのですが、シェフは本当の職人で、考え方が違うのです。例えばエゾジカをまるごと一頭仕入れ、全部バラしてそれぞれの部位で料理を作り、売ってしまうとか。当時はそんなシェフはいませんでしたし、すごい人だと思いました。私は職人気質が好きなのですが、和食の料理人にはたくさんいますが、フレンチのシェフで職人気質の方に会ったのは初めてでした。フレンチのシェフは京王プラザホテルでしか会ったことがありませんでしたから。どうしても会社が大きいと、10年もするとサラリーマンになってしまいます。私は中華街の出身でどこかわがままなところがありましたが、中村シェフとはすごく気が合ったのですよね。

中村 僕はパリで倒産寸前のレストランのシェフとなり、そこで、のたうち回る経験をしていましたから、どんなものでもチャレンジできたと思います。ホテルの組織に守られているレストランはダメで、常に街場のオーナーシェフのレストランと同様に日々を必死に向き合ってこそお客さまから信頼が得られると思っておりました。その気持ちは今でもまったく変わりません。

譚 まあ僕らの仕事は、結局はおいしいものを作るだけだと思います。私にはそれしかできませんから。

中村 そう、基本はそこですから。要するにお客さんにいかに喜んでいただくか、それがすべてであり、そこから次につながっていくものだと思います。

譚 私は経営も下手ですし、よく周りの方々に怒られるのですが、でもよい食材を使ってお客さんにどうお出ししようかだけを考え、ほかのことはあまり考えていないのですよ(笑)。

中村 本物の職人の本質はまさにそこにあると思います。譚さんの食材へのこだわりは半端ではないし、来るたびに新しい発見があります。まあ世の中にはグランシェフと言われている方々が多くおられます。その中で、本物に共通していることは素材に対する情熱と、その愛情の深さですね。また、それらの方々は、調理技術の基本を理解されておられますので、その素材の扱い方、表現力が素晴らしいです。それから赤坂から銀座に、2号店を出すときはどうだったんですか?

譚 実は、半分冗談で赤坂に店があるけど、銀座にも店があったらかっこいいなと、折々に言っているうちに話が決まってしまったのですよ(笑)。

中村 日本を、東京を象徴する銀座に、自分の城を築くというのは、それなりのステータスと言うか、ご自分の中に何か大きなものを、感じていたことがあったのでしょう？

譚　そうですね、いまだからこそ本音を話しますと、若いころ新橋に勤めていたとき、銀座に遊びに行くことにすごくあこがれていました。子供のときから、一回ぐらい銀座に店を持ちたいとも思っていました。最初にその話があったとき六丁目の交詢社ビルすら知らなくて、人に調べてもらったら、とんでもないビルなんですよね。だけどなんとか入れてもらいました。まあ運がよかったのだと言うしかありません。

中村　運は誰にでもあると思いますが、それをモノにできるかどうかは本人次第ですよ。だけど銀座で店をやっていくにはそれなりの苦労もあったでしょう。なにせ一流のお店がひしめき、いわば、食のるつぼですから。

譚　そうですね、まあ自分が入院したり、いろいろとありました。目の裏側に腫瘍ができて、それを取りましたが、あのときはチラチラやばいなぁと思いました。スタッフや家族にもいろいろと心配をかけ、苦労させてしまいましたが、でも結果的には良くなり、本当に自分は運がいいと思いました。みんなに感謝です！

変化する時代の中で、
いかに本質を保ち、表現するか

中村　さて、すこし話題を変えますが、日本における中国料理や、フランス料理、イタリア料理などもそうでしょうが、料理は時代と共にどんどん変化してきています。そうした時代の背景の中で、必

然的にその進化の中身が常に問われることになります。その点、今日の中国料理の変化に対して譚さんはどのように思われていますか？

譚　中国料理も昔と違って、洋食や和食の考え方をうまく取り入れるようになりました。しかし、私自身はあまりそういうのは好きでなく、食材をいま風に生かしておいしく提供できる環境を作ろうとしています。良い食材をお客さまに食べてもらうにはどうしたらよいか、それらを中心にみんなと話し合っています。

中村　僕もそこのところは同感です！当然今の時代、和洋中それぞれに感化し合い、影響し合うことは言うまでもありません。ひところ、ヒュージョン料理という言葉と、それらをテーマにした料理がもてはやされたこともありました。いかなる時代も大切なことは、自分たちの料理の本質をいかに保ちながら、進化につなげていくことだと思います。要するに変化の中で、本道から外れないということは、常に心すべきだと思っています。

譚　そうなんですね、私も和食やフレンチの仕込みなどを取り入れたりしていますが、中国料理らしく提供することをずっと心掛けています。和食やフレンチの料理人たちと知り合うと、仕込みや考え方がぜんぜん違うのでとても勉強になります。

ホテルエドモントに行ってから、中華だけの世界からだんだんはい出て、フレンチ、イタリアン、和食のシェフたちと知り合いになれたのは、みんな中村シェフの紹介ですよ。落合さん、北島さんなど。自分がイタリアンを食べたいと言うと、落合さんがいるから行ってこいとすぐ電話してもらって行ったり。そしてイタリアンが好きになって、イタリアンで使う食材のトマトを好きになって。中国料理のエビチリにドライトマトを入れたら面白いんじゃないかと試してみたり。落合さんのところで食べたカッペリーニのトマトがおいしかったものですから、それを応用して。落合さんからドライトマトを一晩、油につけてみそをかければソースになるぞということを教えてもらい、生のトマトとドライトマトをミックスして中華風にソースにしてみました。だからイタリアンを食べに行かなかったら、うちのエビチリはないのです。みんな知らないけれどエビチリに生のトマトとドライトマトが入っているんです。そこに深みが表現できるんですよ。

和食なら取れたばかりのタケノコをどうやってもどすか。中国料理の料理人は下手だからアクを残してしまうのです。それを、新鮮なタケノコなら糠（ぬか）だけで、もっと新鮮なら真水だけでいいよ、と和食の人から教えてもらって。そうやって戻してから中華料理で炒めるからおいしいのです。このようにエドモントに入って、いろいろなコックさんを紹介されたからこそ料理の幅が広くなったと思っています。

中村　僕もまた、譚さんに日本の中国料理を代表するビックシェフたちを紹介していただき、中国料理の深さというものを知り、同じ料理人として多くのものを感じさせていただきました。それと、譚さん自身が日ごろより日本各地や、香港などあちこちに行かれ、さまざまな食材を持ち込んでおられます。例えば昨年の晩餐会でびっくりしたのは見事な巨大な生きたシャコでした、あれは日本に初めて持ち込んだんではないでしょうか？

ハクビシンに猛毒コブラ、タヌキも高級料理にしてしまう

譚　そうですね。中国でシャコを仕入れて来ましたね。ベトナム沖でとれた特大の活シャコから、タ

ヌキから猛毒のコブラなどみんな持ってきてしまうんですよ。

中村　でも今はとてもできませんね（笑）。空港に犬がいるし、持ち込み食材の食材に対してものすごく厳しくなりましたから、もう無理です！（笑）

譚　そうですね、今やそういうことは許されなくなりましたし、できません。時代は当時12kgの生きたスッポン2匹、25kgをキャリーバッグに入れて持って帰ってきたこともありました。そしてスッポンの賞味会なんてよくやりましたね。そんなのエドモンドからですよね。あそこで感動を覚え、もっと良い食材、もっと新しい食材、本物の食材を使おうと。お客さんがヘビを食べたいと言ったら、「分かった、蛇買ってくる」と。そして向こうに行って食べて、さばき方を教えてもらって。ハクビシンだったら、6個目の背骨から包丁を入れると尿管が傷つかないから臭みが出ないとか。だからネギやショウガを使わなくても臭みがないのです。いろいろなこと聞いてきました。でも、中村さんの言う通りとても今は無理ですね。

中村　ヘビのスープを譚さんに初めて作ってもらって、食べさせていただきましたが、まずとっても美味でびっくりしたものです。そしていろいろなことを教えていただきました。例えば蛇のスープに菊がつきものです。スープに菊が散らばっていたら蛇だと思え、ということなど、興味深かったですね。

譚　ヘビのスープに黄色い菊を乗せ、毒があると菊が黒くなると言われています。味にも影響するのですが、たいがい菊とお酢とコショウがついています。

中村　最初は恐る恐るだったけど、料理人はなんでもまず、食べてみるものだと思います。後で食べてみることの尊さをしみじみと思ったものです。

譚　蛇の会があるんですよ。イタリアンレストラン「テストキッチン」のオーナーシェフの山田宏の蛇の会、あとグルメライターの森脇慶子さんのグループも蛇とか鳩だったりしてね。

豪華さだけでは本物を納得させられない本物である必要性

中村　そうそう、中国料理の鳩って素晴らしいです。フランスから有名なブレス産の鳩が日本に入荷し始めたころ、すぐ譚さんのところに持って行きましたが、でもやはり、中国産の鳩じゃないとダメだったみたいですね。その土地の風土と料理を思えば当然だなぁと思い知らされたわけです。やはり中国料理の鳩だからこそその料理ができるわけです。なんでもいいというわけではありませんでした。

譚　フランスの鳩は羽をローラーで巻いて取るのですが、中国料理ではお湯で取ります。お湯で取らないと揚げるときに油がはねてしまうんです。フランス料理で使う鳩は羽を抜くときにちょっととろうが入っているのですよね。

中村　たしかにブレス産の鳩など、そのような方法で手作業で一羽一羽、羽と産毛を抜きますが、でも徹底的に品種が違うことです。胸肉の厚さや、肉そのものの風味が違うし、それなりの調理上でのさまざまな工夫が必要で、そのままというわけにはいきません。

譚　そうそう、餌とか大きさとかあるからね。来週また鳩を買いに行くんです。

中村　そうですか、ついていきたいな。鳩はアラブも含めて世界中で食べられていますが、でも、日本料理ではうずらは使うけど鳩はあまり使いませんね。山鳩は別でしょうけど。僕は中国料理で鳩に下味を入れ、一晩風にあて、影干しして調味したのち、熱い油を何度もかけて仕上げるあの独特の料理は最高にうまいと思っています。ほかに中国料理ではどんな料理方法がありますか？

譚　有名なものでは、鳩を丸ごと岩塩で包んでから、蒸し焼きにする料理方法があります。また広東料理ではスライスした鳩と中国生姜（ガリ）を炒める料理方法もあります。昔のままの料理を継承している店と、新しい店の両方で食べるのですが、新しいところはキャビアやトリュフなどを使いながら、おしゃれな盛り付けです…。

中村　まあそれだけでお金も取れるし、一見豪華さが表現できるけど、でも本物の食べ手を納得させられるかと言えば、少々疑問を感じます。

譚　そうなんですよ、それはそれで地元で人気があって売れているのですが、自分たちは人間が古いからそういう料理を目指してはいなくて、昔ながらの浮き袋とかアワビを探してきます。そしてソースをちょっといま風にするとか、戻し方も昔と少し変えるとか。やはり料理は新しくないと、お客さんが来てくれなくなりますから。

中村　当然料理は日々進化しているわけです、昔のままというわけには行きませんから。そのへんのポイントをどこに持つのかが、とても重要ですね。でもそういったものは常々意識し、持続して考えていないと突然天から降ってくるわけではありません。自分の料理方法にもそれなりに自然と自分なりの哲学みたいなものが備わってくるものだと思います。

譚　そうそう、まあ自分のことを一言で言えば、「古いのだけれど、新しさを出す」。

中村　うーん、譚さんはいいこと言いますね、なんの飾り気もない本質そのものだと思います。そういうことですね。常々お客さまからも求められているのは、「温故知新」を尊びつつ、そこに新しい技法をいかに融合させるかが大切ですね。あと一つは和洋中すべてに言えることですが、現代の料理は野菜をうまく取り入れています。まあ現代では健康が食のキーワードとなっています。同じベジタリアンでも、ビーガンまでさまざまで、とても奥が深いです。それだけ野菜料理の世界はとても進化し、野菜だけでメイン料理となりえる時代となりました。

譚　そうそう、いまでは農家さんも野菜をいかにおいしくするか、みんな研究していますね。それにはやはり現地に行って相談して、「それをください」というのを繰り返すしかないです。今回、鹿児島や四国に行ったのですが、野菜も素晴らしいですが、中国でとれる魚もいっぱいあります、特にナポレオンフィッシュなど見事なものです。また、サラサハタ、アサヒカニ、セミエビですね。鹿児島は何でも入ります。沖縄と石垣島の船が寄ってくれるし、さらに四国の船も寄ります。ですからすごく食材が多いんですよ。市場を見てこんなに食材があるのとびっくりするくらいです。自分も市場が大好きですから年に一回は鹿児島の市場を見に行っていますが、今回アサヒガニが見事でした、これはソースがおいしいのですよ。

中村　ありがとうございます。私は鹿児島出身で、薩摩大使を拝命していますが、それだけに常々、鹿児島の食材の良さをアピールしています。誇張するまでもなく、鹿児島は野菜、魚介、肉類と、すべてにバランス良く、立派な良い食材があります。特に1月末から2月初旬になると、薩摩富士と呼ばれるかの美しい開聞岳のふもとから、日本で最初の見事なグリーンピースや、モロッコいんげんが全国に出荷されます。そこの風景にたたずむと、しみじみ食材の豊かさを感じます。ここでその食材を一つ一つ上げたいのはやまやまですが、やはり食材の豊かさ、良さ、というものはその地方の風土の豊かさにつながると同時に、そこの生産者、また、住む人々のあくなき食へのこだわりの深さもあります。

譚　あと私は鶏も気に入っています。風味にコクがありますね。本当に食材では九州はすごいところですよ。行く度に新しい発見もあり、とても楽しみです。

中村　僕らの仕事は最終的には食材との出合いですから、その点、譚さんの日ごろの行動力には、尊敬します。こうした行動は、いかに継続し、いかに実行するかが大切で皆思っているでしょうが、なかなかできるものではありませんよ。

一流の料理を食べるという自己投資をしているか

中村 さて、最近息子さんが折々にテレビに出ておられますね。

譚 どうしてもというときは自分が出ますが、テレビや本の取材など、できるだけ息子を優先させようと思っています。やはり商売だから多少は出ないとね。

中村 それはオーナーとしての心得だと思います。まず、店を知ってもらうために、また、本人がそこから多くの経験を積みながら、成長されていくでしょうから。

譚 それよりも今はいかに食材を生かしながら、また、調理場のコックを大事にしつつ、どうやって教育するかを常に思っていますね。

中村 僕らの時代は、自分が入った道はこれしかない、という思いがあって、少々なことがあっても自分の仕事にしがみついてでもやってきたものですが、今の若者が意外と淡白で、まだ自分が育ってないうちに職場を変えたり、転職してしまいますが、なんかとても残念に思います。それだけに職場での育成といったものがとても重要となります。

譚 そうなんですよね、自分の場合も、コックになったら死ぬまでコック、ほかのことは考えません。違う職場を考えない。だから自分たちのこの職をいかに大事にして、いかに若い人に教えていくかを考えています。そうでないと若い人がおいしいものを作れません。また、自分たちももちませんからね。いかにおいしい料理を若い人に作らせるかがこれからの課題だと思いますよ。

中村 それがためにも、僕らは作るだけではなく、一流のシェフが作った立派な料理を折々に食べることがとても大切ですね。このことは自身への自己投資につながることであり、習慣として持続しなければなりません。その点、先程も言いましたが、譚さんは昔からあちこちに食べに行かれております。

譚　息子にも従業員にも言うのだけれど、食べなければ味は分からない。はやっている店を舌で覚え、味の基準が分かるようになるから、おいしいものを食べなければならないということです。作り方もあるけれど舌で覚えないと。イタリアンでも和食でもなんでもよいので、おいしいもの食べてね。冗談で言うのですが、犬でも猫でもおいしいものを食べると缶詰を食わないんだよと。おいしいものを食べると小脳で覚えるから、いいから食べろと言っています。女の子を口説くときはよいレストランでよいものを食べさせるとすぐに口説ける。まずいもの食べさせるから口説けないんですよ。

中村　とても大事なことです(笑)。最近はどんな店に行かれていますか?

譚　一昨日行ったのは、「鈴田式」と言って本店が「肉匠 堀越」というレストラン。本店は鉄板焼のお店ですけど、こちらは和食のコースで牛肉を含む5~6品を薪(まき)で焼くんですよ。薪で焼くと炭で焼いたときより、柔らかい仕上がりになるとお店の方が説明してくれました。

中村　炭はより高温で、薪の炎は柔らかいということは、うなずけますね。しかし、そこで焼くときどんな違いがあるのか、そこが興味深いところです。

譚　「鈴田式」のオーナーは末富さんといって、お肉一筋で「肉匠 堀越」のオーナーでもあり、また和食の経験もあるようで、椎茸とか鮎を焼くんですが、メインは当然牛肉ですね。ただ同じ牛肉なのに、このお店と本店の「肉匠 堀越」のお肉は食感が違うね。

中村　それは実に面白い。また、食べてそういうところが明確に分かる譚さんもさすがです。

譚　だいたい8割の料理は薪で焼いています。野菜も魚も肉も。目の前で焼くのです。6人しか入れないのですが、できたばかりだからと4人しか入れない。結構真剣にやっているので、まだ技術が伴っていないから4人しか入れないと言っていました。

中村　遠い昔、われわれの先祖が、火というものを覚え、捕った獲物を木の炎で焼いて食べるという行為は今までとまったく違う味覚を得たことになります。そこで大きな食の喜びにつながったと思います。そこらへんから人間は、味覚というものが発達してきたのでしょうね。最もシンプルな調理方法でありながら、とても奥が深いものだと思います。

譚　そうそう、まったくそのとおりだと思いますね。昨日は和食「みかく」へ行きました。スタッフは以前「京味」の西さんのところにいた弟子たちです。若いのにとてもよい料理を出します。昔の京味のお客さんたちも来ていて、これからどんどんいい店になるのだろうと思います。

中村　いやあ、譚さんは本当にえらいです。単に食べるのではなく、何かしら自分自身に大きな手応えが感じられる店を探し、食べ歩くには、日頃よりそれなりの情熱がないとできないものでしょう。

譚　いやいやそんなに大それたことではなく、ただ単に好きであちこち食べ歩いています(笑)。和食の「新ばし 星野」のところも年に4回ぐらい行ってますし、その星野さんが修行していた西 健一郎さん(2019年7月に逝去)の「京味」には、大昔ですがエドモント時代に年1回はお邪魔していました(2019年12月に閉店)。今、東京は、フレンチがすごいですね、新しいお店がどんどん増えています。

広東料理の神髄は、医食同源の薬膳スープ

中村　ここ何年か、都内の有名レストランでシェフをやっていた方々が、次々にオーナーシェフとなり、自分の店を構えています。東京のフランス料理店も、だんだんパリに近づきつつあり、とてもいい状況になってきています。そうそう、せっかくの機会なので、譚さんに聞いておかねばと思ったことですが、中国料理には広東、上海、四川、北京など、その地域によってさまざまな流儀がありますが、広東料理の神髄とはどんなものですか？

譚　難しいですね、大ざっぱに言うと上海料理はしょうゆと砂糖で甘い、広東料理は〝淡〟と言って味が薄い、四川料理は辛(ラー)と言って辛い、北京料理はしょっぱいとかね。スープを大事にするのが広東料理かもしれないですね。特に上湯(ショントン)と例湯(レイトン)の二つをうまく使い分けているのです。上湯(ショントン)とは各店舗で作っている料理用のベースとなるスープで和食での一番だしのような感覚で使用しています。例湯(レイトン)とは広東料理界での独自な表現で、直訳すると「本日のスープ」という意味ですが、ただ通常のレストランでランチ用の本日のスープとしして日替わりで提供されているものとは意味合いが違い、広東料理のベースなっている『医食同源』の考え方をもとに作られた薬膳スープです。お店のオーナーが気に入れば、本日のみならず、一週間または一ヶ月と期間にこだわらず使用されていますよ。

中村　その昔、邱 永漢氏の『食は広州に在り』という本がベストセラーになりました。その邱さんが昔僕がシェフを務めていたころのフォーグレインを貸し切って、誕生パーティーをやっていただいたことがあります。食通の錚々たる方々がおいでになり、とても緊張したものです。また、スープはいみじくも、辰巳芳子先生が「いのちのスープ」を表現され、長年のご活躍で広く知れわたることになりましたが、スープは赤子からお年寄りまで年齢に沿って最も人間に優しい食べ物であると思います。それだけにとても奥が深い！

譚　そうなんです、中国料理も上海は上海のスープがあり、各地にそれぞれのスープが作られていますね。

中村　なんと言いましたっけ？あのお坊さんが垣根を飛び越えてきてでも飲むスープと言われている。

譚　ファーチュージョンですね。

中村　そうそう、あのスープを初めて譚さんに作ってもらったとき、なんとリッチで、奥深い風味のスープだろうとびっくりしたものです。

譚　あれは本当に中国料理を代表するスープで、かつ、滋養強壮にとてもよいです。高価乾物などがたくさん入っています。そして、時間をじっくりかけてつくります。当店でも人気があって、中国の方も食べに来ます。3万5000円のものを、12人来られて12個ほしいと。まず、そのスープを注文してから料理を注文するからと言って。当店では特にスープを大事にしているので、だんだん人気が出てきていますね。白菜だけのスープや乾物がたくさん入ったスープも喜ばれます。スープのいろいろな出し方を考えていますね。あとは梁さん（香港出身で、15歳から焼き物一筋の赤坂璃宮の焼物調理師）がいるから、チャーシューですね。チャーシューはもともと広東料理にしかなかったものです。チャーシューという言葉自体が広東語。チャーは串のことでシューが焼くという意味。チャーシューは広東料理の命みたいなもので子豚を焼いたり、ハトを焼いたり、アヒルを焼いたり。ガチョウを焼くのも上手です。当店ではガチョウと子豚のチャーシューを用意しています。

中村　もう何年たちますかね、エドモントで譚さんの還暦のお祝いをやったとき、このチャーシューとして、鳩と子豚の丸焼きをびっくりするくらい用意しましたね。あのとき梁さんがエドモントの駐車場の横で炭を起こして、汗だくになりながら子豚を焼いているのをちょこちょこ行って見ていたものです。

譚　そうそう、梁さんはすごいです、子豚一匹20分で焼いてしまうんですよね。本当のあれだけの焼き物の名人は日本にいないと思っています。

中村　本当にそのとおりですね。しかし、考えてみれば、譚さんの廣州がオープンした頃、梁さんが来る前のことですが、すでに譚さんは焼きものにすごく力を入れていましたね。

常に変えていく精神はあるか

譚　９０年代、スー・チービブといって、薄く切って美的に大皿に盛り付ける、鳳凰前菜とかやっていたときに、いつの日か中国の広東料理の職人を連れてきて、チャーシューとかアヒル、ハトを皮ごと焼いてダンダンダンと切って出そうと思っていました。そのへんから前菜もだいぶ変わりましたね。ホテルエドモントに入ったときにまず、前菜を変えて、スープを変えて、そしてデザートも変えました。なんといっても杏仁豆腐ですね。京王プラザから来たときにデザートを変えなければと思って作りました。あのころサイコロ状に切った杏仁豆腐が動いちゃうんだよね。ペストリーの石田さんに、生クリームを入れて上にちょっと果物を飾るのが希望だと相談したら、ゼラチンや生クリームの使い方を教えてくれて。自分たちが作ると分離してしまうのですよ。そうしてできたのが杏仁豆腐で、エドモントでやった杏仁豆腐が今は全国に広がったんです。これは中村シェフと石田さんがいなかったらできなかった。

中村　あのころの杏仁豆腐はどこも似たようなもので、少し硬かったですね。実は、フランス料理を代表するデザートに、ブランマンジェというものがあります。同じ、アーモンドの濾汁（こし）の風味を生かしたものです。そのことを譚さんから伺ったとき、当時、パティシエのセカンドシェフをやっていた、石田さんに話をして、協力してもらい、出来上がった杏仁豆腐でしたね。

譚　そうそう、石田さんに協力してもらってできた杏仁豆腐をメニューに載せたら、あっという間にお客さまに評判となり、そして、「ハナコ」に載ると近所の女学生が杏仁豆腐だけを食べに来てくれるようになって。それから売れましたね。そうしたらレシピをくださいと言われて全国に広まった。黒ごま団子も、黒ごまがはやっていたので、それをすって練って団子にしたら、エドモントで大当たりしました。団子も杏仁豆腐も生クリーム料理もエドモントで練習して、いまだに、赤坂璃宮のベストセラーになっています。

中村　料理の最後のシメはやはりデザートですから。また、ちょっと話は変わりますが、当時譚さんはニチロなどの商品開発も手掛けられておりました。少々高値ですが、とても美味で、あれだけのものを一つの商品化にするまでは、なにかと大変だったのでしょう。

譚　京王プラザホテルに勤めていたときに、たまたま知り合いだったニチロの方が食べに来られ、「うちの冷凍のシュウマイがまずくて売れないからちょっと直してくれ」と言いだしたのです。その後、ニチロの役員が「工場に行って一回見てくれ」と言うので行ってみました。そしてやっているうちに毎週来てくれというのです。でも当時、自分は京王プラザのサラリーマンで、本来アルバイトはしてはいけませんでしたが、有給休暇を使ってまあ何とかやれた時代でしたからね。

中村　そうそう、そういう時代でした。休日に先輩から頼まれたりして、若い料理人もアルバイトが可能な時代でもありました。

譚　自分は豚の肉を機械ではなく包丁でキレイにカットし、よく洗うとか、衛生面でも手抜きせずに丁寧な仕事を心掛けています。血がいっぱい入っているので一回洗い、血を出してからもう一回絞って。でも切って、ミンチにすると繊維がつぶれてしまう。子供のころ見たシュウマイは包丁でたたいてミンチにしていました。なので、工場でもそうするように指導しました。洗った肉を冷凍してスライスし、サイコロにして包んだ。肉の食感を出すためにひき肉でなくあらびきを使って。すると大当たりしたのです。

そして自分の会社を作ってなんとかしなければならないということになってきちゃって。ちょうどそのころ私も帰化して中国人から日本人になったときに、女房の名前の岩渕になったのです。会社は岩渕の登録で、譚というのは消えたのものだから「譚企画」でもつくろうかなと思っていたのですが、会社に所属していると、ややこしくなってきます。いやあのころは多くの方々に迷惑もかけていました。でも、いい人ばかりで本当に助けられましたね。

土地独自の食材と、生産者との出会い

中村　まあ、当時はいい時代でしたよ。それになんと言っても、譚さんの人柄です。協力をせざるを得なかったんですよ。あれからいろいろな時代をくぐりぬけてこられました。身体さえ元気なら８０でも９０でも働ける時代になってきましたから。譚さんはまだ先が長いですよ（笑）。息子さんもこれからですし、まだまだ現役で頑張ってもらわなくては。これからの１０年をどうしたいと考えておられますか？

譚　そうですね、いつのまにか自分も７７歳です。息子には早く店を軌道に乗せて、自分を引退させろと言っています。でも前よりもちょっと自由になって食材を探す時間が増えましたから、もっと店に貢献しようと思っています。あとは息子に任せようと。自分はよい食材を見つけ、料理長と息子に与え、どのように料理にしていくのかを見ていきたいと思っています。

中村　いいですね。地方に出かけていくためには足腰もちゃんとしていなければなりませんが、地方に行くとその土地の独自の貴重な食べものにありつけ、生産者と巡り合い、一つの絆を育てていくことができます。とてもやりがいがありますね。

譚　そこが楽しみの1つですね。来週は香港、再来週は沖縄に行く予定です。沖縄の食材でイベントやってくださいという話をいただいたり、11月は三重と愛知の食材でイベントを開催するのですが、間に入っている人がいてあちこち連れて行ってくれるのです。青森や九州に行ったりね。青森ではとれた鮑を全部買うから。こういうのをもっとしたいんだよね。現地に行くと食材がすごくいいので。

中村　日本も北海道から沖縄まで、風土も気候も違うし、その土地ならではの食材があって当然ですが、でも自分の足で現地に出向いてこそのことのことでしょう。

譚　その通りです。でも一つだけ残念なことは、地元での旬は2週間で終わってしまうものがたくさんあります。

中村　そうそう、よくそのようなことを耳にしますね。一瞬で旬が終わってしまうから、うかうかできないと。だからこそ、そこに価値が見いだせるのでしょう。

セオリーや古い考えを捨てられるか

譚　青森の佐井村は青森県下北半島の西側に位置し、津軽海峡に沿って南北を底辺とする細長い三角形のような形をしています。細長い海岸線の理を生かした漁業と観光を生業とする本州最北の村です。トゲクリガニは春に旬を迎え、シャコとならび、青森の花見には欠かせないものです。味は毛蟹に似ていて旬の春に採れるものには濃厚な蟹味噌が詰まっており、他の蟹では味わうことのできない極上のものです。それをソースにする。そしてフカヒレに合わせるのですが、絶品です。これは当店でしか使っていない食材でしょう。鮑を見に行ったときに、運良く出してくれたものを食べたらあまりにもうまさにびっくりしました。また、高知では取れたての柚子の絞りたてを毎年3本送ってもらって、赤坂本店の点心で使っています。地方に行く度に、さまざまな食材が見つかるんですよね。1泊、2泊して現地の人と酒を飲んだりしゃべったりすると、このあいだも和食の戸村と蟹を食べに行ったのですが、炊いているスープに地元の甲殻類のいろいろなものを入れている。干したエビやカレイなどのスープで蟹を炊いているからうまいんですよね。普通の味とは全然違います。

中村　われわれには調理に対し、一つのセオリーがあって、こうしなくちゃならないというものが足かせになる場合もあります。土地の人々はその点、折々の季節の変化の中で、自由な発想で、知恵をほどこし、すごいものをごく自然に作りだしてしまう、それらに巡り合ったときわれわれは、ドキッとさせられてしまうわけです。

譚　そうなんですね。私のよく行く「和食と村」（虎ノ門にある京料理のお店）ではそのスープを買って、冬になるとそのスープをもとにして蟹を炊いています。それまでは普通に蟹を提供していたのですが、それを食べたらあまりにもうまいので、厨房を見せてもらうと、蟹を炊いている釜に干したカレイを入れていたのです。しかし、これだけではなくエビの頭なども入れ、スープが腐らないようにそっと炊いているそうです。

中村　なんだか極端にいいますと継ぎ足し、継ぎ足しで作られる有名なうなぎ屋のタレとか、やきとり屋のタレみたいなものですね。

譚　まさにそうなんですよ。そのスープは自分で作れないから毎年12L売ってくれと。だからあそこで蟹を食うと一人10万円ぐらいかかってしまう。それは取りすぎだと怒っているのですが。今度行きましょうか。暮になると毎年食べに行っているので。このあいだは1.3kgの鮑の芯だけ麻雀パイぐらいの大きさにしてまわりを天ぷらにして一番硬いところをおろして、鮑のとろろにしてご飯にかけた。そうしたら一人7万円取られました。でもね、食べてみると納得するのですよね。

中村　そういうのを語れる料理人は、そうそうおられませんよ。譚さんは食の評論家が語れない、もっとその先の奥深い部分をさりげなく語ってくれますが、そこに譚さんのすごさを感じます。

譚　いやいや、そこまでは（笑）。でも、いろんなことで戸村さんと付き合っていると、うちの梁さんが大好きで、和食なのに鶏を一羽ごと焼いて、梁さんを毎週のように呼びつけて教わったら今度、自分風に和風に焼いて目の間でほぐして出している。山鳥とかそういうのを焼いている。鮎も青森の鮎しか使わなくてね。

中村　どこが違うのでしょう。

譚　世界遺産の山の人里離れた川で鮎を取って、3日間川の水で泳がして、〆（しめ）て真空冷凍にして送ってきます。

中村　自然に囲まれた、素晴らしいコケで、育っているからこそでしょう。僕も学生の頃故郷の川に潜り、鮎を獲っていましたが、なんといっても、香りが違います。また、高校時代は遊びではなく、本格的に海に潜っていました。タコや魚を捕ったときの醍醐味、鮑を見つけたときの胸の高まりなど、今でもよく覚えています。譚さんは、いろいろな情報を集め、実際に出向くことで、そこからまた新しい情報が得られるのでしょうね。その行為の尊さと、喜びは本人だけが知るもので、おそらく第三者には分からないでしょう。まだまだずっとこのまま語っていたいところですが、とりあえずここまでにしましょう。今回は奥深い話を沢山いただき本当にありがとうございました。譚さんのますますのご活躍を心より祈っております。

【対談後記】

日頃、譚さんは多くを語る方ではない。しかし、内に秘めたる情熱はとどまることはない。若い頃から時代の荒波のもまれつつも、自分を見失うことはなく、多くを吸収し、自身を高められてこられた。この積み重ねはとても尊く、強靭なものだ。料理人として、まず良い食材を探し求める。同時に真っ当な料理人が作る美味なる料理を食し続けられてきた。このシンプルな行為こそが譚さんの原点である。正直で飾らぬ人柄故に多くの人々に慕われているが、料理長としての視野の広さとスケールは、やはり中国の血を持たれているだけに大人としての風格が漂う。この対談はまだ新型コロナウィルスが蔓延する以前に行なわれた。今日、この猛威は衰えることなく、世界中が厳しい状況下にある。日本では緊急事態宣言が解除されたものの、この7月8日現在、東京都では5日連続で100人超えの感染者があり、再びの緊張が高まりつつある。私どもの食の業界では、コロナ禍での新たな在り方、仕組みといったものが大きく模索されてきている。譚さんにはその優れた指導力を発揮され、ますますのご活躍を心より祈りたい。

PROFILE. 大学卒業後、渡欧。ドイツ、スイス、フランスのホテル、レストランで修行。フランス料理界の重鎮、故アラン・シャペルに日本人として初めて師事。帰国後、１９８１年、宇都宮にてレストラン「オーベルジュ」を開店。フランス料理店のほか、レストラン・バー、デリカショップなどを経営。そのほか、親と子の料理教室や高校で料理を教えるなど“子供達の食”をテーマにした活動や、地場の産物を使った料理の開発、県の農政委員を務めるなど、地域の食環境のためにも活動。

外国への憧れと自立への夢
サービスや料理の世界への興味が
開花する

オトワレストラン　オーナーシェフ　音羽 和紀 氏

【2021年3月26日号、4月23日号、5月7・14日合併号掲載】

中村　初めに、なぜ料理の世界を目指したのか、料理人になったきっかけについて話していただけますか。

音羽　父親は栃木県庁の農政の公務員、母親は家庭の主婦でした。私は男三人兄弟の末っ子で、家族のためにきちんと料理と作ってくれる母にくっついて、台所の手伝いもしていました。

勉強にはあまり興味が湧かず、将来何をしたらよいのかを考え、結果的に料理人というよりは店を出したいと考えていたのです。そのためにはまず、料理ができないと話にならないだろうと。話を少し前に戻すと、ぼくは幼稚園に入るくらいの年頃から昆虫採集に熱中し、昆虫といえば地元では名前が上がるぐらい有名だったんですよ。小学3年生からは宇都宮大学の昆虫愛好会に所属し、小学6年生のときには生涯、昆虫で生きていきたいと思っていました。中学生になると外国に憧れを持つようになり、片っ端から洋画を見始めました。いろいろ見ていくうちに、映画に登場するクルマがすごい、ファッションがすごいなど感銘を受けて、ますます海外に興味を持ちました。さらに高校に入ると、海外にいくために具体的なことを考えはじめていって、身を守るために武道も始め、高校、大学と空手をたしなみました。同時に叔母が生け花教室を開いていたので、せっかくだから何でも覚えておこうと、生け花も始めました。映画の中のクルマやファッションを見ながら、いつかはそれらを手に入れたい、海外に行きたい、仕事で自立したいと思ったのが、料理人になるきっかけだったのです。

中村　外国の映画に出てくる食事のシーンなんかにも感化されたのでしょうか。お母さんの食事作りに対する姿勢が音羽さんの料理人としての原点にあるのかもしれませんね。

音羽　母親が料理を作っているときには隣でつまみ食いをしたり、自然に料理に接していたのだと思います。生け花もやっていましたし、料理イコール女性の仕事という認識ではなく、身近に料理がありました。

中村　そうした経験と家庭環境によって実際の料理づくりに影響するでしょうが、具体的に料理の道に行こうと決めた理由はなんですか?

音羽　海外へ行きたいということ、仕事で自立したいという思いから料理人になりたいと思っていたのですが、周りに料理人やフードビジネスに関わっている人もいませんでした。そんな中、大学時代にフレンチのシェフに会う機会をいただき、「料理人になりたいのですが、どのように進んでいったらよいか」と尋ねたところ、シェフの顔色が変わりました。自分の将来をどうすれば高められるのかを、いきなり聞いたのですから、生意気だと思われたのでしょう。１９６０年代後半ですから、まず皿洗いをやってから来いという話ですよ。フランスに修行に行くにはどうしたらよいかも本で調べましたが、近づきたくてもなかなか近づけない世界だと感じました。そこで、まずはお金を貯めるために、大学時代はさまざまなアルバイトに就きました。最初はフードビジネスではなく、体力勝負や一人で動ける職種からはじめ、大学4年のとき初めて軽食喫茶でウエーターのアルバイトに就きました。小さな店でコーヒーやサンドイッチなどの軽食をサーブしましたが、やっていてとても楽しく、面白く感じましたね。

中村　食のサービス業はまずお客さまにいかに気持ちよく過ごしていただけるかが基本となりますが、楽しさということは接客の面白さですか?

音羽　そうです。料理を作るだけではなくて、サービスやその世界そのものへの興味が開花しました。その前に十数種類のアルバイトを経験していましたが、それをもってしてもサービス業が自分には合ってやっぱりこれだと感じ、進路を決定したのです。それ以降、進路に関して悩んだことはありませんでした。

田舎町の洋食店からドイツへと
周りを当てにせず、自らの力で歯車を動かし始める

中村　そうしたことを胸に秘められ、大学を卒業された後どうされたのでしょう？

音羽　渋谷のカジュアルイタリアンチェーンの「ジロー本店」にお世話になりまた。最初はサービスの担当でした。そこで3カ月ぐらい働いてみると、10年ぐらい働いて勉強しないと一人前にはならないことが感じられるようになりました。しかし、10年は待てません。店の人たちにも可愛がっていただいたのですが、入社後半年で店をやめ、田舎に戻って洋食店で料理を学び始めました。デミグラスソースをつくったり、ハンバーグを捏ねたり、とても面白かったですね。次の道である、海外研修も探し始めました。そして父親の知人の紹介で、1970年の11月に研修ビザを取得してドイツのキールにある大型の大衆食堂「レストラン　ジーヘン・ブロイ」へ約半年間行けることになったのです。

中村　ほう！その店で大きく一歩を踏み出されたことになりますが、そのドイツの店では厨房に入ったということですか？

音羽　初めは厨房には入れてもらえず、倉庫で食材を棚に収める仕事をしていました。倉庫番のおじさんにドイツ語と食材を一つ一つ教えてもらいました。その間は研修生としてアパートを借りて生活できるぐらいの給料をもらいながら過ごし、2～3カ月たってから厨房に入りました。

中村　とても好意的に受け入れられたようですね。お話を聞くと普通の日本人とはちょっと違いますね。僕なんかいけばなんとかなると、片道切符で日本を飛び出しましたが、音羽さんはかなり計画的

にやろうという意思を感じます。

音羽　そうですね。いまでもそうなのですが、やりたいことがないという期間がほとんどありません。ああしたい、こうしたいということが、あまり周りの影響を受けずに頭の中に浮かんできます。

中村　自分の力で、あまり周りも当てにしないでコツコツとやって、自分の夢を達成しようとする。その姿勢にはとても共感しますが、その他に努められたことは？

音羽　高校生くらいから自叙伝やヨーロッパを旅した人の本を片っ端から読むなど情報を集めました。その中で自分はこうしたいと思ったところに、しっかりと進めたのではないかと思います。

中村　そうですか。６０年代後半から７０年代初期は、アメリカでベトナム戦争反対運動が盛んで、また、ビートルズが台頭し、あっという間に世界を席巻してしまいました。当時、小田実さんの「何でも見てやろう」という本は、一人の若者が日本を飛び出し各地を放浪し、多くを実体験しながら、自分自身に感じたことが、綴られとても共感を呼び、当時のベストセラーとなりました。僕もこの本で日本を出てフランスに向かうことをすごく後押しされたように思っています。音羽さんはその厨房に入られてまずどんなことを感じられましたか？

音羽　そうですね。しかし、その食堂も半年で辞めました。理由はその店が嫌だったわけでなく、ドイツに行って3カ月目ごろ、『シュテルン』という雑誌でポール・ボキューズが載っている記事を見たことがきっかけでした。「料理人の王様　リヨン」という記事で、バックにそうそうたるメンバーが百数十人写っている30ページぐらいの大特集だったと思います。調べてみるとリヨンはガストロノミーのメッカであることがわかり、ドイツだけで終わってはいけない、いつか遅からずフランスのリヨンに行こうと決めたのです。さらに調べていくとトロワグロ兄弟や、アラン・シャペルなどいろいろな名店のことも分かってきました。

中村　当時、すでにボキューズさんは、フランス料理界の帝王でした。そしてジャン・トロワグロさんもすごく人気がありましたね。

音羽　そうですか。当時まだフランスの事情は詳しく知っていませんでした。このときの転機も3カ月目でした。店にいる間はいろいろなことを吸収しながら毎日一所懸命、脇目も振らずに働くことで周りの人から信頼を得ることができていたと思います。その後はチャンスを掴んで、その州で一番のフレンチレストランのレストラン・シュロスに転職しました。

アラン・シャペルの母からの手紙とジュネーブにあるレストランでの出会いと転機

中村　何事をやるにもまずいかに信用を得るか。そこからが自身の出発点になるわけですが、「一生懸命」は、絶対的条件ですね。その有名レストランには自ら行って交渉されたのですか

音羽　そうです。そこでは最初から厨房に入ることができ、半年間修行しました。研修ビザは期間が1年なのでその間、片っ端からフランスの2ツ星、3ツ星レストランに手紙を出しました。60通は出しましたね。そのうち返事が来たのは3通でした。その中にアラン・シャペルからの返事も入っていました。シャペルのお母さんからの返事で、それはイエスと言う意味ではありませんでしたが、「あなたが将来、勉強しようと思うなら数年先に面接に来たら」と書いてありました。その手紙はいまでも持っています。

中村　当然ながら物事がすんなり進むわけではありませんが、でもまず行動することが道を切り開く

第一歩となるわけです。僕も１９７０年に、スイスに行き、そこよりフランスのレストランに手紙を書きまくりました。このうち、当時３ツ星レストランはフランス全土に１２軒しかありませんでした。返事が来たのはアルザスのエーベルランさんとボキューズさんだけでした。アラン・シャペルさんのお母さんが音羽さんの手紙を読んで何かを感じられたからこそ返事をくれたのではないでしょうか。

音羽　そうだったのだろうと思っています。一年間、キールにいたときにエーベルランにも行きました。アルザスはドイツ語も通じますから。すごく素敵なレストランで、女性がサービスをしていて、近くの川が美しく、料理もおいしくとても印象に深く残っています。いまでもアルザスを訪れたら必ず行くレストランの一つです。次の店はここにしようと勝手に狙っていましたが、しかしそれはかないませんでした。

中村　それはいつごろでしたか？

音羽　１９７１年でしたね。

中村　そのころはまだ、日本人が入っていない時代です。僕は１９７３年にアルザスで働くことになりましたが、当時他の村で堀田大さんが働いておられ、日本人は２人だったと思います。実は僕はそのオーベルジュ・ド・リルで働けることになったのですが、当時シェフ・ソシエとして働いていた２ツ星のオー・ザルム・ド・フランスのオーナーシェフ、ピエール・ガルトゥネールさんから涙ながらに引き止められ、結局行くことはできませんでした。

音羽　そうですか、あの地域性と料理の美しさの調和、ファミリーが醸し出す温かみが大好きでした。

中村　アルザスのガストロノミーはその地域、歴史、風土などすべての面から考慮してもフランスを代表する地方の一つだと思います。その後音羽さんはどのような展開となりましたか？

音羽　フランスでは見つからなくて、ドイツ語が得意だったのでチューリッヒのクラシックなホテルに直接面接に行きましたが、やはりだめでした。その帰りにケルンに寄って、エクセシオールホテルの「エルンスト」の面接に行き、やる気があるのなら採用してやると言われて1年契約で働くことになりました。外国人のための労働局で「あなたは1年の研修ビザしかありませんね」と指摘されたのですが、「日本を出るとき東京のドイツ大使館でオーケーをとっている」と嘘をついてその場をしのぎました。結局、ホテルのオーナーや料理長から推薦状をもらってようやくビザは取れたのですが。

でも、ケルンに行ったらやはりフランスにも行きたいじゃないですか。それから週一でフランス語の勉強を始め、数か月後にフランスのレストランも探しだしました。しかし、ことごとく不採用でした。当時はたまたまキールで知り合ったオペラ歌手の岡村喬生(おかむらたかお)さんがケルン歌劇場のソロバスを担当して懇意にさせていただいていました。その岡本に、「どこに応募してもだめなんですよ」と相談したところ、「オレの友だちのアメリカ人黒人ピアニストがジュネーブにいる」と紹介され、その方に連れられてジャック・ラコンブシェフの店に面接に行くことになりました。そのころスイスで有名だったのは、ジラルデとジャック・ラコンブでした。ジャック・ラコンブの面接では、奥さんがオーストリア人だったためドイツ語でコミュニケーションがとれて、採用していただくことができました。ジュネーブは国際都市でいろいろな人種がいますから、日本人でも採用されたのかもしれません。結果的にジュネーブのコロニー村というところにあるジャック・ラコンブの「オーベルジュ ドゥ リヨン ドール」で1年間お世話になって、初めて正統派のフランス料理を学ぶことができました。そこの料理人たちはほとんどフランス人で、国際的な料理コンクールで入賞するような人もたくさんいましたね。

中村 ラコンブさんのリヨン ドールはスイスを代表するレストランとしてとても有名でしたね。コンクールに出場するということは勉強をし、試作にも努めなければならないし、厨房の雰囲気はとても活気に満ちていたのだろうと想像できます。

音羽　そう、とても活気がありましたね。ガストロノミーレストランでパーティも多く、メニューは積極的に変えていたし、とても勉強になりました。その店の隣には厨房を共有している小さなビストロもありました。メニューは簡単なものでしたが、ここでの修行は私のフレンチのベースになっています。

中村　まあ、音羽さん自らの努力で掴み取った職場ですが、本当によいレストランで働きましたね。

音羽　まっさらの状態で当初は野菜の調理しかできませんでしたが、何もかも学ぼうと没頭し、3カ月でその店のすべてのレシピを何遍も頭の中で作って覚えるよう努めました。

中村　僕はチューリッヒのホテルアスコットで、実力もないのに半年目にシェフ・ソシエに抜擢されてしまいました。そして真の実力を保っていないがゆえに、毎日が地獄の日々を過ごしました。でも言えることは多くのスタッフと同じことをしていても、先が見えてこないわけです。自ら厳しい環境に行って、戦うことも必要だと思ったわけです。ですから音羽さんの気持ちもよくわかります。客層もとてもよかったのでしょうね。

音羽　国際会議や演奏会なども開催されているので世界中からすばらしいお客さんが集まっていましたね。1年の契約だったので、半年ほど経ったところで客観的に自分を評価し、「どうしてもリヨンに行きたい」とオーナーに話しました。オーナーに「おまえはどこの店に行きたいのか」と聞かれて、アラン・シャペルだと言いました。周りで働いているスタッフに聞いてもみんなアラン・シャペルというのです。

中村　当時のプロの料理人の間ではアラン・シャペルさんも不動の人気があったように思います。僕はシャペルさんはもちろんのこと、シャルル・バリエ、ミッシェル・ジェラール、アンドレ・ピック、ジャン・トロワグロ、ルイ・ウーチェさんなどに興味がありましたね。

音羽　ぼくがアラン・シャペルを選んだ理由は、厳しくて旨い店だということでした。ぼくはずっと修行できるわけではないので、どうしても自分の思う店に行きたい。厳しいのはいとわないので、美味しい料理を習得したい。そこでアラン・シャペル一本に絞りました。ここしか行かないと自分の中で決めました。それをもってラコンブさんに話すと、すぐに電話をしてくれました。１９７３年、アラン・シャペルが３ツ星をとった年のことでした。そのようなタイミングでしたから、言葉がよく通じない外国人は対象外だったのでしょう。かたくなに断られましたが、ぼくは自分で決めるとぶれません。断られてもぜひお会いしたい、お話させていただきたいとお願いして会ってもらうことになりました。そのときHONDA DAX（ダックス）という５０ccのバイクに乗っていたのですが、列車やタクシーを使うお金の余裕は無かったので、シャペルの店まで１５０㎞、山超えの約6時間の道のりを最終的に受け入れてもらうまでバイクで4回往復しました。

１回目の面接は来てもだめだと言われましたが、２回目も行って、最後だと言ってもう一回行きました。４回目は採用しなくてもよいから会ってほしいと。そして4回目に初めて「ドイツにいたときにマダム・シャペルから手紙をいただき、その手紙を頼りにしている。この話を父親や母親にずっと話している」と告げ、その手紙を見せました。そうしたら彼は一瞬言葉を失い、仕方ないな、といった表情をしたんです。そこですかさず、「本当にありがとうございました。これで両親は安心してくれます」と言って店を後にしました。そして翌朝、ラコンブさんに「採用されました、昨晩両親に電話してよろこんでもらいました」と話したのです。それと同時に、うまくしゃべれないのでお礼の電話をシャペルさんに入れてほしいとお願いしました。ラコンブさんが電話をすると、最初は話が噛み合っていないようでした。それはそうです。オーケーもらっていないのですから。5分ぐらいしたら、おそらくシャペルさんがあきらめたのだと思います。オーケーせざるを得なくなったのでしょう。

初の日本人として念願のアラン・シャペルで圧倒的で繊細な美しい料理に触れる

中村　話を聞いていて、ラコンブさんの音羽さんに対する信用があったからこそのことで、結果的にシャペルさんも受け入れてくださったのでしょうね。そしてそこまで決してあきらめず行動しきった音羽さんも偉いなあと素直に思います。音羽さんは確かアラン・シャペルで働いた初めての日本人ですね。その後上柿元さんや三國さん、渋谷さん、西原さんの5人きりですよね。

音羽　そうです、シャペルで一生修行することはできないので、どこかの段階で自立しなければなりませんから。２３歳でドイツに渡ったときに思ったのが2~3年ぐらいではだめだと。だから３０歳まで欧州で修行していました。そういう自分なりのプログラムは常に考えていました。

中村　いよいよ念願のアラン・シャペルで働いてみていかがでしたか?

音羽　３カ月間、一言も話してくれませんでした。ぼくを採用するつもりはなかったのですから。そんな対応はぼくの本気度を確かめていたのだと思います。３カ月は長いですが、とにかくやるしかありませんでしたから。最初はデザート、菓子やパンの部門にいました。

中村　あそこは小さな村ですが、住むところはどうしたのですか。

音羽　ぼくはネガティブに考えないたちで、上手に勝手に妄想も含めてコントロールしてきたように思います。住むところのあてもないので、店の上の小さな部屋に住まわせてもらいました。３カ月過ぎるくらいになると地域のことも分かってきたのでアパートを探して移りました。

中村　そのぐらいの度量がないとやっていけないでしょう。まあ僕も南仏の3ツ星レストランロワジスの厨房に入ったとき、ウーチェさんは日本人が初めてで、あまり口も聞いてくれませんでした。しかし、常に背中にウーチェさんの視線を感じていました。シャペルさんも3ヶ月間見ていたのでしょうね。料理の第一印象はどんなものでしたか？

音羽　ジャック・ラコンブもすばらしい料理がたくさんあったのですが、やはり圧倒的で、ダイナミックで、繊細で、美しさがありました。アラン・シャペルは無駄口をききませんし、冷静な方です。怒鳴り散らすこともありません。圧倒的な存在感、威圧感、緊張感を感じさせました。甘えや妥協は許されない、いつも私たちに最高を求めてくるのです。

中村　まず一流レストランは当然のことながら素材が「超」がつくものばかりです。僕自身初めてシャペルさんで食事に伺ったとき、緊張してメニューを眺め尽くし、結局メインはロニオン・ド・ヴォー、アンチエのロティを食べとても満足しましたが、当時は前菜のサラダ・オマールも有名でしたね。

音羽　そうですね、ブルターニュから知り合いのブルトンのシェフが選んだ魚介を、宅急便みたいなもので送ってくるのですよ。

中村　また、サヴォイ地方のラック・アンシー（アンシー湖）から、幻の魚といわれているとても貴重なオンブル シュバリエもメニューに載っていましたが、それもちゃんとしたルートがあったのでしょうね。

音羽　それぞれの食材がそうだったと思います。ザリガニや近くでとれるブレス鶏も大事にしていましたね。春になると南仏のアスパラガス名人からすばらしいグリーンアスパラを仕入れていました。

中村　ポジションはどんな部署だったのですか？

音羽　最初はソシエがいて、その下にコミがいてその下にぼくがいました。そしてガルニチュールやミゾンプラス（下ごしらえ）、それから冷製オードヴルのポジションに移りました。ポワソンだけは担当しませんでした。３年半ほどいたのですが。

中村　そうですか、フランス人は意外とどんどん変わりますが、ずいぶん長くいたんですね。

音羽　すばらしい店だったので、様々なことを吸収しようと夢中でしたから、自然とそれだけの月日になりました。

アラン・シャペルの下で学ぶ3年半〝揺るぎないもの〟と〝信頼〟

中村　これまで経験させていただいたレストランのその折々で納得を得ようとすると、それなりの期間が必要でした。個人的にもシャペルさんのことについて、多くを知りたいと思いますが、当時、シャペルさんは常に厨房に立たれていたのですか？

音羽　厨房に入っていました。買い出しから戻ってきて、細かいことまで関わっていました。声を荒げることはなく、客観的に小さな声でセクションシェフに直接指示していました。真剣に真摯に料理に向き合わなければならないことを独り言のように言うのです。ぼくは入店すると心酔して、どこまで信じて、どこまでその人の考えていることを得られるかが、そこに入る理由だと思うのです。マネージャーともできるだけコンタクトをもてるようにしました。残った料理の味をみたり、フロアサービスのいろいろを見せてくれたり、教えてくれました。メニューカードもよくいただきました。

中村　何事をなすにも、まず信頼が前提となることは言うまでもありません。ずいぶんシャペルさんの人となりを伺ってまいりましたが、当時世界中の人々が、注目していたグランシェフ、アラン・シャペルとは端的に表現してどんな料理長だったのか改めて語っていただけますか？

音羽　料理界のダ・ヴィンチと言われた料理人です。妥協を許さない人。お客さんが何を望んでいるかを客観的に分析できて、この土地の表現、シャペルさんの感性をきちんと表しながらも、自分たちは何を表現できるのか、きちんと主張があり、いろいろなお客さんが来ることをちゃんと想定できている。

中村　当然世界中から料理人も来ていたでしょうし、食を理解されている本物の食通をはじめ、多くの著名人も来ていたでしょう。当時、７０年代初期当時、クルブ・ド・サンという有名なガストロノミーの会がありましたが、その方々が来られると、どこのオーナーも気を使っていたようです、また当時ポール・ボキューズさんが中心となり、３ツ星のオーナーシェフや、またはオーナーの方々が中心のクルブ・サヴワールという会が存在していました。私が、南仏の３ツ星レストランロワジスで働きだしたころ、この会がやってきたとき、ウーチェさんが、非常に緊張していたことを思い出します。ついでに話すと、そのロワジスでは半年後にシェフ・ソシエに抜擢され、３ツ星レストランとはどのようなところか身をもって体験し、貴重な経験をさせていただきました。特に食材をとらえる考え方が、まったく妥協せず、さすがにと思うところが多々ありました。その点、シャペルもすごいこだわりようだったと聞いていますが、いかがでしたか？

音羽　それは当然ありましたね。例えばアスパラガスのスペシャルの料理、フォアブロンなどの食材は、注文が入ってから火を入れるのです。オーダーが入るとアスパラの皮をむき、茹でて作り始めます。基本的にそういう料理が多いですね。素材をできるだけ生かし、活用していましたが、クオリティはきっちりしていました。

中村　その妥協をしないというところがトップレストランの証だったように思います。原価のことなどさほど考えていなかったふしがあります。あくまでもいかに満足させるか。その出発点が食材だったように思います。例えば、ポール・ボキューズさんで有名だったルー・アン・クルートは、ヴィエンヌのレストラン ピラミッドのフェルナンド・ポワンのスペシャル料理でしたが、当然ロワジスでも有名な料理でした。そのころ夏は配送車が冷凍車ではなく普通の車でとても混み合い、なかなかギリギリまで届かないこともありました。そこで品物に、例えばスズキやハトなどが蒸れて汗をかいている状態ですと、一切使用しませんでした。デザートやフロマージュもアンチエ（ホール）で、カットして残ったものは、よくまかないに回されてきて、デザートとチーズはとても贅沢に食べていました。ですからまかないも贅沢でしたね。

音羽　その点を考えると、いまの3ツ星に比べると大きな違いを感じますね。当時だったからこそできたのでしょう。

中村　そうですね、それだけ当時の頂点としての3ツ星レストランには余裕があったのでしょう。しかし一方ではそれを守り通すための日々の努力には、制限がなく、宿命的であったと思います。シャペルに3年もいたら信用も大きかったと思いますが、日本人の料理人は当時音羽さん一人だったのですよね？

音羽　私で終わりだと言われましたが、さきほども話がありましたが、私のあとしばらく経ってから、上柿元勝さんや三國清三さん、渋谷圭紀さんが入りました。また、お菓子やデザートができた西原金蔵さんだけは、望まれて入店しました。ぼくはあまりできない方でしたが、信用だけはありました。シャペルでは常に前向きに意欲的に仕事をしていました。帰国後、日本でアラン・シャペルさんとロブションさんのイベントを開催されたとき、私も指名され手伝いました。アラン・シャペルの店で過ごした時間はとても大切な3年半でした。彼の料理観、盛り付け方などは、日本的だとも感じていました。

中村　ほう、それは行き着くところが、シンプルであるということでしょうね。フランスでグラン・シェフと言われる方々は当然基本に忠実です。その基本をベースとして自分の感性を見事に表現し、それが個性となり、さらなる高みを求められています。

音羽　その時代の魅力をちゃんと引き出せること。これはすばらしいと思いました。アラン・シャペル氏は1990年に52歳で亡くなったのですが時代感覚も、すごく鋭い人だったと今でも思います。

中村　シャペルさんが若くしてお亡くなりになったときは、本当にショックでしたね。外から見ていた僕のイメージは「料理の哲学者」みたいに思っていました。私も幸いなことにウーチェさんから信用していただいていました。夏のバカンス時など、とにかく忙しく、仕事が間に合わないわけです。例えばピジョン・ファッルシの料理など、ご存じのように鳩を開いて中骨を抜き、トリュフやフォアグラがたっぷり入ったファルス（詰め物）し、元通りの姿に糸で縫って、ローストするわけですが、とても追いつかず、定休日に一人出て行って、中骨を抜いたり、ソースの仕上げなどをよくしていましたが、フランス人は休日に働くことは論外です。でも、僕は任されていましたし、その責任を果たすためにやらねばならなかったことです。

音羽　私がジャック・ラコンブにいたときに、バカンスの時期にオーベルジュ・ド・ペール・ビーズでお世話になりました。メニューを見せてもらうと質が高い料理が多いのです。でも、ある意味ではアラン・シャペルの料理は、堂々としていて決してぶれないし、どんなお客さまが来ても、自分の料理はこれだというものがあり、そこのポジションのシェフにだけには実際にやって見せていました。感情的にならない。冷静に攻めていきます。厨房がバタバタしていると、なんで君たちはそんなにバタバタしているんだ。そんなことをしていては料理が出せないだろうとシャペルさんは言うのです。ペール・ビーズも学ぶことがいろいろとありましたが、アラン・シャペルのすごさを感じさせられました。

中村　そういう本物のグランシェフの元で仕事ができたことは、生涯の宝ですね。僕はフランスで8名のシェフの元で働いたのち、パリ7区のブール・ドネイでシェフとして独り立ちしましたが、これもそれまでの様々な経験があったからこそのことです。そういえば、シャペルさんが亡くなった後に、シェフとして勤められていたリガトーさんとは一緒に働いていたんですか。

音羽　ぼくは彼の元で働いていました。そして、ぼくの後に少し経ってから入店したのがアラン・デュカスさんでした。

状況に合わせ道を切り開く才能と姿勢 ミシャール・ゲラールの下で実践を重ねる

中村　そうですね、音羽さんのあと、上柿元さんがデュカスと一緒に働いていて、本人からもいろいろと聞いております。

音羽　デュカスさんはミシャール・ゲラールからシャペルに来ました。ぼくは反対にシャペルからミシャール・ゲラールに移ったのです。本当はロジャーベルジェか、野菜料理や南フランスの料理を描いていたのですが、結局は思想というか、そのシェフが何を考えているのかに興味を持っていたので。店を移るにあたり、シャペルさんに相談し、ゲラールさんに紹介していただきました。

中村　日本に来られていない、唯一のフランスのグラン・シェフ、ミシェル・ゲラールですが、パティシエからキュイジニエとなった方で、料理以外でも起業者としての才能も、持っていた方のように思います。すごく頭の切れる方で、奥様がまた優秀な方でしたね。

音羽　私はミシェル・ゲラールの料理そのものというより、パティシエ出身で盛り方が料理人とは少し違っていることに興味を持ちました。もう一つは、軽快な感じの方で手先が器用で、重厚なアラン・シャペルとは真逆でしたが、キュイジーヌ・マンスールなど時代とともに、カロリーのこととか食品企業のコンサルティングをしていたり、ちょっと違う料理人の感覚を感じました。こうした料理以外の想像力に興味があって入店させてもらいました。

中村　ゆくゆく自分で独立することが、前提にあったのでしょうからその目線でレストランの運営や、グラン・シェフの人物像をとらえておられたのだと思います。ミシェル・ゲラールさんは世界的に有名な3ツ星レストランのオーナーですが、同時にジュイジーヌ・マンスール（健康ダイエット料理）のみならず、温水プールはじめさまざまな設備も完備し、村全体をご自分のガストロノミーのオアシスにされていました。そうしたことを違和感なくやれる、才能の持ち主でした。

音羽　そういう料理人はその当時いませんでした。料理はライトでしたし、重くないなど、感心するところも多くありましたね。

中村　その両極端のシェフのもとで働いて、よき経験を築かれたと思います。ゲラールさんのところではどんなポジションだったのですか？

音羽　ぼくはポワソン（魚料理部門）のシェフを一人で担当していました。ほかのポジションは3人くらいいるのに僕はたった一人でこなしていました。

中村　ポワソンを一人では魚介の下処理もありますから大変でしたね。シャペルの実績で任せられると思われたのでしょう。人というものは直感で信頼に足りうるかどうかはわかりますから。

音羽　それもあるかもしれません。ぼくはこれもネガティブととらえず、与えられたのだから精一杯やろうと思いました。教えられるのも直接でしたから。魚がドンと来て下処理するのですが、それもぼくが残って一人でやっていました。それも全部よい経験になりました。ぼくは経験主義なので、経験に勝るものはないと考えています。常に肌で感じないとだめなんです。それを繰り返していくことでいろいろなことが考えられるようになると思っています。

中村　料理人の技術と感性を養うということは、そうした実践が伴ってのことだと思います。それと同時に、強い意志と図太さがないと、フランスの社会ではやっていけません。今のお話を伺うと、シャペルさんからは揺るぎないもの、ゲラールさんからはその折々の状況に合わせてどんどん道を切り開いて行かれる才能や姿勢などをそれぞれ学び、帰国後に宇都宮で色々なプロデュースをする中でそれらが立派に生かされていると思います。

音羽　ゲラールさんのやり方は当然ありだなと感じました。実際に厨房で言ってくれるわけではありませんが、彼の本を読んだり、話される一言を心に留めていったのです。また、ゲラ—ルさんの奥さんがとても優秀で、優秀ぶりをひけらかすのではなく、知的な人でした。実家はホテルを何軒も経営されていました。ご夫婦だからそんな奥さまの影響もあったと思います。

中村　今も持っていますが、当時のメニューの表紙は中世の面影があり、詩的で美しく、とても印象に残っていますが、やはりそれも奥さんの影響も大きかったのでしょうか。

音羽　そういう意味では女性の感性も生かして、表現されていたと思います。

中村　ミシェル・ゲラールにはどのくらいおられたのですか。

音羽　当時はシーズン営業だったので、春から秋までのワンシーズンでした。その後、日本に戻ってきました。本当は、英語圏でも仕事をしたかったので興味があったのですが、当時はビザを取るのも大変でしたし、ほぼ30歳でしたから。いつまで修行ばかりしていられないので、帰国を決断しました。

揺るぎないものを求め、構築する郷土への誇りを胸に独立したレストランで地方から発信

中村　一つの確固たる思いの中で、ドイツ、スイス、フランスで充実した日々を過ごされたと思いますが、帰国されてからのことを伺いたいと思います。

音羽　3年間、新宿中村屋で総料理長として仕事をさせてもらいました。ヨーロッパ、とくにフランスでいろいろなところを見てきて郷土を愛せないというか、誇れないのはまずいなと思い、修業を終えたら宇都宮に帰ろうと決心したのがアラン・シャペルにいた27歳のときです。その後30歳までは料理の修業、帰国後はマーケティング、マネジメントなどを経験させてもらうために、3年間という約束で新宿中村屋に入り、あらゆる講習会や多店舗化、商品開発など、すべてを経験させてもらいました。いろいろなことに触れたいという思いが先行し、そのころの収入はすべて自己投資に使っていました。

3年後の1981年、33歳後半で独立しました。最初、義理の父は私と妻と一人手伝いがいるくらいの規模でレストランをやってほしかったようですが、ぼくは、ある程度の規模の店を想定していたので、人を雇って育てながら店作りをしたかったのです。最初からアラン・シャペルのような店を目指すのではなく、まずは、宇都宮のお客さまに親しんでもらえるレストランをやりたいと思ってい

ました。もちろん東京だったらアラン・シャペルでの経験を表現できるかもしれませんが、宇都宮で東京と同じことをやるのは時期尚早です。ただ、将来は、いまのオトワレストランぐらいのことはやりたいと最初から心の中で目標を決めていました。それは妻にも言っていませんでしたが。もう一つは地域の食材を使うこと、生産者を知らないと意味がない。そういうことを少しずつでもいいから伝え、生産者を認めること、助言することなどの活動を40年以上続けています。いまは息子たちもこうした活動を引き継いでいます。また、皆さんから声を掛けていただいて、創業後ほどなくしてデリカショップを開きました。やがてケータリングも行なうようになりました。ある程度の店をやるにはお金がかかることは分かっていましたから、最初からぼくの中では最低5億単位の売り上げがないと銀行からお金が借りられないと考えました。レストラン1軒で5億単位の売り上げを上げるのは難しいですから、数店舗展開になるでしょうし、各店舗をコントロールしなければなりません。それにはマネジメントする仕組みを作らなければならないし、マニュアルも必要になってきます。さらに従業員の教育も必要になります。店を作り上げるには20年近くかかります。朝、店を開けて夜閉めるまで、従業員としっかりやる。まあ毎日が運動会のような騒ぎですよ。

中村　中村屋の名物シェフ二宮さんとは今でも親しくさせていただいています。音羽さんはそれなりの未来像が常々頭の中にあり、あまり急ぐことなく、地域に見合ったことを計画的に進めてこられたのはすばらしいことです。フランスの3ツ星クラスで働いてきたシェフが帰国し、その流れに乗ってマスコミで時の有名シェフとなる方もおられますが、そこのところは、音羽さんはまったく違うように思います。

音羽　そうですね、将来を見据えて動いて来たと思います。少々つまずいたりはしましたが、床柱が揺らぐようなことはありませんでした。経営者として倒れそうになるのは避けたかったですね。常にジャブをうちながら社会との距離感を見極めていく。いまでもそうですが、常にビジョンを持ち、それに向かって小さなチャレンジの積み重ねなのです。

中村　いまにして思うのは、いまでこそ地方の時代と言われますが、以前も、度々そのように言われてはいたものの、そこにある種のギャップが感じられていました。しかし、音羽さんはそうしたことの先駆者だと思います。フランスでは地方の風土と一体化し、背景や食材も含めて、それが一つの魅力となり、地方料理という立派なジャンルが確立され、３ツ星クラスはそれをさらに超越したフランスのレストラン文化の頂点に立っているわけです。それを求めて都会から地方に行くわけです。フランスと同様に地方から発信するということを音羽さんは着々とやられていたわけです。以前日本では、さまざまな理由により地方で純粋なフランス料理を表現しようとするとなると、少々難しいところもありましたが、いまやそれらも払拭され、むしろそのことで、その地域とともに活性化され、東京ではできない料理の表現が可能となってきました。

音羽　ぼくは情報は受け入れますが、自分で考え、自分の力、自分の環境を含めてやるしかないと思うのです。一度きりのお祭りはできても長いスパンでは難しいと思っています。

中村　その通りですね。長い料理人人生の中で、ゆるぎないものをいかに求め、構築していくことが大切で必要なことだと思います。それが真のセオリーとして必然的なことでもありますしね。結局その過程の中で、自分の今の状況と、これからの展望を的確に見極めつつ、先に進めるのは自分自身でしかできないことです。

音羽　だからぼくは競争しないのです。あの人には負けたくないとか、一番になってやるという気持ちはありません。レストランはその地域ならではの料理、生産者やお客さまとのつながりを築いていくことが大切なことだと思っています。

変化する時代背景をとらえ
常に柔軟に〝いま〟の料理を考える

中村　成功のとらえ方は人それぞれですが、先ほど話されたことは、実に大切なことだと思います。それらを冷静に見極めつつ、確実に前進されてこそ未来も開けてくるのでしょう。

音羽　いま自分は旅の途中だと思っています。どこまでできるか限界はあると思っていますが、世襲して初代、二代、三代目までいけば、ぼくの夢が叶えられる可能性はあると思っています。私の息子はそんなに裕福に育ったとは思わないし、ぼくは朝から晩まで仕事をしていました。落ち着いた環境で教育もできなかったですし。しかし、ぼくはこの仕事が好きで、大変なことは間違いないですが、誇りに思っているしすばらしい仕事だと思っています。結果的に子どもたち3人共、手伝っていて、孫ぐらいになったらよくなるかなといったところです。若いころからの夢を追っかけているだけなんです。本当はオトワレストランが最終の店だったのですが、5年前から息子が料理長をやりだして、これから10年スパンで見たときにいまの店だけではだめだと思うようになりました。計画も始まっていますが、3年後ぐらいに大谷町でラボをつくって、生産者、料理人、栄養士など、いろいろな人が集まり、商品開発や共に学ぶ場を作ることも考えています。

また衛生や安全を考慮し、労働時間の問題も解決するために、時代に合わせたセントラルキッチンをつくりたいと計画しています。たとえば、魚をおろすための空調や設備を整えている場所、パテやソースをプログラムを組んで計画的に作る仕組み作りなどが、ガストロノミーレストランの拠点としてても重要だと思っています。それによって、いろいろ学んできたことをお返しすること、また、いろんなものをもっと生かすことを考えています。地域の産物を料理できたらうれしいよねとか、料理人を集めてあなたの土地にはこんな物があるのだから、こういう料理を作るといいなど、そうした勉強会などができるようにしたいと思っています。

中村　以前にもそのような計画を伺っていますが、自分の風土に家族という根をしっかり育て、そこより今までにないガストロノミーの新たな拠点を構築し、地域と共に発展を目指すことは、日本の食のすばらしさを内外にアピールし、そのクオリティの高さを証明していくことにつながります。すでに各地で、その機運が高まりつつありますが、音羽さんにはそのモデルケースとしてぜひ成功していただきたいです。目まぐるしく、また、急速に変化していく時代背景をいかに的確にとらえ、自己の進化につなげられていくかが今の時代に求められていると思います。

音羽　そうなんですね。ここに来たら勉強になる、そうした環境を作ることが大切なのです。果たして厨房にどっぷりつかってよい料理を作ったとしても、１０年経ったら、古い印象だったり、お客さまが求めるものと違ったりしてしまうと息子たちに言っています。いつもホットにいまの料理を考える。時代、経済含めて、この環境で常に何かを考えられるメカニズムを持っていたほうがよいのではないかと子どもたちに話しています。

家族という根を育て
地域と共に発展を目指す

中村　その考えがあってこそ未来が描けるのでしょう。常に新たな息吹を注入しつつ、進化し続けることの大切さは、バルセロナのガウディの教会建設がいつもなにか示唆してくれるような気がしています。お子さんたちはそういう父親を見て、自然に料理人になったのですか。

音羽　長男は高校生のときに調理科に入りました。次男は料理に興味がなく、大学に進学するかどうかというときに初めてヨーロッパに一緒に行きました。フランス人と私と有名なハムをつくっているイタリア人と三人で、パルマでイベントを行なったのですが、そのときに次男を連れて行ったのです。初めて父親の仕事ぶりに触れ、「お父さんはこんな仕事をしているんだ」といつもと違う父親の顔を見てアッと思ったようです。また、当時次男は、陸上をやっていたので、お金儲けをしたくないのか、カール・ルイスじゃないのだから稼げないでしょうと聞いたところ、「いやぼくも頑張ってお金儲けしたい」というのです。そうしたらだんだん変わってきて、調理師学校に行きたいと言い出しました。でも、調理師学校よりも実社会で学ぶ方が次男には良いと思ったので、赤間シェフにお世話になることにしました。彼は誠実な方なので、信頼できますから。

中村　それは正解でしたね、赤間さんはあの人柄で、地元の人たちをとても大事にしておられます。言わば地方のレストランのあるべき姿のすべてを持ち合わせているシェフです。その厨房で料理人の基本となる、もっとも大切なことを学べたのでは、と思います。

音羽　そこのところですね。栃木県は海なし県ですが、赤間さんのところは塩竈で海も近いですし。赤間さんにうちの息子は調理師学校に行っていないが、レストランの料理に触れさせたいとお願いして、４年間修行させました。

中村　フランスでいうアポランティ（見習い）から自立するまでの４年間はとても貴重だったと思います。兄弟でも性格が違うから。次男は物怖じしない方のようですね。

音羽　次男だから周りをよく見て、要領よく動く方ですが、最近はそんなに何事もうまくいかないよね、人を動かすのも大変だよね、ということに気づき、ようやく慎重な側面が出てきました。

中村　結局は何事もそうですが、おりおりの経験を通じて、自覚しつついかに情熱を高められるかが求められると思います。

音羽　赤間シェフの次は、料理に対して熱い情熱を持っている谷シェフのル・マンジュ・トゥーに2年お世話になりました。その後、フランスに行かせました。アネッシーなのですが、まず語学学校に通い、その後星付きのホテルに勤めました。私が修行に行ったころとは時代が違うのでアネッシーの街の大きさや観光地としてきれいな場所などをある期間触れられればよいと考えました。

中村　それはまたすばらしい料理の道場とも言えるところですね。理論と技術が、見事に確立されている谷さんからは、赤間さんのところと異なる側面で徹底的にしごかれ、一段とたくましくなったのでしょう。その後、フランスの代表的なサヴォワ地方で働き、フランスの風土に浸ることで、フランス食文化の背景とその奥深さを肌身をもって知ることは、本人にとっては何物にも耐えがたい宝ですね。それをプロデュースした父親もえらい！

音羽　まあ親としてはそのくらいしかできませんからね。戻ってきてからは、僕らと一緒にレストランで働いています。

中村　長男はいかがですか。

音羽　高校卒業まで料理一筋ではなく、ゲームセンターに行っていました。見事に勉強しませんでしたね。あるときに家内が、このままでいいのかと言いだし、ゲームをしているところを見に行ったことがありました。するとゲームも集中しないとできないことが分かったのです。要は好きなことを見つければ､その集中力を生かせるのではないかと思いました。家内はなんて馬鹿なことを言うのと言っていましたが。

中村　ゲームの達人はそれなりの集中力と感性が必要で、のめりこむということは何かを持っている証ともいえますよ。ようはそこから自分をいかに良い方向に転換できるかどうかの問題ですから。

音羽　そうなんです、僕自身が昆虫採集をしていったこともそうです。そういうところがあるので、これと思うものを見つければ化ける可能性があると感じていました。それをどう仕組むかは親の役目です。やらざるを得ないように導くこと。世襲したいと思って田舎に戻ってやっているわけですから。息子は「もしもぼくが料理人になっていなかったら、いまごろどんな仕事をしていたのかわからない」とよく言いますが、自分もそんなに違いません。勉強せずに虫を追っかけていて、紙一重でどうにでもなる。常にネガティブに考えていてはだめですが。娘はぼくとよく似ていて、小学校のころから海外に行きたいと言って、実際に高校を卒業したらイギリスに留学しました。英語は最低限覚えたいと言い、その後はホテル学校に入って。また1年経ったら、大学に行きたいと言い出してバーミンガム大学に入学しました。ホスピタリティービジネス・マネジメントを専攻し、インターンシップで1年間の研修でアメリカの小さいオーナーホテルを選んで行きました。1年経つとそこのオーナーからもう一年いてほしいと言われ、もう一年そこにいました。その後、やはりアメリカのマネジメント力が優れているし、将来ヨーロッパのホテルでも役立つようにとアメリカの大学に編入させてもらいました。そこを卒業する間近に娘と会い、9・11などがまたおこったりしたら一人ボッチになってしまうし、何が起きるかわからない。将来をよく考えるよう話をしたら、熟慮したようで、結果的に宇都宮に戻ってきました。いまは子供たち三人共それぞれ家庭も持ち、一緒にレストランで働いています。

中村　長男は自分の立ち位置を理解し、父親を常に自分のシェフとして見ているでしょうから、何事も慎重になるのでしょうね。また娘さんは一段とすごいですね！先ほどからいろいろと伺ってきましたが、その3人が束になって、大きな力が発揮できる場をつくることが父親としての責務であるように思えてきました。実にこれから先が楽しみですね。

音羽　人はだれでも表現したいし、役に立ちたい、自慢したい、誇りも持ちたい、その中でできるだけのことをやれるよう努めることが必要でしょう。

中村　あえて聞きたくなりましたが、お子さんたちに今後一番望んでいることは？

音羽　人と会う中で、動いたり、学んだり、高めていく仕組みを作ることを継続し、社会とつながり、何かを創造することはおもしろいのではないでしょうか。

料理人の仕事はSDGsそのもの 風土を生かした料理で地域全体が潤う仕組みを作る

中村　そうですね、人との出会いは年を追うごとにその尊さと有難さが、身に染みてくるのだと思います。あっという間に時間も過ぎてしまいましたが、最後に今（令和2年8月）新型コロナウイルス感染症に対峙する大変な時を迎え、われわれの業界もその影響をモロに受けています。こうした状況に対して音羽さんはどういう考えをお持ちですか？

音羽　難しい課題を投げつけられましたね。ソーシャルディスタンスの確保を言われ、行列もできないわけです。そうすると、たくさんの人を集めるビジネスはできない。ホテルでもブッフェはできないなどいままでの常識が通用しません。こうした中ではまず、テイクアウトやランチが考えられますが、ぼくはやっていません。その代わりに小さい料理サロンを始めました。6～8人の料理教室で、家でお母さんが簡単につくれるドレッシングなど教えています。魚のソースにもなるし温野菜でも冷たいサラダでも美味しい。そんな家庭で応用できるような料理講習会です。それをすでに一回終え、2回目を迎えます。もう一つ、家がゴタゴタしていても、夫婦が喧嘩をしていても、たまにはお酒を飲みたいというときに家庭にある食材をちょっと工夫して作れる、ちょっと気の利いたオードヴルのヒントになる料理講習会も2回実施しました。これらの二つに共通しているのが、実際に作り方を見せて試食していただくこと。通常のレストラン営業だと、「お客さま、どうぞ」とやっているわけだけれども、講習では僕が料理の先生となり、お客さまとの間に深い関係も生まれます。コロナ禍ではホテルやレストランが稼働せず、生産者が困っているのも問題です。そこで八戸の食材をひっぱってきて、ブイヤベースを取り入れたコースメニューを作りました。1980年半ばには、社長と生産者とぼくの三人で福島の銘柄鶏「伊達鶏」を作り上げたことがありました。その生産者がコロナ禍でとても困っているのを知っているので、鶏をまるごと使ったレシピも考えました。自分たちで困ることと、困っている生産者が手を組んでお互いに役に立つようにと考えています。9月からは家庭の出張料理ももう少し突っ込んでいきたいと思っています。サービスと調理が出張して、家庭で料理をつくるのです。家庭ですからそんなに大きな料理ではなく、5〜10人分ぐらいです。ミーザンプラス（下ごしらえ）はレストランで行ない、食器も持っていけば洗い物も持ち帰れます。お医者さんなど、コロナ禍で表に出てレストランで食事をしている場合ではないというような立場の人もいますから。またレストランで新型コロナに感染することを心配している人もいます。そういう人に向けた出張料理を考えています。

中村　コロナは長引きそうです。今後業界はこれまでの常識を覆し、新たな視野の元で、生きる道を模索せざるを得ない状況となりました。こうした中で、音羽さんは今後どうありたいとお考えですか？

音羽　構想中の新しいレストランビジネスの組み立ては子供たちではなく、ぼくでないとできないと思っています。設計の問題から、中身、人と人のつながりなども含めて。料理は子供たちができますが、コンセプトを作るのはぼくの役割だと子共たちも認めています。3年くらいはうまくいくように何らかの形で関わらなければならない。今年で73歳ですが、あと数年はかかると思います。それがひと段落したら、地元の食材をもう一回掘り下げて、二十四節気とレストランビジネスをつなげるなど、食材と対面しながら楽しめたらよいなと思っています。今度の新しいプロジェクトはリスクもあるし、簡単ではありませんが。

中村　なかなかスケールも大きく、やりがいがありますね。新たな構想の元でいよいよ実行されるということは、すごいと思います、ぜひとも成功させてください。でも体あってのことですから、ぜひわが身を大切に頑張ってください。

音羽　そのとおりですね。わが身が資本ですから。国連がSDGsを提唱していますが、料理人の仕事はまさしくSDGsなのです。一生懸命に料理を考えて、美味しいと言われ、その食材を高めて、そうするとお客さんも生産者も喜んでくれます。生産者も豊かになっていく。他の店もその食材を使えば今度は雇用も増えるわけです。地域の中で共有できて、地域資源が育ち、地域が潤い、外の世界に発信できる。たとえば栃木の名産のイチゴを例に取ると、完熟の一番おいしい状態のイチゴを届けられるようになるのです。少しぐらい形が不揃いでも鮮度のよいイチゴは地元の料理人が上手に使えばいい。ホテルやレストランのビジネスは地域のものを上手に使って、これからは原点に立ち帰らなければならないと考えています。パリや東京のレストランのマネでなく、地域の食材で、その土地らしさを表現する時代になってきたのです。

中村　おっしゃる通りです。それぞれの地域の風土を生かしきった料理。東京ではまねができない、むしろその地域にあこがれを抱く料理の発信は、改めて食の喜びと勇気をいただけるものだと思います。先ほどSDGｓのことを言われましたが、実は3年前からFAO（国際連合食糧農業機関）の日本の親善大使を拝命していますので、少し話をさせてください。SDGs（持続可能な開発目標）は２０１５年の9月に国連のサミットで採択され、２０１6年から２０３０年までの１5年間１7の達成目標を掲げています。実はさらに１６９の具体的なターゲットも示されています。貧困、飢餓の撲滅と支援、健康、教育、エネルギーや気候変動問題から経済成長などさまざまな問題改善を多岐にわたって取り組んでいます。僕は料理人として当然飢餓問題の根底にある食料食品のロス、廃棄問題に取り組んでいます。今ではよく知られていることですが、今世界で約７７億人の人口のうち、充分食べられない人々が約8億2千万人（9人に1人）も存在しています。そして深刻な飢餓に陥っている人々は、6億4千万人になります。世界の食料は、そんなに不足しているかと言えば決してそうではなく、世界で生産されている食料、食品の３分の１（約１３億トン）がさまざまな理由で、ロス、廃棄をされています。わが国の食品廃棄量は、年間２５５０万トンです。そのうちまだ食べられる食品のロス廃棄量は、６１２万トンで、国民一人当たり約１３２グラム（茶碗1杯分）が毎日全国民によって廃棄ロスされています。その内訳は、事業系食品ロスが３２８万トンで、家庭系食品ロスが２８４万トンです。世界で第6位のロス大国にランクされています。また、食品ロス、廃棄は多額の処分コストがかかり、ＣＯ$_2$の排出などさまざまな問題が生じています。ちなみにWFP（国際連合世界食糧計画）による飢餓の人々への食料援助量は平成３０年度で年間３９０万トンです。しかもですよ、一番問題なことは、日本の食料自給率は３８パーセント（カロリーベース）まで落ち込み、国の食料食品の６０パーセントは他国からの輸入に頼っています。いま、世界的な気候変動により、さまざまな弊害がもたらされています。今回の世界的なパンデミックの最中で、最も厳しい影響を受けるのは弱者の立場の方々です。この新型コロナウィルス感染症の影響で、おそらく飢餓人口がかなり増加することを危惧されています。

音羽　とても大きな問題ですね。新型コロナウィルス感染症も木を伐採したことで野生に動物にふれる機会が増えたり、食糧難で移民が増えたこと、必要以上に人が移動したことも感染拡大の要因でしょう。必要以上の動きが出てきて豊かという言葉とか、常識であったり、合理的という言葉で多くの事が麻痺してしまった結果ですね。

中村　今回の新型コロナウィルス感染症は今までの当たり前が見事に覆され、今後多くの側面で、変革が迫られています。私どもの食の業界も然りです。自分たちの人生のさなかで、こうした予期せぬことが起こりました。まだその先々は見えない状況です。厳しいけれど一方では、さまざまな教訓を突き詰められたように思います。なんと言っても私たちには子供たちの未来を守るべき義務がありますからね。決しておろそかにできないと思います。さて、今回は音羽さんの生き様を通じて多くのことを知り、多くを感じさせられ本当に意義のある対談となりました。心よりお礼申し上げます。今後の御一家のご活躍を祈りつつ、とても楽しみにしております。ありがとうございました。

【対談後記】

経緯は違えども、同時代に日本を飛び出し、料理の道を踏みしめてきた者として常々音羽シェフの言動に共感を得ていた。今回の対談でご本人の今日までの人生をたどると驚嘆すべき三つの事実を知ることになった。まず、自身が学生時代から描いた将来に対し、決してブレることはなく着々と押し進める強靭な意志を持たれていること。ゆるぎない家族愛を基盤に地域や生産者の活性化のみならず、業界全体の発展を念頭に地道にかつ計画的に実績をつみ重ねてこられた。そして対談の締めくくりにSDGsの一端を語ることになったが、音羽シェフの行動そのものはまさにSDGsの理念に合致するものであり、実践されていることに他ならない。増々のご活躍を心より祈りつつ、今後を注視してゆきたい。

PROFILE. イタリア・コモの「アル・ピットーレ」にて修行し、１９８４年より新潟・湯沢町・岩原スキー場に「ピッツェリア ラ・ロカンダ・デル・ピットーレ岩原」を開業。以後、同湯沢町にて薪窯焼きパンのイタリアンレストラン「タヴェルナ・ヴィチーニ大源太」、薪窯ピッツァの「リストランテ・ピッツェリア アルピナ湯沢高原」、薪窯ピッツァのカジュアルイタリアン「パオリーノ中里」を開業。北海道・洞爺湖ウィンザーホテルに、「ピッツェリア ラ・ロカンダ・デル・ピットーレ洞爺」、軽井沢に「ラ・ロカンダ・デル・ピットーレ軽井沢」、富山環水公園に「リストランテ・ピッツェリア ラ・ロカンダ・デル・ピットーレ環水公園」を開業。

波乱万丈な道のりの幕開け
インドでの出会い

ピットーレ　オーナーシェフ　辻　伊佐男　氏

【2021年7月2日号、7月16日号、8月6・13日合併号掲載】

中村　今日はバリ島も新型コロナウイルスの厳しいさなかに、ピッツアリアをオープンされ、現地で自ら陣頭指揮に立ち、地元の人材育成にも熱心に取り組まれておられる辻伊佐男さんをお迎えして、対談できることがうれしく思います。久しくお会いしていませんでしたね。バリの話はおいおいたずねしますが、まずこのイタリアンの料理の世界に入ったきっかけから教えてください。

辻　高校卒業後は美術大学を目指してしばらくの間、受験勉強をしていましたが、結局それは断念しました。そんなとき、ウォルトディズニーの動物の映画を見ていてアフリカに行きたかったことを思い出したのです。それからはトラックの運転手でお金をため、アフリカ行きを実現しました。単に旅行だけではもったいないので、知り合いのつてを頼り、テレビ番組の制作会社から依頼を受けて、「マダガスカルにシーラカンスのロケハンに行く」と「旧日本軍が攻撃に失敗人間魚雷「回天」の兵士の遺骨の調査」というミッションも持って行きました。当初はマダガスカル、コモロ諸島に行く予定はありませんでしたが、宿泊代などを出してもらえるということでしたので。ナイロビに戻って来てからは、アフリカをあちこち巡りましたね。その後、今度は南米に行きたくなりました。

そのころでした。知り合いから、ニューヨークでうどん屋を経営している「くまさん」という方が手伝ってくれる人を探しているということを聞いたのです。早速、連絡を取ると「ぜひ来てほしい」とオーケーをもらうことができました。しかし、ニューヨークに行くには壁がありました。ナイロビでビザがなかなか下りなかったのです。当時は興業銀行の偉い方がたまたま来られていて、そのお嬢さんのボディーガードをしながら料理を作るなど世話をするアルバイトをしながら過ごしていました。

中村　のっけから何かこの波乱万丈の雲行きとなりそうですが、面白そうな物語の出だしです。そのとき辻さんはおいくつでしたか？

辻　２４歳でした。ニューヨークに行けるのを待っていたのですが、今度は日本にいる姉から電話があり、新潟県岩原のスキー場でうどん屋を始めるので手伝いに来てくれと言うのです。もともとそのうどん屋は、オーナーがうどんを作る職人を雇っていたのですが、あまりに雪が多すぎて逃げてしまったそうです。オーナーもフィリンのセブ島に新しい店を作るので姉の方に話が回ってきたようです。私は日本の方がビザを取りやすいので、ニューヨークの「くまさん」には申し訳ないけれど日本に一旦帰ることにしました。直接帰国するのはもったいないので、かねてから行ってみたいと思っていたアフガニスタンやインドに寄るため、カラチで途中下車して北上することにしました。

そのようないきさつで、インドとパキスタンの国境にあるインド領事館でビザを取ろうとしたところ、オーストラリア人に肩をたたかれて、「イタリア語は話せるか」と聞かれたのです。実はオーストラリア人の連れの大男がビザの書き方が分からないから書いてくれというのです。その大男はイタリア人で、私はイタリア語は分からないなりになんとかビザを記入してあげて、そこから彼と一緒にインドの旅が始まりました。インドでは一緒に寺に泊まったりしました。1970年代のことだったと思いますね。彼はヒッピーのたまり場だったゴアへ向かい、私はネパールへ向かうことにしました。

中村　うんうん、話の展開を予測できないところがたまらなくいいですね(笑)。どんどん続けてください。

辻　ネパールからニューデリーに戻り、バスでアフガニスタンに行くつもりでした。ところが途中のパキスタンのペシュワールの駅で夜になってしまい、私は節約しようと駅の長いすで寝ていました。近くにはヒッピーのようなオーストラリア人もいましたね。そこへ兵隊が近づいてきて「お前たちここで寝てはいけない、危ないからホテルへ行け」と言うのです。そこで、そのオーストラリア人と2人で交渉し、ホテルではなく、駅のファーストクラスのシャワールームの通路だったら泊まれることになったのです。奥にオーストラリア人、通路側に私が寝ることになりました。明け方、外からドアをしつこく押す人がおり、起こされてしまったのです。渋々開けてみたら、そこにはあのインドを一緒に旅行したイタリア人が立っていたのです。意外なところで再会したのです。どこに行くつもりなのかを聞いたらアフガニスタンだと言うので、私とイタリア人、オーストラリア人にもう一人加わり4人でアフガニスタンに行くことになったのです。ところが、バスのチケットを買い、出発前日にみんなでどんちゃん騒ぎをしていたら、バスに乗り遅れてしまいました。どうしようと思案した結果、割り勘でタクシーを利用してバスを追いかけ、カイバル峠の国境で追いついてそこからはバスでアフガニスタンに行くことができました。その後も一緒に旅行したのですが、イタリア人がそろそろ帰国するというので私も日本へ帰ることにして、イランとの国境にあるヘラートまで一緒に移動しました。その道中、いろいろ話をする中で、家業がピザとパスタを提供するレストランだということを聞きました。なんとなく私は4年後にお前のところに行くと約束しました。そのときはソ連軍がアフガニスタンに侵攻してくる6カ月前でした。

イタリアンの世界に踏み入る パウロとの再会とひらめき

中村 話がどうなるかと思っていたところ、やっとイタリア料理の香りがしてきてほっとしましたが、その後日本に帰ってきたということですか?

辻 そうです。日本に帰ってきた私は、冬は姉のうどん屋を手伝い、夏は車の修理の勉強をしながらもう一度アフリカに行く準備を進めていました。そうして過ごすうちに、イランでトンネル堀をしていた姉の知り合いから、イラン・イラク戦争が始まって人手が足りていないという話を聞きました。そこで私が行きたいと申し出たのです。当時、私は会社まで5～6㎞を走って通っていたのですが、あるとき腰を壊して動けなくなって医者に行くと、栄養失調だと診断され即入院となってしまいました。そのころ私は節約していて毎日豆腐ばかり食べていたので。1カ月ほど入院し、これではイランへは行けないと思い始め、その冬も姉のところで働いていたところに突然、姉の知り合いから「イランに行くからすぐに準備してくれ」との連絡があり、1977年2月14日にイランに行くことになりました。イランではお金をためる目的で働きました。月53万円の給料でしたから。ここで財テクをして姉に託していました。当時、姉は冬はうどん屋、夏は軽井沢で別荘管理をしていましたね。イランのトンネル工事が終わったら、香港の地下鉄や中国の山奥のトンネル工事もあると勧められましたが、それは断りました。

イランに滞在中、ふとインドで会ったイタリア人のことを思い出して、休暇に会いに行ったことがイタリアンの世界に入るきっかけになりました。それがちょうど別れてから4年後でしたね。彼の実家のレストランはイタリアの避暑地のコモ市にありました。「パウロから聞いている、中に入れ」と言われ、閉まっており、そこにいたのは彼の兄の奥さんでした。住所を頼りに訪ねたのですが、昼休みでとりあえず中に入りました。片言の英語でコミュニケーションをとると、どうやらパウロは結婚式でベネチアに行っているので、もう一軒あるレストラン「ラ ロカンダデルピットーレ」の2階で2日間待っていろと言うのです。最初その店に入ったときにピザ窯を見たのですが、その瞬間に「これ、いけるよね」とひらめきました。そのころ立派なピザ窯は日本にはありませんでしたから。3日目にパウロが帰ってきてやっと再会を果たし、またイランに戻りトンネル工事をやり遂げてから日本に帰国。すぐに再度イタリアに向かいました。

中村　いやいや、やっとイタリアにたどりつきましたが、どうも辻さんは若さと貧乏を武器に、あえて文明社会を避けつつとても魅力的な、今としては踏み込めない国々を、一つは稼ぐためもあって行かれましたが、話を聞いているうちに辻さんのお姉さんという方が、節目節目でとても重要な役割をされているようですね。

辻　言われてみるとその通りかもしれませんね（笑）。で、話を続けますと、イタリア語が分かりませんからすぐには難しいですが、とりあえず誠意を見せようと思いました。広い店の床を磨き、皿洗いなどをしばらくしていましたが、あるときパウロにピザの勉強をしたいと打ち明けました。

中村　やっとというか、いよいよピザが現れてきましたが、そのときパウロさんは自分の店でピザ職人として働いておられたのですか。

辻　もともとパオロの家はパン屋でパオロはパン職人でした。パン職人は夜中の0時から仕込みをして朝、パンを焼き上げ、仕事が終わるのが午前１０時。パウロには兄のアルドがいましたが二人とも遊び好きで、この仕事が嫌だったのです。アルドはレストランの勉強をして、パウロはピザの勉強をしていました。最初、訪ねた店が1号店で私が泊まったのが2号店のピザリアでした。私はその店で、給料なし、食事は食べさせてもらい、なんの知識もなくゼロからスタートしました。日本で料理界に入っていたらもっと要領よく簡単に労働ビザが取れたのですが、私は取りませんでした。それは彼らの父親に税金など負担をかけたくなかったからです。私も特にこだわっていませんでしたし。ときどき警察が来るから2階に隠れていてね、と言われたこともありましたが。

中村　ぼくが修行したフランスにもそういうことはたくさんあったようです。日本の社会では仕事に就くとき、一つのストーリーがあり、ほとんどの人がそのルートに沿って自分の仕事の第一歩を歩むことになりますが、辻さんの場合はその枠に全くはまりません。だからこその厳しい面も多々あったと思うけれど、でも何かしら限りない魅力が感じられます。そして、対談の中で毎回のように思い知らされることは、人と人との出会いの尊さですね。

辻　まさにそのように思います。決して計画的ではなく、自然な流れの中で進んでいったように思います。私がいたのはコモでも少し離れたクッチャーゴというところでした。小さな村でそこの村長も警察も私がいることを知っているのです。一応見回りに来るので、そのときは隠れていたというわけです。そのころは日高シェフや落合シェフがイタリアで修行していた時代でしたが、私は情報がなく、そのレストランでのみ修行しました。地域の結婚式や葬式、ご近所のお使い物など地域密着型の店でしたね。たまたま遊びに行ったミラノで出会った日本人に何をしているのと聞かれ、ピザを習っていると答えたら、なんでピザなんか習っているのと不思議がられました。

自然な流れの中で転機が訪れる人との出会いと姉からの電話

中村　うん、まあ日本人の一般的な方々が、当時どこまでピザの深さを理解されていたのか?ということでしょうね。当時の日本ではピザやパスタは本場とかなりの違いがあっただろうと思います。また、辻さんはイタリアの名店での経験はなかったとのことですが、有名店で働いたから、名料理長になれるわけでは決してありません。要は自分自身がいかに自覚し、日々をいかに過ごし何を得たかが、大切なことですからね。今日の辻さんの料理は本格的なイタリア料理のレストランとして日本を代表する名レストランだと私は確信しております。

辻　ありがとうございます！中村さんにそう言っていただけると心底うれしいです。私が高校を卒業して最初に働いた国立の喫茶店で初めてピザを作りました。ご主人が芸大を出ていて、奥様がピアノを弾いていました。そのころの日本のピザはパイ皿に生地をちぎりだしてギュウギュウにのばし、ハインツのトマトソースとオランダのチーズを乗せてオーブンで焼くものでした。

中村　パスタもそうですが、イタリアのピザは生地の小麦粉の質そのものが違い、発酵具合も違っていたのでしょうね。現在日本のバゲット（フランスパン）が一段とおいしくなったのは、まぎれもなく本場の小麦粉が入手されることになったからこそです。かなり以前の話ですが、横浜で新横浜ラーメン博物館を様々なご苦労の末にオープンされた岩岡洋志さんが、ナポリのセモリナ（小麦粉）の質がとても良いということを知られ、何とか手に入れられないものかと相談を受け、当時僕が知っていた食品輸入会社に無理を言って取り寄せてもらったことがあります。

辻　まったくその通りですね。当時と今とを比べると雲泥の差があります。私と一緒に皿洗いをしていたマリオという男が、夏のバカンスになるとナポリにいる彼女に会いに行っており、「ピザはこういうのではなく、ナポリが本場なんだよ。ナポリのピザはうまいんだよ」と言うのですが、私は当時そうした情報を知りませんでした。

そんなとき、姉からまた電話がありました。姉が経営していたうどん屋の隣のロッジのオーナーが群馬に帰郷するから、ロッジを買ってくれないかという話があり、そのロッジの片隅でピザを売ってみないかと言うのです。しかし、ピザ窯をどうやって作るかという情報はありませんでした。そこでとりあえずピザ窯の写真を撮って、寸法を測り、帰国して炭焼の窯を作っていた南魚沼の左官屋さんにこんな窯を作って欲しいと頼んだのです。レンガは私たちの仲人が陶芸家だったので、レンガ屋を紹介してもらい、岐阜までトラックを運転して取りに行きました。土台は陶芸の先生に教えていただいたセラミックの「せんなんぶ」を使うことにしました。そんなこんなでピザ窯を作ってピザの販売を始めたのです。そのころ、日本に薪窯のピザはなかったと思います。東京・青山のサバティーニにはディスプレーとしての窯があると聞いていました。

ピザ窯が知れ渡る前の日本現ピッツェリアの原型となるレストランの出店

中村 そうですか、苦労の末に日本で初めての窯を据え、本格的なピザを作ることにご本人の気合も強かったんでしょうが、手ごたえはいかがでしたか？

辻 1983年ごろは、岩原ロッジや周辺のリゾートマンションなどが立ち始めたころで、富裕層がスキー場に来ていました。彼らが私のことを聞きつけて来店してくれるようになったのです。イタリアで商売している方が私のピザを食べて「これはうまい」と言っていただき、繁盛するようになったのです。銀座のママさんたちも来店してくれて、「この店なら銀座に出したらもうかるわよ」と言ってくださいました。しかし、中村さんなら分かると思いますが、最初に修行した店の印象が心に強く残るのです。もし、私が最初にミラノやナポリで修行していたら、東京に出店することに違和感はなかったと思います。私の場合、コモ湖の近くの小さな村で周りに自然があって地域密着の店で修行したので、東京に出店するイメージが全然わかなくて。しかもピザ窯に使う薪の置き場所や調達を考えると新潟の方が断然楽ですから。周りには畑もあるからバジルやイタリアンパセリなども栽培していましたしね。そんなことをしているころNHKが取材に来たのです。その内容は、窯を暖房に使ったレストランというものでした。

中村 まず、地方のその風土の季節の中で、料理作りに携わる醍醐味と、その尊さは料理人として必ずや理解しておくべきことだと思います。残念ながらNHKといえども当時は本物のピザ、そしてピザ窯そのものを知らなかったわけですね。今でこそピザ窯の火力に対する科学的な根拠がよく知られるようになり、多くの店でごく当たり前に自慢のピザ窯が据え付けられ、焼かれるようになりました。

辻 まあ当時は仕方がなかったですね。日本にピザ窯なんてないころですから。私もよく分からなくて、とにかくこの窯でピザを焼くとおいしいんですよ、と言っただけでした。後になって知り合いから、もっと店の名前を宣伝すればよかったのにと言われました。私も要領が悪いですね。でも全国ネットだったので、その後大勢の方が窯を見に来たんですよ。ピザを食べに来たというよりは視察ですね。彼らはこれが商売になると考えたんでしょうね。いろいろ聞かれたことには、ていねいに説明しました。私にもっと商売っ気があったら、イタリアからピザ窯を輸入したんでしょうけど。

そのころ、赤穂の会社が粉の輸入をしていましたね。ナポリピザ協会と組んでビジネスを拡大していました。でも私は、冬に岩原でピザを焼いてシーズンオフの夏はイタリアに行ってパウロの店を手伝っていました。5月ごろイタリアに行き、10月半ばごろに帰国することを4~5年していました。

その後、ロッジを買って2年目に目の前に新しいリフトができ、来場者が急激に増えました。それまではロープタイプのリフトだったのでそんなに人出も多くなかったのですよ。そしてこの規模の店ではキャパシティ不足だということになり、うどん屋も壊して大きな店を建てようということになりました。信用金庫から融資を受けて建て替えることになったのですが、どうせ建て替えるならと地下にウェイティングルームをつくりました。それが当たっていまのPIZZERIAの原型になったのです。ピザ窯も一つでは足りないから二つ作りました。なぜかと言うと、たくさんピザを焼くと窯が冷えてしまうのです。「ラ・ロカンダ・デル・ピットーレ」では日曜日にミラノからコモ湖に遊びにきて帰りがけに店に寄るお客さまが多く、18~20時の2時間で300枚のピザを焼いていました。私は焼き手を担当していましたが、それだけ焼くと窯の下面が冷えてしまい、ピザの底面が焼けないんですす。だからピザ窯の温度に関しては詳しくなりました。だいたい60枚くらい焼くと温度が下がりますからその後は別の窯で焼くようにして、その間にまた窯を温めるという算段です。

そんなおり、日本人でイタリアと日本で商売をしていた方が「伊佐男ちゃん、ピザはいいんだけど、パスタがいまいちだね」と言われてしまいました。当時はピザで手一杯だったので、パスタは茹でおきの麺を温めて、作りおきのソースをかけて出していたので。アルデンテも知りませんでした。そこで、夏にイタリアに行ったらパスタを勉強することにしました。

北イタリアの風土の中で多くのレストランを訪れ、イタリア料理に触れる

中村 何事も要領とか、商売っ気は、程々のほうが良いと思います。それ以前に誠実さというものが何よりですからね。それからそのイタリアをよく知る方からパスタのことを指摘されたことは、とてもよかったですね。パスタはイタリアの国民食として欠くべからざるものですから。先ほどより岩原のラ・ロカンダ・デル・ピットーレの成り立ちをお聞きして、とても心を打つものがあります。そしてあそこのレストランのノスタルジー的な独特な雰囲気は辻さん自身の歴史の積み重ねでできたものだと知ることとなりました。ぼく自身もあのほっとする店の雰囲気は大好きです。で、当時はすでに

イタリア産のパスタは日本に入っていたのですか？

辻 入っていましたね。しかし、芯のある茹で方を知らなかったのです。イタリアでパウロの店を手伝っているとき、皿洗いもやっており、お客さんが残したパンをとっておいて、シェフが料理を作った後のフライパンを洗うときにソースを拭って味を見たりしていましたから肝心なソースの味は知っているのです。イタリア人は太るのが嫌なので私に今日の味はどう？塩味はどう？と聞いてくるのです。それで味を覚えました。また、コモにはよいレストランがたくさんあるので彼らは勉強のため、私も連れて水曜の休みの日に食べに行っていました。私は無給で働いていたのでその分は出してくれました。味もさることながらこんな雰囲気のよいレストランで食べたらお客さんも喜ぶだろうなという店をたくさん見ました。料理もそうですが、店の雰囲気も大切ですね。

中村 なるほどね。辻さんは北イタリアのコモの地域の人々とのふれあいの中でイタリア料理に触れたこと、そしていろいろなレストランに食べに行ったことがよかったですね。料理人はいかに食べ歩くかということが、とても大切なことだと思います。店の雰囲気とサービススタッフの立ち振る舞い、仕事の在り方や、料理だけではなく、その店の主人のポリシーなど、多くのことに直に触れ、学ぶことがいくらでもあります。

辻 そうなんです。私は、自分の店に来てくれるお客さんからもいろいろと教わるんです。最初は西松インターナショナルの事務方の人で、フランスの3ツ星のレストラン「ピック」に行きましょうと誘われて現地で待ち合わせました。私は3ツ星なんて知りませんでしたから、ちゃんとジャケット着用で来てくださいね、なんて言われてね。

中村 そうですか（笑）、いいですね。ピックはフランスでも最高峰のレストランの一つです。おじいさんは当時フランスの3大料理長と言われた、歴史に残る人物でした。お父さんもフランスを代表する3ツ星のグランシェフでした。その後、息子さんが引き継いだのですが星を落としてしまい、娘さんが切り盛りするようになって評判となり、ついに3ツ星を取り戻した店です。アンヌ・ソフィー・ピックさんは今や、フランスを代表する女性のオーナーシェフです。

辻　いやいやそうですか、私はそんなに詳しいことは何も知らず、3ツ星レストランはすごいと感じながらも、私はピザ屋だから関係ないと思っていました。それから、今度はリヨンの「ポール・ボキューズ」もいいですよ、と言われ、その後実際にポール・ボキューズに行くことになりました。息子の誕生日だったのでケーキもお願いしました。もしかしたら「辻」で予約したので辻静雄の親戚かと勘違いしたのではないでしょうか。とても丁重で、食事が終わったらポール・ボキューズ本人があいさつに来ました。そのころはイタリアよりフランスによく行っていましたね。「トロワグロ」も行きました。そこでは厨房に案内され、ダイニングに通されました。リヨンのトイレにお金をかけたレストランにも行きました。そんな経験から私の会社に若手が入社すると毎年、イタリア経由でフランスへ行き3ツ星レストランを回らせるようになりました。そのうちにだんだんとイタリアをもっとちゃんと回ろうという考えになり、南の方まで行くようになりました。私たちはピッツェリアでレストランをやるつもりはないけれど、よいものを見ておこうと。ピッツェリアは町中にあるので、3ツ星のリストランテや庶民的なトラットリアを見て勉強しようと回りました。

中村　ボキューズさんは辻静雄さんとは大の親友でよく知られている中です。またトロワグロでは僕は古い厨房時代に働きましたが、その後、大リニューアルして赤を基調にした厨房は当時非常に斬新なもので、あのころからフランスのオーナーシェフたちがこぞって自分の厨房を改装しはじめました。今や、フランスのレストラン文化をけん引されてきたトロワグロ兄弟も亡くなり、その息子さんの時代となりました。時の流れのはやさを感じさせられます。今思い出しましたが、フランスにわたり8

年目にしてやっと家内と貧乏旅行をしました。イタリアのアンコナの街で、ホテルの主人においしいレストランはないかと聞いたところ、僕らの身なりをみて紹介されたレストランは単なる大衆的なもので、あまりおいしさを感じませんでした。そこでとても門構えの立派なレストランを見つけ、ホテルに戻り、服を着替え、そのレストランにでかけたことがありました。あのころが一番必死な頃で、懐かしいなあ…。辻さんは肝心なナポリには行かれたのですか？

辻　ナポリは妻と結婚する前に行きました。マルゲリータ女王から名前をもらったという「ミケーレ」の斜向いにある「ペーシーデオロ」というピザ屋にも行きました。帰国して情報を見ると「ミケーレ」も有名店だということを知り、その後は毎年のように行くようになりました。けれどもだんだん「ミケーレ」もガイドブックにも載るようになり、料理が雑になっていきました。オーナーがピザをのばして弟子が焼いていたのですが、だんだん旅行者向けになって地元の人が離れていきました。また、「ブランディ」は米国大統領が来たという店ですが、ここは私がやろうとしていた店に近い焼き方の店でしたね。

中村　残念ながら繁盛店になったがゆえに仕事の質が落ちてしまい、そのことにオーナーも気づかず、いつの間にか店が傾くケースも多々ありますね。食べ歩くということは、それらを含めて多くを感じさせられ、生きた学びの場であるようにも思います。その後岩原の店は夏の営業もはじめましたね。

辻　そうです。でも一段落する秋口には1カ月ぐらい休みをとってイタリアに顔を出していました。そのときに若手も連れて行き、本場のイタリアを見せていました。かれこれ7～8年実施していました。

中村　そこが肝心で、すごく大切なことだと思います。やはり本場の風土に触れ、空気を吸うことでなんらかの気づきが、自己の進化につながることになるでしょう。そしてその刺激がさまざまな自覚や、やる気の根拠となるのでしょう。ぼくが初めて辻さんにお会いしたのは、北海道の洞爺湖サミットの開催地であったザ・ウインザーホテル洞爺湖に総料理長として赴任したときでした。あのときはウインザーの別棟に店を出されていました。

ザ・ウインザーホテル洞爺湖3店舗目の出店を果たす

辻 ウインザーホテルから出店しないかという話がありました。なぜ最初に私のところに話を持って来てくれたかと言うと、当時、ウィンザーホテルの顧問をされていた斎藤さんが関わっていた食関連の本の編集を担当していた方が、私の店の近くにマンションを持っていらっしゃって、その娘さんからおいしいピッツェリアがあるとの情報を得てその話につながったそうです。ですからその雑誌の創刊号でも取り上げてもらいました。ウィンザーホテル店が初めての支店ということになります。初めてウィンザーホテルを写真などで調べてみると、実に豪華なホテルで感動したことを覚えています。そして実際に妻とデザイナーを連れてホテルに行ってみると、ホテル内部ではなく、ホテルからつながっているゴンドラの乗り場の一角にあるレストランに連れて行かれました。そこはうなぎの寝床のような箱で、ここで何ができるのだろうと思いながら一度戻りました。そしてある日、車の中でラジオからウィンザーホテルが破綻という一報を聞きました。ああこれであの話は終わったんだと思っていました。当時、別件で本店から車で20分ぐらいの河原のそばにある流しそうめんの店が赤字で新しい店の募集があり、企画書を書いて応募していました。そこはパン窯を設置するという店にしようと、いろいろと勉強もしておりました。ウィンザーの話があったときは、近場で店をどのようにコントロールするかを試案していたところでした。しかし、ウィンザーの話はなくなったと思っていましたが、その後、パン窯の店をオープンして2年くらいたったときに、ウィンザーから再び連絡があり、ウィンザーホテルを新たにリニューアルオープンするので来てくれないか、という話がありました。ですから当時、ウィンザーホテルは3店目の出店となったのです。

中村　それはそれは、いろいろと紆余曲折があったのですね。でも新潟と北海道では随分離れていますがどのような経営ビジョンを描かれていたのですか？

辻　そのころイタリアンがはやっていて、イタリア料理からピザに発展していっていたので、興味を持つ若者がたくさんいて人員的には足りていました。私自身、いろいろなところに出かけるのが好きなので、私がイタリアに行けるよう店を任せられる人材を育てようと考えていました。ほかの料理人のようにヨーロッパで修行をしてきて日本で活躍するというスタイルではなく、店を経営しながらももっと料理を勉強しなければと思っていましたからね。

中村　まず辻さんの人材育成に対する情熱には敬服します。そしてこの道に入ったからには生涯学習で、その思いを常に心しておかないと前には進めません。僕がサミットのためにウィンザーに入社してすぐ、クリスマスと正月と追い立てまくられていて、スタッフ不足で本当にサミットがやれるのかという不安な思いと共に、四苦八苦していて、当時近いのに辻さんのところにも行けない状態でした。でも初めて行ってあの四種のチーズのピザを食べたときの感激は今でもありありと覚えています。その後、なんとかサミットを終えましたが、その後もサミット効果でホテルはとても忙しく、日々を追い立てられてもいました。さまざまな事情が重なり、ウィンザーホテルでは約1年で退職しましたが、でもその間1日も休みは取っておりません。というより、あまりにもいろいろあって全く休む気がしなかったのが実情です。

辻　いや、あの当時のことを思うと本当にご苦労様でした。中村さんはよくぞやられたとつくづく思います。私は新店舗を立ち上げたら状況を把握するために1年はそこにいるようにしています。ウィンザーを開業したときもそうでした。結局ウィンザーには5年いましたが、サミットは3年目だったと思います。当然サミット前後はずっとおりましたよ。

二つ返事で決まったバリ島行き現地での出店までの歯車が動き始める

中村　サミットが終わるのを待ちかねたように東京を中心に友人、知人がどっとウィンザーにやってきました。皆さんは連泊されていましたから、ほかのどの店で食べたらいいのかと聞かれるわけですが、当然辻さんのピットーレと、そば処の達磨さんだけは絶対食べてくださいとオススメしていましたね。その後、東京に帰ってからしばらくして大橋力先生と知り合いました。大橋先生は文明科学研究所の所長を皮切りに、日本を代表する脳学博士であり、芸能山城組を組織され、アニメ交響曲AKIRAのテーマ曲を作曲されました。また、バリ島の王家と親交が深く、バリ島のケチャや、ガムランなどの民族音楽の研究などにも取り組まれています。日本を代表する知識人の一人として、桁外れにスケールの大きい方です。その大橋先生が、バリ島との交友を基盤とした40周年記念のパーティーをバリ島で3日間実施されるというので、ぼくにその料理の部分での依頼がありました。大橋先生のためならと2つ返事で引き受けたものの、その中身を知るにつれ、怖くなったものです。舞台は大橋先生のお住まいの広大な敷地で、第1日目はバリ島の伝統料理、2日目はピザ窯を利用してピザとイタリアン料理ナイトを、そして3日目は僕のフランス料理を提供してほしいとのことでした。参加者はもちろんバリの王族をはじめ関係者、または世界中の大橋先生の友人知人、日本からも大挙して来られ、毎日200名以上になるということでした。当初は、ピザも何とかなると思っていたのですが、いよいよ近くなり、ブッフェ用の食器や調理道具などを買いに河童橋に出向いて漁っていたところ、いよいよイタリア料理をどうしようかと頭をよぎった時に、辻さんのお顔がパッとでてきましたので、その場で辻さんに電話しました。運よくすぐ出ていただき、まず辻さんに「バリ島に行ったことある？」と尋ねたたら、「いや、ない」とのことでした。そこでまず、「バリを経験したら人生が変わるそうですよ」と話し、事の内容を伝え、バリでピザを中心としたイタリア料理を作ってほしいと依頼しました。これは100パーセントボランティアで、報酬もなく旅費も自分持ちで、約5日間かかると伝えました。そしたら僕も感動したことに、辻さんは即、「行きます！」と返事され、5分後にまた電話しますと言われ電話を切りました。

辻　その5分というのは妻に知らせるための時間でした。そのときは、苗場スキー場で開催された「FUJI ROCK FESTIVAL」に出店して4日間でピザを2500枚焼き、終わった翌日に温泉にでも入ろうと伊香保温泉に行って疲れを癒やし、車に乗って帰路についている最中でした。あのときのことはいまでも鮮明に覚えています。

中村　実は、大橋先生は当初渡航費を出すとおっしゃったのですが、僕は宿泊や、食事は面倒を見てもらえることもあり、大橋先生の大切な記念日に関われることが最も大切なことで、微力ながら料理のおもてなしの部分でお役に立ちたいとの思いで参加したかったわけでした。お願いした辻さんを含めた総勢8名の皆様にも同じ条件で行っていただきました。皆さんもそうでしたでしょうが、おかげで僕の人生の中でも生涯忘れられない日々となりました。

辻　私としては飛行機代うんぬんよりも、バリ島という言葉に興味を持ちました。これも何かの縁だから行ってみようと思ったのです。しかし現地に行って、ピザ窯を見るとドーム型で熱が均等に伝わないことが分かりました。土台も温まりにくかったので、土台を平にしてもらいました。これは昔ドラム缶を使ってピザ窯を焼いた経験が生きましたね。

中村　辻さんが作ったパスタの生地をみんなで手作業で仕上げるなど、また僕のフランス料理も現地での食材の買い出しから、仕込みなど大変な作業でした。でも終わってみれば大変な充実感をいただきました。また、大橋先生が私どものためだけに40名のフルオーケストラでガムランの夕べをもよおしていただきました。あのとき、バリのウブドでイタリア人が経営しているピッツェリアにみんなで食べに行ったり、また最後の大橋先生主催の晩餐会でバリの王宮料理をごちそうになりましたが、そのとき大橋先生が辻さんに「どうですか？バリは気に入りましたか？」と尋ねられた折、辻さんは即良い返事をされ、大橋先生が「バリでそのうち店を出しませんか？」との話に、とても前向きに話をされていました。僕は密かにこれはありえる話だなと思っていました。バリを離れる日に、浜辺で夕日が海に沈むのを眺めながらみんなでバーベキューを楽しみましたが、辻さんご夫妻の様子をちらちら眺めていましたが、とても美しい表情でした。

バリ島チャングーでレストランを出店
自らの力で人材の育成を目指す

辻　ウィンザーの契約が終了し次はどうしようかと考えているとき、結婚するときに妻と約束したことを思い出しました。海の見えるピザ屋をつくるということを。そのときに茅ケ崎の話が持ち上がりました。茅ケ崎の古民家で隠れ家的なピザ屋をやってみてはということで早速現地に行ったのですが、駐車場もないし店舗としては難しい状況でした。でもせっかく来たのだから近くの不動産屋も見てみたのです。するとサザンビーチのそばに4階建ての建物がありました。エレベーターで4階に上がるとテラスがあって、そこから江ノ島と富士山が見えました。スタッフと開業予算を概算してみたところ4000〜5000万円くらいと試算しました。念のため地元の人に聞いてみると、茅ヶ崎は湘南ではないから「お客さん来ないよ」と言うのですが、目の前に海が広がり、富士山も見えるんですよ。ここだったらお客さんが喜ぶと思いました。でも、みんなの意見を聞いてその場では話は頓挫してしまいました。

冬になってたまたま近くのホテルで、奥さんが日本人で出稼ぎに来ているというバリ人と出会いました。そしてそのバリ人がもっと稼ぎたいというので、夜は当店で皿洗いをやってもらうことになりました。その彼と「実は、私はバリでピザを焼いたことがあるんだよ」なんて話をしているうちに、妻とバリ島でピザ屋を開こうかという話になったのです。妻は以前サーフィンをしにバリ島に行っていたようで、じゃあ、とりあえずバリ島に行ってみようかということになりました。渡バリの際に大橋先生に連絡をとり、現地でプロデュースをしている店を見せていただきましたがお金のかけ方がすごくて、私たちが望んでいる規模ではなかったのでとりあえずお断りして自分たちで探すことにしました。そして人づてに見せてもらったところに店を決めてしまいました。これも縁ですからね。6年分の家賃を前払いしました。次に現地法人を作ることになり、ウィンザーにいた高橋くんと私と店で働いてもらっていたバリ人の三人で会社を設立しました。

中村　そういえば僕がウィンザーにいたとき、その高橋くんが癌をわずらい入院することになったとき、辻さんが私のところにきて、高橋くんのことを心配してその話をしながらはばかりなくおいおいと泣かれている様子を拝見し、この方は本当に心優しい人なんだなぁと思いました。こうしたオーナーの元で働けるスタッフは幸せだなぁとつくづく思ったものです。まあその話はさておき、そういうさなかで新型コロナの波をもろにかぶりながら、よくぞ実現されましたね。その店はバリ島のどの辺りなのですか？

辻　ウブドまでは車で1時間くらいかかるかな。バリ島でいま一番注目を集めていると言ってよいサーフィンで有名なチャングーという場所です。いま新型コロナウイルスで皆帰ってしまいましたが、チャングーだけは白人が大勢いますね。いま使っているプロシュートやサラミなどは45〜46歳くらいのイタリア人がバリで作っています。私は彼が輸入しているイタリアンプロシュートを使っているのですが、彼も来てくれていろいろイタリア人を紹介してくれます。私はイタリア語を話すので、彼らにとってはイタリアのことを分かっていると判断しているようです。もともとイタリアは北と南では伝統や文化が違い、私は北イタリアのコモにいたので北イタリアのピザの焼き方です。イタリア人にとって南は、イタリアではないと思っているみたいですね。ここで気がついたのはバリの時間のルーズさがイタリア人にぴったりだということ。私の店の周りに南のカラブリアやプーリア、アドリア海の人たちなどが経営しているピッツェリアが6軒あるのですが、ぼくが店を出したときは2軒だったのであっという間に増えましたね。というのもサーフィンや旅行で有名なスミニャックやクタでは店を占めているのでチャングーの方に移動しているようです。

　しかし、北イタリア人は南イタリア人を信用していないようで、むしろ日本人の方を信用するような気がします。日本人は中村さんの時代のシェフたちがきちんとフレンチやイタリアンを作って認められ、一般の人の耳にも入っています。インドネシアにいる華僑がお金を持っていてその人たちがオーナーなのですが、イタリア人が来ると上から目線で見るわけですよ。ところが僕のところに来ると華僑が上から見られるので、来やすいわけです。きちんとサービスしておいしいものを提供するので、ビジネス的にはインドネシアチャイニーズの人たちも使ってくれますしね。

中村 そういうところが本当に大事ですね。僕がフランスでのたうちまわっていたころもそうでしたが、何をやるにもまず「信頼」があってこそです。でもその信頼を得るためにはまず、僕の場合、身を粉にして誠実に働くことが基本でした。まあそれしか手段がありませんでしたからね。レストランはまず、店の良さを分かってくれて顧客ができることが大切なんだと思います。地元の人に愛されるのはそういうことです。

辻 それはその通りですね。それでやっと自分もそこに根づくことができるわけです。

中村 それは辻さんが若い時にあちこち放浪し、イタリアのコモに行きつき、そこから自分の仕事が始まったというその経験からそういう思いがあるのでしょう。レストランの裏方の仕事は単調だけれどもとても大切で、それにはまず、本人に覚えたいという意識と情熱がないと続きません。

辻 そうなんですが、私の当初の目的は違っていました。本当の目的は自分で人材を育てたいと思っています。彼らにレストランの裏方の仕事を教え、ゆくゆくは日本に呼びたいと考えています。

バリ島での生活、そしてレストランの出店がはじまる

辻 バリは生命力があるのです。インドネシアは人口で見ると約2億7千万人。その中でバリ島には仕事がたくさんあるので多くの人が仕事を求めて集まってきます。だから生存競争が激しい場所でもあるのです。またインドネシアの多くはイスラム教ですが、バリ島はヒンズー教で、彼らはとても信

心深い。若者でも日々の礼拝を欠かしません。なにより自分たちが観光で生きている島にいることをよく理解しているのです。きちんと仕事をする、英語を学んでコミュニケーションを取らなければならないことを理解しています。彼らを見ていると、いまの日本にはない必死さを感じます。

中村　かつての日本でもこうした一途な気持ちを抱き、邁進していたものです。残念ながら今日の社会では熟成すべきところがそれぞれの主張が目立ち、アンバランスな面もあるように見えます。バリでのそのような率直な人々をスタッフとしていかに育成していくかは、やりがいがあるように思います。

辻　そうです、その通りですね。そして彼らは器用です。もう一つは、彼らは米文化ですから生活様式が日本と共通している部分があります。さらにお客さまに対するサービスへの抵抗感がないことです。例えばベトナムや中国の山奥から出てきた人ができることは皿洗いや葉をちぎったりしかできませんが、バリニーズは小さなころから観光客を見ていますからサービス業に抵抗感がありません。

中村　そうしたことを、念頭にコロナ後のことをそれなりに計画されているのでしょうが、そもそも本格的にバリ島に行く準備を始めたのはいつごろでしたか。

辻　３年前からですね。最初は難しいですよと言われていました。インドネシアで会社を設立すると１億円かかりますよというのです。いろいろ調べていくと最終的に1億円になればよいという話で、最初は土地代、私たちのアパート代、建物に２０００～３０００万円かかりました。自分たちの蓄えもあったので、それでなんとか行けると考えました。

中村　辻さんらしいね。カモフラージュすることなく、率直に語ってもらい気持ちが良いくらいです。で、実際のオープンはいつでしたか。

辻　２０２０年１月２４日でした。２０１９年８月に現地に入って、その後、行き来して開業にこぎつけました。ピザ窯だけは土地を借りてすぐに作りました。それも大変でした。まずはピザ窯を作る職人探しから始まりました。いろいろ当たってみるとジャワ島から来たというおじさんが窯を作れるというので、作った窯を見せてもらいました。よく見るとレンガづくりでした。まあバリテイストであったのでこれでいいことにしました。下のレンガは1個20kgあるのですが、それは日本から持っていかなければなりませんでした。普通10個使うところを6個にし、ガルーダ・インドネシア航空は一人40kgの制限があるので妻と二人で3回に分けて運びました。実際には2019年5月半ばごろから作り始め、その間、私はつききりでその様子を見ていました。ピザ窯の下の部分は鉄骨で作るものですが、そのおじさんはブロックを積んで穴に鉄筋を入れてコンクリートを打っていました。それはその後、店舗を作る際に建設工事屋さんに鉄で補強してもらいました。

中村　約半年間ですが、よくぞといった思いです。日本からのレンガ運びでは奥さんの頑張りが目に浮かびます。残念ながらタイミング悪くコロナがやってきましたが、それだけにこのバリの店は何としてでも成功させねばなりませんね。でも、当分コロナとの戦いは続きそうですね。

辻　そうなんです、開店した2020年の1月24日時点では、「なんか新型コロナウイルスというものがあるらしいよ」という程度でした。2月16日に一度帰国しました。ユーミンが苗場でコンサートを催した後にピザを食べにいらっしゃいますので、毎年2月19日には岩原にいるようにしています。その時期はまだ日本はマスクをしている人が多いね、くらいの感じでした。そして苗場でユーミンのコンサートを見て私は2月23日にバリ島に戻りました。新型コロナは7月ごろには収まるんじゃないのと楽観視していたのです。しかし、だんだん厳しい状況になってきて、3月25日にはインドネシアもロックダウンしてしまいました。

バリ島はバドン県というのですが、税収が多いこともあり発言力があるので、ロックダウンしたものの頑張っていて、観光客もまだいました。しかし4月に入ってから2週間にわたって店を閉めるように通達が出たのです。2週間後に店を再開したのですが、そのとき観光客はほとんど帰った後でした。ただ、自国があまりにも感染者が多く、帰国するよりバリ島にいたほうが安全だと判断した人たちはバリ島に残っていましたね。バドン県も延長ビザを発行していましたし。

そんな時に私はデング熱に感染してしまいました。そのころデング熱が流行っていて私のアパートの周りも4人くらい感染していたと後で聞きました。私の場合、朝起きたら熱があって腰が痛くて立てないのです。そのとき頭をよぎったのは、新型コロナウイルスに感染したのかなということでした。感染したら年齢的にも死んでしまうと聞いていたので不安になりましたが、できるだけ頑張ろうと土日、そして月曜の朝まで解熱剤や葛根湯を服用して過ごしました。そして月曜の朝に病院に行って検査したところ、どうやらデング熱だというのです。セカンドオピニオンで日本人が経営している「タケノコ病院」でも検査したのですが、やはりデング熱でした。念のため行なったPCR検査も陰性でした。すぐに入院し、4日ほどでなんとか回復しました。バリ島はデング熱、マラリア、腸チフスなどがいまだにあるので衛生観念は遅れていると感じましたね。

中村 バリでコロナ禍での開店、その最中でのデング熱、胸中いかにと思いますが、せめて新型コロナウイルスでなくてよかったです。異国で働くということは、それなりの厳しさと常に隣り合わせだということでしょうね。で、先々のことはどのような見通しですか？

辻 多分、新型コロナウイルスがバリ島で収束するには2年くらいかかり、その後落ち着くのではないかと見ています。とにかくこれを乗り切って行かないとなりません。

中村 日本でも同様なことが言えるでしょうが、その間何とか持ちこたえねばなりませんね。地元のお客さんの動向はいかがですか？

辻 そうですね。在留日本人は1000人ぐらいいらっしゃるみたいです。日本人のお客さまもよく来ていただいています。経営的にはまだ赤字です。一度バリ島のハイシーズンを味わってみたいので、そのためにも頑張って、今いる従業員雇用を維持していきたいと思います。いまの状況であればなんとかやっていけそうです。

中村 新型コロナウイルスが収まってきたら、観光客も戻るでしょうし、ゆくゆくはウブドの本丸も目指せたらいいですね。そう言えば軽井沢にも出店しましたね。

辻 そうです、5年前の夏です。そして今、湯沢、洞爺、軽井沢、富山、バリ島と出店してきました。軽井沢では情熱とパワーのある大野くんが頑張っているので私も安心してバリ島に行けるのです。

中村 安心して任せられるスタッフがいるということは会社の発展に欠くべからざるものでありますが、まあそれは辻さんが自らの経営方針としていかに社員同士の絆を深めていくべきか、意図的になさってきたことだと思います。

辻 私もいつ引退するか分からないので、料理の技術や店の経営も含めて早いうちから店を引き継げるようにしておくことを考えています。

希望を持ち日本で働けるように土台を作り次世代へつなげる

中村 まだまだ大丈夫ですよ、今の気力と体力があれば（笑）。それに奥さんががっちり支えてくれていますからね。それではこの際、今後の計画や夢について教えてください。

辻 今後はまずバリ島でインドネシアの人を育てていきたいですね。いままでの中国やベトナムから日本へ仕事に来ている人たちは借金を抱えている人が多いようです。日本に対する印象があまりよくないようです。ですからこのバリ島でインドネシア人をきちんと育てて彼らと交流すること、そして日本人の良さを少しでも分かってもらいたいと思っています。

中村　僕はこの問題は、個人的にもとても関心を持っています。なぜかと言うと僕自身がフランスで育った人間ですからね。その間当然差別もあり、厳しい面もありましたが、でもさまざまなチャンスをいただき、そのチャンスを希望と励みにつなげて頑張れて、今日がありますからね。日本はもっともっと責任をもってしっかり改善してほしいと願っています。ようするに外国から日本に来る人々に希望が持てるようにしていただきたいと強く思っています。いまの日本での外国人技能実習制度の実態は、国策であるけれど民間に丸投げで、研修制度という名のもとで、実質的な労働力としていびつに活用されている側面があり、さまざまな問題が指摘されています。東南アジアから日本の農業や漁業にたくさんの人材が来ています。受け入れ先によっては立派にされているところもありますが、多くの改善が必要でしょうね。

辻　それは中間に入っている人が高いマージンを取っているからです。

中村　だから給料も安いし、それは自国の給料に比べればいいかもしれないが、そこにつけ込んでいるように感じます。

辻　まさしくつけ込んでいます。実際に日本に来ている研修生に話を聞くと、日本に来るために借金をして、結局それを日本で働いて返しているだけと多くの人から聞いています。それだったらバリ島から近いオーストラリアやシンガポールに行って働いたほうがいいとなってしまうのです。これからの日本は彼らのような外国人の労働者にたよらざるを得ないのです。評論家にはすべて日本人でまかなえるという方もいますが、そうではないでしょう。私一人の力、個人の力は小さいかもしれませんが、彼らに負担のかからないルートを作りたいと思っています。飲食業の同業者もたくさんいますから、それを見て同じように動いてもらえれば東南アジアの人たちの日本の見方が変わってくると思います。どこまでできるか分かりませんが、土台を作って次の世代に引き継げたらうれしいですね。

中村 辻さんのその考え方はとても頼もしく、有難いことです。でも日本政府は外国人労働者に対しては、建前ではなく、現実に沿って抜本的な改革ができたらいいなと思っております。バリでは宗教的に気をつかうこともあるでしょうね。

辻 インドネシアにはイスラム教とヒンズー教があります。牛肉料理を作って味見をさせようとすると、ヒンズー教の子は頭が痛くなるからと味見をしません。イスラム教の子は牛肉は食べるが豚肉は食べません。ですから味見は今のところ私がしています。パスタは宗教によって豚や鶏肉を使い分けて作っています。日本の場合パスタはアメリカ経由でスパゲッテイが入ってきました。その後にイタリアのパスタが入ってきました。でもバリは一足飛びにパスタというご時世ですね。

中村 僕がフランスで働いているときは、レストランの下働きはアラブの人たちが多かったです。イスラムの彼らの食生活はまったく違うのですが、そういったことを知ることも世界を知ることにつながっていました。当時の日本ではそのへんの感覚が疎かったはずです。外国で生活してみて初めて知ることもたくさんありました。

辻 白人からアジア人差別を感じることもあります。イタリアに行ったときに感じたこともあります。

中村 いまでこそ、それは薄れてきましたが、当時、わが身の周りでも折々にありましたよ。東洋人に対する自分たちの優位性を感じているのでしょうね。でもそれをあまり気にすることなく、ガムシャラに日々を過ごしていかないと自身の進歩もありませんでしたからね。

辻 バリ島でもありますよ。でもちゃんとしたもの、おいしいものを作れば認められます。

中村　そこなんですよ。僕はヨーロッパに行って3年目にアルザスに行ったのですが、そこのオーナーシェフに信頼されて半年たったら15～16人のコックを仕切るようになりました。2年目には調理場全体を任されました。でもある日の夜、村の立派な家でのケータリングにでかけたとき、そこの主人より「俺は日本人が大嫌いだから今すぐ出て行ってくれ！」と言われたことがありました。そうした経験も含めて今の自分があると思っています。当時も見ている人はちゃんと見てくれて、認めてくれました。それが励みとなったものです。

辻　そうですね…。少なくともアジア人同士は仲良くしたいですよ。

人対人の信頼関係が核
社員は仲間であり、同志

中村　以前日本人はアジアに軍隊を進めた中で、多くの問題もありました。今日のグローバルな時代では、そうしたことも認識したうえで、自分自身がどう感じ、どう対処していくかが大切だと思っています。

辻　政治がらみになると面倒なこともありますが、地域密着だと人対人の信頼関係ですから。お互いの信頼関係を作りながらやっていくなら、地域密着型の辻伊佐男です。

中村　素晴らしいです（笑）。組織で偉そうな理想論をぶってもらちがあきません、最終的には個人個人の信頼関係が核になってそれが広がっていく。辻さんは今後その一つのルート作りをされているわけですが、とても見上げたことだと思います。

辻　これも高橋くん（岩原本店責任者）や大野くん（軽井沢責任者）がいるからですよ。妻のバックアップもあります。自分一人では何もできませんでした。お客さんがいて、妻がいて、手伝ってくれる若い人達がいるからできるのです。そしてなによりも、スタッフの家族の協力と理解があったからです。

中村　さっきも話しましたが、僕がウインザーにいたとき、高橋くんが癌で入院することになりました。あの時辻さんが僕の前で泣いていたのをよく覚えています。そういうところを見て、この人は実に心優しく、誠実な人だなあと感じました。

辻　みんないつどうなるかわかりません。高橋くんと麻雀していたときに「ここ（体）になんかできているんですよね」というのです。病院に行ったかと聞くと「どこどこの病院に行きました」と言うので、そこは当てにならないから室蘭の鉄鋼会社の大きな病院に行かせました。そうしたら癌だったことが分かりました。そこで懇意にしている先生に頼みこんで紹介状を書いてもらい、原宿の伊藤病院に行ったら300人ぐらい待っている人がいるというので、伊藤病院で手術をしている大学病院の先生を紹介してもらいました。彼も精神的に色々きつかったと思います。大勢のお客さんが来てくれて、あれもこれも考えなければならない、人の手配など。そういう意味でもちょっと楽をさせてあげたいと思います。ほかのスタッフも自分も含めていつどうなるか分かりませんから。

中村　辻さんは、普通のオーナーの在り方とは違い、とにかく社員を良き仲間、同志として、みんなで頑張っていこうという考え方だからこそ、新しい店も立派にオープンできるのだろうと思います。

辻　お金を残すより、中村さんに会えてよかったとか、あの人と話ができてよかったというのが宝だと思います。バリ島で熱を出しデング熱にかかり、病院で寝ていた時、この商売をして多くの方にお世話になり「あの人にあいさつしていなくて申し訳ないな」、などが次々と頭をよぎりました。料理の業界に入ったのは、私が小さいときに父親が職場の若い人たちを自宅に呼んで料理を振る舞っていた姿を見て、料理には興味なかったんですけどあの雰囲気がいいなと感じていたこととかが影響しているのかもしれませんね。

中村　僕は自分の家がまともに食えていなかったので、必然的にこの道に入ったわけですが、今にしてよかったと思っています。食は人が生きていくための糧でありますが、同時に人間形成の基であると思います。料理人は常々その意識を忘れてはならないと思います。今日は辻さんとこうしてじっくり話すことができ、本当にうれしく思いました。ありがとうございました。

【対談後記】

辻さんは異色のオーナーシェフである。若い時期にさまざまな国を放浪し、自己形成に努めてこられた。そして縁あり留まった先がイタリアのコモ湖での食との出会いであった。帰国後は新潟県の岩原スキー場近くに「ピッツェリア ラ・ロカンダ・デル・ピットーレ」をオープンされた。しかしその歩みは自分の思いを愚直に貫いたものであった。そしていよいよのときが来て、新たなレストランの開業となり、その延長で、一つの信念に基づき、バリ島でのレストランオープンに漕ぎ着けられた。しかし無情にも新型コロナウイルスによる世界的なパンデミックをもろに被ることになった。でも辻さんには悲壮感は全く感じられない。むしろ大人としての笑みと共に、この試練に向き合われている。今、コロナ後の在り方が模索されるようになった。辻さんの今後のさらなる飛躍を心より期待し、またしっかり見守ってゆきたい。

PROFILE.　２０歳で料理人の道を歩み始め、辻学園・調理師学校及び仏語学院を卒業。野田三郎氏に西洋料理の基礎を大阪で学んだ後、７４年に渡仏し、フランス料理界の巨匠アラン・シャペル氏に師事する。８１年、神戸「アラン・シャペル」の総料理長を経て、９１年よりハウステンボスホテルズ総料理長、ホテルヨーロッパ総支配人を兼任。フランスから農事功労賞シュバリエとオフィシエを、１８年には黄綬褒章を受章する。現在は「パティスリー カミーユ」（長崎市）オーナーシェフ。

人生を変えた天満駅の看板
憧れのシェフコート姿に魅せられて

カミーユ 料理人　上柿元勝 氏

【2022年2月4日号、2月11日号、2月18日号、2月25日号掲載】

中村　今日は忙しいところありがとうございます。早速ですが、なぜ上柿元さんがフランス料理の道に入られたか、そのあたりから話をうかがいましょうか。

上柿元　高校時代は陸上競技の選手でした。もともと体育の先生になりたくて、大阪体育大学に推薦で入る予定でした。体育の先生の真っ白なトレーニングパンツ姿に憧れを抱いていましたから。

鹿児島県下一周駅伝大会があり、選手としてそこで走りすぎて、膝に水が溜まってとうとう走ることができなくなってしまい、大学進学を諦めることになりました。就職課の先生に相談すると、武田食品の工場を勧められて就職することになりました。当時は18歳でしたが、毎日工場に出勤して働きつつも、自分のこの先の人生を考えてモヤモヤとしていました。そこで将来のために、工場で働きながら夜間の近畿大学商学部で学ぶことにしたのです。工場は早番で午後3時に仕事を終え、シャワーを浴びて学校に行きました。授業は夕方6時半から始まり、終了は10時半頃でした。しんどい毎日の繰り返しで、帰りの電車の中では気絶するように眠っていましたね。ある日、大阪環状線で足を踏んだの踏まないのと酔っ払いに絡まれて「いい加減にせんかい、このボケ」とののしられ、大阪弁の迫力に圧倒されたことを覚えています。私は鹿児島出身なので鹿児島弁しか話せなく、職場で電話をとるのも怖かったぐらいです。

その酔っぱらいと喧嘩したのがJR天満駅で、ふと振り向いたときに目に入ってきたのが「辻学園日本調理師学校」の看板でした。赤色の看板で白いシェフコートを着たシェフが5人、真ん中にはフランス人シェフが立っていました。そのとき、真っ白なシェフコートと憧れていた体育の先生の白いトレーニングパンツがダブりました。

この学校に通えばフランスに行けるんだと信じ込んでしまい、誰にも相談することなく会社と大学を辞めて鹿児島に戻り、土木関係のアルバイトでお金を貯めて辻学園日本調理師学校に入学したのが始まりです。

中村　若いころは、誰もが自分のこれからの人生に不安を抱くものでしょう。そしてその折々に決断の時があると思います。上柿元さんにとってはまさにその時だったのでしょうが、よくぞ！という思いが募ります。それはいつの頃のことでしたか？

上柿元　入学したのは1971年です。フランス料理、フランス語、ワイン、製菓・製パンを専攻し、辻勲先生からいろんなことを学びました。授業後は居酒屋でのアルバイトをしました。72年に卒業して、同時にフランスの留学試験を受けました。フランスの労働省が関わっている留学制度で、合格すれば辻先生に日本の窓口になっていただいて、1年または2年の労働ビザを取得できるというものです。OBも含めて200人ぐらいの応募者のうち、合格してフランスに行けたのは15～16人でした。私は、最初の年は合格することができませんで、翌年も不合格となってしまいました。最終選考まで残るものの、最後のフランス語が難関でした。フランス語講師のジャック・パリー先生と、マダム・ブロード先生という名前を今でも覚えています。試験では「Que'est-ce que c'est?（これは何?）」と聞かれ、「ウンダモシタン（※鹿児島弁で〝あらまあ〟の意）」と鹿児島弁で答えるようなありさまで、辻先生は「お前をフランスに行かせるとオレの恥になる、辻学園の恥になる」と言われてしまい、悔しくて、悔しくて、いつか見返してやるぞと心に決めました。すぐにフランスに行きたいと思いましたが、73年は石油ショックが発生していたので、74年の秋に一人でパリ行きを実行しました。

卒業から渡欧までの2年間は、大阪の西洋料理レストラン「野田屋」で働きました。ここでソースのルーなど洋食の基本を教わりました。休憩時間は近くの書店に行って、田中徳三郎さん、荒田勇作さんなどの本をただで読んでいました。白い長靴を履いて、服にはキャベツの切りクズやトマトソース、カレー粉などの汚れが付いた格好で立ち読みするものですから、いつも追い出されていました。

そうした中で、あるとき苦手な先輩から場外売り場で馬券を買ってこいと命令されたことがありました。その馬券を買いに行ったとき、ついでに自分の分も買ったところ、大穴を当ててしまいました。それから先輩と競馬が好きになって、『競馬ブック』や『競馬エイト』などの雑誌や新聞で情報を得ていました。当時はシンザン、タケホープ、ハイセイコーの時代。そのうち耳に赤鉛筆を掛け、電車の中でもいつも競馬新聞を見て、二重丸、三角、この馬は雨の日に強いなど一生懸命に分析するようになったのです。給料を前借りして競馬にのめり込んでいましたが、あるとき田舎の両親を思い出し、博打を辞めて再びフランス留学に向けて仕事に励むようになりました。そして74年に、32万円を持って一人フランスに向かって旅立ったわけです。

右も左もわからぬパリでの職探し 断られ追い払われる毎日の中で

中村　決して競馬が悪いわけではありません。要は各人の向き合い方ですからね。その時期にそれなりの授業料を払い、人生の勉強をさせていただいたと思えば安いものです（笑）当時は航空運賃も高かったですから。僕が1970年にルフトハンザ航空でスイスに行ったときは24万円でした。

上柿元　私も同じぐらいですよ。1フランが58円のころでした。パリの空港に着き、タクシーに乗って市街に向かいました。タクシーの助手席に大きな犬が乗っていたのを覚えています。憧れのパリに到着し、上ばかりを見て歩いていたら犬のフンを踏んでしまったことを思い出します（笑）。そのころのパリの街角には犬のフンがそこら中に落ちていて、毎朝一番に街中を水道水で流していたんですよね。

中村　うん、まあ特にその頃は、パリに着き自分がパリジャンになるための洗礼みたいなもので、犬のフンを踏んづけて初めて本当のパリを実感し、そこからスタートするようなものでしたからね（笑）パリで働くレストランはどうやって探したのですか？

上柿元　ミシュランがあることも知りませんでしたので、モンパルナスのリュード・ババンという安いホテルに泊まりながら手当り次第に探しました。あの辺りはレストランやブラッスリーがたくさんある場所なので。当時はモンパルナスタワーができた頃でした。そのタワーの中のレストランにも行きました。でも、全部断られました。

　フランスに行くために鹿児島を出発するとき、父親は「負け犬になるな、何かを掴んでこい」と言い、母親は心配してふんどしを１０枚買ってくれました。私はふんどし１０枚を持ってパリに来たんですよ。しかし、パリではなかなか仕事にありつけず、ずっと門前払いでした。「労働許可書を持っているか？」と言われ、正直に「ノン」と答え毎日断られました。中村ムッシュは労働許可書を持っていらっしゃったのでしょう？

中村　最初からは誰も持ってなかったはずです。私も、同じでスイスからパリに着いて、片っ端から断られ、運よく見つけたレストランのグランシェフのおかげで働けるようになり、パリでの労働許可書も取っていただけました。

上柿元　私なんか何十軒回ったことか労働ビザの必要性を痛感する毎日でした。

中村　ぼくも似たようなものですよ。前もってアポを取ることも知らず、いきなり行くものだから、犬猫のように追っ払われたこともありますよ。

上柿元　面接のたびに後で来いと言われ、夜に行ってみると「ボンソワール、ムッシュ」と笑顔でメニューを出されました。すぐ、「食べに来たんじゃない、働きたいんだ」と言っても、今度はソムリエがでてきて「アペリティフは何にしますか」と聞くという具合でした。そんな日が続きました。とにかく早く働き口を見つけてお腹いっぱい食事できるようになりたかったですね。

ヨーロッパ修行の第一歩 出会いが灯した料理道への光

中村　当時の現地ではまだ日本に対する、また日本人に対する知識がとても浅く、日本から来た方々は、それなりに苦労されていたと思われます。中には運悪く帰国を余儀なくされた方もいたでしょう。そして上柿元さんは結局、働き口はどこで見つけたのですか。

上柿元　何日も店を回っているうちに、ブルバーラスパイユ２４３番地のレストラン「ル・デュック」という、魚料理が有名な店があり、そこに日本人がいるということを知りました。その店に行ってみると、そのときは日本人シェフは休みでしたが、オーナーに面接をしてもらうことになったのです。オーナーが来るまでの間、ギャルソンがパンのサービスをしているのを見ていました。パンの端の硬い部分を切り落とすのですが、それが食べたくて、なんで捨てるんだろう、あのパンを持って帰って食べたいと思い、パンばかり見ていました。やがてオーナーが来て「労働ビザは持っていますか？」と聞かれ、「ウィ、ウィ」と嘘をつきました。人間は嘘をつくとき2回返事をしますね。さらに「本当ですか？」と聞かれ、そのときは臍の下に力を込めて大きな声で「ウィー」と答えました。そうしたらオーナーが「わかった、わかった。もう大きな声を出すな」と言い、そして「お前のスペシャリティーは何だ？」と聞かれました。

その面接の最中、店のカウンターの上に薩摩焼が置かれていたのを見つけました。オーナーの親父さんが横浜⇕マルセイユの航路に乗っていて、横浜で買ってきたそうです。それを見て「これは私の故郷のものです」と言ったら、壺屋の息子と間違われて「C'est combien ?（いくらだと思う?）」と聞いてきました。その質問を、私は給料の希望を聞かれていると勘違いし、「１５００フランぐらいです」と答えました。そうしたら「いや、そんなに安いもんではない」と言うのです。私はもっと高く言ってもいいのかなと思い、１８００フランぐらいと紙に書いて渡しました。オーナーはそんなもんじゃないと言っていました。

そんな会話を交わすうちに、オーナーがおもしろい日本人が来ているからと調理場へ案内してくれました。シェフに魚を見せられ「これなんだか分かるか？」と質問されました。そこでドーバーソール（舌平目）を初めて見ましたね。スズキも日本のより大きく、鯛や海老類も最高でした。しかし私は、魚についてはフランス語でポワソンしか言えないので、全部ポワソンと答えました。ホタテなどの貝類は、全部コキアージュですよ。「お前はデセールはできるか?」と聞かれ、「プリンアラモードはできる」と答えました。日本の洋食屋で働いていた頃に作っていたのが、プリンの上に缶詰のチェリーを乗せたもので、フランスではプディングというのに私はプリン、プリンと言っていました。すると、こいつは面白いやつだと思われて雇ってもらえることになったのです。「ル・デュック」では洗い場のチュニジア人のマブロック・サドックという人が鍵を持っていると聞いていたので、朝早く鍵を借りて、栄養不足でしたから生卵二個をボールに入れて塩味を付けて食べていました。卵の殻は捨てるとつまみ食いがばれるので、ポケットにしまっていました。そのほかにも洗っていないサラダの葉をちぎって食べました。たまには虫もいましたが、それも構わず食べていました。生きるために。そのときはフランス料理はどうでもよく、とにかくパリで餓死しないためにお腹いっぱい食べたかったんですよ。

中村　そのときの日々が、今の上柿元さんの原点となっているように思います。今思うと、とんとん拍子にいくよりも、苦労していたほうがよかったかもしれません。またそこで「ル・デュック」に出会えたことで、料理人としてのスタートにつながったわけですから、本当に感謝ですね。

上柿元　その通りですよ。「ル・デュック」のオーナーであるミンケリ氏は命の恩人で感謝以外ないです。

　ただ、職場でフランス人にいじめられたこともありました。パピエ（労働ビザの書類）を持っていないため「ポリス、コントロール！」と言われ、トイレの臭いところに1時間も閉じ込められて誰も呼びに来ず、寒いところでひたすら待っていたこともありました。またフランス人が失敗した仕事を、「これはカミーがやった」と言われた時は悔しくて悔しくて、日本語で「オレじゃない、今に見とけよ！」と大声を出しました。それからフランス語と仕事を一生懸命やりました。

中村　まあそれはよくあることですが、でもシェフやオーナーはきちんと見ていてくれたと思いますし、自身の信頼を得るために、自分がどうあるべきか、そのことが日々問われていた時期だと思いますからね。一生懸命にやっていることは知っていたのではありませんか。

上柿元　クビにならないように、トイレやロッカー掃除を仕事のひとつとしてやりました。いくらいじめられても、いつかいい日が来るだろうと信じていました。いろいろ大変な目にもあいましたが、その当時の経験があってこそ、その後の3ツ星レストランでの修行をはじめ、いまに続く人との出会いがあるのだと思っています。

中村　当初は言葉も不自由で、さほど技術が長けていた訳でもないので、何かと思うようになりません。先ほど言われた、一生懸命が唯一の自己表現だったはずです。そこから少しずつ認められるようになったはずですね。

パリからジュネーブ、そしてリヨンついにアラン・シャペルの扉を叩く

中村　さて、「ル・デュック」には何年いたのですか。

上柿元　パリとジュネーブの店で約3年働いたのち、オーナーに3ツ星レストランのボキューズやトロワグロ、シャペルで働きたいと申し出たら、快く紹介してくれました。ボキューズとトロワグロは「ル・デュック」からだったら来月からOKと返事をいただきましたが、シャペルからは断られました。

中村　そのビックシェフの元で働けるようになったのも、「ル・デュック」での3年間の評価があってこそのことだと思います。シャペルは、当時もう3ツ星を取られていましたか?

上柿元　3ツ星を取ったばかりでしたね。

中村　それじゃあ、かなり勢いのある頃ですね。ぼくがフランスで働きだしたころは、ボキューズさんやジャン・トロワグロさんが世間で最も人気のあった料理長でした。二分していました。それからシャペルさんやピックさんが上りつつありましたね。

上柿元　そうなんですよね、当時ピックさんは2ツ星に落ちていましたが、私がちょっとだけお世話

になったときは、また3ツ星になっていました。結局、シャペルさんには断られたのですが、もう一回トライすることを心に決めていました。断られたり、落ちるのは得意でしたから。

中村 ジュネーブはいかがだったんですか？

上柿元 レマン湖のほとりにあった「ル・デュック」で働いていました。でも魚はパリから仕入れていましたが。

中村 どうしても海の幸が必要で、おそらくパリのランジス（中央市場）から仕入れていたのでしょうね。それはポワソン・ラックではなく、海の幸だったのでしょう。パリの市場から来ていたのでしょう。

上柿元 そうなんです。その魚を半分ずつ山分けしていたのが、「フレデック・ジラルデ」でした。そのころジュネーブの日本大使館で、三國清三さんが休みのたびにジラルデに研修に行っていましたね。三國さんとはレマン湖のほとりで卓球したり、夜一緒に飲んだり。また、日本のフランス料理界は村上信夫さんや小野正吉さんが引っ張っておられるが、オレ達も先輩達に負けない、日本のフランス料理のため頑張ろうと夢を語り合いました。休みの時は北海道出身の三國さんにスキーを習っていました。

中村 当時のジュネーブでは二人以外に、日本人の料理人はいたんですか？

上柿元 料理人は吉原満さん（※「ラ・シャンス」オーナーシェフ）、パティシエで山本次夫さん（※「リストワールヤマモト」オーナーシェフ）と杉野英実さん（※「HIDEMI SUGINO」オーナーシェフ）がいらっしゃいましたね。

中村 私はスイスの最初はチューリッヒでした。ジュネーブは国際的な街、スイスの料理はインターナショナルで垢抜けているというイメージでした。

上柿元　いいところですよ。岩魚とか湖川の魚が中心で、〝トゥリット・オー・ブルー（鱒）〟などがおいしいです。しかし、このままスイスにいても……と考え、せっかくフランスに来たんだからリヨンで修行しようと思い、「アラン・シャペル」の門を叩いたのです。そうです、再度のトライです。採用が決まったときは、「アラン・シャペル」のあるミオネーという村からリヨン・ペラーシュ駅まで、多分27～28㎞はあったと思いますが、うれしくて歩いて帰りました。大型トラックに飛ばされそうになりながら。島津軍が関ヶ原の戦いで敵陣を突破して帰ったときにお参りしたという妙円寺が私の実家の近くにあり、そのときに歌われた妙円寺参りの歌を、私も歌いながらリヨンまで帰りました。あの頃は料理を学びたい一心で、一生懸命でしたね。疲れを感じませんでした。

中村　わかるなぁその気持ち！フランスの最高峰のレストランで、働けることになり、不安よりも夢と希望の方が断然強かったはずですから。「アラン・シャペル」で働いていた頃は、シャペルさん自身も現役で3ツ星を取った直後、一番良い時期だったのではないですか。

上柿元　まったくその通りです。地域の生産者を契約農家のように付き合うなど、素材を大切にしていました。ブレスの鶏、ドンブの鯉、カエルなど。私のフランス料理の技術はアラン・シャペルから直接学んだものです。

　とにかくよく働きました。「ル・デュック」では土日を休む週休二日制でしたが、ほかの店では週休二日などありませんでしたね。その代わり「ル・デュック」では一日の労働時間が長かったですが、本当に（笑）

中村　当時、特に地方のレストランでは、週休二日制はまだ少なかったように思います。フランスも高度成長期でレストランも活気があり、我々も働き放題でしたからね（笑）

アラン・デュカスとの出会い
プロとしての仕事に磨きをかける

上柿元 「ル・デュック」では、ランジスまでオーナーが食材を買いに行って、仕入れたものは全部使い切るスタイルでした。ポワソン・クリュというお刺身を出したのは「ル・デュック」でした。

中村 その頃、パリのレストランで生魚をスペシャリテとして提供していたレストランは「ル・デュック」だけだったと思います。

上柿元 醤油で食べたらもっと美味しいのにと思ったこともありました。そう考えるということは、私はまだフランス料理の料理人じゃないのかなと、その頃考えたりもしましたね。「アラン・シャペル」では、78年、79年にアラン・デュカスやミッシェル・ルーと一緒に働いていました。いまでもアラン・デュカスとは仲がいいです。当時、彼はシェフ・ド・ロティスリーで、私はコミュ・ポワソンをやっていました。彼が辞めた後にシェフ・ド・ポワソンになりましたが。私が入ったときはデュカスは先輩で、「ル・ムーラン・ドゥ・ムージャン」やミッシェル・ゲラールの元を経て「アラン・シャペル」に来ていました。23歳ぐらいで私と5歳ぐらい違いますが、彼はエリートですよ。当時、15～16人の料理人とパティシエ4名がいました。その中でもデュカスだけはすごかったです。「アラン・シャペル」のスペシャリテで「プーレ・アン・ヴェッシー（ブレス産鶏の豚の膀胱包み」があります。鶏の内臓を抜き、肝とトリュフのみじん切りをソテーして内蔵に詰め、身と皮の間にフレッシュのトリュフ（厚切エマンセ）を挟み（1羽につき8枚）ます。水で戻して風船のように大きく膨らんだ豚の膀胱に、その鶏をブリデ（※タコ糸で縛り固定すること）して入れ、トリュフ汁、コニャック、マデラ酒を加えブイヨンで50分～1時間ボイルする料理です。その仕事はデュカスが担当していましたが、毎日20羽ほどをさばくその仕事が早く、きれいでプロの仕事とはこのことを言うのだな、これをパーフェクトと言うのだろう、と当時思ったものです。この料理は当時、「ポール・ボキューズ」や「メゾン・ピック」、「ラ・ピラミッド」のメニューにもありました。

食の歴史をも変えた フランス料理評論家からの愛のある指摘

上柿元　ヌーベル・キュイジーヌというスタイルが1970年代に出てきて、2人の食通料理評論家がはじめた『ゴ・エ・ミヨ（※アンリ・ゴとクリスティアン・ミヨの二人がはじめたミシュランと並ぶ強い影響力を持つフランス発祥のレストランガイド）』はだいぶ話題となりましたね。当時、ヌーベル・キュイジーヌは魚料理にイチゴやキウイのソースを使ったりと、ポワソン・クリュも含めて斬新な料理でした。その中でも「ル・ディック」は一番斬新で、ボキューズやロブション、トロワグロなどフランスの3ツ星レストランのシェフも食べに来ていました。その都度オーナーが彼らを紹介してくれて、ボキューズさんから調理場に100フランのチップをもらったこともありました。〝プール・クイジニエ（※Pool Cuisinier ＝料理人チーム）〟と書いてあって。オーナーにそれを記念に欲しいと言って、自分の100フランと交換し、いまでもその100フラン紙幣を持っています。その頃の新しい波がヌーベル・キュイジーヌでしたね。

中村　そう、ゴ・エ・ミヨが72年にミシュランと同様に、フランス全土のレストランのランク付けのガイドブックを出すようになりました。当時ヌーベル・キュイジーヌ10カ条というのがあり、その一つ一つは実に理にかなった料理の改革でもありました。ただ、ブームが過熱しすぎ、現場では行き過ぎた面が出てきてしまい、80年代初頭にしぼんでしまいました。これにはとても深い意味があり、そう簡単に言い尽くせないものがあります。

上柿元　新鮮でなければならない、余計な調理をしない、ジビエはフェザンタージュ（※熟成の意味）しすぎないなどがありましたね。ゴ・エ・ミヨはフランスの食の歴史を変えた人たちだと思います。新しい調理方法だけでなく。

中村　クリスティアン・ミヨは、もともと『ギド・ブルー』というフランスの旅行ガイドブックの食担当の編集者で、そこでコラムを書いて一躍有名になり、アンリ・ゴに声を掛けてゴ・エ・ミヨとして独立されました。

僕がパリの「ル・ブールドネ」のシェフで1ツ星をとったところ、クリスティアン・ミヨさんが折々に奥さんとおいでいただき、僕も非常に緊張をして、食後挨拶に行きました。しかし、一年近く、口もきいてもくれませんでした。ある時また挨拶に行ったら、いつもは取り付く島もない方が〝座れ〟と言うのです。そして〝君は一生懸命にやっているようだけど、ソースはうまいが料理と付けあわせのバランスがまったくなっていない。また、料理のネーミングもよくない〟など、厳しく指摘されました。最後に「私は見込みのある料理人には言うべきことを伝えるが、何もない人には何も話さない」と言われました。僕は震える気持ちで、やっと「メルシー・ボークー」と言って日本式に深々と頭を下げてその場を離れ、調理場に帰ってきましたが、涙が溢れて仕方がありませんでした。その頃の私は、2ツ星、3ツ星の有名店で修業をし、それをベースとして何とか頑張り、1ツ星は獲ったものの、当然まだまだ未熟だったわけです。クリスティアン・ミヨさんには一生忘れられない、そんな思い出があります。

異文化や人種差別の経験飛躍するためのバネとなる

上柿元　中村ムッシュをはじめ先輩方がフランスで礎を作ってくれたから、いまの私たちがあります。最近フランスで3ツ星を取った「Restaurant KEI」の小林圭シェフも、中村ムッシュやわれわれも含めて〝先輩方々がきちんとフランスで仕事をして、フランスの国とフランス人から信頼を獲得したから、私たちも仕事をしやすいし、星も取りやすい〟と言っていました。40年前は私たちも人種差別を受けたこともありましたが、フランスは良いものは認めようというお国柄なので、やりがいがありました。あらためて小林シェフ、本当におめでとうございます。

中村　僕がフランスに行ったのは70年の大阪万博の時で、もう50年前のことになります。上柿元さんや、当時の日本人の料理人たちは、必死に〝本場のフランス料理という井戸〟を掘りました。僕が1ツ星を取り、その後41年目にして小林圭さんがフランス料理の神髄まで深く進み、ついに3ツ星を獲得してくれたことを知った時、僕は思わず万歳をしました。本当にうれしかったですね。そして私なりにとても感慨深いものがありました。

上柿元　あのころは日本人も中国人もアジア人として十把一絡げ。お米を食べて、トイレに行って頑張りすぎたから目がつり上がったなどとも言われてました。

中村　当時はまだ日本人に対して一般の方々の認識が少ない頃で、中国をはじめ他のアジアの国の方との区別もなく、時々悔しい思いもしたものです。でも、それらがバネになったことも事実です。

上柿元　私は〝自分はジャポネだ〟とよく言い返していました。差別を受けたこともありましたが、でもその国にいる以上、その国のルールや習慣にのっとって自分を磨くしかありません。いま考えると料理の修行だけでなく、異国の文化を体験できたこともよかったと思います。フランスでは自分の意見もしっかり言わなければいけません。例えばサッカーを見ていて、親父が〝こっちへシュートしろ！〟と言っても、〝いや自分だったらバックパスする〟と、自分の意見を子供の時からしっかり主張しますから。

中村　フランスの学校教育は理論的なことをしっかり教えていますから、口が達者になるのですよ（笑）個々の意見をしっかり持っていないとつぶされてしまいますから。その点、全く日本人と異なります。必然的にグローバル化が進むこれからの時代、日本の教育の在り方も変わっていかなければなりませんね。

上柿元　あと、フランスの方はあまり謝りませんよね。謝る＝言い負けると自分の負けですから。だから言い訳をされる、とにかく言い訳して自分を守る。そこはあまり好きになれないですね（笑）それには、フランスは狩猟民族で、日本は農耕民族であるという歴史的な背景もあると思います。

中村　おっしゃるとおりだと思います。ヨーロッパは狭いところにあれだけ多くの人種がひしめいていて、闘争の歴史です。民族同士の戦いで、先祖も血を流しながら自分たちを守ってきたわけですから、日本の島国の事情と異なりかなりの違いがあるように思えてなりません。

上柿元　あちらの人たちは、嫌いな人でも表面上は仲の悪さを隠してうまくやっていく。みんなで仲良くしていこうという姿勢です。それは今後、日本にも必要なのかなと思います。

中村　そうですね。いまパリを中心に、フランス各地で星を取った日本人のグランシェフがどんどん増えていますが、僕らの時代と異なり、フランスの多くの国民が日本人の才能を認め、信頼し、受け入れているからこそのことだと思います。そのことを我々もしっかり理解し、さらなる努力が求められていると思います。それではそろそろアラン・シャペルさんの人柄について語ってもらえますか？

アラン・シャペルと共に働いた時間エスプリをいまも受け継ぐ

上柿元　すごく厳格な方で、レストランに来ても自分からはあまりスタッフにボンジュールとは言いません。朝、買い出しに行って、自分が帰ってきたらスタッフがそれを取りに行くのですが、そのときに「ボンジュール、シェフ」と言うと、やっと低い声でボンジュールと返すような感じですね。サングラスをかけて強面な感じの人ですよ。でも花を大事にする人で、店の中の花はシャペルムッシュ自身が生けていました。それから、統制力がすごかったです。厨房で「サ・マーシュ」とメニューを読み、みんなが「ウィ、シェフ」と応えます。また「サラダ・オマール、クレーム・フェザン……」とメニューを読み上げると「ウィ、シェフ」と返していました。

大切なお客さんが来る場合は、「トレ・トレ・ソワイニエ(※とてもとても大切な上客の意)」と呼んで、これいって、これいって、これいこうかと決めて、シェフやスーシェフがスタッフを呼んで、普通のグランドメニューのほかに特別メニューがあることなどを指示していました。

中村　当時グランシェフから何かを言われたとき、「ウィ、シェフ」と反射的に答えていましたが、今はどうなのだろうね。何かそこによき時代のノスタルジーを感じられます。ところで、当時シャペルさんのスペシャリテとしてサラダ・オマールなどが料理雑誌に掲載されていましたが、あれはオーダーが来てからボイルされていたのでしょうね。

上柿元　そうですね。グリーンのマスタードとコライユ（※エビのミソ）をポシェ（※煮込む・茹でる）して美味なソースができて。トリュフ、シャンピニオンパリ（※フレッシュマッシュルーム）、くるみ油を掛け、きれいな器に盛って、メートル・ドテルがお客さんの前でドレッセ（※盛り付ける）するのです。これがとても様になる訳ですよ。

また、シャペルさんは日本の食材に興味を持っていましたし、また、７２年にはアラン・サンドランス氏（※名門「ルカ・キャルトン」＝現「サンドランス」のオーナーシェフ）などとともに中国視察にも行き、アニス・エトワール（セイヨウウイキョウ）やショウガといった食材やア・ラ・ヴァプール（蒸料理）を取り入れていました。

中村　そうそう、確かにあれは、フランス政府から派遣され、そのお二人とカンヌの「ル・ムーラン・ド・ムージャン」のロジェ・ヴェルジェさんと3人でしたね。そのアラン・サンドランスさんの「アルケストラート」で働くことになりました。当時はまだアミューズ・グールは珍しい時代でしたが、「アルケストラート」では鳥のパプリカ風味の煮込みを春巻きで茶巾に包み、油で揚げていました。当時としてはとても斬新でしたが、僕ら日本人は中国料理にも少々理解がありましたから、味として目新しいとは思わなかったですが。

上柿元　彼らは日本や中国から持って参考にしたにもかかわらず、自分で考えたと言い張るんですよね。シャペルさんは、ピジョンのポシェのガルニ（付け合わせ）に、それとシュウマイみたいな料理を出していました。グラン・シェフはすごいなと思いましたね。残念ながらアラン・シャペルさんは心臓を悪くして、若くして亡くなりましたが、確かに彼のエスプリは日本では音羽和紀さん（※「オーベルジュ」等オーナーシェフ)、三國清三さん(※「オテル・ドゥ・ミクニ」等オーナーシェフ)、渋谷圭紀さん(※「ラ・ベカス」等オーナーシェフ)、小久江次郎さん(※「アラン・シャペル」元シェフ、現「ラジュネス代官山」総料理長)、そして私と直接働いた者が受け継いでいます。

中村　アラン・シャペルさんのところには、さほど多くの日本人がいたわけではありませんでしたね。

上柿元　そうです。トロワグロさんやボキューズさんのもとには日本人がたくさんいましたけどね。

次世代に残していくには基本的な技術と作る人の人間性が大切

中村　トロワグロは給料を出さないところでしたから長期間働くのは無理で、短期間で厨房に入りたいと思っていました。そこでパリの「ラ・マレー」で働いていた時、夏の一か月間は店を閉めるので、その間を利用して研修で働きたいと手紙を書いたら、どういうわけかすぐ返事をいただき、ちゃんと部屋も与えてくれました。当時、ジャポネと呼ばれていましたが、3日目にしてシェフ・ポワソニエが病気で出てこれなくなってしまい、ジャン・トロワグロさんがいきなり僕に「明日から君がシェフだ」、と言われ、ポワソニエ(魚部門)のシェフとして8月の一カ月間、休みなしでめちゃくちゃ働きました。おそらく、「ラ・マレー」ではシェフ・ガロマンジェ(※冷製部門のシェフ)で働いており、南仏の3ツ星レストラン「ロアジス」ではシェフ・ソーシエ(※ソース担当のシェフ)として働いていたので、やれるのだろうと思われた節があります。

上柿元　ジャン・トロワグロムッシュはソースの神様と言われた方、さすが中村ムッシュの実力ですね。87年にロアンヌ駅の近くに泊まり、一週間研修させて頂きました。当時ガラス張りで明るく、最高の調理場であったと記憶しております。

中村　たった一カ月ぐらいのことだから、決して偉そうなことは言えませんが、8月のバカンスシーズンのさなか、昼夜満席で多忙を極めていました。ジャンさんが時々留守をすると弟のピエールさんが仕切っていました。でも、ジャンさんが一歩厨房に足を踏み入れると空気ががらりと変わり、緊張感に包まれましたね。ジャンさんには息子と、娘がいて、息子のクロードとは「ロアジス」で一緒に働いたこともあります。ピエールさんの息子のミッシェルはまだ中学生の頃だったと思います。そのピエールさんの奥さんが、お昼のサービスが終わるころ、僕のところにやってきて家族の昼食を作ってくれと言われました。僕はすごくうれしくって。厨房には材料はいくらでもあるし、トロワグロさんにも食べていただけると思い、張り切って作ったところ、すごく喜んでいただき、ちょくちょく頼まれるようになりました。ですから1日中、調理場で働いていたものです。

あるとき、こんなこともありました。まかないで、我々がローストチキンを食べていて、その残りの1羽が鉄板に残っていました。そこにジャンさんがやって来て、僕らを見ながら〝みんな食べたのか？〟と声をかけ、〝残りを僕にくれ〟と言われました。何をするのだろうと立ってそばに行ったら、鳥を取り上げ、鉄板の油をきり、火にかけ、白ワインを注ぎ、そこの煮汁を煮溶かし、小さな鍋に濾しとり、再び火にかけました。少々煮詰め、シェリービネガーとジュ・ド・トリュフを注いで、塩コショウして仕上げました。そして、お皿にサラダをちぎっておき、先ほどの鳥のローストを薄切りに削いで並べ、トリュフの薄切りを散らし、先ほどのソースを上からかけて見事な2皿を作り上げました。〝サッセ・キュイジューヌ（これが料理というものだ）〟と言い、笑いながら僕に見せると、その二皿を持ってさっさとレストランに向かわれました。どうやらレストランに友達が来ておられたようでした。この一連の流れは、大げさに言うと料理の極意を授けられたようで、ジャン・トロワグロさんとの、決して忘れられない思い出となっています。

上柿元　よくわかります。一番のおいしさは鍋底にひっついていた焼き汁ということですよね。余分な脂は捨ててデグレッセ（※取り除く）して、きれいな脂は鍋に残して、それをブイヨンやビネガーを加え、煮溶かしてそこにトリュフジュースも入れて整え、シノワ（※裏ごしのための調理器具）でパッセ（※漉し分ける作業）して……。それがキュイジーヌだと。日本のフランス料理も進化して、すごくよくなっているけれども、トロワグロさんがまかないの後にやっていたような、基本的な調理技術は最低限必要なもの。私たちの仕事は何十年経っても、基本は同じなんですね。

中村　その頃のフランスで得られた基本が、僕らには自然にインプットされているわけですよね。料理は時代とともに常に進化しているから、当時のクラシカルな料理は、残念ながら今ではあまり作ることがありません。でも、今の革新的な料理作りにおいても、やはり基本は大切です。フランスの有望なシェフや、日本で活躍している若手のシェフたちも、その点をしっかりわきまえていますよ。

上柿元　そうですね。コロナ禍の前は私も年に1回は、リヨン近くの「ピラミッド」、ルーアンのレストラン「ジル」やプラザ・アテネのデュカスなどに行っていましたが、「ジル」のジル・トゥルナードルも、「ピラミッド」のパトリック・アンリルーも、ソースはきちんと残るんだ、基本は残ると言っていました。流行やシェフの感性が悪いと言いませんが、最近の泡や花びらが多いものが、次の世代にきちんと残していくのか……。残して行くには、基本的な技術と作る人の人間性だと言われ、ものすごく納得しました。日本も一緒だと思います。

調理の技術だけでなく心と心のつながりで成長する

上柿元　中村ムッシュがフランスで修行した頃の星のとり方と、いまの星のとり方では、時代も違うけれども価値観も違う気がします。もちろんミシュランの見方や評価も違うし。フランスだけでなく、グローバリズムでいろいろな国の要素が入っての星付けですから。その中で、小林圭さんやヴァランスのレストラン「ラ・カシェット」の伊地知雅さんなど、みんなが星を取っている。これは喜ばしいことですよね。

中村　ヴァランスの伊地知くんは今新しいレストランを準備中ですが、とてもいい仕事をしていますね。初心を忘れず頑張れば多分2ツ星を取れると思いますよ。

上柿元　私もそう思います。私自身もヴァランスのレストラン、「メゾン・ピック」でお世話になりました。伊地知さんもピックで働いていたすばらしいシェフです。あんな律儀な人物はいまどき珍しいですよ。

中村　心根が本当に優しい人物です。先輩に対してもしっかり敬意を持っていますね。久しく以前、鹿児島の母校である高校の校長より講演依頼をいただいたことがあるんです。講演が終わった後、伊地知くんがとことこと僕のところにやって来て「僕もフランス料理人になりたい」と言われました。そこで、鉄は熱いうちに打てと思い、あえて街場の忙しいレストランを紹介しました。その後彼は日本で立派に働き、フランスに向かい、自分の技術を磨き、縁があってヴァランスで自分のレストランを立ち上げ、見事に1ツ星を獲得。本当に頑張っています。

上柿元　いま一番大事なのは、ただ調理の技術を教えてもらうだけでなく、心と心のつながりだと思います。

中村　その通りですね、そのピックの話も聞かせてください。

上柿元　レストラン「メゾン・ピック」はムッシュシャペルの紹介で、日本人として初めて四カ月働きました。シェフは少し太目のジョン・ノエルさん。ジャック・ピックさんのお父さんであるアンドレ・ピックさんも健在でした。「ソーリュー」のアレキサンドル・デュメーヌさんと、「ピラミッド」のフェルナン・ポワンさんとヴァランスのアンドレ・ピックさんが当時の3大シェフでしたね。

昼の食事でポワロー葱のクリームスープを提供したところ、アンドレムッシュをはじめ家族が「おいしいスープ」と言っていたのと、シェフのノエルさんが「カミ、おいしいってほめられたよ」と言ってくれたことは私の宝物です。いまのシェフである娘のアンヌ・ソフィー・ピック、そのお父さんのジャック・ピックさん、お祖父さんのアンドレ・ピックさんがいて。ピックはチームを大切にするところでした。だから働いている人は5年とか１０年とか居るのです。家族やチームを大事にする人たちでしたね。

私がいたときは、シャペルさんの紹介だったので〝カミ、カミ!〟と呼ばれていました。奥さんのスザンヌさんもずっと働いていて、息子のアランは「グルノーブル」で1ツ星を取りました。娘のアンヌ・ソフィーは私がいたころ6～7歳だったのですが、今はバリバリの3ツ星のシェフになっています。

中村　昔の、地方における伝統的なグランドレストランですね。アンヌ・ソフィー・ピックさんはレストランを3分の1くらいまで縮小し、３ツ星を取り戻しましたね。僕もピックで働きたくてね。豚の膀胱を利用した「プーレ・アン・ヴェッシー（ブレス産鶏の豚の膀胱包み）」という有名なスペシャリテがあって、あれを習いたくて何度か手紙を書いたのですが、縁がありませんでした。

上柿元　あと忘れられないのは、〝ルー・キャビア〟といって、スズキを白ワインでポシェし、ソースはブールブラン、エピナール（※ほうれん草）のピューレを入れて、上にキャビアをスプーンで3杯分乗せていました。キャビアをこんなに盛っていいのかというほどでしたね。

その後アラン・シャペルに戻り、日本帰国後は神戸の「アラン・シャペル」で10年ほど務めました。

中村　シャペルさんから日本に行けと言われたのですか。

上柿元　お世話になったシャペルさんが日本に初めてレストランを出すということで、私とロベール・デュフォーの二人で行けと言われ帰国したのです。もともと、私はロンドンの「ル・ガブローシュ」にも行って勉強をしたかったので、シャペルさんには2年で辞めることを了承してもらっていましたが、結婚したこともあり10年間働きました。

神戸の「アラン・シャペル」では四季ごとにシャペルさんからメニューが送られてきて、それを私が再現していました。しかし、塩コショウなどをシャペルさんの指示通りにすると日本のお客さんは塩辛いと言うのです。フランス人はワインをたくさん飲みますから、赤ワインソース、ソースブールブランなどの塩味もいい塩梅なんでしょうが、そのへんは微調整しながらシェフとテレックスでやり取りしていました。4～5年経つとシャペルさんも、そこは日本だからお前のメニューを入れてよいと言ってくれるようになりました。よく〝魂はその館に宿る〟といいますが、シャペルさんが亡くなってからもその店に私も1年居て、最終的には10年お世話になりました。

その後、ハウステンボスから声がかかりました。長崎オランダ村・ハウステンボス創業者の神近義邦社長のコンセプトに共感し、エコロジーとエコノミーの共栄共存と人を育てることの大切さを感じ、長崎に移りました。

中村　阪神大震災の前のことでしたか。

上柿元　私が動いたのは震災の前でした。神戸の「アラン・シャペル」の調理場も大変で、すぐにお見舞いの電話を入れましたが、手伝いに行けない状況で。お客さんも少なくなり、自然からの警告を感じました。

ハウステンボスの理念 美しい地球を次世代に

中村　さて、上柿元さんはハウステンボスへはどういう経緯で行くことになったのでですか。

上柿元　「長崎オランダ村・ハウステンボス」創業者の神近義邦さんが、ハウステンボスのホテルを運営する松井さん、窪山さん、柴田書店の斎藤編集長に〝日本を背負って立つフランス料理のシェフは誰ですか?〟と尋ねられて、私の名前が挙がったそうです。

実際に現地に行ってみたら、当時はとても田舎でね。最初に長崎オランダ村にも立ち寄りました。ハウステンボスについて神近さんは、「美しい地球を子どもたちに残すんだ」とおっしゃっていました。次の世代まで残すプロジェクトを２３００億円をかけて、〝そこにホテルを5つ作るから、あなたの好きなようにやってください〟と言うのです。

中村　そこで上柿元さんがハウステンボスに行く決心をされたと。その根拠は何だったのですか。

上柿元　まず神近さんの美しい地球を次の世代に残すという考えですね。まちづくりが生態系を守っていたり、フロンガスを使う自動販売機は置かないなど、エコロジーとエコノミーの共栄共存をうたっており、いまでこそ多くの企業が賛同していますが、いまから30年前に誰がやるかという中で、神近さんは一人で実行したのです。

あるとき、日本興業銀行（※現みずほ銀行の前身行）のトップでいらした中山素平さんに会う機会があって、「ひとつだけ聞いてもいいですか。なぜ神近さんにこれだけの大金を出されるのですか?」とたずねたところ、中山さん「価値のある男には金を出すんだ。それが興銀なんだ。神近は価値のある男だ」と話されました。続いて、「料理長はどこから来たのか」尋ねられたので、神戸のポートピアホテルに居たと答えると、「ああ、中内さんのところか。厳しいところで鍛えられたんだね。後はこのまちづくりをしっかり頼むよ」と言われました。中山さんは、一料理人に対して真剣に向き合ってくれたのです。周りの人たちはヒヤヒヤしていたと思います。うちのシェフは何てことを質問するんだ、と。あとから興銀のメンバーたちに、上柿元さんは良い質問をしてくれたと言われました。いまでもその興銀の人たちとはお付き合いがあります。

ハウステンボスでは、料理だけをつくるのではなく、料理を通じて街をつくろうと思っていました。街をつくるということは人をつくるということです。自分だけを磨くのではなく。

食品ロス、地球温暖化など地球環境に生まれた様々な歪み

上柿元　私はソペクサ（※フランス食品振興会）主催の料理コンクールで2位になったことがあります。1位にはなれなかったけれども、中村ムッシュが名誉審査委員長をされているジャンシリンジャー

杯（※メートル・ド・キュイジニエ・ド・フランス　ジャン・シリンジャー杯）で、私の部下の１人が1位になることができ、また他の部下もエスコフィエ・フランス料理コンクールやボーキューズ・ドール国際料理コンクール、プロスペール・モンタニエ国際料理コンクールでも日本で優勝し、世界大会にも出場して結果を残せたことが私の誇りです。

私は、フランスから日本に帰る前に、アラン・シャペル氏からM.O.F.（※ Meilleur Ouvrier de France＝フランス国家最優秀職人章）を受けるように勧められていました。それほどシャペル氏に認めてもらうために一生懸命に働いていました。当時M.O.F.はフランス人でないと受けられませんでした。

そして今は、若い人材を育てており、本人たちの頑張りもあって、よい結果を生み出しています。たかがコンクール、されどコンクールです。自分の位置づけを確認し自己啓発するためにも挑戦させています。

また、もうひとつ大切に思っているのが食品ロスです。ムッシュがFAO（※国連食糧農業機関）の親善大使として食品ロスについて活動されておられますが、いかにそれらを、次の世代に残すかということを大切に考えています。人間は大量の工業製品をつくるなど利便性だけで地球を開発してきました。ふと、自分たちは地球をお借りしていることを忘れているのではないかと感じます。

中村　まさにその地球環境に対して、いまさまざまな歪みが出ています。地球温暖化はいたるところで語られていますが、その気候変動、そしてCO_2に代表される温室効果ガスの問題、その他、海洋汚染や土壌の劣化などなど、このままでは地球そのものの存在が危ぶまれています。ただ国連で２０１５年に採択されたSDGsにより、世界中でその是正活動が加速化されています。ご承知の通り、これには１７の目標と１６９のターゲットからなる「持続可能な開発目標」が示されています。日本でもかなり知られるようになりましたが、これからはその成果をきちんと示していく時期になってきたと思います。

また、食材は自然からの恵みです。料理道に打ち込んでいると、技術だけでなく、料理作りのために手にする食材に対する思いが募るのは必然です。生産者が雨風をしのぎながら、いかに頑張って努力して作られているのかが分かってきます。そういうことを理解すると野菜や海の幸、また畜産物などの作り手と料理人、そして食べられる方、その三つの循環の中で、多くのことに気づき、現代の料理人はどうあるべきかを理解し、そして必然的に、食品ロスや廃棄物の問題に対する取り組みの大切さに気づくことになります。

そして世の中には、飢餓に苦しみ、多くの人々が満足に食を取れていない現実があります。今回新型コロナウイルスの世界的なパンデミックでは、残念なことに、そうした最も底辺の弱い方たちにしわ寄せが行っています。約6億2千万人いた世界の飢餓人口が、今回のコロナでかなり増加しつつあります。そうしたことを私たちは人ごとではなく、自分たちができる範囲で何ができるのかを考え、実行しなくてはなりません。また、食にかかわる仕事である料理人は、料理を作るまでその責任と自覚が求められると思っています。

一料理人として人に世界に何ができるのかを考える

上柿元　本当に食べられなくて餓死する人もいるのだから、日本や世界の料理人をはじめ、食べ物に関わっている方たちは、やはり食べられる物を無駄にせず食べきったほうがいいですよ。ムッシュが開催しているゴブラン会では、毎回食べられる分だけとってくださいというスタイルをとられていて良いと思います。人間は美味しそうに感じると、食べきれないほど欲しがってしまいがちですから。

私は、いろいろなホテルのブッフェ料理を食べてきましたが、ゴブラン会（※フランスを中心にヨーロッパ各地での修行から帰国し、新しい気概に溢れるフランス料理のシェフたちによって結成された会。会長は中村氏）で、ホテルメトロポリタン エドモントが提供する食べる空間は、うまく言えませんが、ここ以外にはない何かがありますね。誰かが真似しようとしてもできません。ブッフェ料理とレストラン料理の違いをわかった上で、素晴らしい料理を提供しています。とにかく、人間的にムッシュを尊敬していますし、特別なんです。なにが特別かと言うと、自分の持っている技術を誰にも隠さないで平等に教える。書物も書いている。その人間性と料理がものすごく勉強になる。何歳になっても勉強をしなければならないことを教えてもらっています。技術云々は後から付いてくるものです。いまの食品ロスの問題にしても、世界を見ている、グローバルなんです。

ハウステンボスでは自然との共存、コンポスト化、ハウステンボスで出したゴミを土に戻したり、水を浄化したり、海水を真水に変える淡水化プラント１６億円掛けて設置しました。料理人でありながらも経営的な能力を身につけていないと銀行とも話ができなかった。大事なことは、私たちは次の世代、そして１００年、２００年後に日本のフランス料理界はどうあるべきかを考えること。フランス料理は基本的にフランス本国の料理技法がありながらも、各国で独自のフランス料理を確立している。つまりベースは自らの風土なのです。そこには地産地消というひとつの考え方もあります。別に東京や大阪ではなくても、それらエリアと同じくらいのレベルでいたいと考えています。そのために、人と自然、人のルーツやコミュニティー、人が人を大切にすることが重要なのです。日本エスコフィエ協会には1600人の会員がいて、いろいろな仕事をさせてもらっています。ゴブラン会、全日本食学会、料理ボランティアの会などもそうです。そのボランティアの会は、ムッシュと熊本で一緒にやりましたよね。京王プラザ 総料理長の市川博史さん、帝国ホテル 総料理長（※現 特別料理顧問）の田中健一郎さん、学士会館 総料理長の大坂勝さん、帝国ホテル 製菓長の望月完次郎さん、そしてムッシュとともに、売り上げを全部県知事に渡しました。人が喜ぶことや奉仕の精神を再認識しました。

中村 熊本地震のあとに熊本ホテルキャッスルの斉藤隆士社長の尽力で、また上柿元さんがいろいろ動いてくれて、東京から料理ボランティアのシェフたちが何人か出向き、熊本地震のためのチャリティ晩餐会を行ないましたね。ああしたことは、我々料理人にとってとても大切なことで、料理を通じて、世の中に何が貢献できるのかを常に考えてゆくことが大切ですね。

これからの日本での
フランス料理はどうあるべきかを考える

上柿元 私は一料理人で、これから何ができるかは分かりません。先輩方やフランスのグランシェフからいただいたエスプリをはじめ、自分が元気な間に次の世代に何を残せるかを考えています。料理人の社会的地位も上がりましたが、生産者の皆さんがあっての私たちです。私たちがおごってはダメです。第一次産業は自然と闘っています。農水産業の方々が少しでも豊かな生活、若者に夢を持ってもらえる産業になるために、料理人として何か役に立ちたい。そして自分の名誉のためではなく、若者と街が元気になることを願っています。だから九州に居るのです。東京や大阪のシェフに負けたくないなどの勝ち負けではないのです。フランスからいただいた恩は絶対に忘れませんし、本物のフランス料理はすごいです。中にはフランス料理も日本の方がいいという人もいますけれどね。

中村　本場のフランスでは、その風土と歴史を背景に、本当に素晴らしいものがあるわけだから、私たちにはエンドレスに学ぶ日々があるわけです。それらをまっとうに評価し、尊敬の念も持つことが必要です。しかしながら一方では、そうしたものをしっかり学びながらも、今後の在り方として自分たち日本の風土の中で、いかにフランス料理を表現していくかも大切ではないでしょうか。本物のフランスとは異なる、日本独自のフランス料理を実現させられる状況になったわけですから、これからがその真価を問われる時代になったとも言えます。

また、農業のことについて少々言わせていただくと、いま世界の85％以上の農家はいわゆる小規模農業です。世界を見渡すと日本も含め、そのほとんどが家族単位で頑張っている農家です。そうした野菜、果物を作っている人たちを「フード ヒーロー（食の英雄）」として支援していこうという動きがあります。これはFAOで2020年12月に決まったのですが、21年には小規模農家と果樹園を支援することがテーマと決定しました。そこでローマ本部から日本に連絡が来て、そのシンポジウムの中で農家の野菜をテーマとした料理の映像を作れないかという依頼がありました。その中身がよくわからず、ローマ本部に確かめ、コンセプトを理解した上で早急に作ることになりました。日本から発信するのであれば当然、日本の風土を代表する和食は絶対欠かせません。いろいろ考えましたが、冬の野菜をテーマにするなら寄せ鍋ですね。日本には伝統的な出汁の食文化があり、そうした中で野菜や、海産物を豊富に使われる日本の鍋は、ある意味ピッタリだと思いました。また、食品ロスの観点からみても、冷蔵庫に残っている半端物の野菜を全部取り出し、そのすべてが使えるわけです。栄養価も高く、シンプルです。そのスープも需要に富み、とても美味になるわけです。

日本が誇るべき食文化
出汁の奥深さを探求する

上柿元　昔から日本の家族団らんは、ひとつの鍋を囲むことでしたね。そして自分のいるところの1里半以内で取れたものを入れれば、作り手の顔も見えて安心安全です。そうすればみんなが元気になれるでしょう。出汁といえば、6年くらい前にフランスへ研修に行ったとき、フランス人から日本の出汁のとり方を教えて欲しいと頼まれたことがありました。出汁については調理師学校で学んだだけでしたので、外国人に教えるにはきちんとした知識が必要だと、帰国してから料亭「菊乃井」の村田吉弘さんに頼んで、「瓢亭」の高橋英一さんと「京料理 木乃婦」さんの3軒で出汁文化を勉強しましたよ。というのは、日本人なのにフュメ・ド・ポワソン、フォン・ド・オマールなど、フランス料理でというのは違うだろうと考えて。

日本の旨味成分は、昆布からとったグルタミン酸、椎茸からでるグアニル酸などですから。日本料理店に頭を下げて、4日間ずつ修行しました。そこで初めて煮詰めてはならないことも知りました。「菊乃井」のカツオ出汁は旨いですね。そこでは、出汁のとり方や二番出汁で作る惣菜など、いろいろな使い方を教わりました。

次の週には400年の歴史を持つ瓢亭に行き、そこで親父さんに「今日のカツオ出汁、うまいのとれていますね」と言ったところ、「上柿元はん、うちのはマグロ節でっせ」と言われてしまいました。

私は出汁はカツオからとるものだとばかり思っていましたから。いろいろあるんですね。京都でもマグロ節を使っているのは「瓢亭」のほか、数軒しかないそうです。

やはり自分の身を持って現場に入らないと、分からないことがたくさんありました。いま、中村ムッシュの鍋料理のことを聞いて、生クリームやバターじゃないんだ、もともとの日本の風土を生かした味覚なんだと思いました。今後は和出汁にもっと注目していきたいと思います。この前は、鹿児島の店でカツオと昆布の出汁に山椒の実を入れてクレメ（クリームを加え）しカプチーノ仕立てにして、上から鰹節を散らした料理を出しました。貝類との相性もよいですね。

中村 なかなか美味そうですね。僕ら日本で働いているフランス料理人は、本場のフランスばかり追いかけないで、日本の風土で育まれてきた日本料理についてもしっかり勉強しなくてはならないことを痛感しますね。

上柿元 そうなんです。また、これからは発酵文化にも注目しています。日本には醤油や味噌がありますから。私が小さいころは、母親が味噌を自家製で作っていました。大きな味噌樽でしたね。小さい頃、何度かそこに落ちたこともありますから。

中村 いやいや、危うく自分がミソ漬けになるところでしたね（笑）さっきの鍋料理に加えてあとひとつ触れておくと、バナナを一本、皮ごとコンフィ（砂糖漬け）に仕上げました。バナナそのものは本来高価なもので、アフリカの生産地でもふんだんに食べられるものではありません。ただバナナはご承知の通り、皮をぐるりと向いて破棄されます。世界中でどれだけのバナナの皮が捨てられていることでしょう。そこで、食品ロスのことも考え、このバナナを房つきの丸ごとをコンフィできないものかと、「ホテルメトロポリタン エドモント」のシェフパティシエが試行錯誤して作り上げたのです。あらゆるフルーツはコンフィにして保存食にできますけれども、さすがにバナナの皮ごとというのはありませんので、画期的なものになったと思います。

上柿元　それは時間がかかったでしょう。

中村　そう、10日前後かかりました。

上柿元　食べたらすごく美味そうですね。南仏に行くと果物をコンフィした料理はありますけれど、さすがにバナナはないですね。

飽くなき求道精神
止まることなき思いを込めて

中村　上柿元さんは日本を代表するグランシェフとして、これまで料理の技術だけではなく、人も育てられてきました。また、神戸の「アラン・シャペル」やハウステンボスなどで、神近義邦（※長崎オランダ村・ハウステンボス創業者）さんをはじめ多くの人との出会いがあり、そこから啓蒙されながら自身を培われてきたと思います。そうしたことを踏まえて、今後の上柿元さんの抱負について教えてください。

上柿元　まず、自然界があって料理が作れるわけです。料理は焼く、煮る、炊く、蒸す、揚げる、それ以外に真空調理や燻製など特殊な調理法もありますが、その基本的なものは自然の力を借りて、火を使うことから始まりました。それから、いろいろな国でいろいろな調理技法が発達していきました。基本的には何がよいのか、何が毒なのかも人間の知恵ですよね。その中に犠牲者もいたかもしれませんが。

どの調理技法を使うにしても、素材を見極める目が大切です。そして、その素材を提供してくれるのは生産者なのです。生産者がきちんと仕事をするためには、きちんとした土壌が必要です。必要以上の農薬を使わない、自然の力で自然からできたものを料理する。そこには安心安全があります。日本の国土は7割が山で3割しか平地がありません。鎖国したら、みんな御飯を食べられない状態です。だからじいちゃん、ばあちゃんがこれまでやってきたことを、次の世代にきちんと伝え、農業や水産業が豊かな仕事でお金も入ってくる社会にしなければなりません。新しく華やかなところに行かなくても、自分のエリアできちんとしたものは、地産地消で残っていくのではないかと考えています。

やっと、この頃分かるようになったのは「人」が大事だということ。人の育成ですね。そして地場産業が豊かになること。人を育てるには褒めることも必要です。「これどげんしてつくったと。おいしかね」と。自分が絶対ということはありませんから。中村ムッシュが書かれた基本のフォンとソースの本で、私もいまだ勉強させてもらっています。

自分がフランスや先輩方にお世話になった恩返しは、ボランティアとしてお返ししたい。ボランティアは見返りがないこと。見返りがあるのはビジネスですから。私の生き方は中村ムッシュには近づけませんが、目標です。昔は「帝国ホテル」の故・村上信夫総料理長や「ホテルオークラ東京（※現「The Okura Tokyo」）」の故・小野正吉総料理長のような神さまみたいな方々が、そしていまは中村ムッシュのような方がいてくれます。中村ムッシュは、何か相談をしたいときは電話でも気軽に応対してくれるのもありがたく感じています。自分の師匠のアラン・シャペルさん、ジャック・ピックさん、ジョン・ミンケリンさんはもうこの世にはいませんが、あの世から見てくれています。「しっかりがんばれよ」と。

何をしっかりがんばるのかというと、食の力で日本やフランスが元気になること、生産者が元気になって、食べる人が笑顔になることのお手伝いです。私は70歳を過ぎました。若い人たちは古希の祝いをしてくれましたが、自分では50代だと思っています。「これからいくぞー！」という感じです。

料理道とは人との出会い
これからは後進の指導にも尽力

中村　大丈夫です！日本人男性の平均寿命は85歳です。上柿元さんにはまだまだいくらでも活躍する場がありますよ！すごく元気で、声もバカでかく通るし、バイタリティーもあふれています。今時、腹の底から声を出す人はそうそういませんよ。

上柿元　それは食べ物のおかげだと思います。朝、昼、晩しっかり食べる。夜はちょっとだけお酒を飲みます。それも鹿児島の芋焼酎。それが最高です。寝るときも自分にありがとうと言って寝ます。目が覚めてもありがとう。目が覚めなかったらあの世ですからね。先日はアーモンドショコラを6kg作りましたが、アーモンドにキャラメールにするため215℃まで熱を上げて、「あっちっち」と郷ひろみを歌いながら作業していました。アーモンドが絡むとキャラメルが手に刺さってくるんですよ。だから時々冗談言いながらやっているんです。とにかく元気がないとダメです。

中村　振り返ってみると僕らは若い頃、訳も分からずフランスに行き、そして帰ってきてそれを糧にし、自分の居場所をなんとか見つけ、そこからまた必死に這い上がってきて、気が付けばもうこんな年になっています。なんだかしんみり、昔のこととかフランス時代を振り返る暇もなく、あたふたと日々が過ぎていきますが、まあこれも人のせいではなく自分がそのように仕向けているわけですからね。

上柿元　居場所は大切ですよね。自分がいて一番ホッとするところ。若くしてフランスに行って、ときにはいじめられたり人種差別を受けたり。無鉄砲だと思いますが、もんで、もんで揉まれて、なにくそ、なにくそ、いつかはこいつをやっつけてやろう、いつかはこいつを蹴飛ばしてやろうと頑張り、やっと蹴飛ばせるようになったら、もう帰国ですから。

中村　でも、未熟で血気盛んな若い時に日本を出ていったことがよかったのですよ。フランスで揉まれていろいろなことを感じて。決してよいことばかりではなかったけれど、そこで料理人としてだけではなく、一人の人間としてさまざまな経験をさせてもらい、多くの人との出会いの中で、成長させていただいたこと。

そして、異国の遠くから日本を見ると今まで気づかなかったさまざまなことを考えさせられました。自分が日本人であることを、良いも悪いも徹底して認識させられたように思います。今にして、これはとても尊いことだと実感しています。

上柿元　人間が未熟で、あの頃は腹の立つ毎日だったけれど、それを乗り越えたからいまの自分がある。期待されればそれ以上の結果を残さなければならないですから。また、人との出会いがより一層自分を高めてくれたと思います。

村上龍さんが私の料理で本を書いてくれたこと、加山雄三さんがご自分の船である光進丸で長崎に来てくれたり。渡辺貞夫さんとは友達として家に呼んでくれるのでチャーハンを作り喜んでもらい。人との出会いは最高です。そして、職業に上下があってはダメですよ。

中村　いろいろな職業がありますが、その中で大成した方は、決して贅沢を好まず、食べることを大切にする人たちですね。そして我々料理人に対しても対等に接してくださり、とてもありがたいですね。

上柿元　最後にひとつ。私は宮内庁の料理も作らせていただきましたが、これもありがたいことです。宮内庁では菊の紋章の入ったタバコをいただけるんですよ。天皇陛下のために戦争に行った父親にあげたら〝仏さんにあげる、こんなありがたいタバコは飲めん〟といって飾っていました。これも親孝行でした。

中村　今日はよい話をたくさん聞かせていただきました。同じ鹿児島の出で、気持ちがよく伝わり、とても有意義な対談となりました。本当にありがとうございました。

【対談後記】

若いとき、フランス料理を極めるという志を抱き、ひたすらそれを追い、スイスとフランスに渡る。苦労の末、良き職場とシェフに巡り会い、そのチャンスを我がものとされてきたことは、ひとえに上柿元さん自身の人柄によるものである。薩摩隼人としての忍耐強さ、探求心、そして不屈の精神が自身を支えてこれたのではと思えてならない。そこよりさらなる出会いに恵まれ、帰国後は神戸の「アラン・シャペル」、長崎の「ハウステンボス」での活躍はご承知の通りである。そして今、ご自身で立ち上げられた「カミーユ」を中心に、さまざまな活躍をされている。これからもコロナ禍で疲弊した業界のために、そしてご自身の人生を全うするために、増々のご尽力を心より願いたい。

あとがき

週刊ホテルレストラン「HOTERES」で2017年5月から2022年2月まで連載された対談「美味探求」がこの度、対談集としてまとめられることになりました。先の「中村勝宏の魂の食対談」に次ぐ2冊目である。出版社の㈱オータパブリケイションズに心よりお礼申し上げます。この対談を再開するにあたり、第一回は辰巳芳子先生にお願いしようと思った。確たる理由はないが、何故かそうしなければと思った。対談の後半は新型コロナウイルスの世界的なパンデミックにより世間も厳しい状況となった。又国連で2015年に採択された持続可能な、よりよい世界を目指した国際目標「SDGs」が日本でも各メディアなどで頻繁に取り上げられ、徐々に浸透されてきた。対談でも必然的に話題となったが私自身、2017年より国連食糧農業機関（FAO）の日本担当親善大使として、特に食品ロス、廃棄の問題について積極的に語るように努めた。今回も対談したい方々に直接お願いし、限られた原稿の文字数への校正も自身でやらせていただいた。16名の皆様方には真正面から真摯に向き合って下さり、対談が3時間近くに及ぶこともありました。同時に私自身がこの対談を通じで如何程のことを学ばせて頂いたことか。心からの感謝とお礼を申し上げます。対談集の冒頭のまえがきは、日頃よりご尊敬申し上げてやまない、発酵学者、食文化の巨人にして日本を代表する知識人であられる小泉武夫先生にお願い申し上げた。御多忙な身にもかかわらず、私の一方的なお願いを叶えて下さりましたばかりか、どっさりお送りさせていただいた原稿を精読下さり「雅談に味あり」と題してお書き頂きました一文は、この対談集に奥深さと限りない品格を与えて下さりました。深い感謝と身に余るご厚情に心よりお礼申し上げます。そして元編集者としてもカメラマンとしても、常に温かいサポートをいただいた現㈱木下写場 木下賀文氏と後を引き継がれた、現執行役員 週刊ホテルレストラン編集長の義田真平氏にも心よりお礼申し上げます。最後に、この対談でも折々に触れましたが、私共料理人の生業は、素材の生産者への感謝と共に何はともあれ、美味なる料理作りに誠心誠意取り組むことは言うまでもありません。その上で現代の料理人が心すべきことは、食の背景に在る、地球規模での気候変動や食品ロス問題をはじめ様々な事柄に関心を持ち、しっかり向き合い、いかに取り組んでいけるか、その姿勢が求められております。又私は常々、食は日々の命の糧であると同時に、人間形成の根幹を成すものであると思っております。この対談集より、このような食にまつわる様々な要素と大切さを汲み取って下さり、多くを感じていただけたら幸いです。

2022年8月吉日

中村勝宏プロフィール

1944年生まれ 鹿児島県阿久根市出身。1962年県立阿久根高校卒業。1962年〜1970年 神奈川県の箱根「ホテル小涌園」、「横浜プリンスホテル」で修業。1970年6月 渡欧。スイスチューリッヒの「ホテルアスコット」で1年間働く。1971年6月〜 パリのレストラン「ルーレイ・ガストロノミック・パリ・エスト」、アルザスの「オー・ザルメ・ド・フランス」、プロヴァンスの「ロアジス」、パリ「ラ・マレー」などフランス各地の名だたるレストランでセクションシェフとして働く。1978年7月〜1982年12月 パリのレストラン「ル・ブールドネ」（別名「レストラン・ラ・カンティーヌ・デ・グルメ」）のグランシェフ（総料理長）として勤め、1979年、日本人として初めてミシュランの1ツ星を獲得し、以後4年間その星を守り通す。1983年7月〜1984年10月 パリのレストラン「エスカルゴ・モントルグイユ」でグランシェフとして勤める。1984年12月帰国後、東京・飯田橋のホテルエドモント（現：ホテルメトロポリタン エドモント）の開業とともにフランス料理レストラン「フォーグレイン」の料理長を含むレストラン部門の統括調理長を経て、取締役調理部長に就任。1994年6月 常務取締役総料理長に就任。SOPEXA（フランス食品振興会）、FFCC（フランス料理文化センター）などへの協力等を通して業界発展に寄与する。2005年7月 日本ホテル株式会社取締役、JR東日本ホテルチェーン特別料理顧問、ホテルメトロポリタン エドモント名誉総料理長に就任。2007年12月ザ・ウィンザーホテル 洞爺 リゾート&スパ 総料理長。2008年7月 北海道洞爺湖サミット2008 総料理長。2013年6月 日本ホテル株式会社取締役統括名誉総料理長及びホテルメトロポリタン エドモント統括名誉総料理長に就任。2015年6月 クルーズトレイン「TRAIN SUITE 四季島」（JR東日本／2017年5月運行開始）の料理監修。2017年5月 日本初の国連食糧農業機関（FAO）親善大使に就任。2018年6月日本ホテル株式会社特別顧問統括名誉総料理長に就任。2019年3月 東京2020オリンピック・パラリンピック競技大会選手村メニューアドバイザリー委員会委員に就任。料理専門書、こども味覚教室、エッセイ、対談集など、著書多数。

中村勝宏の魂の食対談2 ～美味探求～

2022年9月20日　第一刷発行

著　者　中村勝宏
発行者　太田進
発行所　株式会社オータパブリケイションズ
〒104-0061 東京都中央区銀座1-24-1 銀一パークビル5階
電話 03-3538-1001
https://ohtapub.co.jp/
デザイン　ヒラガノブオ
印刷・製本　富士美術印刷株式会社

ISBN978-4-903721-94-1 C0034
定価はカバーに表示してあります。